Stream Processing with Apache Spark

스파크를 활용한 실시간 처리

| 표지 설명 |

표지의 동물은 유라시아 까치(학명: *Pica pica*)입니다. 스페인과 아일랜드에서 러시아 북동부 캄차카반도에 이르기까지 북유럽과 아시아 전역에서 발견됩니다. 우리가 흔히 부르는 '까치'는 유라시아 까치를 의미합니다. 유럽, 아시아, 중동 및 북아프리카, 북미 전역에 걸쳐 까마귀과에 따라 조금씩 차이가 있습니다.

수컷과 암컷 모두 눈에 띄는 깃털을 가지고 있습니다. 배와 어깨는 광택 나는 검은색이며, 가슴과 날개는 밝은 흰색입니다. 검은색 깃털은 빛에 따라 파란색 또는 녹색 광택으로 반짝입니다. 수컷 까치의 몸길이는 42~45cm(거의 절반이 꼬리)이며, 날개 길이는 50~60cm입니다. 암컷은 이보다 약간 작습니다.

유라시아 까치는 잡식성입니다. 곤충, 썩은 고기, 작은 포유류, 심지어 다른 새의 새끼와 알, 도토리, 곡물 및 씨앗까지도 먹습니다. 그리고 인지 능력은 도구 사용, 기억력, 추론 및 사회적 상호작용 등이 유인원과 비슷할 정도로 뛰어나며, 동물 중에서 가장 지능이 뛰어납니다. 이러한 특성으로 까치에 관한 많은 미신이 만들어졌습니다. 유럽과 스칸디나비아 문화에서는 도둑질이나 심지어 요술과 연관시킵니다. 대조적으로 아시아에서는 행운과 새로운 손님을 뜻하기도 합니다.

유라시아 까치는 전 세계에서 광범위하게 번성하고 있지만, 오라일리 책의 표지에 있는 많은 동물은 위험에 처해 있으며, 모두 세상에서 소중하고 중요한 존재입니다.

표지는 캐런 몽고메리가 Meyers Kleines Lexicon의 흑백 판화를 기반으로 한 그림입니다.

스파크를 활용한 실시간 처리

실시간 데이터 처리를 위한 고수준 스트리밍 API 마스터하기

초판 1쇄 발행 2021년 4월 2일

지은이 제러드 마스, 프랑수아 가릴로 / **옮긴이** 김인범 / **펴낸이** 김태헌
펴낸곳 한빛미디어(주) / **주소** 서울시 서대문구 연희로2길 62 한빛미디어(주) IT출판부
전화 02-325-5544 / **팩스** 02-336-7124
등록 1999년 6월 24일 제25100-2017-000058호 / **ISBN** 979-11-6224-396-1 93000

총괄 전정아 / **책임편집** 서현 / **기획** 박지영 / **교정·전산편집** 김철수
디자인 표지·내지 박정화
영업 김형진, 김진불, 조유미 / **마케팅** 박상용, 송경석, 조수현, 이행은, 고광일 / **제작** 박성우, 김정우

이 책에 대한 의견이나 오탈자 및 잘못된 내용에 대한 수정 정보는 한빛미디어(주)의 홈페이지나 아래 이메일로 알려주십시오. 잘못된 책은 구입하신 서점에서 교환해드립니다. 책값은 뒤표지에 표시되어 있습니다.

한빛미디어 홈페이지 www.hanbit.co.kr / **이메일** ask@hanbit.co.kr

지금 하지 않으면 할 수 없는 일이 있습니다.
책으로 펴내고 싶은 아이디어나 원고를 메일(writer@hanbit.co.kr)로 보내주세요.
한빛미디어(주)는 여러분의 소중한 경험과 지식을 기다리고 있습니다.

Stream
Processing with
Apache Spark

스파크를 활용한 실시간 처리

O'REILLY® 한빛미디어
Hanbit Media, Inc.

지은이 · 옮긴이 소개

지은이 **제러드 마스** Gerard Maas

라이트벤드Lightbend의 수석 엔지니어로서 구조적 스트리밍과 기타 확장 가능한 스트림 처리 기술을 라이트벤드 플랫폼에 원활하게 통합하는 작업을 하고 있다. 이전에 클라우드 네이티브 IoT 스타트업에서 일하면서 데이터 처리 팀을 이끌고 스파크 스트리밍을 처리량의 한계까지 밀어붙인 스트리밍 파이프라인을 구축했다. 당시 그는 스파크 스트리밍 성능을 튜닝하기 위한 첫 번째 포괄적인 가이드를 제시했다. 데이터 과학 거버넌스, 클라우드 네이티브 IoT 플랫폼, 통신 플랫폼 및 확장 가능한 API를 구축하는 여러 스타트업 및 대기업에서 주도적인 역할을 수행했으며, 기술 컨퍼런스의 정기 연사이고, 크고 작은 오픈 소스 프로젝트에 컨트리뷰터로 활동하고 있다. 베네수엘라의 시몬 볼리바르 대학교Simón Bolívar University에서 컴퓨터 공학 학위를 취득했다. 트위터에서는 @maasg로 찾을 수 있다.

지은이 **프랑수아 가릴로** François Garillot

시애틀에 거주하며 페이스북에서 분산 컴퓨팅을 담당하고 있다. 2011년에 에콜 폴리테크니크École Polytechnique에서 박사 학위를 받았으며 2015년에 라이트벤드에서 근무하면서 스파크 스트리밍의 백프레셔에 대해 연구했다. 타입 시스템, 프로그래밍 언어를 활용하여 분석을 보다 쉽게 표현할 수 있도록 하기, 스칼라, 스파크 그리고 로스팅된 아라비카에 매우 관심이 많다. 일하지 않을 때는 태평양 북서부의 산을 즐기는 모습을 볼 수 있다.

옮긴이 **김인범** thinker.chris.kim@gmail.com

SK 주식회사 C&C의 클라우드 컴퓨팅 기술팀, 클라우드 아키텍트 유닛을 거쳐 현재는 씨엔씨티에너지 A.I. 솔루션 팀에서 데이터 엔지니어로 근무하고 있다. MongoDB Korea(몽고DB 사용자 그룹, https://web.facebook.com/groups/krmug)에서 운영진으로 활동하고 있으며, NoSQL, 실시간 분산 처리, 딥러닝과 같은 분야에 관심을 두고 있다. 다양한 분야에서 글쓰기를 즐기며, 걸그룹보다 문근영을 더 좋아한다.

옮긴이의 말

아파치 스파크는 빅데이터 처리를 위한 오픈 소스 플랫폼으로서 오랜 시간동안 많은 이에게 사랑받은 대표적인 플랫폼 중 하나입니다. 그 자체로도 뛰어남을 자랑하지만 다양한 오픈소스와 연계도 훌륭하여 어느 빅데이터 플랫폼에서나 항상 포함되는 처리 엔진으로 각광받고 있습니다.

쉴 새 없이 쏟아지는 스트림을 빠르고 정확하게 처리하는 능력은 이제 어느 기업에서든 갖추어야 할 필수적인 역량으로 자리 잡고 있습니다. 아파치 스파크는 뛰어난 성능과 안정성으로 극대화된 스트림 처리를 보장할 것이며, 이와 같은 스트림 처리 엔진을 통해 여러분은 더 많은 것을 빠르게 이루어낼 것이라 기대합니다.

이 책을 번역하는 동안 많은 분의 피드백과 도움을 받을 수 있었습니다. 특정 기술을 통해 도움을 주고받을 수 있었던 인연에 감사드립니다.

_김인범
씨엔씨티에너지, 데이터 엔지니어

Special Thanks to

ARM 서버 만드는 명환 형
메가존 GCC 종민 형, 학범 형
현대자동차 Airs Company 책임연구원 & 평생 친구 김용덕
한빛미디어 서현 팀장님, 박지영 과장님
골든래빗 Co-founder & 프로 에디터 최현우 님
그리고
씨엔씨티에너지 A.I. 솔루션 팀원 모두

서문

아파치 스파크를 사용한 스트림 처리에 오신 것을 환영합니다!

2009년 캘리포니아대학교 버클리캠퍼스University of California Berkeley의 마테이 자하리아Matei Zaharia가 처음 시작한 이래 아파치 스파크 프로젝트와 아파치 스파크를 사용한 스트림 처리가 얼마나 많은 성과를 거두었는지 살펴보는 것은 매우 흥미로운 일입니다. 아파치 스파크는 빅데이터 처리를 위한 최초의 통합 엔진으로 출발하여 모든 빅데이터의 실질적인 표준으로 성장했습니다.

이 책은 스트림 처리 엔진으로서 아파치 스파크의 개념, 도구 및 기능에 대해 가장 잘 소개하고 있습니다. 이 책은 먼저 최신 분산 처리를 이해하는 데 필요한 핵심 스파크 개념을 소개합니다. 그런 다음 다른 스트림 처리 아키텍처와 그 사이의 근본적인 아키텍처적인 절충안을 탐구합니다. 마지막으로 아파치 스파크의 구조적 스트리밍으로 분산 스트리밍 애플리케이션을 쉽게 구현하는 방법을 보여줍니다. 또한 레거시 커넥터를 사용하여 스트리밍 애플리케이션을 구축하기 위한 이전 스파크 스트리밍(일명 DStream) API도 다룹니다.

전체적으로 이 책은 아파치 스파크를 사용하여 스트리밍 애플리케이션을 구축하고 운영하기 위해 알아야 할 모든 것을 다룹니다! 우리는 당신이 무엇을 만들어낼지 기대하겠습니다!

_타타가타 다스
『스파크 스트리밍과 구조적 스트리밍』의 공동 제작자

_마이클 암브러스트
『스파크 SQL과 구조적 스트리밍』의 공동 제작자

_빌 체임버스
『스파크 완벽가이드』의 공동 저자

이 책에 대하여

대상 독자

이 책은 데이터에 애착이 있고 스트림 처리 영역의 지식과 기술을 향상시키기 원하며 이미 아파치 스파크에 친숙하거나 자신의 스트리밍 애플리케이션에 아파치 스파크를 사용하려는 사람들을 위해 썼다.

스트림 처리의 기본 개념을 포괄적으로 다뤘으며, 이러한 개념은 아파치 스파크에서 제공하는 스트리밍 API인 구조적 스트리밍과 스파크 스트리밍을 이해하기 위한 기초를 형성한다.

이러한 API에 대한 깊이 있는 탐구를 제공하고, 우리 경험에서 도출된 기능, 응용 그리고 실용적인 조언에 대한 통찰력을 제공한다.

API와 실제 애플리케이션의 범위를 넘어 모든 스트림 처리 전문가의 도구 상자에 들어 있을 법한 몇 가지 고급 기술도 살펴볼 것이다.

독자는 도입부에서 많을 것을 얻을 것이며, 이 책에서 설명하는 고급 기술을 통해 새로운 통찰력을 얻고 보다 자세한 내용을 배우는 방법에 대한 지침을 받게 될 것이다.

이 책을 읽는 데 스파크에 대한 기본 지식은 필요 없으며 스파크의 데이터 처리 기능에 익숙하지 않은 독자는 스트리밍 기능과 API에 중점을 두고 읽어야 할 것이다. 스파크 기능 및 에코시스템 ecosystem (생태계)에 대한 보다 일반적인 시각을 살펴보려면 빌 체임버스와 마테이 자하리아의 『스파크 완벽 가이드』(한빛미디어, 2018)를 추천한다.

이 책에서 사용한 프로그래밍 언어는 스칼라다. 스파크가 스칼라, 자바, 파이썬 그리고 R에서 바인딩을 제공하지만, 그중 스칼라가 스트리밍 애플리케이션을 위한 좋은 선택이라 생각한다. 많은 샘플 코드가 다른 언어로 변환될 수 있지만, 복잡한 상태 연산과 같은 일부 영역에서는 스칼라 프로그래밍 언어를 사용하는 것이 가장 최적의 접근 방법이 될 것이다.

스파크 설치

스파크는 아파치 재단에서 공식적으로 주도하는 아파치 오픈 소스 프로젝트지만 개발을 위해 주로 깃허브를 사용한다. https://spark.apache.org/downloads.html에서 컴파일된 바이너리 패키지로 다운로드할 수 있다.

스파크는 나중에 설명할 하나 이상의 장비에서 실행할 수 있다. 모든 주요 리눅스 배포판에 대한 패키지가 존재하므로 설치에 도움이 될 것이다.

이 책의 목적에 충실하기 위해 중요도가 낮은 출력 및 세부적인 형식 정보를 제외하고는 스파크 2.4.0과 호환되는 예제와 코드를 사용할 것이며, 이는 더 높은 버전의 스파크와 호환된다.

스파크는 자바 가상 머신(JVM)에서 실행되는 프로그램으로, 스파크 구성 요소가 실행될 모든 시스템에 설치되고 접근할 수 있어야 한다.

자바 개발 키트(JDK)를 설치할 때는 많은 시스템 및 아키텍처에 맞게 패키징된 OpenJDK를 권장한다.

또한 오라클 JDK를 설치할 수도 있다.

스파크는 다른 모든 스칼라 프로그램과 마찬가지로 JDK 6 버전 또는 그 이상이 설치된 시스템에서 동작한다. 스파크의 권장 자바 런타임은 버전에 따라 다르다.

- 스파크 2.0 미만 버전의 경우 JAVA 7을 권장함
- 스파크 2.0 이상 버전의 경우 JAVA 8을 권장함

스칼라 학습

이 책의 예제는 스칼라로 작성되어 있다. 스칼라는 스파크 코어의 구현 언어이긴 하지만 사용할 수 있는 유일한 언어라는 뜻은 아니다. 이 글을 쓰는 시점 기준으로 파이썬, 자바 그리고 R API를 제공한다.

스칼라는 기능적인 측면과 객체 지향적인 측면 모두 제공한다는 점에서 오늘날 가장 완성된 언어 중 하나다. 간결함과 타입 추론은 스칼라 문법의 기본 요소를 쉽게 이해할 수 있게 해준다.

초급 언어로서의 스칼라는 교육학적 관점에서 많은 장점을 가지며, 그것의 정규 문법과 구문은 가장 중요한 것 중 하나가 되어 가고 있다.

_비욘 레넬^{Björn Regnell}, 룬드 대학

따라서 모든 독자가 그 의미를 충분히 이해할 수 있도록 예제가 명확하게 유지되도록 할 것이다. 하지만 스칼라 언어에 대한 입문서를 원하고 책을 사용해서 배우는 것이 더 편한 독자에게는 『Atomic Scala』(Mindview, 2015)를 추천한다. 또한 참고 문헌을 통해 스칼라에 대한 지식 수준을 한층 높이고 싶은 독자에게는 『Programming in Scala』(에이콘출판사, 2021)를 추천한다.

이 책의 구성

이 책은 5부로 구성되어 있다.

- 1부에서는 앞서 논의한 개념을 확장 및 심화시킨다. 스트림 처리의 기본 개념과 스트리밍을 구현하는 아키텍처의 일반적인 청사진을 다루고, 스파크를 자세히 살펴볼 것이다.

- 2부에서는 구조적 스트리밍, 프로그래밍 모델, 그리고 상대적으로 간단한 비상태 변환에서 고급 상태 작업에 이르는 스트리밍 애플리케이션을 구현하는 방법을 살펴볼 것이다. 또한 24시간 1주일 내내 운영을 지원하는 모니터링 도구와의 통합을 논의하고 현재 개발 중인 실험 영역을 탐구할 것이다.

- 3부에서는 스파크 스트리밍을 학습한다. 구조적 스트리밍과 비슷한 조직에서 스트리밍 애플리케이션을 생성하는 방법과 스파크 스트리밍 작업을 운영하는 방법, 이들을 스파크의 다른 API와 통합하는 방법 등을 배우게 될 것이다. 더불어 성능 튜닝에 대한 간단한 안내를 할 것이다.

- 4부에서는 고급 스트리밍 기술을 소개한다. 스트림 처리 문제를 해결하고 스파크 스트리밍을 통한 온라인 머신러닝의 제한된 공간을 조사하기 위해 확률적 데이터 구조와 근사 기법의 사용에 대해 논의할 것이다.

- 5부에서는 아파치 스파크 이외의 스트리밍 방식을 보여줄 것이다. 사용 가능한 다른 스트림 프로세서를 조사하고 스파크 및 스트림 처리를 학습하기 위한 추가 단계를 살펴볼 것이다.

스트림 처리를 지원하는 개념을 이해하려면 1부를 살펴볼 것을 권장한다. 책 전반에 걸쳐 공통적으로 등장하는 언어와 개념을 쉽게 사용할 수 있도록 도움을 줄 것이다.

2부 '구조적 스트리밍'과 3부 '스파크 스트리밍'은 일관된 구조를 따른다. 관심사나 선호도에 따라 어떤 것을 먼저 읽어도 상관없다.

- 새 프로젝트를 시작하고 구조적 프로그래밍을 알고 싶다면 2부를 먼저 시작한다.
- 스파크 스트리밍을 사용하는 기존 코드 단계에서 더 많은 것을 알고 싶다면 3부를 먼저 시작한다.

4부에서는 앞서 논의한 확률적 구조를 이해하는 데 필요한 수학적 배경을 살펴볼 것이다. 이를 '가야할 길은 가파르지만 풍경은 아름다운' 과정으로 생각해도 된다.

5부에서는 스파크를 사용한 스트림 처리를 다른 사용 가능한 프레임워크와 라이브러리 관점에서 살펴본다. 특정 기술을 정착시켜 사용하기 전에 하나 또는 그 이상의 대안을 시도해보고 비교하는 과정에서 도움이 될 것이다.

코드 예제

이 책의 온라인 저장소에는 대화형 노트북, 작업 코드 샘플, 그리고 다루는 주제와 기술에 대한 실제적인 통찰력을 얻을 수 있는 몇 가지 프로젝트를 통해 학습 경험을 향상시키는 보충 자료가 포함되어 있다. https://github.com/stream-processing-with-spark에서 찾을 수 있다.

포함된 노트북은 스칼라를 사용하여 아파치 스파크와 작업하는 데 중점을 두고 개발된 오픈 소스 웹 기반 대화형 코딩 환경인 스파크 노트북에서 실행된다. 라이브 위젯은 시스템을 통과하는 데이터를 시각화할 수 있으므로 스트리밍 애플리케이션과 함께 작동하는 데 이상적이다.

스파크 노트북은 https://github.com/spark-notebook/spark-notebook에서 찾을 수 있으며, 사전 빌드된 버전은 http://spark-notebook.io의 배포 사이트에서 다운로드할 수 있다.

"스파크와 관련된 모든 정보를 수집하고 관련된 경험을 종합하는 과정에서 우리가 느낀 즐거움만큼 독자들도 이 책을 즐길 수 있기를 바란다."

감사의 글

이 책은 아파치 스파크의 스트리밍 기능에 대한 포괄적인 리소스가 되기 위한 스파크 스트리밍의 학습 매뉴얼로서 원래 시작한 것보다 크게 발전했다. 이 책을 현재 형태로 만드는 데 도움을 준 귀중한 피드백에 대해 리뷰어들에게 감사를 전한다. 특히 데이터스택스[Datastax]의 러셀 스피처, 페이스북[Facebook]의 세르하트 일마즈, 클라리오[Klarrio]의 지젤 반 돈겐에게 감사를 전하고 싶다.

초안의 초기 단계에서 정성어린 조언과 도움을 아끼지 않은 홀덴 카라우와 구조적 스트리밍 범위를 추가할 때 지속적으로 지원을 해준 빌 체임버스에게도 감사를 전한다.

오라일리의 편집자 제프 블레이엘은 초기 아이디어에서 현재의 내용을 완성할 때까지 강한 인내심과 피드백 그리고 조언을 아끼지 않았다. 또한 이 프로젝트를 시작하는 데 도움을 줬던 편집자 섀넌 커트에게도 감사를 전한다. 그 외에도 많은 분이 여러 단계에서 우리를 지원하고 앞으로 나아갈 수 있도록 도와주었다.

프레임워크가 가진 한계를 끌어내려 노력할 때, 특히 스파크 스트리밍의 초기 단계 동안 많은 소통을 해준 타타가타 다스에게도 감사를 전한다.

제러드 마스

책 쓰기와 업무를 병행하는 것을 이해하고 지원해준 라이트벤드의 동료들에게 감사의 말을 전하고 싶습니다. 어려운 순간에 격려의 조언을 해준 레이 로이스텐버그[Ray Roestenburg]에게 감사함을 전합니다. 이 책에 대한 나의 노력을 항상 지지해준 딘 웜플러[Dean Wampler]와 글쓰기 스타일에 대한 훌륭한 조언을 해준 루스 스텐토[Ruth Stento]에게 감사의 말을 전합니다.

기회를 창출하고 스파크에 대한 나의 지식을 깊게 할 수 있는 여유를 제공해준 커트 존키어[Kurt Jonckheer], 패트릭 고메어[Patrick Goemaere], 리벤 게스키어[Lieven Gesquiere]를 언급하고 싶습니다. 그리고 스파크 노트북을 만들어준, 하지만 더 중요한 것은 프로그래밍과 데이터의 교차점을 계속 탐색하도록 영향을 주었던 전염성 있는 열정을 일깨워준 앤디 페트렐라[Andy Petrella]를 언급하고 싶습니다.

무엇보다도 아내 잉그리드^{Ingrid}, 딸 라일라^{Layla}와 줄리아나^{Juliana} 그리고 어머니 카르멘^{Carmen}에게 무한한 감사를 표하고 싶습니다. 그들의 사랑과 보살핌 그리고 이해가 없었다면 이 프로젝트를 이룰 수 없었을 것입니다.

프랑수아 가릴로

이 책을 쓰는 동안 도움을 주신 스위스콤과 페이스북의 동료들에게 감사를 드립니다. 또한 조언과 지원을 아끼지 않은 크리스 프레글리^{Chris Fregly}, 파코 네이쓴^{Paco Nathan}, 벤 로리카^{Ben Lorica}에게도 감사를 드립니다. 아내 아중^{AJung}에게도 정말 감사의 말을 전하고 싶습니다.

CONTENTS

Part 1 아파치 스파크를 사용한 스트림 처리의 기본

CHAPTER 1 스트림 처리 소개

CONTENTS

CHAPTER 4 스트림 처리 엔진으로서의 아파치 스파크

CHAPTER 5 스파크의 분산 처리 모델

CONTENTS

CHAPTER 8 구조적 스트리밍 프로그래밍 모델

CONTENTS

CHAPTER **11 구조적 스트리밍 싱크**

CHAPTER 12 이벤트 시간 기반 스트림 처리

CHAPTER 13 고급 상태 기반 작업

CONTENTS

Part 3 스파크 스트리밍

CHAPTER 16 스파크 스트리밍 소개

CHAPTER 17 스파크 스트리밍 프로그래밍 모델

CONTENTS

CONTENTS

<space> </space>CHAPTER **22 임의 상태 기반 스트리밍 연산**

<space> </space>CHAPTER **23 스파크 SQL로 작업하기**

CONTENTS

CHAPTER 28 실시간 머신러닝

CONTENTS

Part 5   아파치 스파크를 넘어

CHAPTER 29 기타 분산 실시간 스트림 처리 시스템

아파치 스파크를 사용한 스트림 처리의 기본

1부에서는 스트림 처리를 뒷받침하는 개념과 스트리밍 엔진으로서 아파치 스파크의 이론적 이해에 대한 견고한 토대를 구축하는 데 주력할 것이다.

1장에서는 오늘날 기업 환경에서 스트림 처리 기술과 시스템을 채택하게 된 동기 유발 요인을 논의한다. 2장에서는 스트림 처리에 공통적인 용어와 개념을 다룰 것이다. 3장에서는 다양한 스트리밍 아키텍처를 논의함으로써 어떻게 현재의 최신 상태까지 이르게 되었는지 간단히 살펴볼 것이며, 4장에서는 스트리밍 엔진으로서 아파치 스파크의 이론적 이해를 서술할 것이다.

API와 런타임에 대한 탐구를 시작하기 전에 좀 더 깊게 이해하고자 하는 독자는 5장에서 소개하는 스파크의 분산 처리 모델에 대한 내용을 계속 읽어볼 것을 권장한다. 이는 스파크 스트리밍과 구조적 스트리밍에서 제공하는 다양한 구현, 옵션, 기능을 더 잘 이해하는 데 도움이 되는 핵심 개념을 제시하기 때문이다.

6장에서는 스파크로 구현한 복원력resilience 모델에 대한 이해를 심화시키는 한편 엔터프라이즈급의 중요한 워크로드를 1년 내내 실행시킬 수 있는 강력한 스트리밍 애플리케이션을 구현하기 위한 개발자의 고통을 어떻게 해소할 수 있는지 살펴볼 것이다.

Part I

아파치 스파크를 사용한
스트림 처리의 기본

## CHAPTER 1

스트림 처리 소개

2011년에 마크 안드레센^{Marc Andreessen}[1]은 많은 기업이 디지털 전환에 대한 도전에 직면하고 있던 시기에 급속히 발전하는 디지털 경제를 언급하며 '소프트웨어가 세상을 집어삼키고 있다'는 유명한 말을 남겼다. '온라인'과 '모바일' 동작 모드를 사용하는 성공적인 온라인 비즈니스는 전통적인 '오프라인 거래' 방식으로 존재하던 경쟁자들을 점령하기 시작했다.

예를 들어 카메라 판매점에서 카메라를 구매한 경험을 상상해보자. 가게를 방문하고, 상품을 둘러보고, 점원에게 몇 가지 질문을 하고, 어떤 것을 살지 결정하고, 결국 욕구와 기대를 충족시키는 모델을 구매할 것이다. 구매가 이루어지면 상점에서는 신용카드나 현금을 받을 것이고 해당 카메라 모델의 재고 품목이 하나 줄어들게 될 것이다.

이제 온라인 환경을 경험해보도록 하자. 먼저 웹 검색을 시작하고 몇몇 온라인 상점을 방문하며 한 곳에서 다른 곳으로 옮겨감에 따라 디지털 흔적을 남기게 된다. 그러면 웹사이트 상에 우리가 찾고 있는 카메라뿐만 아니라 대안으로 선택할 수 있는 다른 제품에 대한 프로모션(물론 광고다)을 보여주기 시작한다. 마침내 우리는 최고의 조건을 제공하는 온라인 상점을 발견하고 카메라를 구매한다. 개인 정보를 등록하면 구매 관련 정보와 연결된다. 구매를 하는 동안 추가 옵션이 제공된다. 웹에서의 키워드 검색, 링크 클릭 또는 특정 페이지를 읽는 데 시간을 소요하는 것과 같은 각각의 디지털 상호작용은 개인화된 광고 또는 연쇄 판매 추천과 같은 비즈니스 가치로 변환되는 일련의 이벤트를 생성한다.

---

1 옮긴이_ 페이스북 이사. 2012년 타임지가 뽑은 세계에서 가장 영향력 있는 100인 중 1명

2015년 드루팔 창시자인 드리스 보이타르트 Dries Buytaert 는 안드레센의 명언을 언급하며 '아뇨, 실제로는 **데이터**가 세상을 집어삼키고 있습니다'라는 말을 남겼다. 그의 말이 의미하는 것은 오늘날의 파괴적인 회사들은 더 이상 그들의 소프트웨어 때문에 파괴적인 것이 아니라 그들이 수집한 고유 데이터와 그 데이터를 가치로 변환하는 능력으로 인해 파괴적이라는 것이다.

스트림 처리 기술의 채택은 운영 환경 변화에 대응하고 적응하는 데 필요한 시간을 개선하기 위한 비즈니스의 필요성이 증가함에 따라 이루어진다. 이러한 방식의 데이터 처리는 기술적이고 전략적인 이점을 제공한다. 기술적인 채택이 진행 중인 예로 인터넷 상거래와 같이 24시간 연중 무휴 고객과 상호작용하는 비즈니스에 의해 생성된 끊임없이 실행되는 데이터 파이프라인 또는 사기행위를 감지하고 중지하기 위해 발생하는 트랜잭션을 분석하는 신용카드 회사 등이 있다.

스트림 처리를 주목받게 하는 또 다른 요소는 데이터를 생성하는 능력이 데이터를 이해하는 능력을 훨씬 능가한다는 점이다. 우리는 텔레비전, 커넥티드 자동차, 스마트폰, 자전거 계기판, 스마트워치, 감시 카메라, 온도 조절 장치 등 개인 및 전문적인 환경에서 사용하는 컴퓨팅 가능 장치를 끊임없이 증가시키고 있다. 컨텍스트에서 장치 기록의 일부를 구성하는 동작 및 사건을 나타내는 메시지 스트림과 같은 이벤트 로그를 생성하기 위한 장치로 우리 주변을 둘러싸고 있다. 이러한 장치들을 서로 연결함으로써 해당 이벤트 로그에 접근하여 분석하는 기능을 만들 수 있게 된다. 이 현상은 이러한 분석을 다루기 쉽게 만들 수 있는 방법을 찾았다는 조건하에 거의 실시간에 가까운 데이터 분석 영역에서 놀라운 창의성과 혁신의 문을 열어준다. 집계 이벤트 로그 세계에서 스트림 처리는 데이터 스트림의 분석을 용이하게 하는 가장 리소스 친화적인 방법을 제공한다.

데이터가 세상을 집어삼키는 것뿐만 아니라 **스트리밍 데이터** 역시 그렇게 한다는 것 또한 놀라운 일이 아니다.

이 장에서는 아파치 스파크를 사용하는 스트림 처리의 여정을 시작한다. 스트림 처리 영역에서 스파크의 기능에 대해 논의할 수 있도록 준비하려면 스트림 처리가 무엇인지, 스트림 처리 애플리케이션 및 그것의 문제점에 대한 일반적인 이해를 확립해야 한다. 이러한 내용들에 대한 공통적인 용어를 구성한 후 통합 모델을 사용하여 배치 및 스트리밍 워크로드의 요구 사항을 처리할 수 있는 일반 데이터 처리 프레임워크로서 아파치 스파크를 소개한다. 마지막으로 스파크의 스트리밍 기능을 주목하여 살펴볼 것이며, 이와 관련하여 스파크 스트리밍과 구조적 스트리밍이라는 두 가지 사용 가능한 API를 제시할 것이다. 이 책의 나머지 부분에서 발견할 내용을 미리 살펴볼 수 있도록 주요 특징을 간략하게 설명하겠다.

1.1 스트림 처리란

스트림 처리는 **무한 데이터**^{unbounded data}로부터 정보를 추출하는 데 사용하는 규율 및 관련 기술 집합이다.

타일러 아키도^{Tyler Akidau}는 자신의 저서 『Streaming Systems^{스트리밍 시스템}』(오라일리, 2018) 에서 무한 데이터를 다음과 같이 정의했다.

> (적어도 이론적으로는) 크기가 무한한 유형의 데이터셋

정보 시스템은 메모리 및 스토리지 용량과 같은 유한 리소스를 가진 하드웨어에 구축되기 때문에 무한 데이터셋을 보유할 수는 없다. 대신 시간 경과에 따른 이벤트 흐름 형태로 처리 시스템에서 수신되는 데이터를 관찰하며, 이것을 **데이터 스트림**이라 한다.

그에 반해 우리는 **유한 데이터**^{bounded data}를 알려진 크기의 데이터셋으로 간주하며, 유한 데이터셋을 이루는 요소 수를 셀 수 있다.

1.1.1 배치 처리와 스트림 처리

두 가지 유형의 데이터셋을 어떻게 처리할 수 있을까? **배치 처리**^{batch processing}에서는 유한 데이터셋의 계산 분석을 참조한다. 현실적인 측면에서 이는 유한 데이터셋이 일부 스토리지 형식에서 전체적으로 사용 가능하고 검색 가능하다는 것을 의미한다. 우리는 계산 과정 시작 시점의 데이터셋 크기와 해당 프로세스의 지속 시간은 제한되어 있다는 것을 알고 있다.

반대로 **스트림 처리**^{stream processing}에서는 데이터가 시스템에 도착할 때의 데이터 처리에 대해 관심 있다. 데이터 스트림의 무한한 특성을 고려할 때 스트림 프로세서는 스트림이 새로운 데이터를 제공하는 한 지속적으로 작동해야 한다. 앞서 배운 것처럼 이는 이론적으로는 영원할지도 모른다.

스트림 처리 시스템은 프로그래밍과 운영 기술을 적용하여 제한된 컴퓨팅 리소스로 무한한 데이터 스트림 처리를 가능하게 한다.

1.1.2 스트림 처리에서 시간의 개념

데이터는 두 가지 형태로 발생할 수 있다.

- **유휴 데이터** : 파일 형식, 데이터베이스 내용 또는 기타 레코드 종류
- **사용 중인 데이터** : 차량의 센서 또는 GPS 신호 측정과 같이 연속적으로 생성되는 신호 시퀀스

앞서 스트림 처리 프로그램은 입력 크기가 잠재적으로 무한하다고 가정하는 프로그램이라 논의한 바 있다. 보다 구체적으로 스트림 처리 프로그램은 입력 내용을 **시간이 지남에 따라 관찰되는** 무한 길이의 신호 시퀀스라고 가정한다.

시간의 흐름 관점에서 볼 때 **유휴 데이터**는 과거의 데이터다. 의심의 여지 없이 모든 경계 데이터셋은 파일에 저장되어 있든 데이터베이스에 포함되어 있든 초기에는 스토리지에 시간이 흐르면서 수집된 데이터 스트림이다. 사용자 데이터베이스, 지난 분기의 모든 주문, 도시 택시 여행의 GPS 좌표 등은 모두 저장소에 수집된 개별 이벤트로 시작되었다.

사용 중인 데이터에 대한 추론을 시도하는 것은 더 어렵다. 데이터가 원래 생성되는 순간과 처리할 수 있는 시점 사이에는 시간 간격이 존재한다. 그 시간 간격은 같은 데이터센터 내에서 생성되고 처리되는 웹 로그 이벤트와 같이 매우 짧거나 차량이 터널을 빠져나온 후 무선 연결을 다시 설정할 때만 전송되는 차량의 GPS 데이터처럼 훨씬 길 수도 있다.

이벤트가 생성된 시간과 이벤트가 스트림 처리 시스템에 의해 처리되는 다른 타임라인이 있다는 것을 알 수 있다. 이러한 타임라인은 매우 중요하기 때문에 다음과 같은 특정 이름을 지정한다.

이벤트 시간

이벤트가 생성되었을 때의 시간. 시간 정보는 이벤트를 생성하는 장치의 로컬 시간에 의해 제공된다.

처리 시간

이벤트가 스트림 처리 시스템에 의해 처리되었을 때의 시간. 이는 처리 로직을 실행하는 서버의 시간을 의미한다. 일반적으로 처리 지연 계산과 같은 기술적인 이유 또는 중복된 출력을 결정하는 기준으로 적합하다.

이벤트를 서로 관련시키거나 순서를 정하거나 집계해야 할 때 이러한 타임라인 간의 차별화는 매우 중요해진다.

1.1.3 불확실성의 요인

타임라인에서 유휴 데이터는 과거와 관련이 있으며 사용 중인 데이터는 현재로 볼 수 있다. 그렇다면 미래는 어떨까? 이 논의의 가장 미묘한 측면 중 하나는 시스템이 이벤트를 수신하는 처리량에 대한 가정이 없다는 것이다.

일반적으로 스트리밍 시스템은 일정한 간격으로, 한 번에 또는 특정 리듬에 따라 입력을 생성할 필요가 없다. 즉, 컴퓨팅에는 일반적으로 비용이 들기 때문에 입력 요소의 갑작스런 도착과 처리에 필요한 컴퓨팅 리소스를 일치시키는 최대 로드를 예측하는 것은 쉽지 않다.

입력 요소의 갑작스런 유입에 필요한 컴퓨팅 용량을 확보하면 시스템은 예상대로 결과를 생성하지만 별안간 터져 나오는 입력 데이터의 유입을 계획하지 않은 경우 일부 스트리밍 시스템에서 지연, 리소스 제약, 장애 등이 발생할 수 있다.

불확실성 처리는 스트림 처리의 중요한 측면이다.

요약하면 스트림 처리는 시간이 지남에 따라 전달된 이벤트로 관찰되는 무한 데이터(비경계 데이터) 스트림에서 정보를 추출할 수 있게 해준다. 그럼에도 불구하고 데이터를 수신하고 처리할 때 이벤트 시간의 부가적인 복잡성과 무한 입력으로 인해 발생하는 불확실성을 처리해야 한다.

왜 우리는 부가적인 문제를 해결해야 할까? 다음 절에서는 스트림 처리에 의해 더해진 가치와 데이터 스트림에 대한 더 빠르고 실행 가능한 통찰력과 비즈니스 가치를 제공할 수 있는 방법을 설명하는 여러 가지 사례를 살펴볼 것이다.

1.2 스트림 처리 예제

스트림 처리의 사용은 새로운 실시간의 혁신적인 데이터 애플리케이션을 상상할 수 있는 능력만큼이나 중요하다. 다음 사례들은 저자가 어떤 방식으로든 참여한 작업이며, 광범위한 스트림 처리 애플리케이션을 설명하기 위해 사용하는 간단한 예제다.

장치 모니터링

한 소규모 스타트업에서 최대 1,000만 대의 장치에서 데이터를 수집, 처리 및 저장할 수 있는 클라우드 기반 사물인터넷(IoT) 장치 모니터를 출시했다. 인메모리 저장소를 사용한 실시간 대시보드 업데이트에서 고유한 카운트 및 최대/최소 측정과 같은 연속적인 데이터 집계에 이르기까지 애플리케이션의 여러 부분에 전원을 공급하기 위해 다중 스트림 프로세서가 배포되었다.

고장 탐지

한 대규모 하드웨어 제조업체는 복잡한 스트림 처리 파이프라인을 적용하여 장비 측정 항목을 받는다. 시계열 분석을 사용하면 잠재적인 오류가 감지되고 이를 수정하기 위한 조치가 장비에 자동적으로 다시 전송된다.

청구 시스템의 현대화

자리를 확실히 잡은 한 건실한 보험사에서는 회사의 청구 시스템을 스트리밍 파이프라인으로 옮겼다. 기존 메인 프레임 인프라로부터 발생하여 일괄 추출된 것들은 이 청구 시스템을 통해 스트리밍되어 보험 에이전트의 새로운 실시간 흐름을 동일한 로직으로 처리하면서 기존 청구 프로세스를 충족시킨다.

차량 관리

한 차량 관리 회사는 관리 차량의 위치, 모터 파라미터 및 연료량과 같은 실시간 데이터를 보고할 수 있는 장치를 설치하여 지리적 경계와 같은 규칙을 시행하고 제한 속도에 대한 운전자 행동을 분석할 수 있게 하였다.

미디어 추천

한 전국 미디어 매체는 뉴스 리포트와 같은 새로운 영상 자료를 추천 시스템에 수집하기 위해 스트리밍 파이프라인을 구축하여 영상 자료가 회사의 미디어 저장소에 수집되는 즉시 사용자의 개인화 추천에 사용할 수 있도록 했다. 회사의 이전 시스템은 동일한 작업을 수행하기 위해 몇 시간을 소요했을 것이다.

빠른 대출

대출 서비스를 제공하는 한 은행은 여러 데이터 스트림을 스트리밍 애플리케이션으로 결합함으로써 대출 승인에 걸리는 시간을 몇 시간에서 몇 초로 줄일 수 있었다.

이러한 활용 사례들의 공통점은 데이터를 수신한 후 짧은 시간 내에 처리하고 실행 가능한 통찰력을 창출하기 위한 비즈니스의 필요성이다. 이때 말하는 시간은 활용 사례와 관련 있다. 비록 대출 승인의 경우 **몇 분** 정도 걸리더라도 매우 빠른 전환이지만 디바이스 고장을 감지하고 지정된 서비스 레벨 임곗값 내에서 수정 조치를 발생시키려면 밀리초 단위의 응답이 필요할 수 있다.

어떤 경우에도 가능한 한 최신의 **데이터**를 소비할 때가 더 좋다고 주장할 수 있다.

스트림 처리가 무엇인지 이해했고 오늘날 어떻게 사용되는지 몇 가지 사례를 살펴봤기 때문에 이제 구현을 뒷받침하는 개념을 자세히 살펴보도록 하자.

1.3 데이터 처리의 확장

스트림 처리에서 분산 컴퓨팅의 의미를 논의하기 전에 확장성 있고 안정적인 데이터 처리를 위한 토대를 마련한 컴퓨팅 모델인 **맵리듀스**를 빠르게 살펴보자.

1.3.1 맵리듀스

분산 시스템 프로그래밍의 역사는 2003년 2월에 주목할 만한 사건을 겪게 된다. 제프 딘[Jeff Dean]과 산제이 제마왓[Sanjay Gemawhat]은 구글의 크롤링 및 색인 시스템을 다시 작성하는 몇 차례의 반복 작업을 거친 후 공통 인터페이스를 통해 노출될 수 있는 일부 작업에 주목했다. 이로 인해 구글의 대규모 클러스터 분산 처리 시스템인 맵리듀스[MapReduce]가 개발되었다.

> 초기에 맵리듀스를 개발하지 않은 이유 중 하나는 더 작은 규모로 작동할 때 계산에 적은 수의 기계가 사용되어 견고성이 그다지 중요하지 않았기 때문입니다. 일부 계산을 주기적으로 체크포인트하고 기계가 다운된 경우 체크포인트로부터 전체 계산을 다시 시작하는 것이 좋습니다. 그러나 특정 규모에 도달하면 항상 다시 시작하고 앞으로 진행하지 않기 때문에 이 방식은 상당히 불안정합니다.
>
> _2013년 8월 제프 딘이 브래드포드 F. 리옹에게 보낸 이메일에서

맵리듀스는 프로그래밍 API이자 구성 요소 집합으로서 분산 시스템에 대한 프로그래밍을 모든 이전 작업보다 상대적으로 쉽게 만들었다.

맵리듀스의 핵심은 다음 두 함수에 있다.

맵 Map

맵 연산은 컬렉션의 모든 요소에 적용될 함수를 인수로 받는다. 컬렉션의 요소는 분산 파일시스템을 통해 분산된 방식으로 익스큐터 머신executor machine당 하나의 청크로 읽혀진다. 그런 다음 로컬 청크에 상주하는 컬렉션의 모든 요소가 그들에게 적용된 함수를 보고 익스큐터 executor(실행자)가 있는 경우 해당 애플리케이션의 결과를 내보낸다.

리듀스 Reduce

리듀스 연산에는 두 가지 인수가 사용된다. 하나는 중립 요소로서 빈 컬렉션이 넘겨지면 리듀스 연산이 리턴하는 것이고, 다른 하나는 집계의 현잿값인 컬렉션의 새 요소를 가져와서 새로운 집계로 묶는 집계 연산이다.

이 두 가지 고차 함수의 조합은 데이터셋에서 수행하려는 모든 연산을 표현할 수 있을 만큼 강력하다.

1.3.2 교훈: 확장성 및 내결함성

프로그래머의 관점에서 맵리듀스의 주요 장점은 다음과 같다.

- 간단한 API를 가지고 있다.
- 매우 높은 표현력을 가진다.
- 프로그래머로부터 라이브러리 디자이너까지 프로그램을 배포하는 데 어려움이 크게 줄어든다. 특히 복원력이 모델에 내장되어 있다.

이러한 특성들이 모델을 매력적으로 만듦에도 불구하고 맵리듀스의 주된 성공은 성장을 유지하는 능력이다. 데이터 크기가 증가하고 비즈니스 요구 사항이 증가함에 따라 더 많은 정보 추출 작업이 이루어지면서 맵리듀스 모델은 다음 두 가지 중요한 속성을 발휘한다.

확장성

데이터셋이 증가함에 따라 안정적인 처리 성능을 유지하기 위해 시스템 클러스터에 더 많은 리소스를 추가할 수 있다.

결함 허용

시스템은 부분적인 장애를 버텨내고 복구할 수 있다. 모든 데이터가 복제된다. 데이터 전송 익스큐터가 손상되면 손상된 익스큐터에서 실행 중인 작업을 다시 시작하는 것으로도 충분하다. 마스터가 해당 작업을 추적하기 때문에 일정 변경 이외의 특정 문제는 발생하지 않는다.

이러한 두 가지 특성이 결합되면 시스템은 기본적으로 신뢰할 수 없는 환경에서도 워크로드를 지속적으로 유지할 수 있으며, 이는 **스트림 처리에도 필요한 속성**이다.

1.4 분산 스트림 처리

맵리듀스 모델을 사용한 스트림 처리와 일반적인 배치 처리를 사용한 스트림 처리의 차이점은 배치 처리에서는 스트림을 사용하여 전체 데이터셋에 액세스할 수 있지만 언제나 데이터셋의 일부만 볼 수 있다는 것이다.

이러한 상황은 분산 시스템에서 악화된다. 즉, 일련의 익스큐터 사이의 처리 부하를 분산시키기 위해 입력 스트림을 파티션으로 분할한다. 각 익스큐터는 전체 스트림의 일부만 볼 수 있다.

분산 스트림 처리 프레임워크의 과제는 사용자에게 이러한 복잡성을 숨기고 스트림 전체를 추론할 수 있는 추상화를 제공하는 것이다.

1.4.1 분산 시스템에서 상태 기반 스트림 처리

대통령 선거에서 득표수를 세고 있다고 가정해보자. 고전적인 배치 방식은 모든 투표가 진행될 때까지 기다렸다가 그 뒤에 집계하는 것이다. 비록 이 접근법이 올바른 최종 결과를 도출하지만 선거 과정이 끝날 때까지 (중간) 결과가 알려지지 않기 때문에 하루 종일 지루한 뉴스만 전달될 것이다.

더 흥미로운 시나리오는 각 투표가 진행될 때 후보별로 득표수를 세는 경우다. 현재 참여자수를 부분적으로 집계하여 투표 추세뿐만 아니라 현재 순위도 볼 수 있다. 이를 통해 결과를 예측해볼 수 있다.

이 시나리오를 달성하려면 스트림 프로세서가 지금까지의 내부적인 투표 등록을 보관해야 한다. 일관된 계산을 보장하기 위해 이 레지스터는 어떤 부분적인 오류에서도 복구되어야 한다. 기술적인 실패를 이유로 시민들에게 다시 투표를 요청할 수는 없다.

또한 궁극적인 오류 복구는 최종 결과에 영향을 줄 수 없다. 우리는 잘못 복구된 시스템의 부작용으로 잘못된 당선자를 선언하게 되는 위험을 감수할 수는 없다.

이 시나리오는 분산 환경에서 실행되는 상태 기반 스트림 처리의 문제점을 보여준다. 상태 기반 처리는 시스템에 부담을 가중시키게 된다.

- 시간이 지나도 상태가 보존되도록 보장해야 한다.
- 부분적인 시스템 장애 발생 시에도 데이터 일관성의 보장이 필요하다.

이 책 전체에서 볼 수 있듯이 이러한 문제를 해결하는 것은 스트림 처리의 중요한 측면이다.

스트림 처리의 인기와 이 분야의 도전적인 측면에 대한 더 나은 인식을 갖게 되었으므로 이제 아파치 스파크를 소개할 차례가 된 것 같다. 통합 데이터 분석 엔진으로서 스파크는 일괄 처리 및 스트리밍 처리를 위한 데이터 처리 기능을 제공하며, 다음 절에서 볼 수 있듯이 데이터 집약적 애플리케이션의 요구를 충족시키는 데 탁월한 선택이다.

1.5 아파치 스파크 소개

아파치 스파크는 대규모 데이터 처리를 위한 빠르고 안정적이며 내결함성$^{fault tolerance}$이 있는 분산 컴퓨팅 프레임워크다.

1.5.1 첫 번째 물결: 기능적 API

초기 스파크의 혁신은 획기적인 메모리 사용과 표현력이 풍부한 기능적 API에 의해 이루어졌다. 스파크 메모리 모델은 RAM을 사용하여 데이터가 처리될 때 캐시하므로 배치성 작업 부하를 처리하기 위한 구글 맵리듀스의 오픈 소스 구현체인 하둡 맵리듀스보다 처리 속도가 최대 100배 빠르다.

핵심 추상화인 **탄력적 분산 데이터셋**^Resilient Distributed Dataset (RDD)은 클러스터에서 분산 컴퓨팅의 복잡성을 추상화하는 풍부한 기능적 프로그래밍 모델을 제공한다. 또한 맵리듀스 개요에서 논의한 맵과 리듀스 단계보다 더 표현적인 프로그래밍 모델을 제공하는 **변환**과 **액션**이라는 개념을 소개했다. 이 모델에서 맵^map, 플랫맵^flatmap, 조인^join 및 필터^filter와 같은 많은 사용 가능한 **변환**은 하나의 내부 표현에서 다른 표현으로 데이터의 지연 변환을 표현하는 반면 **액션**이라는 열악한 작업은 분산 시스템에서 계산을 구체화하여 결과를 생성한다.

1.5.2 두 번째 물결: SQL

스파크 프로젝트의 역사에서 두 번째 전환점은 스파크 SQL 및 **데이터프레임**(그리고 이후에는 강력한 형식의 데이터프레임인 **데이터셋**)의 도입이었다. 높은 수준의 관점에서 스파크 SQL은 스키마가 있는 모든 데이터셋에 SQL 지원을 추가했다. SQL 데이터베이스를 쿼리할 때와 같은 방식으로 쉼표로 구분된 값^comma-separated values (CSV), 파케이 또는 JSON 데이터셋을 쿼리할 수 있다.

이러한 진화는 사용자의 채택 임곗값을 낮췄다. 고급 분산 데이터 분석은 더 이상 소프트웨어 엔지니어들의 독점 영역이 아니며 이제는 데이터 과학자, 비즈니스 분석가, SQL에 익숙한 다른 전문가도 접근할 수 있게 되었다. 성능 관점에서 SparkSQL은 쿼리 최적화 프로그램과 물리적 실행 엔진을 스파크로 가져옴으로써 적은 리소스를 사용하는 동안 더 빠르게 실행될 수 있게 만들었다.

1.5.3 통합 엔진

현재 스파크는 데이터 분석에 대한 폴리그롯^polyglot[2] 접근과 호환되는 배치와 스트리밍 기능을 제공하는 통합 분석 엔진으로 스칼라, 자바, 파이썬 및 R 언어 API를 제공한다.

이 책에서는 아파치 스파크의 스트리밍 기능에 관심을 기울일 것이지만 배치 기능도 동등하게 향상되었으며 스트리밍 애플리케이션에 매우 보완적이다. 스파크의 통합 프로그래밍 모델은 개발자가 배치 및 스트리밍 워크로드를 모두 해결하기 위해 단 하나의 새로운 패러다임을 배우면 된다는 것을 의미한다.

---

2 옮긴이_ 여러 프로그래밍 언어로 코드를 작성하는 관행

1.5.4 스파크 컴포넌트

[그림 1-1]은 어떻게 스파크가 핵심 엔진, 그 엔진 위에 빌드된 일련의 추상화셋(수평 레이어로 표현) 그리고 이러한 추상화를 사용하여 특정 영역을 처리하는 라이브러리(수직 상자로 표현)로 구성되는지 보여준다. 그림에서 이 책의 범위 안에 있는 것은 강조했고 다루지 않는 것은 흐리게 표시했다. 아파치 스파크의 다른 영역을 자세히 알아보려면 빌 챔버스와 마테이 자하리아의 『스파크 완벽 가이드』(한빛미디어, 2018)와 홀든 카로와 레이첼 워렌의 『하이 퍼포먼스 스파크』(제이펍, 2018)를 권장한다.

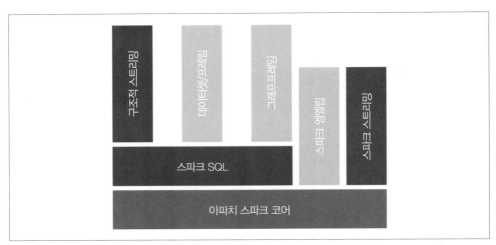

그림 1-1 스파크에서 제공하는 추상화셋(수평)과 라이브러리(수직)

스파크의 추상화셋으로 다음과 같은 것들이 존재한다.

스파크 코어

스파크 핵심 실행 엔진과 스파크 링고의 **익스큐터**로 불리는 컴퓨팅 리소스 클러스터에 연산을 배포하는 데 사용하는 하위 수준의 기능적 API 셋이 포함되어 있다. 클러스터 추상화를 통해 워크로드를 얀^{YARN}, 메소스^{Mesos} 및 쿠버네티스^{Kubernetes}에 제출하고 자체 독립형 클러스터 모드를 사용할 수 있으며 스파크는 머신 클러스터에서 전용 서비스로 실행된다. 데이터 소스 추상화를 통해 파일, 블록 저장소, 데이터베이스 및 이벤트 브로커와 같은 다양한 데이터 공급자를 통합할 수 있다.

스파크 SQL

스파크의 상위 레벨 데이터셋 및 데이터프레임 API를 구현하고 임의의 데이터 소스 위에 SQL 지원을 추가한다. 또한 카탈리스트^{Catalyst} 쿼리 엔진과 텅스텐^{Tungsten} 프로젝트의 코드 생성 및 메모리 관리를 통해 얻게 되는 일련의 성능 향상을 도입한다.

이러한 추상화 위에 구축된 라이브러리는 머신러닝을 위한 **엠엘립**^{MLLib}, 그래프 분석을 위한 **그래프프레임**^{GraphFrame} 및 이 책의 초점이 되는 스트림 처리를 위한 두 가지 API인 스파크 스트리밍 및 구조적 스트리밍과 같은 대규모 데이터 분석의 여러 영역을 처리한다.

1.5.5 스파크 스트리밍

스파크 스트리밍은 핵심 스파크 엔진의 분산 처리 기능 위에 구축된 최초의 스트림 처리 프레임워크다. 2013년 2월 스파크 0.7.0 릴리스에서 알파 릴리스로 소개되었고, 오늘날 대규모 API를 처리하기 위해 업계에서 널리 채택한 성숙한 API가 되었다.

스파크 스트리밍은 개념은 간단하지만 '스파크의 분산 컴퓨팅 기능을 적용하여 연속적인 데이터 스트림을 스파크가 작동할 수 있는 개별 데이터 컬렉션으로 변환하여 스트림 처리에 적용하라'는 강력한 전제를 기반으로 구축되었다. 스트림 처리에 대한 이러한 접근 방식을 **마이크로배치 모델**$^{microbatch\ model}$이라고 하며, 대부분의 다른 스트림 처리 구현에서 지배적인 **요소별 모델**$^{element-at-time}$과 대조된다.

스파크 스트리밍은 스파크 코어와 동일한 기능적 프로그래밍 패러다임을 사용하지만 새로운 추상화된 **DStream**$^{Discretized\ Stream}$(**이산 스트림**)을 도입하여 프로그래밍 모델을 스트림의 기본 데이터에서 작동하도록 한다.

1.5.6 구조적 스트리밍

구조적 스트리밍Structured Streaming은 스파크 SQL 추상화 위에 구축된 스트림 프로세서다. 스트리밍 기능으로 데이터셋 및 데이터프레임 API를 확장한다. 따라서 스키마 지향 변환 모델을 채택하여 이름의 구조화된 부분을 제공하고 스파크 SQL에 구현되어 있는 모든 최적화를 상속한다.

구조적 스트리밍은 2016년 7월 스파크 2.0과 함께 실험용 API로 도입되었다. 1년 후 스파크 2.2가 프로덕션 배포에 적합해짐에 따라 **일반 가용성**에 도달했다. 비교적 새로운 개발인 구조적 스트리밍은 여전히 새로운 버전의 스파크로 빠르게 진화하고 있다.

구조적 스트리밍은 선언적 모델을 사용하여 스트림 또는 스트림셋에서 데이터를 수집한다. API를 최대한 활용하려면 스트림의 데이터에 대한 스키마 지정이 필요하다. 데이터셋 및 데이터프레임 API에서 제공하는 일반 변환 모델을 지원할 뿐만 아니라 이벤트 시간, 스트리밍 조인 및 기본 런타임과의 분리와 같은 스트림별 기능을 소개한다. 이 기능은 다른 실행 모델로 런타임을 구현할 수 있는 기회를 제공한다. 기본 구현은 고전적인 마이크로배치 방식을 사용하는 반면, 최신 **연속 처리** 백엔드는 거의 실시간 연속 실행 모드를 실험적으로 지원한다.

구조적 스트리밍은 스트림 처리를 동일한 수준의 배치 지향 애플리케이션으로 가져오는 통합된 모델을 제공하여 스트림 처리에 대한 많은 추론 부담을 제거한다.

1.6 다음엔 무엇을 배울까

앞서 소개한 두 API 중 하나를 즉시 배우고 싶다면 2부 '구조적 스트리밍' 또는 3부 '스파크 스트리밍'으로 바로 이동해도 상관없다.

스트림 처리에 익숙하지 않은 경우 특정 프레임워크를 논의할 때 사용하는 용어와 공통 개념을 설명하는 1부를 계속 읽어나가는 게 좋다.

## CHAPTER 2

스트림 처리 모델

이 장에서는 데이터 스트림('움직이는' 데이터 소스)의 개념과 스트림 처리를 표현할 수 있는 프로그래밍 언어의 기본 요소 및 구조를 알아본다.

아파치 스파크가 이를 어떻게 나타내는지 살펴보기 전에 먼저 단순하고 기본적인 개념을 설명하겠다. 특히 스트림 처리의 구성 요소로서 다음 내용을 다룰 것이다.

- 데이터 소스
- 스트림 처리 파이프라인
- 데이터 싱크

그리고 이러한 개념들이 아파치 스파크에 의해 구현된 특정 스트림 처리 모델에 어떻게 매핑되는지 보여줄 것이다.

다음에는 새로운 데이터를 처리하는 데 필요한 중간 상태의 형태로 과거 계산을 기록(북키핑 bookkeeping)해야 하는 스트림 처리 유형인 상태 기반 스트림 처리를 특성화한다. 마지막으로 '이벤트 도착 순서와 적시성이 일치하지 않으면 어떻게 해야 할까'와 같이 우려되는 문제를 해결하는 것과 관련된 타임스탬프 이벤트의 스트림과 기본 개념을 알아볼 것이다.

2.1 소스와 싱크

앞서 언급한 것처럼 아파치 스파크는 두 가지 스트리밍 시스템인 구조적 스트리밍과 스파크 스트리밍 각각에서 스칼라, 자바, 파이썬 및 R 프로그래밍 언어의 API를 갖춘 프로그래밍 프레임워크다. 이 프레임워크를 사용하여 프로그램의 런타임에 입력된 데이터에 대해서만 작동할 수 있으며 다른 시스템으로 전송되는 즉시 데이터에 대한 작동이 중지된다.

이것은 아마도 유휴 데이터의 맥락에서 이미 잘 알고 있는 개념일 것이다. 레코드 파일로 저장된 데이터를 조작하기 위해 해당 파일을 메모리로 읽어 들여야 하며, 이 데이터를 계산하여 결과물을 생성하면 해당 결과를 다른 파일에 쓸 수 있다. 그리고 이 동일한 원칙이 데이터베이스에도 적용된다(유휴 데이터의 다른 예).

비슷하게 스트리밍 **데이터 소스**^{data sources} 개념을 사용하여 아파치 스파크의 스트리밍 프레임워크에서 데이터 스트림에 접근할 수 있다. 스트림 처리의 맥락에서 스트림으로부터 데이터에 접근하는 것을 종종 **스트림 소비**^{consuming the stream}라고 한다. 이 추상화는 아파치 카프카, 플룸, 트위터, TCP 소켓 등과 같은 특정 시스템에 연결하려는 인스턴스의 구현을 허용하는 인터페이스로 제공된다.

마찬가지로 아파치 스파크 컨트롤 외부에 데이터 스트림을 쓰는 데 사용되는 추상화를 **스트리밍 싱크**^{streaming sink}라고 한다. 다양한 특정 시스템에 연결되는 수많은 커넥터는 스파크 프로젝트 자체뿐만 아니라 오픈 소스 및 상업적인 서드파티 통합 에코시스템을 통해 제공된다.

[그림 2-1]은 스트림 처리 시스템에서 이러한 소스 및 싱크의 개념을 보여준다. 프로세싱 컴포넌트에 의해 소스로부터 데이터가 소비되고 최종 결과는 싱크로 생성된다.

그림 2-1 단순화된 스트리밍 모델

소스와 싱크의 개념은 시스템의 경계를 나타낸다. 이러한 시스템 경계에 대한 인식의 방식은 분산 프레임워크가 컴퓨팅 리소스 간에 매우 복잡한 풋프린팅^{footprinting}을 가질 수 있다는 점에서 의미가 있다. 예를 들어 아파치 스파크 클러스터를 다른 아파치 스파크 클러스터 또는 아파치 카프카가 자주 사용되는 다른 분산 시스템에 연결할 수 있다. 이러한 맥락에서 하나의 프레임워크의 싱크는 다운스트림 프레임워크의 소스다. 이러한 연결을 일반적으로 **파이프라인**이라고 한다. 소스와 싱크라는 이름은 한 시스템에서 다음 시스템으로 전달되는 데이터와 각 시스템에 대해 독립적으로 말할 때 채택하는 관점을 설명하는 데 유용하다.

2.2 서로 정의된 불변의 스트림

소스와 싱크 사이에는 스트림 처리 프레임워크의 프로그래밍이 가능한 구조가 있다. 이 주제에 대한 자세한 내용은 여기서 설명하지 않고 2부 '구조적 스트리밍'과 3부 '스파크 스트리밍'에서 각각 살펴볼 것이다. 하지만 스트림 처리를 어떻게 표현하는지 이해하는 데 유용한 몇 가지 개념은 소개하겠다.

아파치 스파크의 두 스트림 API는 함수형 프로그래밍 방식을 취한다. 데이터 스트림에서 작동하는 변환 및 집계는 해당 스트림이 변경 불가능하다고 가정하여 선언한다. 따라서 하나의 주어진 스트림에 대해 하나 또는 여러 개의 요소를 변형하는 것은 불가능하다. 대신 파생된 데이터 스트림을 얻기 위해 한 스트림의 콘텐츠를 처리하는 방법을 표현하기 위한 변환을 사용한다. 이는 프로그램의 어느 특정 지점에서도 프로그램에서 명시적으로 선언한 일련의 변환 및 조작을 통해 모든 데이터 스트림을 그것의 입력으로 추적할 수 있게 해준다. 결과적으로 스파크 클러스터의 특정 프로세스는 프로그램과 입력 데이터만 사용하여 데이터 스트림의 내용을 재구성할 수 있어 계산이 명확하고 재현 가능하다.

2.3 변환과 집계

스파크는 **변환**transformation과 **집계**aggregation를 광범위하게 사용한다. 변환은 스트림의 모든 요소에 대해 동일한 방식으로 자신을 표현하는 계산을 의미한다. 예를 들어 입력 스트림의 모든 요소를 두 배로 만들어주는 파생 스트림을 생성하는 것은 변환에 해당한다. 반면 집계는 많은 요소와 현재까지 관찰된 스트림의 모든 요소에 의존하는 결과를 생성한다. 예를 들어 입력 스트림 중 상위 5개 숫자를 수집하는 것은 집계에 해당한다. 매 10분마다 일부 판독값의 평균을 계산하는 것도 집계의 예다.

이러한 개념을 표현하는 또 다른 방법은 변환이 좁은 종속성을 갖는 데 반해(출력의 한 요소를 생성하려면 입력 요소 중 하나만 필요함) 집계는 **넓은 종속성**을 갖는다(출력의 한 요소를 생성하려면 지금까지 발생한 입력 스트림의 많은 요소를 관찰해야 한다)는 것이다. 이러한 구별은 유용한데, 이를 통해 고차 함수를 사용하여 결과를 생성하는 기본 함수를 표현할 수 있다.

비록 스파크 스트리밍과 구조적 스트리밍은 데이터 스트림을 나타내는 고유한 방법이 있지만 작동하는 API는 본질적으로 비슷하다. 둘 다 불변 입력 스트림에 적용되는 일련의 변환 형태로 존재하며 적정한 데이터 스트림 또는 출력 작업(데이터 싱크)으로 출력 스트림을 생성한다.

2.4 윈도우 집계

스트림 처리 시스템은 종종 소셜 미디어 메시지, 웹 페이지 클릭, 전자 상거래 트랜잭션, 금융 이벤트 또는 센서 판독과 같이 실시간으로 발생하는 작업을 처리한다. 스트리밍 애플리케이션은 소매점이든 일반 애플리케이션의 웹 서버든 관계없이 여러 장소의 로그를 중앙 집중식으로 볼 수 있다. 모든 거래를 개별적으로 보는 것이 유용하거나 실용적이지는 않지만 최근 일정 기간(예를 들면 최근 15분이나 최근 한 시간) 동안 발생한 이벤트의 속성을 살펴보는 데에는 관심이 있을 수 있다.

더욱이 스트림 처리의 아이디어는 시스템이 지속적으로 실행되는 데이터 스트림을 처리하면서 오래 실행되어야 한다는 것이다. 이러한 이벤트가 계속 발생함에 따라 오래된 이벤트는 일반적으로 처리하려는 프로세스와 관련성이 낮아진다.

우리는 규칙적이고 반복적인 시간 기반 집계의 많은 애플리케이션을 볼 수 있는데, 이를 **윈도우**window라고 한다.

2.4.1 텀블링 윈도우

윈도우 집계의 가장 자연적 개념은 '각 x 기간의 그룹화 함수'다. 예를 들어 '시간당 최대 및 최소 주변 온도' 또는 '15분당 총 에너지 소비량(kW)'은 윈도우 집계의 예다. 어떻게 기간이 본질적으로 연속적이고 겹치지 않을 수 있었는지 주목하자. 각 그룹이 이전 그룹을 따르고 겹치지 않는 고정된 기간의 그룹을 **텀블링 윈도우**tumbling windows라고 한다.

텀블링 윈도우는 일정한 기간 동안 데이터 집계를 생성해야 할 때 각 기간이 이전 기간과 독립적인 것이 일반적이다. [그림 2-2]는 요소 스트림에서 10초 동안의 텀블링 윈도우를 보여준다. 이 그림은 텀블링 윈도우의 본질적인 특성을 잘 보여준다.

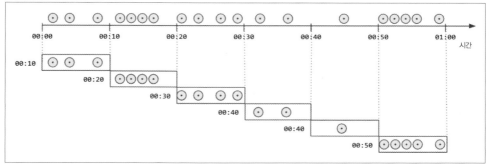

그림 2-2 텀블링 윈도우

2.4.2 슬라이딩 윈도우

슬라이딩 윈도우sliding windows는 집계 기간 자체보다 더 높은 빈도로 보고되는 일정 기간 동안의 집계를 말한다. 이와 같이 슬라이딩 윈도우는 두 가지 시간 사양인 윈도우 길이와 보고 빈도의 집계를 나타낸다. 이는 보통 시간 간격 x에서 각 y 빈도로 보고한 그룹화 함수와 같이 판독한다. 예를 들어 '마지막 날의 평균 주가는 시간 단위로 보고되었다'와 같은 식이다. 이미 알고 있듯이 평균 함수와 슬라이딩 윈도우의 조합은 가장 널리 알려진 슬라이딩 윈도우의 형태이며, 보통 **이동 평균**moving average이라고 알려져 있다.

[그림 2-3]은 윈도우 크기가 30초이고 보고 빈도가 10초인 슬라이딩 윈도우를 보여준다. 그림에서는 슬라이딩 윈도우의 중요한 특성을 확인할 수 있는데, 이는 윈도우 크기보다 작은 시간 간격은 정의되지 않는다는 것이다. 즉, 00:10 및 00:20에 해당하는 시간 동안에는 보고된 윈도우가 없다는 것을 알 수 있다.

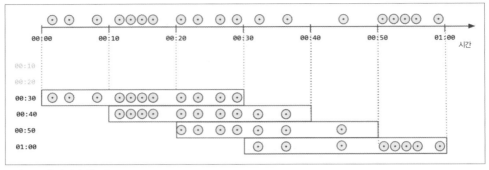

그림 2-3 슬라이딩 윈도우

비록 그림에서는 볼 수 없지만 차트를 그리는 과정에서 흥미로운 기능을 볼 수 있는데, 모든 다른 요소를 그대로 유지하면서 최신 데이터를 추가하고 만료된 요소를 제거하여 슬라이딩 윈도우를 구성하고 유지할 수 있다.

텀블링 윈도우는 보고 빈도가 윈도우 크기와 동일한 슬라이딩 윈도우의 특별한 경우라는 점을 주목할 필요가 있다.

2.5 비상태 및 상태 기반 처리

아파치 스파크 스트리밍 시스템의 프로그래밍 모델에 대한 개념에 더 익숙해졌으므로 데이터 스트림에 적용하려는 연산의 특성을 살펴볼 수 있다. 우리 맥락에서 데이터 스트림은 기본적으로 요소들의 긴 집합으로 시간이 지남에 따라 관찰된다. 실제로 구조적 스트리밍은 데이터 스트림을 각 행이 요소에 해당하는 가상 레코드 테이블로 간주하여 이 논리를 뒷받침한다.

2.6 상태 기반 스트림

스트림을 지속적으로 확장된 컬렉션으로 보든 테이블로 보든 이 방법을 사용하면 흥미로운 연산 방식에 대한 통찰력을 얻을 수 있다. 경우에 따라서는 요소 또는 요소 그룹의 연속적이고 독립적인 처리에 중점을 두는데, 이를테면 이벤트 로그에서 오는 경고 메시지와 같이 잘 알려진 휴리스틱 기반으로 일부 요소에서 작업하려는 경우다.

이러한 관점은 완벽하게 유효하지만 아파치 스파크와 같은 고급 분석 시스템을 거의 필요로 하지 않는다. 종종 컬렉션에서 특잇값을 탐지하거나 이벤트 데이터로부터 최근의 집계 통계를 계산하는 것과 같이 전체 스트림에 의존하는 분석을 기반으로 하는 새로운 요소에 대한 실시간 반응에 관심을 가진다. 예를 들어 비행기 엔진 판독 스트림에서 일반적인 진동 패턴보다 높은 진동 패턴을 찾는 것은 흥미로울 수 있는데, 이는 관심 있는 엔진 종류에 대한 일반적인 진동 측정을 이해해야 한다.

> **CAUTION_ 상태 크기 제한하기**
>
> 스트림 처리 분야에 입문하는 실무자가 겪게 되는 일반적인 함정 중 하나는 입력 데이터 스트림의 크기에 비례하는 양의 내부 데이터를 저장하려는 유혹이다. 예를 들어 스트림의 중복 레코드를 제거하려면 해당 문제에 접근하는 순진한 방법은 이미 본 모든 메시지를 저장하고 새 메시지를 기존에 저장한 메시지와 비교하는 것이다. 이는 들어오는 각 레코드마다 컴퓨팅 시간을 증가시킬 뿐만 아니라 무한한 메모리 요구 사항을 가지므로 결국 어떤 클러스터보다도 커지게 될 것이다.
>
> 이는 일반적인 실수인데, 스트림 처리의 전제는 입력 이벤트 수에 제한이 없으며 분산된 스파크 클러스터에서 사용 가능한 메모리가 클 수 있지만 항상 제한되어 있다는 것이다. 따라서 중간 상태 표현은 데이터가 관찰되는 전역 데이터 스트림과 관련된 요소들 상에서 동작하는 연산을 표현하는 데 매우 유용할 수 있지만 다소 안전하지 않은 접근 방식이다. 중간 데이터를 보유하기로 선택한 경우 주어진 시간에 저장할 수 있는 데이터양이 입력으로 발생할 수 있는 데이터양과 관계없이 사용 가능한 메모리보다 작은 특정 상한에 엄격하게 제한되어 있는지 확인해야 한다.

우리가 이미 살펴본 데이터의 맥락에서 동시에 새로운 데이터를 이해하려고 시도하는 이 접근 방식은 종종 **상태 기반 스트림 처리**stateful stream processing로 이어진다. 상태 기반 스트림 처리는 입력 데이터 스트림에서 관찰된 새로운 데이터 요소에서 무언가를 연산하고 이 연산을 수행하는 데 도움이 되는 내부 데이터를 새로 고치는 것을 원칙으로 한다.

예를 들어 이상 탐지를 시도하는 경우 우리가 모든 새로운 스트림 요소로 업데이트하려는 내부 상태는 머신러닝 모델이 되지만, 수행하려는 계산은 입력 요소가 비정상으로 분류되어야 하는지 아닌지 말하기 위한 것이다.

이 연산 패턴은 아파치 스파크와 같은 분산 스트리밍 시스템에서 지원되는데, 대량의 컴퓨팅 성능을 활용할 수 있고 실시간 데이터에 반응하는 새롭고 흥미로운 방법이기 때문이다. 예를 들어 입력 번호로 표시된 요소의 실행 평균 및 표준편차를 계산하고 새 요소가 이 평균에서 5 표준편차보다 멀면 메시지를 출력할 수 있다. 이는 입력 요소 분포의 특정 극한 이상 값을 표시하는 간단하지만 유용한 방법이다.[1] 이 경우 스트림 프로세서의 내부 상태는 스트림의 실행 평균 및 표준편차만, 즉 몇몇 숫자만 저장한다.

2.7 예제: 스칼라에서 로컬 상태 기반 연산

분산 스트림 처리의 복잡성에 빠져들 필요 없이 상태 기반 개념에 대한 직관을 얻기 위해 스칼라에서 간단한 비분산 스트림 예제로 시작해보자.

피보나치 수열은 일반적으로 상태 기반 스트림으로 정의된다. 이는 0과 1로 시작하는 수열이며, 그 후 [예제 2-1]에 표시된 것처럼 두 개의 이전 요소의 합으로 구성된다.

예제 2-1 피보나치 원소들의 상태 기반 연산

```scala
scala> val ints = Stream.from(0)
ints: scala.collection.immutable.Stream[Int] = Stream(0, ?)

scala> val fibs = (ints.scanLeft((0, 1)){ case ((previous, current), index) =>
          (current, (previous + current))})

fibs: scala.collection.immutable.Stream[(Int, Int)] = Stream((0,1), ?)

scala> fibs.take(8).print
(0,1), (1,1), (1,2), (2,3), (3,5), (5,8), (8,13), (13,21), empty

Scala> fibs.map{ case (x, y) => x}.take(8).print
0,1,1,2,3,5,8,13,empty
```

상태 기반 스트림 처리는 결과를 얻기 위해 과거 정보를 찾는 모든 스트림 처리를 말하며, 스트림의 다음 요소를 계산하는 과정에서 일부 **상태** 정보를 유지해야 한다.

예제에서는 scanLeft 함수의 재귀 인수에서 상태 정보가 유지되며, 각 요소에 대해 두 요소(탐색 결괏값과 그 다음 값)의 튜플을 가진 fibs를 찾을 수 있다. 가장 왼쪽의 요소만 유지하기 위해 튜플 fibs 리스트에 간단한 변환을 적용하여 전형적인 피보나치 수열을 얻을 수 있다.

....

1 체비셰프 부등식 덕분에 이 데이터 스트림에 대한 알림은 5% 미만의 확률로 발생해야 한다는 것을 알고 있다.

강조해야 할 중요한 점은 n번째 위치에서 값을 얻으려면 스트림을 따라 이동할 때 중간 (i-1, i) 요소를 유지하면서 모든 $n-1$ 요소를 처리해야 한다는 것이다.

그러면 순전히 비상태에서 이전 값을 참조하지 않고 정의하는 것이 가능할까?

2.7.1 스트림 변환으로서 피보나치 수열의 비상태 정의

정수를 입력하고 피보나치 수열을 출력으로 하는 이 계산을 스트림으로 표현하기 위해 비상태 맵 함수를 사용하여 각 숫자를 피보나치 값으로 변환하는 스트림 변환으로 표현한다. [예제 2-2]에서 이 방식의 구현을 볼 수 있다.

예제 2-2 피보나치 원소들의 비상태 계산

```scala
scala> import scala.math.{pow, sqrt}
import scala.math.{pow, sqrt}

scala> val phi = (sqrt(5)+1) / 2
phi: Double = 1.618033988749895

scala> def fibonacciNumber(x: Int): Int =
  ((pow(phi,x) - pow(-phi,-x))/sqrt(5)).toInt
fibonacciNumber: (x: Int)Int

scala> val integers = Stream.from(0)
integers: scala.collection.immutable.Stream[Int] = Stream(0, ?)

scala> integers.take(10).print
0,1,2,3,4,5,6,7,8,9,empty

scala> val fibonacciSequence = integers.map(fibonacciNumber)
fibonacciSequence: scala.collection.immutable.Stream[Int] = Stream(0, ?)

scala>fibonacciSequence.take(8).print
0,1,1,2,3,5,8,13,empty
```

이러한 다소 반직관적인 정의는 단일 정수(0)부터 시작하는 정수 스트림을 사용하여 피보나치 수열을 스트림을 통해 수신한 정수 n을 입력으로 받아 피보나치 수열의 n번째 요소를 결과로 반환하는 계산으로 정의한다. 이것은 **비네 공식**^{Binet formula}이라고 하는 부동소수점수 공식을 사용하여 이전 요소를 요구하지 않고 수열의 n번째 요소를 직접 계산한다. 즉, 스트림의 상태를 알고 있을 필요가 없다.

이 수열의 제한된 수의 요소를 사용하여 어떻게 명시적인 작업으로 스칼라로 표현할 수 있는지 살펴보자. 이는 스트림의 요소에 대한 계산이 느리게 실행되기 때문에 마지막 구체화 지점에서 원래 소스까지 요소를 생성하는 데 필요한 요소를 고려하여 필요할 때만 스트림의 평가를 호출하기 때문이다.

2.8 비상태 또는 상태 기반 스트리밍

두 가지 접근 방식을 사용하는 솔루션이 있는 간단한 사례를 통해 상태 기반 및 비상태 기반 저장 스트림 처리의 차이점을 알아봤다. 상태 기반 버전은 정의와 매우 유사하지만 결과를 생성하려면 더 많은 컴퓨팅 리소스가 필요하다. 스트림을 통과하고 각 단계에서 중간값을 유지해야 한다.

비상태 기반 버전은 비록 인위적이지만 간단한 접근 방식을 사용한다. 결과를 얻기 위해 비상태 기반 함수를 사용한다. 9 또는 99999에 피보나치수가 필요한지 여부는 중요하지 않으며, 두 경우 모두 계산 비용이 거의 동일하다.

이 아이디어를 일반화하여 스트림 처리를 할 수 있다. 상태 기반 처리는 사용하는 리소스 측면에서 비용이 많이 들고 실패에 대한 우려 또한 불러일으킨다. 연산이 스트림 중간에서 실패하면 어떻게 할 것인가? 비록 경험적으로 안전한 선택은 비상태 기반 옵션을 선택하는 것이지만, 가능하다면 데이터 스트림에 대해 요청할 수 있는 흥미로운 질문 중 다수는 본질적으로 상태 기반이다. 예를 들어 웹사이트에서 사용자 세션이 얼마나 걸릴까? 택시가 도시를 가로질러 사용한 경로는 무엇일까? 산업 기계에서 압력 센서의 이동 평균은 얼마일까?

이 책 전반에 걸쳐 상태 기반 연산이 더 일반적이지만 자체 제약 조건이 있음을 알 수 있다. 스트림 처리 프레임워크의 중요한 측면은 이러한 제약 조건을 처리할 수 있는 기능을 제공하고 사용자가 비즈니스에 필요한 솔루션을 자유롭게 만들 수 있도록 하는 것이다.

2.9 시간의 영향

지금까지 데이터 스트림의 각 요소에 대한 결과를 생성할 때 중간 데이터를 추적하면 어떤 이점이 있는지 살펴봤는데, 이는 중간 데이터를 제한적이고 합리적인 크기로 유지하는 한 데이터 스트림과 관련된 각 요소를 분석할 수 있기 때문이다. 이제 스트림 처리의 고유한 또 다른 문제인 타임스탬프 메시지에 대한 작업을 생각해보자.

2.9.1 타임스탬프 이벤트에 대한 연산

데이터 스트림의 요소에는 항상 **처리 시간**$^{processing\ time}$이 있다. 이는 스트림 처리 시스템이 데이터 소스에서 새로운 이벤트를 관찰하는 시간이다. 그 시간은 전적으로 처리 실행 시간에 의해 결정되며 스트림 요소의 내용과 완전히 독립적이다.

그러나 대부분의 데이터 스트림에서는 **이벤트 시간**$^{event\ time}$이라는 개념에 대해서도 이야기한다. 이는 이벤트가 실제로 발생한 시간이다. 이벤트를 감지하는 시스템의 기능이 허용하는 경우 이 시간은 일반적으로 스트림의 메시지 페이로드의 일부로 추가된다.

타임스탬핑^{timestamping}은 메시지 생성 시 시간 레지스터를 추가하는 작업으로 구성되며, 데이터 스트림의 일부가 된다. 금융 거래 시스템에서 가장 복잡한 로그뿐만 아니라 가장 변변찮은 임베디드 장치(시계가 있는 경우)에도 있는 어디에나 존재하는 사례다.

2.9.2 시간 개념의 제공자로서의 타임스탬프

타임스탬프의 중요성은 사용자가 데이터가 생성된 순간을 고려하여 데이터를 추론할 수 있게 해주는 데 있다.

예를 들어 웨어러블 장치를 사용하여 아침 조깅을 등록하고 집으로 돌아와서 장치를 휴대폰과 동기화시키면 잠시 전에 숲을 통과했을 때의 심박수와 속도에 대한 세부 정보를 살펴볼 수 있고, 클라우드 서버에 업로드할 때의 데이터를 끝이 없는 연속된 값으로 보지 않는다. 타임스탬프는 데이터에 대한 시간 컨텍스트를 제공한다.

이벤트 로그는 오늘날 분석되고 있는 데이터 스트림의 많은 부분을 형성하기 때문에 타임스탬프는 특정 시간에 특정 시스템에서 발생한 일을 이해하는 데 도움이 된다. 이 완전한 그림은 데이터를 생성한 다양한 시스템이나 장치에서 이를 처리하는 클러스터로 데이터를 전송하면 일부 이벤트가 지연, 재배열 또는 손실될 수 있는 다양한 형태의 실패에 취약한 작업이라는 사실에 의해 종종 더 이해하기 어려운 부분이다.

종종 아파치 스파크와 같은 프레임워크 사용자는 시스템의 반응성에 영향을 주지 않으면서 그러한 위험을 보상하기 원한다. 이러한 욕망으로 인해 다음과 같은 것들을 생산하기 위한 규율이 탄생했다.

- 정확하고 명확하게 표시하고 재정렬된 결과
- 중간 예상 결과

그러한 분류는 스트림 처리 시스템이 데이터 스트림에 의해 전달된 타임스탬프 이벤트에 대한 최고의 지식을 반영하고 지연된 스트림 요소의 늦은 도착에 의해 이 뷰가 완료될 수 있다는 단서 하에 이루어진다. 이 과정은 **이벤트 시간 처리**^{event-time processing}에 대한 기초를 구성한다.

스파크에서 이 기능은 기본적으로 구조적 스트리밍으로 제공된다. 비록 스파크 스트리밍은 이벤트 시간 처리에 대한 내장된 지원이 부족하지만 이는 22장에서 볼 수 있듯이 동일한 종류의 원리를 수동으로 구현하기 위한 개발 노력과 일부 데이터 통합 프로세스에 대한 문제다.

2.9.3 이벤트 시간과 처리 시간

우리는 이벤트가 생성되는 타임라인과 그것이 처리될 때의 타임라인이 있음을 인식하고 있다.

- **이벤트 시간**^{event time}은 이벤트가 처음 생성된 타임라인 말한다. 일반적으로 생성 장치에서 사용할 수 있는 시계는 사건 자체에 타임스탬프를 배치하는데, 이는 동일한 소스의 모든 이벤트가 전송 지연의 경우에도 연대순으로 정렬될 수 있음을 의미한다.
- **처리 시간**^{processing time}은 스트림 처리 시스템에서 이벤트를 처리하는 시간이다. 이 시간은 기술 또는 구현 수준에만 관련되어 있다. 예를 들어 처리 시간 스탬프를 결과에 추가하여 중복값을 처리 시간이 다른 동일한 출력값으로 구분하는 데 사용할 수 있다.

[그림 2-4]와 같이 시간이 지남에 따라 생산되고 처리되는 일련의 이벤트가 있다고 생각하자.

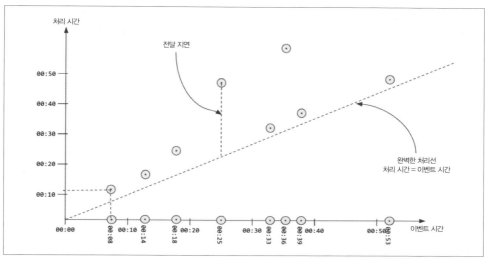

그림 2-4 이벤트 시간과 처리 시간

이를 좀 더 자세히 살펴보자.

- x축은 이벤트 타임라인을 나타내고 해당 축의 점은 각 이벤트가 생성된 시간을 나타낸다.

- y축은 처리 시간이다. 차트 영역의 각 점은 x축의 해당 이벤트가 처리될 때를 나타낸다. 예를 들어 00:08에 생성된 이벤트(x축의 첫 번째)는 약 00:12에 처리되며, 이는 y축의 표시에 해당하는 시간이다.

- 대각선은 완벽한 처리 시간을 나타낸다. 이상적인 상황에서는 지연이 0인 네트워크를 사용하여 이벤트가 생성되는 즉시 처리된다. 이벤트가 생성되기 전에 이벤트가 처리된다는 의미일 수 있으므로 이 라인 아래에 처리 이벤트가 있을 수 없다는 점을 알아두자.

- 대각선과 처리 시간 사이의 수직 거리는 **전달 지연**delivery delay, 즉 이벤트의 생산과 최종 소비 사이에 경과된 시간이다.

이 프레임워크를 염두에 두고 [그림 2-5]에서 설명한 것처럼 10초간의 윈도우 집계를 생각해보자.

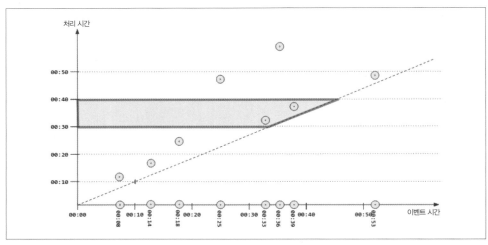

그림 2-5 처리 시간 윈도우

우선 처리 시간에 정의된 윈도우를 고려하며 시작해보자.

- 스트림 프로세서는 10초 간격을 측정하기 위해 내부 시계를 사용한다.
- 해당 시간 간격에 해당하는 모든 이벤트는 윈도우에 속한다.
- [그림 2-5]에서 수평선은 10초 윈도우를 정의한다.

또한 00:30-00:40 시간 간격에 해당하는 윈도우를 강조했다. 이는 이벤트 시간 00:33과 00:39의 두 가지 이벤트를 포함한다.

이 창에서는 다음 두 가지 중요한 특성을 알 수 있다.

- 강조 표시된 영역에서 볼 수 있듯이 윈도우 경계가 잘 정의되어 있다. 이는 윈도우의 시작과 끝이 정해져 있다는 것을 의미한다. 윈도우가 닫힐 때쯤 무엇이 안에 들어 있고 무엇이 밖으로 나와 있는지 알 수 있다.
- 내용은 임의적이다. 그것들은 이벤트가 생성된 시기와 관련이 없다. 예를 들어 00:30-00:40 윈도우에 이벤트 00:36이 포함되어 있다고 가정하더라도 시간이 늦었기 때문에 결과 집합에서 제외되었음을 알 수 있다.

이제 이벤트 시간에 정의된 것과 동일한 10초 윈도우를 고려해보자. 이 경우 **이벤트 생성 시간** event creation time을 윈도우 집계 기준으로 사용한다. [그림 2-6]은 이러한 윈도우들이 앞에서 본 처리 시간 윈도우와 근본적으로 어떻게 다르게 보이는지 알려준다. 이 경우 00:30-00:40 윈도우에는 해당 기간 동안 **생성된** 모든 이벤트가 포함되어 있다. 우리는 또한 이 윈도우가 언제 끝날지 규정하는 자연적인 최대 경계치 upper boundary가 없다는 것을 알 수 있다. 00:36에 생성된 이벤트는 20초 이상 늦었다. 따라서 `00:30-00:40` 윈도우의 결과를 보고하기 위해서는 적어도 `01:00`까지는 기다려야 한다. 네트워크에 의해 이벤트가 삭제되고 도착하지 않으면 어떻게 될까? 얼마나 기다려야 할까? 이 문제를 해결하기 위해 임의의 기한인 **워터마크**^{watermark}를 사용한다. 이는 지연, 배열, 중복 제거와 같은 개방된 경계의 결과를 처리해준다.

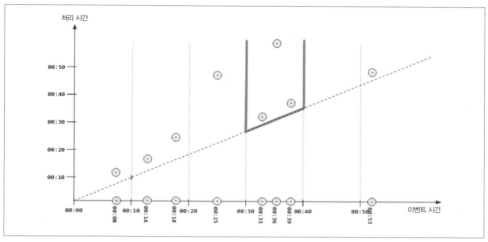

그림 2-6 이벤트 시간 윈도우

2.9.4 워터마크를 사용한 컴퓨팅

스트림 처리는 입력에서 관찰된 이벤트들의 분석으로부터 주기적인 결과를 만들어낸다. 이벤트 메시지에 포함된 타임스탬프를 사용할 수 있는 기능을 갖춘 경우 스트림 프로세서는 워터마크의 개념에 기초하여 이러한 메시지를 두 범주로 구분할 수 있다.

워터마크는 어떤 순간에도 **데이터 스트림에서 우리가 받아들일 수 있는 가장 오래된 타임스탬프**다. 이러한 기대보다 오래된 이벤트는 스트림 처리 결과에 포함되지 않는다. 예를 들어 스트리밍 엔진은 **늦은 도착 채널**^{late arrival channel}에서 보고하는 것과 같은 다른 방법으로 그것들을 처리하도록 선택할 수 있다.

그러나 지연된 이벤트를 설명하기 위해 이 워터마크는 보통 이벤트 전달에서 기대하는 평균 지연보다 훨씬 크다. 또한 이 워터마크는 시간이 지남에 따라 단조롭게 증가하는 유동적인 값이며,[2] 데이터 스트림 진행에서 관찰되는 시간이 경과함에 따라 지연 허용의 윈도우를 미끄러져 나간다.

[그림 2-7]과 같이 이벤트 시간 다이어그램에 워터마크의 개념을 적용하면 워터마크가 이벤트 시간 윈도우의 정의에 의해 남겨진 열린 경계를 닫아 어떤 이벤트가 윈도우에 속하는지, 그리고 어떤 이벤트가 너무 늦었는지 판단하기 위한 기준을 제공한다는 것을 알 수 있다.

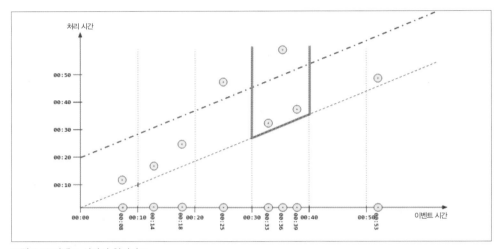

그림 2-7 이벤트 시간의 워터마크

이러한 워터마크 개념이 스트림에 대해 정의된 후 스트림 프로세서는 해당 스트림과 관련하여 두 가지 모드 중 하나로 작동할 수 있다. 즉, 워터마크보다 오래된 이벤트와 비교하여 결과를 생산하고 있는 경우 지금까지 모든 요소가 관찰되었기 때문에 출력이 최종적이며 그보다 오래된 이벤트는 더 이상 고려되지 않는다. 또는 워터마크 이전의 데이터와 관련하여 출력을 생성하고 워터마크보다 지연된 새로운 요소가 언제든지 스트림에 도착하여 결과를 변경할 수 있다. 후자의 경우 새로운 데이터가 최종 결과를 여전히 바꿀 수 있기 때문에 우리는 출력을 잠정적인 것으로 간주할 수 있는 반면, 전자의 경우 결과는 최종적이고 새로운 데이터는 그것을 변경할 수 없을 것이다.

12장에서 이러한 종류의 연산을 구체적으로 표현하고 운용하는 방법을 자세히 검토할 것이다.

----

2 워터마크는 자연적으로 감소하지 않는다.

마지막으로 임시 결과를 사용하여 어떤 식으로든 중간값을 저장하고, 지연된 이벤트들이 도착함에 따라 그들을 계산에 포함시키는 방법이 필요하다. 이 과정은 약간의 메모리 공간을 필요로 한다. 이와 같이 이벤트 시간 처리는 상태 기반 연산의 또 다른 형태로서 동일한 제한이 적용되는데, 워터마크를 처리하기 위해서는 스트림 프로세서가 많은 중간 데이터를 저장해야 하며, 따라서 **워터마크 길이** × **도착 속도** × **메시지 크기**에 대략 일치하는 상당한 양의 메모리를 소비해야한다.

또한 간격을 구성하는 모든 요소가 있는지 확인하기 위해 워터마크가 만료될 때까지 기다려야 하기 때문에 워터마크를 사용하고 각 간격에 대해 고유한 최종 결과를 얻기 원하는 스트림 프로세스는 워터마크의 최소 길이만큼 결과를 지연시켜야 한다.

> **CAUTION_** 입력 스트림에서 관찰된 이벤트의 처리량에 대해 가정을 하지 않는다는 1장에서 제시했던 일반적인 규칙에 대한 예외이기 때문에 이벤트 시간 처리를 개략적으로 설명하겠다.
>
> 이벤트 시간 처리를 통해 워터마크를 특정 값으로 설정하는 것이 적절하다고 가정한다. 즉, 이벤트 시간 처리에 기초한 스트리밍 계산의 결과는 워터마크가 스트림의 메시지가 실제로 입력 데이터 스트림에 대한 생성 시간과 도착 순서 사이에 발생하는 지연을 허용할 경우에만 의미가 있을 것으로 기대할 수 있다.
>
> 너무 작은 워터마크는 너무 많은 이벤트를 떨어뜨리고 심각하게 불완전한 결과를 초래할 것이다. 너무 큰 워터마크는 완료된 것으로 간주되는 결과의 출력을 너무 오랫동안 지연시키고 모든 중간 이벤트를 보존하기 위해 스트림 처리 시스템의 리소스 요구를 증가시킬 것이다.

필요한 이벤트 시간 처리에 적합하고 사용 가능한 컴퓨팅 리소스에도 적합한 워터마크를 선택하도록 하는 것은 중요하다.

2.10 요약

이 장에서는 스트림 처리 프로그램 모델에 고유한 주요 개념을 살펴보았다.

- 데이터 소스와 싱크
- 상태 기반 처리
- 이벤트 시간 처리

이 책을 진행하면서 아파치 스파크의 스트리밍 API에서 이러한 개념의 구현을 살펴볼 것이다.

## CHAPTER 3

스트리밍 아키텍처

분산 데이터 분석 시스템의 구현은 부서 또는 전체 회사의 컴퓨팅 요구를 충족하기 위해 사내 컴퓨터 클러스터 또는 예약된 클라우드 기반 용량과 같은 연산 리소스 풀의 관리를 처리해야 한다. 팀과 프로젝트는 시간이 지남에 따라 동일한 요구를 갖는 경우가 드물기 때문에 만약 컴퓨터 클러스터가 몇 개 팀 간의 공유 리소스라면 클러스터의 가치가 지속적으로 하락하므로 멀티테넌시multitenancy 문제를 잘 다루어야 한다.

두 팀의 요구가 다를 때 각 팀에 공정하고 안전한 클러스터 리소스 접근을 제공하는 동시에 컴퓨팅 리소스가 시간에 따라 가장 잘 활용되도록 하는 것이 중요해진다.

이러한 필요성은 큰 클러스터를 사용하는 사람들에게 모듈성을 통해 이러한 이질성을 해결하도록 강요했고, 여러 기능 블록이 데이터 플랫폼의 상호 교환 가능한 부분으로 등장했다. 예를 들어 데이터베이스 스토리지를 기능 블록이라고 부를 때 그 기능을 제공하는 가장 일반적인 구성 요소는 PostgreSQL이나 MySQL과 같은 관계형 데이터베이스지만 스트리밍 애플리케이션이 매우 높은 처리량으로 데이터 쓰기를 해야 할 경우 아파치 카산드라와 같은 확장 가능한 컬럼 지향 데이터베이스가 훨씬 더 나은 선택이 될 것이다.

이 장에서는 스트리밍 데이터 플랫폼의 아키텍처를 구성하는 여러 부분을 간략히 살펴보고, 완전한 솔루션에 필요한 다른 요소들과 관련된 처리 엔진의 위치를 살펴본다. 스트리밍 아키텍처의 다양한 요소를 잘 본 후 스트리밍 애플리케이션에 접근하는 데 사용되는 두 가지 아키텍처 스타일, 즉 람다Lambda와 카파Kappa 아키텍처를 살펴본다.

3.1 데이터 플랫폼의 구성 요소

데이터 플랫폼은 대부분의 이해관계자에게 유용할 것으로 기대되는 표준 구성 요소와 비즈니스가 해결하고자 하는 과제에 특정한 역할을 하는 특수 시스템의 구성으로 볼 수 있다.

[그림 3-1]은 이러한 퍼즐의 조각들을 보여준다.

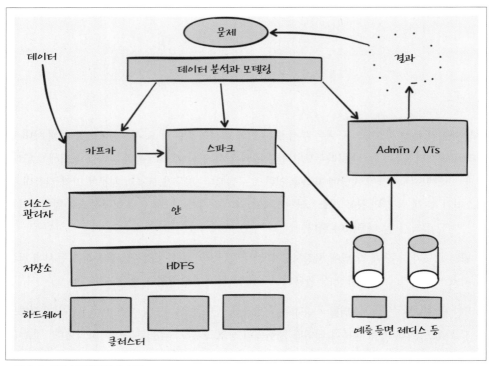

그림 3-1 데이터 플랫폼의 요소들

스키마 하단의 베어메탈^{bare-metal}**1** 수준에서 비즈니스 요구 사항이 요구하는 실제 데이터 처리로 넘어가면 다음 사항을 확인할 수 있다.

하드웨어 수준

온프레미스**2** 하드웨어 설치, 데이터센터 또는 기본 운영체제가 설치된 동종 클라우드 솔루션 (아마존, 구글 또는 마이크로소프트의 티셔츠 크기의 제품과 같은 것)

---

1 옮긴이_ 어떠한 소프트웨어도 들어 있지 않은 하드웨어
2 옮긴이_ 기업이 서버를 클라우드 환경이 아닌 자체 설비로 보유하는 것

지속성 수준

그러한 기준 인프라 위에 기계가 계산 결과뿐만 아니라 입력도 저장하기 위해 지속성 솔루션에 공유 인터페이스를 제공하는 것이 종종 예상된다. 이 단계에서는 다른 많은 분산 스토리지 시스템 중 하둡 분산 파일 시스템(HDFS)과 같은 분산 스토리지 솔루션을 찾을 수 있다. 클라우드에서는 이 지속성 계층이 아마존 S3$^{Amazon\ Simple\ Storage\ Service}$나 구글 클라우드 스토리지와 같은 전용 서비스로 제공된다.

리소스 매니저

지속성 이후 대부분의 클러스터 아키텍처는 클러스터에서 실행할 작업을 제출하기 위한 단일 협상 지점을 제공한다. 이것은 얀이나 메소스 같은 리소스 매니저의 과제고, 쿠버네티스 같은 **클라우드 네이티브** 시대의 보다 진화된 **스케줄러**의 과제다.

실행 엔진

더 높은 수준에는 실제 계산을 실행하는 실행 엔진이 있다. 이 실행 엔진의 결정적인 특징은 프로그래머의 입력과 인터페이스를 유지하고 데이터 조작을 설명한다는 것이다. 아파치 스파크, 아파치 플링크 또는 맵 리듀스가 그 예다.

데이터 수집 구성 요소

실행 엔진 외에도 그 엔진에 직접 연결될 수 있는 데이터 수집 서버를 찾을 수 있다. 실제로 분산 파일시스템에서 데이터를 읽는 오래된 관습을 보완하거나 심지어 실시간으로 조회할 수 있는 다른 데이터 소스로 대체하기도 한다. 아파치 카프카와 같은 메시징 시스템이나 로그 처리 엔진의 영역은 이 수준에서 설정된다.

처리된 데이터 싱크

실행 엔진의 출력 쪽에서 다른 분석 시스템(**추출**^{Extract}, **변형**^{Transform}, **적재**^{Load}[ETL] 작업을 수행하는 실행 엔진의 경우), NoSQL 데이터베이스 또는 기타 다른 서비스일 수 있는 고급 데이터 싱크를 자주 찾을 수 있다.

시각화 계층

데이터 처리 결과는 더 큰 프레임워크에 통합되어 있을 때만 유용하기 때문에 그러한 결과가 종종 시각화에 연결된다는 점에 주목해야 한다. 오늘날 분석되고 있는 데이터는 빠르게 진화하기 때문에 시각화는 기존의 정적 보고서에서 벗어나 종종 일부 웹 기반 기술을 사용하여 보다 실시간 시각 인터페이스로 탈바꿈했다.

이 아키텍처에서 스파크는 컴퓨팅 엔진으로서 데이터 처리 기능을 제공하는 데 초점을 맞추고 그림의 다른 블록과의 기능 인터페이스를 가질 필요가 있다. 특히 리소스 매니저로서 얀, 메소스, 쿠버네티스와 인터페이스하고, 많은 데이터 소스에 커넥터를 제공하는 동시에 새로운 데이터 소스는 쉽게 확장 가능한 API를 통해 추가하고, 출력 데이터 싱크와 통합하여 업스트림 시스템에 결과를 제시할 수 있는 클러스터 추상화 레이어를 구현한다.

3.2 아키텍처 모델

이제 스트림 처리와 배치 처리 사이의 연결 고리에 관심을 돌려보자. 특히 스트림 처리를 할 수 있는 시스템이 있다면 배치 처리가 여전히 관련성이 있는지, 그 이유는 무엇인지 자문해볼 것이다.

이 장에서는 두 가지 스트리밍 애플리케이션 아키텍처 개념, 즉 보완적인 결과를 얻기 위해 병렬로 실행되는 배치 상대와 스트리밍 애플리케이션을 복제할 것을 제안하는 **람다 아키텍처**^{Lambda} architecture와 애플리케이션의 두 버전을 비교해야 할 경우 둘 다 스트리밍 애플리케이션이어야 한다고 주장하는 **카파 아키텍처**^{Kappa architecture}의 개념을 비교해볼 것이다. 그러한 아키텍처들이 무엇을 달성하고자 하는지 자세히 살펴볼 것이며, 카파 아키텍처가 일반적으로 구현하기 쉽고 가벼움에도 불구하고 람다 아키텍처가 여전히 필요한 경우는 무엇인지, 그리고 왜 필요한지 알아볼 것이다.

3.3 스트리밍 애플리케이션에서 배치 처리 구성 요소의 사용

종종 주기적인 간격으로 실행되는 배치 애플리케이션을 스트리밍 애플리케이션으로 개발한다면 배치 데이터셋과 이 주기적인 분석을 대표하는 배치 프로그램을 제공받는다. 이러한 진화적인 사례에서 앞 장에서 설명한 것처럼 스트리밍 애플리케이션으로 진화하여 더 빠른 결과를 제공하는 가볍고 단순한 애플리케이션의 이점을 얻고자 한다.

그린필드 애플리케이션에서는 참조 배치 데이터셋을 만드는 것에 관심이 있을 수 있다. 대부분의 데이터 엔지니어는 단지 한 번만 문제를 해결하는 것이 아니라 그들의 솔루션을 다시 찾고,

특히 가치나 수익이 그들의 솔루션의 성능과 연관되어 있는 경우 그것을 지속적으로 개선한다. 이를 위해 배치 데이터셋은 수집된 후에는 더 이상 변경되지 않고 '테스트셋'으로 사용할 수 있다는 벤치마크를 설정할 수 있는 장점이 있다. 우리는 실제로 배치 데이터셋을 스트리밍 시스템으로 재생하여 이전 반복 또는 알려진 벤치마크와 성능을 비교할 수 있다.

이러한 맥락에서 배치 처리와 가장 적게 혼합된 것부터 가장 많이 혼합된 것까지 배치와 스트림 처리 구성 요소 사이의 세 가지 수준의 상호작용을 구분한다.

코드 재사용

참조 배치 구현에서 종종 발생하며 노력의 중복을 방지하기 위해 가능한 한 많은 배치 구현을 다시 사용하려 한다. 이 영역은 복원력 있는 분산 데이터베이스(RDD)와 데이터프레임을 변환하는 함수를 호출하기 특히 쉬우므로 스파크가 빛을 발하는 곳이다. 이들은 대부분 동일한 API를 공유하며 데이터 입력과 출력 설정만 다르다.

데이터 재사용

스트리밍 애플리케이션이 준비된 기능 또는 데이터 소스로부터 정기적으로 배치 처리 작업으로 자체적인 공급을 수행하는 경우를 말한다. 이것은 빈번한 패턴인데, 예를 들어 일부 국제적인 애플리케이션은 시간 변환을 처리해야 하며, 자주 발생하는 문제점은 서머타임이 예상보다 더 빈번하게 변경된다는 것이다. 이 경우 이 데이터를 스트리밍 애플리케이션이 자체적으로 공급하는 새로운 종속 소스로 생각하는 것이 좋다.

혼합 처리

애플리케이션이 그 자체의 수명 주기 동안 배치와 스트리밍 구성 요소를 모두 가지고 있는 것으로 이해되는 경우를 말한다. 이러한 패턴은 애플리케이션이 제공하는 통찰력의 정확성을 관리하고자 하는 의지와 더불어 애플리케이션 자체의 버저닝과 진화를 처리하는 방법으로서 비교적 자주 발생한다.

처음 두 가지 용도는 편리성의 사용이지만, 마지막 용도는 배치 데이터셋을 벤치마크로 사용하는 새로운 개념이다. 다음 절에서는 이것이 스트리밍 애플리케이션의 구조에 어떻게 영향을 미치는지 살펴볼 것이다.

3.4 참조 스트리밍 아키텍처

시간의 경과에 따른 재생 가능성과 성능 분석의 세계에는 역사적이지만 상반되는 두 가지 권고 사항이 있다. 우리의 주된 관심사는 스트리밍 애플리케이션의 성능을 측정하고 테스트하는 방법에 관한 것이다. 그렇게 할 때 설정에서 변화할 수 있는 것은 두 가지가 있는데, 모델의 특성 (개선하려는 시도의 결과)과 모델이 작동하는 데이터(유기적인 변화의 결과)다. 예를 들어 기상 센서로부터 데이터를 처리하는 경우 데이터의 계절적 변화 패턴을 기대할 수 있다.

비슷한 것들을 비교한다는 것을 확인하기 위해 **배치 데이터셋**을 스트리밍 애플리케이션의 두 가지 버전으로 수행하는 것이 유용하다는 것을 이미 확인했다. 그것은 실제로 데이터의 변화를 반영하는 성능의 변화를 보지 못하도록 한다. 이상적으로는 이러한 경우 연간 데이터 개선 사항을 테스트하여 6개월 후의 실적이 저하되는 현재 시즌에 대해 지나치게 최적화하지 않도록 하는 것이 좋다.

그러나 벤치마크 데이터셋을 사용하는 것 외에도 **배치 분석**과의 비교도 필요하며, 이는 아키텍처 비교에 도움이 된다.

3.4.1 람다 아키텍처

람다 아키텍처(그림 3-2)는 하루 전체 데이터를 기반으로 새로운 배치 분석 버전을 생산할 수 있을 때까지 정기적으로 수행되는 배치 분석(말하자면 매일 밤마다)을 수행하고 데이터 발생 시 스트리밍 개선으로 생성된 모델을 보완할 것을 제안한다.

이에 대해서는 나단 마르츠 ^{Nathan Marz}가 'CAP 정리를 이기는 방법'이라는 블로그 게시물에 소개한 바 있다.[3] 이는 우리가 데이터 분석의 정확성을 넘어 두 가지 새로운 점을 강조하고 싶다는 생각에서 비롯된다.

- 데이터 분석의 과거 재생 가능성은 중요하다.
- 새로운 데이터로부터 결과를 진행할 수 있는 가능성 또한 매우 중요하다.

---

3 CAP 정리(브루어의 정리라고도 함)와의 연계에 대해 더 알고 싶으면 http://bit.ly/1ATyjbD를 참고하기 바란다. 정리에 의해 기술된 분산 컴퓨팅의 기본적 몇 가지 한계를 데이터 처리 시스템의 제한된 부분에 집중시켰다는 발상이다. 우리 경우에는 제약 조건의 실제적 의미에 초점을 맞추고 있다.

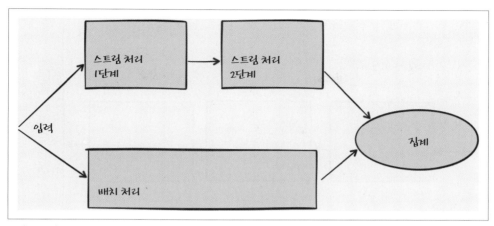

그림 3-2 람다 아키텍처

이는 유용한 아키텍처지만 단점도 명백해 보인다. 그러한 설정은 복잡하고 같은 목적을 위해 같은 코드의 두 버전을 유지해야 한다. 스파크가 애플리케이션의 배치 버전과 스트리밍 버전 사이에서 대부분의 코드를 재사용하는 것을 도와준다고 해도 애플리케이션의 두 버전은 라이프 사이클에서 구별되어 복잡해보일 수 있다.

이 문제에 대한 대안적인 견해는 동일한 데이터셋을 스트리밍 애플리케이션의 두 버전(새로운 개선된 실험과 더 오래되고 안정된 작업자)에 공급할 수 있는 능력을 유지하는 것으로 충분하다는 것을 시사한다.

3.4.2 카파 아키텍처

[그림 3-3]에서 개략적으로 설명한 것처럼 이 아키텍처는 두 개의 스트리밍 애플리케이션을 비교하며, 배치 파일을 읽어야 할 경우 간단한 구성 요소가 이 파일의 내용을 레코드별로 기록하여 스트리밍 데이터 소스로 재생할 수 있다는 점에 주목한다. 이 애플리케이션의 두 가지 버전에 데이터를 공급하는 데 구성되는 코드도 재사용할 수 있기 때문에 이러한 단순성은 여전히 큰 이점이다. **카파 아키텍처**^{Kappa architecture}[4]라고 불리는 이 패러다임에서는 중복 제거가 없고 멘탈 모델^{mental model}이 더 단순하다.

---

4 「Questioning the Lambda Architecture」(제이 그렙스, 오라일리). https://oreil.ly/2LSEdqz

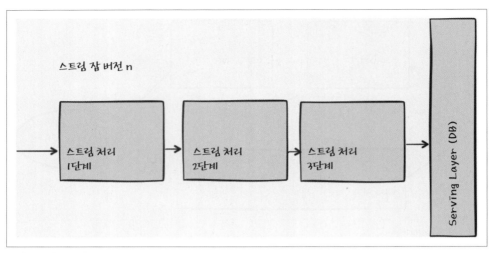

그림 3-3 카파 아키텍처

이는 다음과 같은 의문을 제기하게 만든다. 배치 연산이 여전히 관련이 있는가? 애플리케이션을 항상 스트리밍으로 전환해야 하는가?

우리는 람다 아키텍처에서 비롯되는 몇몇 개념이 여전히 관련 있다고 생각한다. 사실 그것들은 비록 항상 생각해내기 쉽지는 않지만 어떤 경우에는 매우 유용하다.

분석의 배치 버전을 구현한 다음 그것을 스트리밍 솔루션과 비교하는 노력을 하는 것이 여전히 유용한 몇몇 사용 사례가 있다.

3.5 스트리밍과 배치 알고리즘

스트리밍 애플리케이션의 일반 아키텍처 모델을 선택할 때 고려해야 할 두 가지 중요한 사항이 있다.

- 스트리밍 알고리즘이 완전히 다른 경우도 있음
- 스트리밍 알고리즘이 배치 알고리즘에 비해 잘 측정할 수 있다고 보장할 수 없음

다음 두 절에서 호기심을 자극하는 예제를 통해 이들 고려 사항을 탐구해보자.

3.5.1 스트리밍 알고리즘은 때때로 완전히 다르다

때로는 스트리밍이나 그 역으로부터 배치를 추론하기 어렵고, 그 두 종류의 알고리즘은 서로 다른 특성을 가지고 있다. 얼핏 보기에 두 가지 접근 방식 사이에 코드를 재사용할 수 없을 수도 있다는 것을 의미하며, 또한 두 가지 처리 모드의 성능 특성과 관련하여 높은 주의를 기울여야 한다는 것을 의미한다.

좀 더 정확하게 하기 위해 구매 또는 임대를 예로 들어보자. 만일 스키를 타러 가기로 결정했다면 스키 장비를 500달러에 살 수도 있고 50달러에 빌릴 수도 있다. 빌려야 할까, 사는 게 좋을까?

직관적인 전략은 스키를 좋아하는지 보기 위해 먼저 빌리는 것이다. 하지만 그렇게 할 경우 결국 스키를 처음 구매했을 때보다 더 많은 돈을 쓰게 될 것이다.

이 연산의 배치 버전에서는 평생 동안 스키를 타러 갈 총 횟수를 받게 되는 '나중에'를 진행하게 된다. 이 문제의 스트리밍 또는 온라인 버전에서는 개별 스키 이벤트에 대한 결정을 내리도록 (결과를 내도록) 요청받는다. 전략은 근본적으로 다르다.

이 경우 스트리밍 알고리즘의 경쟁률을 고려할 수 있다. 우리는 알고리즘을 가능한 최악의 입력에 대해 실행한 다음, 알고리즘의 '비용'을 배치 알고리즘이 취했을 결정인 '나중에'와 비교한다.

구매 또는 임대 문제에서 총 임대 비용이 구매 비용만큼 늘어나면 그 경우에는 구매하는 스트리밍 전략을 생각해보자.

스키를 9번 이하 타면 최적의 상태인데, 왜냐하면 10번 이상 타면 스키를 구매할 수 있을 만큼 돈을 쓰기 때문이다. 이때 경쟁률은 1이다. 스키를 10번 이상 탄다면 450달러 + 500달러 = 950 달러를 지불하게 된다. 최악의 입력은 10개의 '스키 여행' 결정 이벤트를 받는 것인데, 이 경우 배치 알고리즘은 500달러를 지불하게 된다. 이 전략의 경쟁률은 $(2 - 1/10)$이다.

만약 다른 알고리즘을 선택하고 '항상 첫 번째 경우에 구매하라'고 말한다면 가장 최악의 입력은 스키를 한 번만 타는 것인데, 이것은 경쟁률이 500달러 / 50달러 = 10이라는 것을 의미한다.

> **NOTE_** 성능비 또는 경쟁률은 최적성의 척도로 볼 때 알고리즘에 의해 반환되는 값이 최적의 값에서 얼마나 멀리 떨어져 있는지 나타내는 척도다. 알고리즘의 객관적인 값이 모든 인스턴스의 최적 오프라인 값의 ρ 배 이하일 경우 알고리즘은 공식적으로 ρ 경쟁적이다.

수치가 작을수록 경쟁률이 좋으며, 1 이상의 경쟁률은 스트리밍 알고리즘이 일부 입력에서 훨씬 더 나쁜 성능을 보인다는 것을 보여준다. 최악의 입력 조건으로 엄격히 더 많은 정보를 가지고 나중에 진행되는 배치 알고리즘은 항상 더 나은 성능을 기대한다는 것을 쉽게 알 수 있다(어떤 스트리밍의 알고리즘도 경쟁률이 1보다 크다).

3.5.2 스트리밍 알고리즘이 배치 알고리즘에 비해 잘 측정한다고 보장할 수는 없다

이러한 다루기 힘든 경우의 또 다른 예는 상자 채우기 문제bin-packing problem다. 상자 채우기 문제에서 서로 다른 크기 또는 다른 무게의 물체 집합의 입력은 여러 개의 상자나 용기에 장착되어야 하며, 각각의 상자는 무게나 크기 면에서 정해진 부피나 용량을 가지고 있어야 한다. 용기 사용수를 최소화하는 상자에 객체를 할당하는 것을 찾는 것이 과제다.

계산 복잡도 이론에서 알고리즘의 오프라인 배율은 *NP-난해*인 것으로 알려져 있다. 문제의 간단한 변형은 **결정** 질문이다. 그 개체 집합이 지정된 수의 상자에 들어갈 것인지 아는 것이다. 그것은 그 자체로 *NP-*완전이며, (여기서 우리 목적을 위해) 그 자체로 계산적으로는 매우 어렵다.

실제로 이 알고리즘은 컨테이너에 실물을 선적하는 것에서부터 운영체제가 메모리 할당 요청을 매칭시키는 방식, 다양한 크기의 프리free 메모리 블록까지 매우 자주 사용된다.

이러한 문제에는 여러 가지 변형이 있지만, 알고리즘이 객체 스트림을 입력하는 것과 같은 온라인 버전과 컴퓨팅 프로세스를 시작하기 전에 알고리즘이 입력 객체의 전체 집합을 조사할 수 있는 오프라인 버전 간의 구분에 초점을 맞추고자 한다.

온라인 알고리즘은 항목을 임의의 순서로 처리한 후 이를 수용할 수 있는 첫 번째 상자에 각 항목을 배치하고, 그러한 상자가 존재하지 않으면 새로운 상자를 열어 해당 항목을 새로운 상자 안에 넣는다. 이러한 탐욕 근사 알고리즘greedy approximation algorithm은 최악의 경우에 입력 개체를 최적화되지 않은 수의 상자에 배치할 수 있게 한다. 즉, 필요 이상으로 많은 상자를 사용할 수 있다.

아직 비교적 직관적으로 이해할 수 있는 더 나은 알고리즘은 먼저 삽입할 항목을 크기에 대한 내림차순으로 분류한 다음 각 항목을 충분한 여백으로 목록의 첫 번째 상자에 삽입하는 방식으로 작동하는 **최초 적합 감소 전략**first fit decreasing strategy이다. 이 알고리즘은 2007년에 절대 최소

상자 수를 생성하는 최적 알고리즘에 훨씬 더 가깝다는 것이 입증되었다.[5]

그러나 최초 적합 감소 전략은 그것들을 처리하고 상자로 채우기 전에 먼저 크기별로 내림차순으로 분류할 수 있다는 생각에 근거한다.

이제 온라인 상자 채우기 문제의 경우에 이러한 방법을 적용하려고 하면 정렬이 불가능한 요소들의 흐름을 다루고 있다는 점에서 상황은 전혀 달라진다. 따라서 직관적으로 볼 때 온라인 상자 채우기 문제는 동작 시에 그 본질상 예견이 부족하다는 점에서 오프라인 상자 채우기 문제보다 훨씬 어렵다는 것을 쉽게 이해할 수 있다.

> **CAUTION_** 스트리밍 알고리즘의 경쟁률을 고려한다면 그 직관은 사실 증거에 의해 뒷받침된다. 이는 온라인 알고리즘에 의해 소비된 리소스 대 지금까지 발생한 입력셋이 채울 수 있는 최소 상자 수를 제공하는 온라인 최적 알고리즘에 의해 사용된 리소스의 비율이다. 배낭(또는 상자 채우기) 문제에 대한 이 경쟁률은 사실 임의적으로는 나쁜데(즉, 크다), 이는 온라인 알고리즘의 성능이 최적 알고리즘의 성능과 임의적으로 멀리 떨어져 있는 '나쁜' 시퀀스를 항상 접할 수 있다는 것을 의미한다.

이 절에서 제시된 더 큰 문제는 스트리밍 알고리즘이 배치 알고리즘보다 성능이 우수하다는 보장이 없다는 것인데, 이러한 알고리즘은 예측 없이 작동해야 하기 때문이다. 특히 배낭 문제를 포함한 일부 온라인 알고리즘은 오프라인 알고리즘과 비교할 때 임의적으로 큰 성능 비율을 갖는 것으로 입증되었다.

비유하자면 데이터를 처음부터 **저장실**에 다 있었던 것처럼 배치로 받는 작업자가 한 명 있고, 마치 **컨베이어 벨트**에 있는 것처럼 스트리밍 방식으로 데이터를 받는 다른 작업자가 있는데, 그렇다면 **스트리밍 작업자가 아무리 영리하다고 해도 항상 컨베이어 벨트에 물건을 올려놓는 병적인 방법이 있어서 배치 작업자보다 더 나쁜 결과로 일을 끝낼 수도 있다.**

이 논의에서 두 가지 중요한 메시지를 얻을 수 있다.

- 스트리밍 시스템은 실제로 '가볍다'. 그들의 의미론(시멘틱)은 지연 시간이 짧은 분석을 표현적인 용어로 표현할 수 있다.
- 스트리밍 API는 앞에서 살펴본 바와 같이 휴리스틱에 한계가 있는 스트리밍 또는 온라인 알고리즘을 사용하여 분석을 구현할 수 있게 해준다.

---

5 「The Tight Bound of First fit Decreasing Bin-Packing Algorithm Is FFD(I)≤(11/9)OPT(I)+6/9」(조르주 도셔)

3.6 요약

결론적으로 배치 처리의 소멸에 대한 소식은 과대평가되었다. 배치 처리는 적어도 스트리밍 문제에 대한 성능의 기준선을 제공하기 위해 여전히 관련이 있다. 담당 엔지니어는 스트리밍 애플리케이션과 동일한 입력에 대해 '나중에' 작동하는 배치 알고리즘의 성능을 잘 파악해야 한다.

- 스트리밍 알고리즘에 대해 알려진 경쟁률이 주어져 있고 그 결과 성능이 허용될 경우 스트림 처리만 실행하면 충분할 수 있다.
- 구현된 스트림 프로세스와 배치 버전 사이에 알려진 경쟁률이 없는 경우 정기적으로 배치 계산을 실행하는 것은 애플리케이션을 보유할 수 있는 중요한 벤치마크다.

## CHAPTER 4

스트림 처리 엔진으로서의 아파치 스파크

앞 장에서는 스트리밍 데이터 플랫폼의 일반적인 아키텍처 다이어그램을 그려보고, 분산 처리 엔진으로서 스파크가 빅데이터 시스템에서 적합한 위치가 어디인지 살펴봤다.

이 아키텍처는 특히 아파치 스파크를 통한 스트림 데이터 처리에 초점을 맞추면서 인터페이스와 나머지 에코시스템과의 연계 측면에서 무엇을 기대할 것인지에 대해 알려주었다. 스트림 처리는 스파크 스트리밍이든 구조적 스트리밍이든 아파치 스파크의 또 다른 **실행 모드**execution mode다.

이 장에서는 스파크를 스트림 처리 엔진으로서 돋보이게 하는 주요 기능을 살펴보자.

4.1 두 API 이야기

1.5절 '아파치 스파크 소개'에서 언급한 것처럼 스파크는 스파크 스트리밍과 구조적 스트리밍이라는 두 가지 다른 스트림 처리 API를 제공한다.

스파크 스트리밍

API와 커넥터의 집합으로, 스파크 프로그램이 일정 시간 간격으로 마이크로배치 형태로 스트림으로부터 수집된 작은 단위의 데이터를 받고, 주어진 계산을 수행하고, 결국에는 매 간격마다 결과를 반환한다.

구조적 스트리밍

SQL 쿼리 최적화 장치인 카랄리스트^{Catalyst}에 구축된 API와 커넥터 집합이다. 데이터프레임에 기반한 API와 스트림으로부터 발생하는 새로운 레코드로 끊임없이 업데이트되는 무한한 테이블에 대한 연속적인 쿼리 개념을 제공한다.

스파크가 이러한 측면에서 제공하는 인터페이스는 이 책이 스트리밍 데이터셋을 처리하는 두 가지 방법을 설명하는 데 대부분을 할애할 정도로 특히 풍부하다. 실현해야 할 한 가지 중요한 점은 두 API 모두 스파크의 핵심 기능에 의존하며 분산 연산, 인메모리 캐싱 및 클러스터 상호작용 측면에서 낮은 수준의 많은 기능을 공유한다는 것이다.

맵리듀스의 이전 모델에서 한 단계 도약하기 위해 스파크는 프로그래머가 머신러닝이나 이벤트 시간 조작을 포함한 복잡한 처리를 표현할 수 있는 풍부한 연산자 셋을 제공한다. 스파크가 이 위업을 한순간에 수행할 수 있도록 하는 기본적 성질을 보다 구체적으로 살펴보자.

이러한 인터페이스는 배치 인터페이스처럼 설계상 간단하며, DStream에서 작동하면 RDD에서 작동하고, 스트리밍 Dataframe에서 작동하면 배치에서 작동되는 것처럼 보인다는 점을 간략하게 설명하고자 한다.

아파치 스파크는 개발자들이 배치 또는 스트리밍 애플리케이션을 개발하고 싶을 때마다 일관된 환경을 제공하는 통합 엔진이다. 양쪽 경우 모두 개발자는 분산된 프레임워크의 모든 힘과 속도를 사용할 수 있다.

이러한 다재다능성은 개발 민첩성을 강화한다. 본격적인 스트림 처리 애플리케이션을 구축하기 전에 프로그래머와 분석가는 먼저 빠른 피드백 루프를 통해 대화형 환경에서 통찰력을 발견하려 시도한다. 스파크는 프로토타이핑 제작의 장으로 사용할 수 있는 스칼라 REFL^{Read-Eval-Print-Loop}을 기반으로 한 내장 셸을 제공한다. 제플린, 주피터 또는 스파크 노트북과 같은 몇 가지 노트북 구현이 있으며, 이러한 대화형 경험을 사용자에게 친숙한 웹 인터페이스로 제공한다. 이 프로토타이핑 단계는 개발 초기 단계에서 필수적이며, 속도 역시 필수적이다.

[그림 3-1]의 다이어그램을 다시 참조해보면 차트에서 **결과**라고 부르는 것은 실행 가능한 통찰력, 즉 수익 또는 비용 절감을 의미하며, 루프가 완전히 이동될 때마다(사업 또는 과학적 문제에서 시작하고 끝내는 것) 생성된다는 것을 알 수 있다. 요컨대 이 루프는 관찰, 가설, 실험, 측정, 해석, 결론을 거치는 실험 방법론의 단순한 표현이다.

아파치 스파크는 스트리밍 모듈에서 항상 스트리밍 애플리케이션으로의 전환에 대한 인지적 부하를 신중하게 관리하기 위한 선택을 해왔다. 또한 메모리 내장 스토리지에서 시작하여 스트림 처리 기능과 관련이 있는 다른 주요 설계 선택 사항도 갖추고 있다.

4.2 스파크의 메모리 사용

스파크는 데이터 소스에서 초기에 로드해야 하는 데이터셋의 슬라이스에 대한 인메모리 스토리지를 제공한다. 데이터 원본은 분산 파일시스템 또는 다른 저장 매체가 될 수 있다. 스파크의 인메모리 스토리지 형태는 데이터를 캐싱하는 작업과 유사하다.

따라서 스파크의 인메모리 스토리지의 **값**^{value}은 초기 데이터 소스인 **베이스**^{base}와 그에 적용되는 연속적인 운영 계층을 가지고 있다.

4.2.1 실패 복구

만약 실패^{failure}하면 어떻게 될까? 스파크는 애초에 어떤 데이터 소스를 사용하여 데이터를 수집했는지 정확히 알고 있으며, 지금까지 수행된 모든 작업 역시 알고 있기 때문에 손상된 익스큐터에 있던 손실된 데이터의 세그먼트를 처음부터 재구성할 수 있다. 만약 재구성(스파크 용어로는 **회복**^{recovery})이 완전히 **처음부터** 다시 시작할 필요가 없다면 더 빨리 진행된다. 따라서 스파크는 분산 파일시스템과 유사한 방식으로 복제 메커니즘을 제공한다.

하지만 메모리는 매우 귀중하지만 한정된 상품이기 때문에 스파크는 (기본적으로) 캐시의 수명을 짧게 만든다.

4.2.2 지연 평가

이후 장에서 더 자세히 살펴보겠지만 스파크 스토리지의 값에 정의할 수 있는 작업 중 상당 부분은 실행이 지연되며, 스파크 클러스터에서의 실제 연산을 트리거하는 최종적이고 열성적인 출력 작업의 실행이다. 프로그램이 일련의 선형 연산으로 구성되어 있고 이전 작업이 다음 작업으로 유입되면 다음 단계가 입력값을 소비한 직후에는 중간 결과가 **사라진다**는 점은 주목할 가치가 있다.

4.2.3 캐시 힌트

반면 하나의 중간 결과에 대해 여러 번의 작업을 수행하게 되면 어떻게 될까? 여러 번 계산해야 할까? 다행히도 스파크는 중간값이 중요하고 그것의 콘텐츠가 나중에 어떻게 보호되어야 하는지 사용자가 명시할 수 있도록 한다.

[그림 4-1]은 이러한 작업의 데이터 흐름을 나타낸다.

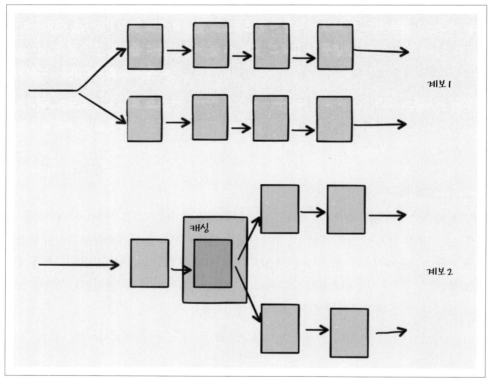

그림 4-1 캐시된 값에 대한 작업

마지막으로 스파크는 클러스터의 메모리가 부족할 경우 캐시를 2차 스토리지에 흘릴 수 있는 기회를 제공하여 인메모리 작업을 2차 스토리지로 확장하고 임시 최대 부하에 직면했을 때 데이터 프로세스의 기능적 측면을 보존할 수 있도록 훨씬 느린 스토리지로 확장한다.

이제 아파치 스파크의 주요 특징에 대한 아이디어를 얻었으므로 스파크 내부의 한 가지 설계적인 선택, 즉 지연 시간과 처리량 사이에서 발생하는 트레이드오프에 대해 알아보자.

4.3 지연 시간에 대한 이해

앞서 언급했듯이 스파크 스트리밍은 마이크로배칭을 선택할 수 있다. 일정한 간격으로 요소 덩어리(청크)를 생성하고, 그 간격인 틱tick이 경과되면 마지막 간격에 걸쳐 수집된 데이터를 처리하기 시작한다. 구조적 스트리밍은 문제의 간격을 가능한 한 작게(마지막 마이크로배치의 처리 시간) 만들 것이라는 점에서 약간 다른 접근 방식을 취하며, 어떤 경우에는 연속 처리 모드도 제안한다. 그러나 오늘날 마이크로배칭은 아파치 스파크에서 여전히 스트림 처리의 지배적인 내부 실행 모드다.

마이크로배칭의 결과는 마이크로배치가 배치 간격의 최소 시간만큼 배치의 특정 요소의 처리를 지연시키는 것이다.

먼저 마이크로배치가 기준 대기 시간을 생성한다. 약 1초가 하한값으로 일반적인 숫자임에도 불구하고, 심사위원들은 여전히 이 지연 시간을 얼마나 작게 할 수 있는지에 대해 논의 중이다. 많은 애플리케이션의 경우 몇 분 동안의 대기 시간이면 충분하다. 예를 들어보자.

- 지난 몇 분 동안 웹사이트의 핵심 성과 지표를 표시하는 대시보드
- 소셜 네트워크에서 최신 트렌드 주제 추출
- 가구 구성원의 에너지 소비 추세 계산
- 추천 시스템에 새로운 미디어 소개

스파크는 기회 균등의 프로세서이며 작동하기 전에 하나의 배치로 (최대한) 모든 데이터 요소를 지연시키는 반면, 다른 스트리밍 엔진은 우선순위가 있는 일부 요소를 빠르게 추적할 수 있게 해주며, 이러한 요소들에 대한 더 빠른 대응성을 보장한다. 이러한 특정 요소에 대해 응답 시간이 필수적이라면 아파치 플링크 또는 아파치 스톰과 같은 대체 스트림 프로세서가 더 적합할 수 있다. 그러나 시스템을 모니터링할 때와 같이 **평균적으로** 빠른 처리를 하는 데만 관심이 있다면 스파크는 흥미로운 제안이 될 것이다.

4.4 처리량 지향 처리

전반적으로 스파크가 스트림 처리에서 뛰어난 점은 처리량 지향의 데이터 분석이다.

마이크로배치 접근 방식은 기차에 비교할 수 있다. 기차는 역에 도착해서 일정 시간 동안 승객을 기다린 후 탑승한 모든 승객을 목적지까지 수송한다. 같은 궤적을 위해 자동차나 택시를 타면 승객이 출발지부터 도착지까지 더 빠른 여행을 할 수 있지만, 기차는 훨씬 더 많은 승객을 목적지에 도착하도록 보장한다. 기차는 일부 승객이 열차를 출발할 때까지 기다려야 하는 비용으로 동일한 궤도에 대해 더 높은 처리량을 제공한다.

스파크 코어 엔진은 분산 배치 처리에 최적화되어 있다. 스트리밍 컨텍스트에서 그것의 적용은 시간 단위당 대량의 데이터를 처리할 수 있도록 보장한다. 스파크는 한 번에 많은 요소를 처리하도록 하여 분산 작업 스케줄링의 오버헤드를 상쇄하며, 이 장 앞부분에서 보았듯이 인메모리 기법, 쿼리 최적화, 캐싱 및 코드 생성까지 활용하여 데이터셋의 변환 프로세스를 가속화한다.

엔드-투-엔드 애플리케이션에서 스파크를 사용할 때 중요한 제약 조건은 처리된 데이터를 수신하는 다운스트림 시스템도 스트리밍 프로세스에서 제공하는 전체 출력을 수용할 수 있어야 한다는 것이다. 그렇지 않으면 갑작스런 부하 피크에 직면했을 때 종속 장애를 일으킬 수 있는 애플리케이션 병목 현상을 발생시킬 위험이 있다.

4.5 스파크의 폴리글랏 API

앞서 아파치 스파크의 주요 설계 기초가 스트림 처리, 즉 실행 엔진 모델 내에 정의된 풍부한 API와 인메모리 처리 모델에 영향을 미칠 때의 개요를 정리했다. 아파치 스파크의 특정 스트리밍 모드를 탐구해보았고, 여전히 높은 수준에서 마이크로배칭의 우위성이 스파크로 하여금 더 많은 데이터가 더 높은 품질을 산출하는 처리량 지향적인 작업에 더 적응하게 만든다고 판단했다. 이제 스파크가 빛을 발하는 또 하나의 측면인 프로그래밍 에코시스템에 관심을 가져보자.

스파크는 스칼라 전용 프로젝트로 처음 코딩되었다. 스파크에 대한 관심과 적용이 확대됨에 따라 지식 배경과 프로그래밍 언어 능력이 다른 다양한 사용자 프로필을 지원해야 할 필요성도 커졌다. 과학적인 데이터 분석의 세계에서 파이썬과 R은 거의 틀림없이 선택되는 지배적인 언어인 반면, 기업 환경에서는 자바가 지배적인 위치를 차지하고 있다.

분산 연산을 위한 단순한 라이브러리와는 거리가 먼 스파크는 사용자가 스칼라, 자바, 파이썬 또는 R 언어를 사용하여 접속할 수 있는 폴리글랏 프레임워크가 되었다. 개발 언어는 여전히 스칼라이며, 여기로부터 주요한 혁신이 시작된다.

이 다재다능한 인터페이스는 다양한 레벨과 배경을 가진 프로그래머들이 스파크로 몰려들어 자체적인 데이터 분석 요구를 구현할 수 있게 만들었다. 스파크 오픈 소스 프로젝트에 대한 기여가 놀랍고 풍부하게 증가하고 있는 것은 연합 프레임워크 툴로서 스파크의 강점을 증명하는 것이다.

그럼에도 불구하고 사용자에게 가장 적합한 서비스를 제공하기 위한 스파크의 접근 방식은 선호하는 프로그래밍 언어를 사용할 수 있도록 하는 것 이상을 제공하고 있다.

4.6 데이터 분석의 빠른 구현

스트리밍 데이터 분석 파이프라인을 개발할 때 스파크의 장점은 스칼라에서 간결하고 높은 수준의 API를 제공하고 자바와 파이썬에 호환되는 API를 제공하는 것 이상이다. 또한 개발 과정 전반에 걸쳐 실용적인 지름길로서 스파크의 단순한 모델을 제공한다.

스파크를 통한 구성 요소 재사용은 머신러닝과 다른 많은 분야를 위한 자바 라이브러리 에코시스템에 접근할 수 있는 귀중한 자산이다. 예를 들어 스파크는 사용자가 쉽게 스탠포드 CoreNLP 라이브러리를 이용할 수 있도록 하여 토크나이저^{tokenizer}를 써야 하는 고통스러운 작업을 피할 수 있게 해준다. 전반적으로 이를 통해 스트리밍 데이터 파이프라인 솔루션을 신속하게 프로토타입화하여 파이프라인 개발의 모든 단계에서 적절한 구성 요소를 선택할 수 있을 만큼 첫 번째 결과를 빠르게 얻을 수 있다.

마지막으로 스파크를 사용한 스트림 처리는 내결함성 모델의 이점을 제공하므로 결함이 있는 기계가 스트리밍 애플리케이션을 중단시키지 않을 것이라는 확신을 갖게 된다. 실패한 스파크 잡의 자동 재시작을 경험했다면 무중단 스트리밍 작업을 실행할 때 그 복원력을 높이 평가하게 될 것이다.

결론적으로 스파크는 지연 시간에서 트레이드오프를 이루면서도 민첩성을 갖춘 데이터 분석 파이프라인을 구축하기 위해 최적화하는 프레임워크다. 풍부한 환경에서의 빠른 프로토타이핑과 불리한 조건에서의 안정적인 런타임 성능은 그것이 인식하고 정면으로 대처하는 것으로 사용자에게 상당한 이점을 제공한다.

4.7 스파크에 대해 더 알아보기

이 책은 스트리밍에 초점을 맞추고 있다. 특히 배치 처리에 관한 스파크 중심 개념을 빠르게 살펴본다. 자세한 내용은 『러닝 스파크』(제이펍, 2015)와 『스파크 완벽 가이드』(한빛미디어, 2018)를 참고하라.

좀 더 낮은 수준의 접근 방식에서 스파크 프로그래밍 가이드의 공식 문서는 접근하기 쉬운 또 다른 필독서다.

4.8 요약

이 장에서는 스파크와 그 유래를 살펴봤다.

- 스파크가 주요 성능 향상, 특히 인메모리 연산을 통해 어떻게 모델을 확장하는지, 그리고 새로운 고차 기능을 갖춘 API에서 어떻게 확장하는지 살펴봤다.
- 스파크가 큰형 격인 하둡에 비해 더 작은 공간에 초점을 맞춘 것을 포함하여 오늘날의 빅데이터 솔루션 에코 시스템에 어떻게 통합되는지 알아보았다.
- 스트리밍 API, 마이크로배칭 접근법의 의미, 어떤 용도에 적합한지와 이들이 잘 서비스하지 못하는 애플리케이션에 초점을 맞추었다.
- 마지막으로 스파크의 맥락에서 스트림 처리를 고려했으며, 안정적이고 내결함성 있는 배포와 함께 민첩성을 갖춘 파이프라인을 구축하는 것이 최선의 사용 사례라고 생각했다.

## CHAPTER 5

스파크의 분산 처리 모델

분산 처리 시스템으로서 스파크는 임의의 워크로드를 실행하기 위해 컴퓨팅 리소스의 가용성과 주소 지정성에 의존한다.

시간을 엄수해야 하는 문제를 해결하기 위해 스파크를 독립형 분산 시스템으로 구축하는 것은 가능하지만, 데이터 성숙도 수준에서 진화하는 조직은 3장에서 논의한 대로 완전한 데이터 아키텍처를 구축해야 하는 경우가 많다.

이 장에서는 스파크 연산 환경과의 상호작용을 설명하고, 스파크가 선택한 환경의 특징과 제약에 어떻게 적응해야 하는지 논의한다.

먼저 클러스터 매니저의 현재 선택 사항인 얀, 메소스 그리고 쿠버네티스를 살펴본다. 클러스터 매니저의 범위는 데이터 분석 실행의 범위를 넘어서므로 이에 대한 심층적인 지식을 얻을 수 있는 많은 리소스가 있다. 우리 목적을 위해 스파크가 클러스터 매니저 제공자에 대한 추가 세부 정보를 레퍼런스로 제공할 것이다.

클러스터 매니저의 역할과 스파크가 클러스터 매니저와 상호작용하는 방식을 이해한 후 분산 환경에서 내결함성의 측면과 해당 맥락에서 스파크의 실행 모델이 어떻게 작동하는지 살펴본다.

이러한 배경을 통해 스파크가 제공하는 데이터 신뢰성 보장 및 스트리밍 실행 모델에 적용되는 방법을 이해할 수 있을 것이다.

5.1 클러스터 매니저를 활용한 아파치 스파크 실행

먼저 **클러스터**를 집단적으로 형성하는 일련의 장비에 대해 스트림 처리를 분배하는 규율을 살펴볼 것이다. 이 시스템 집합은 일반적인 목적을 가지고 있으며 스트리밍 애플리케이션의 런타임 바이너리와 실행 스크립트(**프로비저닝** provisioning 이라고 알려진)를 수신해야 한다. 실제로 현대적인 클러스터는 자동으로 관리되며 **멀티테넌시** Multitenancy 상황에서 많은 수의 장비가 포함되므로 많은 이해 관계자가 비즈니스 당일 다양한 시간에 동일한 클러스터에 액세스하여 사용하기 원한다는 것을 의미한다. 따라서 클러스터는 **클러스터 매니저**에 의해 관리된다.

클러스터 매니저는 다수의 사용자로부터 이용 요청을 받고, 이를 일부 리소스에 연결하며, 일정 기간 동안 사용자를 대신하여 리소스를 예약하고, 사용자가 사용할 수 있는 여러 리소스에 사용자 애플리케이션을 배치하는 소프트웨어의 일부분이다. 클러스터 매니저의 역할에는 사용 가능한 시스템 풀 중에서 사용자 요청의 최상의 위치를 파악하거나 여러 사람이 동일한 물리적 인프라를 공유할 경우 사용자 애플리케이션을 안전하게 격리하는 것과 같은 중대한 작업도 포함된다. 이러한 매니저들이 빛나거나 망가질 수 있는 몇 가지 고려 사항에는 업무의 단편화, 최적의 배치, 가용성, 선점 및 우선순위 지정이 포함된다. 그러므로 클러스터 관리는 아파치 스파크의 범위를 넘어 그 자체로 하나의 규율이다. 대신 아파치 스파크는 기존 클러스터 매니저를 활용하여 클러스터에 워크로드를 분산시킨다.

5.1.1 클러스터 매니저의 예

클러스터 매니저의 인기 있는 몇 가지 예는 다음과 같다.

- 아파치 하둡 프로젝트에서 태어난 비교적 성숙한 클러스터 매니저인 아파치 얀
- 리눅스 컨테이너 기술을 기반으로 한 클러스터 매니저이며 원래 아파치 스파크의 존재 이유였던 아파치 메소스
- 서비스 지향 배포 API로 탄생한 현대적인 클러스터 매니저인 쿠버네티스는 구글의 실제 업무에서 탄생하여 CNCF Cloud Native Computing Foundation 의 깃발 아래 현대적인 형태로 발전했다.

스파크가 때때로 사람들을 혼란스럽게 할 수 있는 것은 아파치 스파크가 배포판으로서 자체의 클러스터 매니저를 포함한다는 것인데, 이는 아파치 스파크가 고유한 배포 조정자 역할을 할 수 있다는 것을 의미한다.

이 장의 나머지 부분에서는 다음을 살펴본다.

- 스파크 자신의 클러스터 매니저와 이들의 **특별한 목적**이 메소스, 얀 또는 쿠버네티스와 같은 프로덕션 클러스터 매니저에 비해 내결함성 또는 멀티테넌시 영역에서 더 적은 책임을 지는 것에 대해 어떤 의미를 가지는지
- 분산 스트리밍 애플리케이션에서 예상되는 표준 수준의 **전달 보장 방법**, 서로 어떻게 다른지 그리고 스파크가 이러한 보증을 어떻게 충족하는지
- 스파크가 스트림 처리에 접근하는 독특한 요소인 마이크로배칭이 10년 된 **대량 동기화 처리**(BSP) 모델에서 어떻게 탄생했는지 살펴보고, 스파크 스트리밍에서 구조적 스트리밍으로 진화하는 경로를 구체화해본다.

5.2 스파크 자체 클러스터 매니저

스파크에는 두 개의 내부 클러스터 매니저가 있다.

로컬 클러스터 매니저

테스트 목적으로 클러스터 매니저(또는 리소스 매니저)의 기능을 모방한다. 몇 개의 사용 가능한 코어가 있는 로컬 시스템에 의존하는 스레딩 모델을 사용하여 분산 시스템 클러스터의 존재를 재현한다. 이 모드는 일반적으로 사용자의 노트북에서만 실행되기 때문에 그다지 혼란스럽지 않다.

독립 실행형 클러스터 매니저

비교적 간단한 스파크 전용 클러스터 매니저로서 리소스 할당의 슬라이스 및 가용성이 다소 제한적이다. 독립 실행형 클러스터 매니저는 스파크 익스큐터가 배포되고 시작된 전체 작업자 노드를 보유하고 사용할 수 있도록 한다. 또한 익스큐터가 그곳에 미리 배치되었을 것으로 예상하며, 그 .jar를 새 장비로 실제 운송하는 것은 그 범위 내에 있지 않다. 작업자 노드 배포의 일부인 특정수의 익스큐터를 넘겨받아 그것에 대한 작업을 실행할 수 있는 능력을 가지고 있다. 이 클러스터 매니저는 스파크 개발자들에게 매력적인 부가 기능이 없는 환경에서 스파크 개선에 집중할 수 있는 중요한 리소스 관리 솔루션을 제공하는 데 매우 유용하다. 프로덕션 배포에는 독립 실행형 클러스터 매니저가 권장되지 않는다.

요약하면 아파치 스파크는 스케줄링하는 대상이 사용자 프로그램에서 추출한 연산의 분배 단위인 **태스크**라는 점에서 **태스크 스케줄러**다. 또한 스파크는 아파치 메소스, 얀, 쿠버네티스를

포함한 클러스터 매니저를 통해 통신하고 배포하고, 경우에 따라 자체 독립형 클러스터 매니저를 허용한다. 이 통신의 목적은 다수의 **익스큐터**를 예약하는 것인데, 이는 스파크가 동일한 크기의 연산 리소스를 이해하는 단위로서 가상의 '노드'와 같은 종류의 것이다. 문제의 예약된 리소스는 클러스터 매니저가 다음과 같이 제공할 수 있다.

- 프로세스가 리소스 사용량을 측정하지만 기본적으로 서로의 리소스에 액세스하는 것을 막지 못하는 제한된 프로세스(예: 얀의 일부 기본적인 사용 사례)
- **컨테이너**(예: 메소스 또는 쿠버네티스의 경우)는 리눅스 커널의 cgroup과 네임스페이스에서 탄생하고 Docker 프로젝트에서 가장 인기 있는 이터레이션으로 알려져 있는 상대적으로 경량 리소스 예약 기술이다.
- **가상 머신**virtual machine(VM)에 위와 같은 기능을 배포할 수 있으며, 그 자체로 특정 코어 및 메모리 예약 기능을 제공한다.

> **CAUTION_ 클러스터 작업**
>
> 이 세 가지 기법에 의해 수반되는 서로 다른 수준의 고립을 상세히 기술하는 것은 이 책의 범위를 벗어나지만 운영 환경 설정을 위해 충분히 탐구할 가치는 있다.
>
> 엔터프라이즈급 운영 클러스터 관리 영역에서 우리는 또한 작업 대기열, 우선순위, 멀티테넌시 옵션 및 사전 예방과 같은 개념도 접하게 되는데, 이러한 개념은 클러스터 매니저의 영역이므로 스파크에 초점을 맞춘 자료에서는 자주 언급되지 않는다.
>
> 그러나 여러 팀이 공유하는 클러스터에서 '좋은 시민'이 되는 방법을 이해하기 위해서는 클러스터 매니저 설정의 세부 사항을 확실히 파악하는 것이 필수적이다. 많은 팀이 리소스를 놓고 경쟁하는 동안 적절한 클러스터 매니저를 운영하는 방법에 대한 좋은 예시가 많이 있다. 이러한 권장 사항에 대해서는 이 장에서 소개하는 참고 자료와 해당 지역의 데브옵스 DevOps 팀을 모두 살펴봐야 한다.

5.3 분산 시스템에서의 복원력과 내결함성 이해

분산된 애플리케이션에는 복원력과 내결함성이 절대적으로 중요하다. 이들은 사용자의 연산을 완료하기 위해 수행할 수 있는 조건이다. 오늘날 클러스터는 일생 동안 최대 용량에 가깝게 이상적으로 작동하는 상용 머신으로 만들어진다.

부드럽게 말하자면 하드웨어는 꽤 자주 고장 난다. **탄력적** 애플리케이션은 분산 환경의 지연 및 중요하지 않은 장애에도 불구하고 프로세스를 진행할 수 있다. **내결함성**이 있는 애플리케이션은 하나 또는 여러 노드의 계획되지 않은 종료에도 불구하고 성공적으로 프로세스를 완료할 수 있다.

이러한 종류의 복원력은 우리가 예약하고 있는 애플리케이션이 결정되지 않은 시간 동안 작동해야 하는 경우 특히 스트림 처리와 관련이 있다. 결정되지 않은 시간은 종종 데이터 소스의 수명 주기와 관련 있다. 예를 들어 소매 웹사이트를 운영하고 있고, 사이트를 방문하는 사용자들의 행동과 클릭과 내비게이션에 대해 거래와 웹사이트 상호작용을 분석하고 있다면 잠재적으로 사업의 전체 기간 동안 이용할 수 있는 데이터 소스를 가질 수 있는데, 만약 사업이 성공하려면 데이터 소스의 수명 주기가 매우 길어야 한다.

따라서 스트리밍 방식으로 데이터를 처리하는 시스템은 장기간 중단 없이 실행되어야 한다.

스트리밍 연산의 이러한 '쇼는 계속되어야 한다' 접근 방식은 애플리케이션의 복원력과 내결함성을 더욱 중요하게 만든다. 배치 작업의 경우 작업을 시작하고, 성공하기 바라며, 그것을 바꿀 필요가 있거나 실패했을 때 다시 시작할 수 있다. 온라인 스트리밍 스파크 파이프라인의 경우 이는 합리적인 가정은 아니다.

5.3.1 장애 복구

내결함성의 맥락에서 우리는 하나의 특정 노드의 장애로부터 복구하는 데 걸리는 시간을 이해하는 것에도 관심이 있다. 실제로 스트림 처리는 데이터 소스에 의해 실시간으로 데이터가 계속 생성된다는 특별한 측면을 가지고 있다. 배치 컴퓨팅 실패를 처리하기 위해 항상 처음부터 다시 시작할 기회를 갖고 연산 결과를 얻는 데 시간이 더 오래 걸린다는 것을 인정한다. 따라서 매우 원시적인 형태의 내결함성은 배포에서 특정 노드의 고장을 감지하고 연산을 중지하고 처음부터 다시 시작하는 것이다. 그 과정은 계산을 위해 예상했던 원래 시간의 두 배 이상이 걸릴 수 있지만 서두르지 않는다면 이는 여전히 받아들여질 만한 소요 시간이 될 것이다.

스트림 처리를 위해 복구 중인 클러스터가 아직 어떠한 처리도 수행할 준비가 되지 않았다면 **데이터를 계속 수신**하여 잠재적으로 저장해야 한다. 이는 높은 처리량에서 문제를 일으킬 수 있다. 처음부터 다시 시작하려고 하면 애플리케이션 시작 이후 뿐만 아니라 (그 자체로 문제가 될 수 있는) 과거 데이터를 재처리하는 동안에 관찰된 모든 데이터를 재처리해야 하며, 이는 우리가 따라 잡으려고 애쓰는 동안 생성된 새로운 데이터를 계속 수신하고 저장하는 데 필요할 것이다.

처음부터 다시 시작하는 이 패턴은 스트리밍에 있어서 매우 다루기 힘든 것이기 때문에 노드가 사용할 수 없거나 작동하지 않는 경우에 **최소한**의 연산만 재시작하는 스파크의 능력에 특히 주의를 기울일 것이다.

5.3.2 내고장성에 대한 클러스터 매니저 지원

우리는 얀, 메소스 또는 쿠버네티스의 클러스터 매니저에 유사한 기능이 존재하더라도 스파크의 내결함성 보장을 이해하는 것은 여전히 중요하다. 이를 이해하기 위해 클러스터 매니저가 오류를 보고하고 그러한 예외에 대처하기 위한 새로운 리소스를 요청할 수 있는 프레임워크와 밀접히 관련되어 내고장성을 돕는다고 생각할 수 있다. 스파크는 그러한 능력을 가지고 있다.

예를 들어 얀, 메소스 또는 쿠버네티스와 같은 **운영** 클러스터 매니저는 노드의 엔드포인트를 검사하고 노드에 자체 준비 상태와 활성 상태를 보고하도록 요청함으로써 노드의 장애를 감지할 수 있는 기능을 가지고 있다. 이러한 클러스터 매니저가 장애를 감지하고 여유 용량을 가진 경우 해당 노드를 스파크에서 사용할 수 있는 다른 노드로 교체할 것이다. 이 특정 작업은 스파크 익스큐터 코드가 다른 노드에서 새로 시작된 다음 기존 스파크 클러스터에 연결하려고 시도함을 암시한다.

클러스터 매니저는 정의상 자신이 예약한 노드에서 실행되는 애플리케이션에 대한 자기성찰 기능을 가지고 있지 않다. 그 책임은 사용자의 코드를 실행하는 컨테이너에 한정된다.

그러한 책임의 경계는 스파크 복원 기능의 시작점이다. 장애가 발생한 노드에서 복구하려면 스파크는 다음을 수행해야 한다.

- 해당 노드가 체크포인트된 파일 형태로 재생산되어야 하는 상태를 포함하는지 여부 확인
- 어느 단계의 잡에서 노드가 컴퓨팅에 다시 참여해야 하는지 이해

여기서 목표는 클러스터 매니저에 의해 노드가 교체되는 경우 스파크가 이 새로운 노드를 활용하고 그 노드에 연산을 분산시킬 수 있는 기능을 가지고 있다는 것을 탐구하는 것이다.

이러한 맥락에서 우리는 애플리케이션으로서 스파크의 책임에 초점을 맞추고, 필요한 경우에만 클러스터 매니저의 기능을 강조한다. 예를 들어 노드는 하드웨어 장애 또는 노드의 작업이 단순히 높은 수준의 잡에 의해 선점되었기 때문에 교체될 수 있다. 아파치 스파크는 그 **이유**를 모른 채 그 **방법**에만 초점을 맞춘다.

5.4 데이터 전송 의미론

스트리밍 모델에서 볼 수 있는 것처럼 스트리밍 잡이 실시간으로 생성되는 데이터를 기반으로 작동한다는 것은 중간 결과가 해당 스트리밍 파이프라인의 소비자(컨슈머 consumer)에 정기적으로 제공될 필요가 있다는 것을 의미한다.

그러한 결과들은 일부 클러스터에 의해 만들어지고 있다. 이상적으로는 관측 가능한 결과가 데이터 도착과 관련하여 일관성 있고, 그때마다 즉시 처리할 수 있고, 실시간으로 유지되기 바란다. 이것은 우리가 정확한 결과를 원하고, 가능한 한 빨리 결과를 원한다는 것을 의미한다. 그러나 분산 연산은 앞서 언급한 대로 때때로 개별 노드 장애뿐만 아니라 [그림 5-1]과 같이 클러스터의 일부분이 클러스터의 다른 부분과 통신할 수 없는 **네트워크 파티션**과 같은 상황에 직면한다는 점에서 자체적인 문제를 안고 있다.

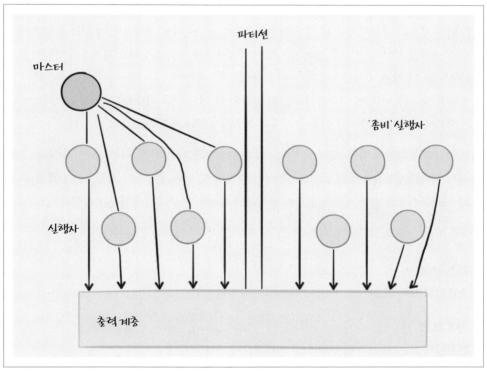

그림 5-1 네트워크 파티션

스파크는 **드라이버/익스큐터**^{driver/executor} 아키텍처를 사용하여 설계되었다. 특정 머신에서 **드라이버**는 사용자의 잡 제출^{job submission}과 함께 **잡 진행 상황**^{job progression}을 추적하는 작업을 수행하며, 데이터가 도착할 때 해당 프로그램의 연산이 이루어진다. 그러나 네트워크 파티션이 클러스터의 일부를 분리하는 경우 **드라이버**는 초기 클러스터를 구성하는 익스큐터의 일부만 추적할 수 있다. 파티션의 다른 부분에서 우리는 완전히 기능할 수는 있지만, 단순히 그들의 계산 과정을 드라이버에 설명할 수 없는 노드를 발견할 것이다.

이는 새로운 작업을 받지는 못하지만 이전에 주어진 연산의 일부 파편을 완성하는 과정에는 있을 수 있는 '좀비' 노드와 같은 흥미로운 사례를 만들어낸다. 파티션에 대해 알지 못한 채 그들은 익스큐터가 원하는 대로 결과를 보고할 것이다. 그리고 이러한 결과 보고가 (**드라이버**를 병목현상으로 만들까봐) **드라이버**를 거치지 않는 경우가 있기 때문에 이러한 좀비 결과 보고가 성공할 수 있는 것이다.

북키핑^{bookkeeping}의 한 지점인 **드라이버**는 좀비 익스큐터가 여전히 작동하고 결과를 보고하는 것을 알지 못하기 때문에 손실된 익스큐터가 새로운 노드에서 수행해야 했던 것과 동일한 작업을 다시 예약할 것이다. 이것은 좀비 머신들이 파티셔닝을 통해 분실되고 재조정된 작업이 있는 머신들은 둘 다 같은 결과를 보고하는 **이중 응답**^{double-answering} 문제를 야기한다. 이는 실제적인 결과를 낳는데, 이전에 언급했던 스트림 연산의 한 예는 금융 거래를 위한 라우팅 작업이다. 이런 맥락에서 이중 인출이나 이중 주식매수 주문은 엄청난 결과를 초래할 수 있다.

앞서 언급한 문제만이 다른 처리 의미론을 야기하는 것은 아니다. 또 다른 중요한 이유는 스트림 처리 애플리케이션과 상태 체크포인트에서 출력이 한 번의 원자적인 작동으로 완료될 수 없을 때 체크포인트와 출력 사이에 고장이 발생하면 데이터 손상이 발생한다는 것이다.

따라서 이러한 문제들로 인해 '최소 한 번'과 '최대 한 번'의 처리가 구분된다.

최소 한 번
스트림의 모든 요소가 한 번 이상 처리되도록 한다.

최대 한 번
스트림의 모든 요소가 한 번 이하로 처리되도록 한다.

정확히 한 번
'최소 한 번'과 '최대 한 번'의 조합이다.

최소 한 번 처리하는 것은 모든 초기 데이터가 처리되었는지 확인하는 개념이며, 이는 앞서 언급한 노드 장애를 다룬다. 이미 언급했듯이 스트리밍 프로세스가 일부 노드를 교체하거나 일부 데이터를 다시 연산해야 하는 부분적인 장애를 겪을 때 데이터 수집을 계속 유지하면서 손실된 연산 단위를 재처리해야 한다. 그 요구 사항은 적어도 한 번 처리하지 않는 경우 특정 조건에서 데이터를 잃을 가능성이 있다는 것을 의미한다.

비대칭 개념은 최대 한 번 처리하는 것이다. 최대 한 번 처리되는 시스템은 재조정된 노드와 동일한 결과를 반복하는 좀비 노드를 일관성 있게 처리하여 하나의 결과 집합만 추적하도록 보장한다. 그들의 결과가 **어떤 데이터였는지** 추적함으로써 반복된 결과를 폐기할 수 있다는 것을 확실히 할 수 있고, 동시에 '최대 한 번 처리 보증'을 제공할 수 있다. 이를 달성하는 방법은 결과 수신의 '최종 단계'에 적용되는 **멱등**idempotence 개념에 의존한다. 멱등은 어떤 데이터에든 두 번 또는 그 이상 적용하면 처음과 같은 결과를 얻을 수 있도록 함수를 규정한다. 이것은 결과를 보고하는 데이터를 추적하고, 스트리밍 프로세스의 출력에 북키핑 시스템을 갖추는 것으로 달성할 수 있다.

5.5 마이크로배칭과 한 번에 한 요소

이 절에서는 스트림 처리에 대한 두 가지 중요한 접근 방법인 **대량 동기화 처리**와 **한 번에 한 레코드 처리**를 다룬다.

목표는 이 두 가지 아이디어를 스파크가 스트림 처리를 위해 보유하고 있는 두 개의 API인 스파크 스트리밍 및 구조적 스트리밍에 연결하는 것이다.

5.5.1 마이크로배칭: 대량 동기화 처리의 적용

스파크 스트리밍은 스파크의 보다 성숙한 스트림 처리 모델로서 **대량 동기화 병렬 처리**Bulk Synchronous Parallelism(BSP) 시스템이라고 할 수 있다.

BSP의 요지는 다음 두 가지를 포함한다는 것이다.

- 비동기 작업의 분할 배포
- 일정한 간격으로 들어오는 동기식 장벽

분할은 스트리밍에서 수행되는 각 연속적인 작업 단계가 이 작업을 수행할 수 있는 익스큐터 수에 대략 비례하는 다수의 병렬 청크로 분리된다는 아이디어다. 각 익스큐터는 자체 작업 청크를 받아 두 번째 요소가 들어올 때까지 별도로 작업한다. 특정 리소스는 연산의 진행 상황을 추적하는 임무를 수행한다. 스파크 스트리밍에서 이는 '드라이버'의 동기화 포인트로, 다음 단계로 작업을 진행할 수 있게 한다. 그러한 예정된 단계들 사이에서 클러스터에 있는 모든 익스큐터는 같은 일을 하고 있다.

이 스케줄링 프로세스에서 전달되고 있는 것은 사용자가 데이터에서 실행하고자 하는 처리를 설명하는 함수다. 데이터는 이미 다양한 익스큐터에 있으며, 클러스터 수명 동안 이러한 리소스들에 직접 전달되는 경우가 대부분이다.

이것은 2016년 헤더 밀러에 의해 '함수 전달 방식$^{\text{function-passing style}}$'으로 만들어졌으며 공식화되었다.[1] 상태 비동기식으로 분산된 변하지 않는 불변의 데이터에 안전한 함수를 전달하고 느슨한 결합기를 사용하여 중간 데이터 구조를 제거한다.

좀 더 많은 데이터 처리가 예약되는 빈도는 시간 간격에 따라 결정된다. 이 시간 간격은 배치 처리 시간으로 측정되는 임의의 기간, 즉 클러스터에서 '벽시계$^{\text{wall clock}}$' 시간 관측치로 예상되는 시간 간격이다.

스트림 처리를 위해 우리는 데이터 처리의 실시간 개념을 더 잘 근사화하는 작은 고정 간격으로 장벽을 구현한다.

대량 동기화 병렬 처리

BSP는 1990년대에 레슬리 발리안트가 도입한 병렬 처리를 생각하는 매우 일반적인 모델이다. 무엇보다도 추상적인 (정신적인) 모델로 의도된 병렬 처리를 위한 폰 노이만 연산 모델에 펜던트를 제공하는 것을 의미했다.

이는 다음 세 가지 핵심 개념을 소개한다.

- 각각의 프로세싱과 메모리 기능을 수행하는 다양한 구성 요소
- 구성 요소 사이에 일대일 방식으로 메시지를 전달하는 라우터
- 정규 시간 간격 L에서 구성 요소의 전체 또는 부분 집합을 동기화하는 기능(여기서 L은 주기성 파라미터)

---

1 「Function Passing: A Model for Typed, Distributed Functional Programming」(헤더 밀러), http://bit.ly/2EQASaf

대량 동기화 모델의 목적은 각 에이전트에 의해 연산이 수행될 수 있는 순간을 생각하도록 하는 명확한 정의를 제공하는 동시에 정기적으로 지식을 통합하여 하나의 집계 결과를 얻는 것이다. 발리안트는 다음과 같은 개념을 소개한다.

> 연산은 일련의 슈퍼스텝(프로세서에 의해 처리되는 작업)으로 이루어져 있다. 각각의 슈퍼스텝에서 각 구성 요소는 로컬 연산 단계, 메시지 전송 및 다른 구성 요소로부터의 (명시적인) 메시지 도착의 조합으로 구성된 작업을 할당받는다. L 시간 단위의 각 기간이 끝나면 모든 구성 요소에 의해 슈퍼스텝이 완료되었는지 여부를 결정하기 위한 전역적인 점검이 이루어진다. 만약 그렇다면 그 머신은 다음 슈퍼스텝을 진행한다. 그렇지 않으면 다음 기간의 L 단위는 미완성된 슈퍼스텝에 할당된다.

이 모델은 또한 이 연산 모드의 확장성과 비용에 대한 보증을 제공한다.[2] 이는 구글의 프레겔과 같은 현대적인 그래프 처리 시스템의 설계에 영향을 주었다. 여기서는 스파크의 DStream에서 병렬 연산의 동기화를 말하기 위한 방법으로 사용한다.

5.5.2 한 번에 한 레코드 처리

대조적으로 **파이프라이닝**pipelining에 의한 한 번에 한 레코드 처리 함수가 있다. 사용자 지정 함수에 의해 설명된 대로 전체 연산을 분석하고 클러스터의 리소스를 이용하여 파이프라인으로 전개한다. 그런 다음 유일하게 남은 문제는 규정된 파이프라인을 따라 다양한 리소스를 통해 데이터를 전송하는 것이다. 이 경우 연산의 각 단계는 특정 지점의 클러스터 내 특정 위치에서 구체화된다는 점에 유의하자.

이러한 패러다임에 따라 주로 작동하는 시스템으로는 아파치 플링크, 나이아드, 스톰, IBM 스트림 등이 있다(이들에 대해서는 29장에서 자세히 살펴볼 것이다). 이것은 그러한 시스템이 반드시 마이크로배칭을 할 수 없다는 것을 의미하는 것은 아니지만 오히려 그들의 주요 방식 또는 가장 기본적인 작동 방식을 특징짓고 종종 그것의 처리 핵심에 있는 파이프라인 프로세스에 대한 의존성에 대해 진술한다.

시스템이 한 특정 이벤트의 도착에 반응하는 데 필요한 최소 지연 시간과 필요 시간은 서로 매우 다르다. 마이크로배칭 시스템의 최소 지연 시간은 현재 마이크로배치(배치 간격)의 수신을 완

---

2 자세한 내용은 「Bulk-synchronous parallel computers」를 참고하라. http://bit.ly/2IgX3ar

료하는 데 필요한 시간과 이 데이터가 속하는 익스큐터에서 작업을 시작하는 데 필요한 시간(예약 시간이라고도 함)이다. 한편 레코드를 하나씩 처리하는 시스템에서는 관심의 대상이 되는 사건을 충족시키는 즉시 반응할 수 있다.

5.5.3 마이크로배칭과 한 번에 하나: 트레이드오프

더 높은 대기 시간에도 불구하고 마이크로배칭 시스템은 다음과 같은 상당한 이점을 제공한다.

- 그들은 동기화 장벽 경계에서 **적응**할 수 있다. 다수의 익스큐터가 불충분하거나 데이터가 손실되는 것으로 나타난 경우 이러한 적응은 오류로부터 복구해야 하는 과제를 나타낼 수 있다. 또한 주기적 동기화는 익스큐터 노드를 추가하거나 제거할 수 있는 기회를 줄 수 있으며, 데이터 소스의 처리량을 통해 관찰되는 클러스터 로드에 따라 리소스를 늘리거나 축소할 수 있는 가능성을 제공할 수 있다.
- BSP 시스템은 특정 데이터 배치의 시작과 끝을 나타내는 배치 결정이 결정론적이고 기록되기 때문에 때때로 **강력한 일관성**을 제공하는 데 많은 시간을 할애할 수 있다. 그러므로 어떤 종류의 연산이든 다시 할 수 있고 두 번째에 같은 결과를 낼 수 있다.
- 마이크로배치를 시작할 때 탐색하거나 검사할 수 있는 사용 가능한 **데이터셋**을 확보하면 데이터를 연산하는 방법에 대한 아이디어를 제공할 수 있는 효율적인 최적화를 수행할 수 있다. 각각의 마이크로배치에서 그것을 이용하여 가능한 모든 입력에 사용되는 일반적인 처리보다는 구체적인 사례를 고려할 수 있다. 예를 들어 **각각의** 마이크로배치를 처리하거나 떨어뜨리기로 결정하기 전에 샘플을 확보하거나 통계적 조치를 연산할 수 있다.

더 중요한 것은 마이크로배치가 잘 식별된 요소로 단순하게 존재함으로써 배치 처리(데이터가 유휴 상태이고 어딘가에 저장되어 있음)와 스트리밍(데이터가 이동 중)에 대한 프로그래밍을 효율적으로 지정할 수 있다는 점이다. 마이크로배치는 심지어 얼마 안 되는 짧은 순간에도 데이터가 유휴 상태인 것처럼 보인다.

5.6 마이크로배치와 한 번에 한 레코드 처리 방식을 더욱 가깝게 만들기

아파치 플링크 또는 나이아드와 같은 시스템에서 구현되는 마이크로배치와 한 번에 한 레코드 씩 처리하는 방식의 결합은 여전히 연구 대상이다.[3]

---

3 최근 버클리 대학에서 나온 흥미로운 스파크 관련 프로젝트 중 하나는 드리즐(Drizzle)이며 '그룹 스케줄링'을 사용하여 거의 연속적인 쿼리를 작성하기 위해 여러 배치에 걸쳐 지속되는 일종의 장기 파이프라인을 형성한다. 「Drizzle: Fast and Adaptable Stream Processing at Scale」(벤카타라만, 오로짓 팬더)을 참고하라. http://bit.ly/2HW080t

모든 문제를 해결하지는 못하지만 마이크로배칭에 의존하는 기본 구현으로 뒷받침되는 구조적 스트리밍은 API 수준에서 해당 선택을 공개하지 않으므로 고정 배치 간격과 무관하게 진화할 수 있다. 실제로 구조적 스트리밍의 기본 내부 실행 모델은 동적 배치 간격을 사용한 마이크로 배치 모델이다. 구조적 스트리밍은 또한 일부 운영자를 위해 지속적인 처리를 구현하고 있다.

5.7 동적 배치 간격

동적 배치 간격dynamic batch interval의 개념은 무엇인가? 동적 배치 간격은 스트리밍 데이터프레임 또는 데이터셋의 데이터 재연산이 네트워크를 통해서 보이는 새로운 요소와 함께 기존 데이터의 업데이트로 구성된다는 개념이다. 이 업데이트는 트리거에 기초하여 실행되며, 업데이트의 일반적인 기준은 지속 시간이 될 것이다. 이 지속 시간은 여전히 전체 클러스터 내에서 동기 화될 것으로 예상되고 모든 익스큐터가 공유하는 시간의 단일 동기 소스를 나타내는 고정된 세계 시간 신호에 기초하여 결정된다.

그러나 이 트리거는 또한 '가능한 한 자주'에 대한 설명이 될 수 있다. 그 설명은 단순히 첫 번째 배치의 합리적인 초기 기간을 고려할 때 이전 배치의 처리가 완료되는 즉시 새로운 배치를 시작 해야 한다는 생각일 뿐이다. 이는 시스템이 가능한 한 자주 배치를 시작한다는 것을 의미한다. 이 상황에서 관찰할 수 있는 지연 시간은 한 번에 한 요소에 더 가깝다. 여기서의 생각은 이 시스 템에 의해 생산된 마이크로배치가 관리 가능한 가장 작은 크기로 수렴되어 결과를 산출하는 데 필요한 익스큐터 연산을 통해 우리 스트림이 더 빨리 흐르게 된다는 것이다. 그 결과가 나오는 대로 스파크 드라이버에 의해 새로운 쿼리가 시작되고 스케줄링될 것이다.

5.8 구조적 스트리밍 처리 모델

구조적 스트리밍 처리의 주요 단계는 다음과 같다.

1 스파크 드라이버가 새 배치를 트리거하면 처리는 특히 데이터 소스에서 읽은 데이터 계정을 업데이트하는 것 으로 시작하는데, 특히 최신 배치의 시작과 끝에 대한 데이터 오프셋을 가져온다.
2 그다음에는 논리적 계획, 데이터에서 실행할 연속 단계 구성, 쿼리 계획(단계적 최적화)이 이어진다.

3 그런 다음 새로 고치려는 연속 쿼리를 업데이트하기 위해 새로운 데이터 배치를 추가하여 실제 연산을 시작하고 예약한다.

따라서 연산 모델의 관점에서 API가 스파크 스트리밍과 크게 다르다는 것을 알 수 있다.

5.8.1 배치 간격의 소멸

이제 구조적 스트리밍 배치의 의미와 운영과 관련된 영향을 간략히 설명하겠다.

구조적 스트리밍에서 사용하고 있는 배치 간격은 더 이상 연산 비용이 아니다. 스파크 스트리밍을 사용하면 2분마다 데이터를 생산하고 2분마다 스파크의 메모리로 데이터를 전송하면 다음 마이크로배치를 위한 클러스터에서 메모리를 삭제하기 위해 최소 2분 안에 해당 데이터 배치에 대한 연산 결과를 생성해야 한다는 아이디어였다. 이상적으로는 유입되는 만큼 많은 데이터가 흘러나오고, 클러스터의 집단 메모리 사용은 안정성을 유지한다.

구조적 스트리밍에서 이러한 고정된 시간 동기화가 없으면 클러스터에서 성능 문제를 볼 수 있는 기능이 더욱 복잡해진다. 즉, 새로운 데이터가 유입되는 속도만큼 빠른 속도로 데이터를 계산하여 데이터를 '삭제'할 수 없는 클러스터는 지속적으로 증가하는 배치 처리 시간을 볼 수 있고, 데이터 성장 속도는 가속화될 것이다. 이 배치 처리 시간을 유지하는 것이 핵심이 될 것이라 기대할 수 있다.

그러나 데이터의 처리량과 관련하여 올바른 크기의 클러스터가 있다면 가능한 자주 업데이트되는 많은 장점이 있다. 특히 보수적인 배치 간격의 시간에 우리가 사용했던 것보다 더 높은 세분성을 가진 구조적 스트리밍 클러스터로부터 매우 상세한 결과를 볼 수 있을 것으로 예상해야 한다.

## CHAPTER 6

스파크의 복원력 모델

대부분의 경우 스트리밍 잡은 길게 실행된다. 정의에 따르면 관찰되고 처리된 데이터의 스트림은 시간이 지남에 따라 지속적으로 실행되는 잡으로 이어진다. 데이터를 처리할 때 데이터가 처리 시스템을 떠난 후 재생산하기 어려운 중간 결과를 축적할 수 있다. 따라서 실패 비용은 상당하며 경우에 따라서는 완전한 회복이 어려운 경우도 있다.

분산 시스템, 특히 일반 하드웨어에 의존하는 시스템에서는 실패가 크기의 함수다. 시스템이 클수록 특정 구성 요소가 언제든지 고장이 발생할(실패할) 확률이 높아진다. 분산 스트림 프로세서는 이러한 운영 모델의 실패 가능성을 고려해야 한다.

이 장에서는 아파치 스파크 플랫폼이 제공하는 복원력, 즉 부분적 실패를 어떻게 복구할 수 있는지, 장애가 발생했을 때 시스템을 통과하는 데이터에 대해 어떤 종류의 보장을 받을 수 있는지 살펴본다. 우리는 스파크의 다양한 내부 구성 요소와 핵심 데이터 구조와의 관계에 대한 개요를 얻는 것으로 시작한다. 이 지식을 가지고 다양한 수준에서 실패의 영향과 스파크가 그러한 실패로부터 회복하기 위해 제공하는 조치들에 대해 계속 이해해 나갈 수 있다.

6.1 스파크의 탄력적인 분산 데이터셋

스파크는 **탄력적 분산 데이터셋**^{Resilient Distributed Dataset}(RDD)에 데이터 표현을 구축한다. 2011

년 마테히 자하리아[1]에 의해 소개된 RDD는 스파크의 기본 데이터 구조다. 이러한 기반은 스파크의 강력한 내결함성이 시작하는 것을 보장한다.

RDD는 개별 노드에 저장되고 사용자에게 위치 투명 데이터 구조로 제공되는 스파크 드라이버에 의해 추적되는 데이터 세그먼트인 파티션으로 구성된다.

[그림 6-1]에 이러한 구성 요소를 도식화하였으며, 이 구성 요소는 고전적인 워드 카운트 애플리케이션(단어 수를 세는 프로그램)에서 RDD를 구성하는 여러 요소로 구분된다.

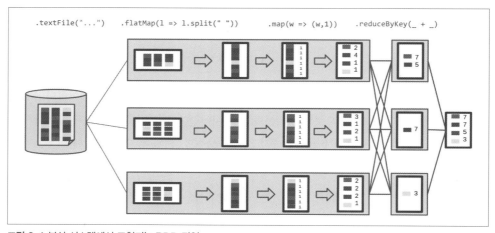

그림 6-1 분산 시스템에서 표현되는 RDD 작업

색상으로 표시된 블록은 원래 분산 파일시스템에 저장된 데이터 요소로서 그림의 맨 왼쪽에 표시된다. 데이터는 파티션으로 저장되며, 파일 내부에 색상으로 표시된 블록의 열로 표현된다. 각 파티션은 익스큐터로 읽히는데, 이 파티션은 수평 블록으로 간주된다. 실제 데이터 처리는 익스큐터 내에서 이루어진다. 여기서 데이터는 RDD 수준에서 설명한 변환에 따라 변환된다.

- .flatMap(l => l.split(" "))은 문장을 공백으로 구분된 단어로 분리한다.
- .map(w => (w,1))은 계산할 단어를 준비하는 방식으로 각 단어를 <word>, 1) 형식의 튜플로 변환한다.
- .reduceByKey(_ + _)는 <word>를 키로 사용하고 합계 연산을 첨부된 숫자에 적용하여 개수를 계산한다.
- 최종 결과는 동일한 감소 작업을 사용하여 부분 결과를 가져옴으로써 달성된다.

---

1 「Discretized Streams: A Fault-Tolerant Model for Scalable Stream Processing」(마테이 자하리아, 다타가타 다스 외),
http://bit.ly/2MpuY6c

RDD는 스파크의 프로그래밍적인 핵심을 구성한다. 데이터프레임, 데이터셋 및 DStream을 포함한 다른 모든 추상화, 배치 및 스트리밍은 RDD에 의해 생성된 기능을 사용하여 구축되며, 더 중요한 것은 동일한 내결함성 기능을 상속한다. 17.1절 'DStream의 기본 추상화로서의 RDD'에서 RDD 프로그래밍 모델을 간략하게 소개한다.

RDD의 또 다른 중요한 특징은 스파크가 필요한 기간 동안 데이터를 메모리에 저장하고 시스템에 충분한 용량을 제공하도록 노력한다는 것이다. 이 동작은 스토리지 레벨을 통해 구성 가능하며 캐싱 작업을 호출하여 명시적으로 제어할 수 있다.

스파크가 데이터 수정을 통해 사용자 연산의 진행 상황을 추적한다는 아이디어를 제시하기 위해 이 구조를 언급한다. 실제로 프로그램의 제어 흐름(루프와 잠재적 재귀 통화 포함)을 검사하여 사용자가 원하는 작업을 얼마나 진행 중인지 아는 것은 위압적이고 오류가 발생하기 쉬운 작업일 수 있다. 분산 데이터 수집 유형을 정의하고 사용자가 다른 데이터 모음 또는 다른 데이터 소스에서 생성하도록 하는 것이 훨씬 더 신뢰할 수 있다.

[그림 6-2]는 동일한 **워드 카운트** 프로그램을 보여주며, 현재 사용자가 제공한 코드(왼쪽)와 그에 따른 내부 RDD 운영 체인의 형태를 보여준다.

그림 6-2 RDD 계보

이 종속성 체인은 특정 유형의 그래프인 방향성 비순환 그래프^{Directed Acyclic Graph}(DAG)를 형성한다. DAG는 내부 데이터와 그 의존성을 나타내기 때문에 `DAGSceduler`라는 적합한 명칭의 스케줄러에 연산 분배 방법을 알려주고, 실패 복구 기능의 기초가 되기도 한다.

시스템은 이러한 분산 데이터 수집의 순서 생성을 추적할 때 수행한 작업과 수행해야 할 작업을 추적한다.

6.2 스파크 컴포넌트

스파크에서 어떤 수준의 내결함성이 작동하는지 이해하려면 일부 핵심 개념의 명명법을 살펴보는 것이 유용하다. 이전 절에서 보았듯이 사용자가 [그림 6-3]에 표시된 것처럼 청크로 분할되어 다양한 시스템에서 실행되는 프로그램을 제공한다고 가정한다.

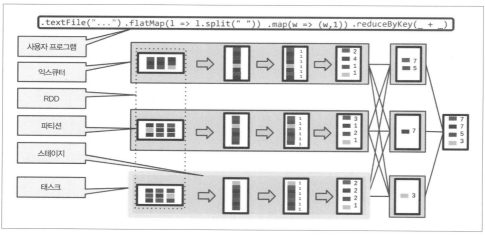

그림 6-3 스파크 명명법

스파크 런타임의 어휘를 정의하는 [그림 6-3]에서 설명하는 단계를 살펴보자.

사용자 프로그램

스파크 스트리밍의 사용자 애플리케이션은 **액션**^{action} 및 **변환**^{transformation}으로 분류된 복원력 있는 데이터 구조(RDD, DStream, 스트리밍 데이터셋 등)에서 작동하는 사용자 지정 **함수 호출**로 구성된다.

변형된 사용자 프로그램

사용자 프로그램은 지정된 호출 중 일부를 수정하여 가장 간단하고 접근하기 쉽고 이해하기 쉬운 맵 퓨전[2]을 만들기 위해 조정 작업을 수행할 수 있다.

RDD

분산되고 복원력 있는 데이터셋의 논리적 표현. 그림에서 초기 RDD는 파티션이라 불리는 세 부분으로 구성되어 있다.

파티션

파티션은 독립적으로 로드할 수 있는 데이터셋의 물리적 세그먼트다.

스테이지

사용자 작업은 여러 **스테이지**stage로 그룹화되며, 그 경계는 사용자 작업을 개별적으로 실행해야 하는 단계로 구분한다. 예를 들어 두 별개의 업스트림 작업 결과 사이의 결합과 같이 여러 노드에서 데이터 셔플이 필요한 작업은 별개의 스테이지를 표시한다. 아파치 스파크의 스테이지는 시퀀싱의 단위다. 이는 차례대로 실행되며, 주어진 시간에 상호 의존적인 스테이지 중 최대 하나를 실행할 수 있다.

잡

이러한 **스테이지**가 정의되면 스파크가 수행해야 하는 내부 작업은 분명하다. 실제로 이 스테이지에서 일련의 상호 의존적인 **잡**job이 정의된다. 그리고 잡은 정확히는 스케줄링 단위의 용어다. 큐에서 대기 중이거나 현재 여러 시스템에서 실행 중인지 여부에 관계없이 전체 스파크 클러스터의 관점에서 현재 진행 중인 작업을 설명한다([그림 6-3]에서 명시적으로 표현하지 않았지만 잡은 변환의 완전한 집합이다).

태스크

소스 데이터가 클러스터에 있는 위치에 따라 분산 및 단일 머신 컴퓨팅 사이의 개념적 경계를 넘어서 잡을 **태스크**task로 자를 수 있다. 태스크는 로컬 연산 단위로, 잡의 로컬 익스큐터 경계 부분의 이름이다.

스파크는 이러한 모든 단계가 해를 입지 않도록 보호하고 이 프로세스의 어떤 스테이지에서든 사고가 발행할 경우 신속하게 복구하는 것을 목표로 한다. 이러한 배려는 위에서 언급한 개념,

---

2 l.map(foo.map(bar)가 l.map((x) => bar(foo(x)))로 변경되는 프로세스

즉 태스크, 잡, 스테이지 또는 프로그램 수준에서 발생하는 재시작 및 체크포인팅 작업으로 구성된 내결함성 설비에 반영된다.

6.3 스파크의 내결함성 보장

스파크에서 내부 조직을 구성하는 '조각들'을 보았기 때문에 이제 실패가 다양한 수준에서 발생할 수 있다는 것을 이해할 준비가 되었다. 이 절에서는 스파크 내결함성 보장을 '폭발 반경 증가increasing blast radius'에 따라 완만한 실패부터 더 큰 실패에 이르기까지 체계적으로 볼 수 있다. 우리는 다음 사항을 살펴볼 것이다.

- 어떻게 스파크가 재시작을 통해 태스크 실패를 완화하는지
- 어떻게 스파크가 셔플 서비스를 통해 스테이지 실패를 완화하는지
- 어떻게 스파크가 드라이버 재시작을 통해 사용자 프로그램의 **오케스트레이터**orchestrator가 사라지는 것을 완화하는지

이 절을 완료할 때쯤 스파크가 런타임에 제공하는 보장에 대한 명확한 마음속 그림을 가지게 될 것이고, 이를 통해 잘 구성된 스파크 잡이 처리할 수 있는 실패 시나리오를 이해할 수 있을 것이다.

6.3.1 태스크 실패 복구

실행 중인 인프라에 OutOfMemory, 네트워크, 스토리지 오류 또는 처리 중인 데이터의 품질에 관련된 문제(예: 파싱 오류, NumberFormatException 또는 몇 가지 일반적인 예외의 이름을 지정하는 NullPointerException)와 같은 산발적인 잡이 발생할 경우 태스크가 실패할 수 있다.

태스크의 입력 데이터가 cache() 또는 persist() 호출을 통해 저장되었고, 선택한 스토리지 레벨이 데이터의 복제(MEMORY_ONITY_SER_2와 같이 _2로 끝나는 스토리지 레벨을 찾아보자)를 의미한다면 해당 태스크의 복사본은 클러스터의 다른 시스템에 완전한 형태로 존재하기 때문에 해당 입력 내용을 재연산할 필요가 없다. 그런 다음 이 입력을 사용하여 태스크를 다시 시작할 수 있다. [표 6-1]에는 스파크에서 구성할 수 있는 다양한 스토리지 수준과 메모리 사용 및 복제 요소 측면에서의 해당 특성이 요약되어 있다.

표 6-1 스파크 스토리지 레벨

레벨	디스크 사용	메모리 사용	오프힙 스토리지 사용	객체 (역직렬화된)	복제된 사본의 개수
NONE					1
DISK_ONLY	X				1
DISK_ONLY_2	X				2
MEMORY_ONLY		X		X	1
MEMORY_ONLY_2		X		X	2
MEMORY_ONLY_SER		X			1
MEMORY_ONLY_SER_2		X			2
MEMORY_AND_DISK	X	X		X	1
MEMORY_AND_DISK_2	X	X		X	2
MEMORY_AND_DISK_SER	X	X			1
MEMORY_AND_DISK_SER_2	X	X			2
OFF_HEAP			X		1

그러나 지속성이 없거나 스토리지 레벨이 태스크 입력 데이터 복제본의 존재를 보장하지 않는 경우 스파크 드라이버는 사용자 지정 연산을 저장하는 DAG를 참조하여 잡의 어떤 세그먼트를 재연산해야 할지 판별해야 한다.

결과적으로 캐싱 또는 스토리지 레벨에 저장하기에 충분한 예방 조치가 없으면 태스크 실패로 인해 스테이지 경계까지 여러 다른 재연산이 유발될 수 있다.

스테이지 경계는 셔플을 의미하며 셔플은 중간 데이터가 어떻게든 구체화됨을 의미한다. 앞서 논의했듯이 셔플은 익스큐터를 데이터 서버로 변환하여 대상으로 사용되는 다른 익스큐터에 데이터를 제공할 수 있다.

결과적으로 이러한 익스큐터에는 셔플을 유발한 맵 작업의 복제본이 있다. 따라서 셔플에 참여한 익스큐터는 그 결과로 이어진 맵 작업의 복제본을 가진다. 그러나 죽어가는 다운스트림 익스큐터를 가지고 있고, 셔플의 업스트림 서버(맵과 같은 작업의 출력을 제공함)에 의존할 수 있다면 이는 구세주가 될 것이다. 만약 그 반대라면 어떨까? 업스트림 익스큐터 중 하나가 손상된 상황이 발생한다면?

6.3.2 스테이지 실패 복구

태스크 실패(익스큐터 손상으로 인한)가 클러스터에서 발생하는 가장 빈번한 사건이므로 완화해야 할 가장 중요한 이벤트라는 것을 인지했다. 반복적인 태스크 실패는 해당 태스크가 포함된 스테이지의 실패로 이어진다. 이를 통해 스파크가 임의의 스테이지 실패에 저항할 수 있는 두 번째 기능인 **셔플 서비스**shuffle service가 제공된다.

이 실패가 발생하면 항상 데이터의 일부 롤백을 의미하지만 정의에 따라 셔플 작업은 앞선 단계와 관련된 모든 이전 익스큐터에 따라 달라진다.

결과적으로 스파크 1.3 버전부터 셔플 서비스를 제공하는데, 이 셔플 서비스를 사용하면 좋은 지역성을 지닌 클러스터를 통해 저장 및 분산된 맵 데이터에 대해 작업할 수 있게 해주지만 더 중요한 것은 스파크 태스크가 아닌 서버를 통해 제공된다는 것이다. 이는 스파크에 의존하지 않고 스파크 익스큐터보다 훨씬 오래 실행되는 서비스며, 자바로 작성된 외부 파일 교환 서비스다. 이 추가 서비스는 스파크의 모든 클러스터 모드에서 별도의 프로세스로 연결되며 단순히 셔플 직전에 익스큐터가 데이터를 안정적으로 전송할 수 있도록 데이터 파일 교환을 제공한다. 네티netty 백엔드를 사용하여 데이터를 전송할 때 매우 낮은 오버헤드를 허용하도록 최적화되었다. 이런 방식으로 셔플 서비스에 데이터 복제본이 있는 즉시 맵 태스크 실행 후 익스큐터가 종료될 수 있다. 또한 데이터 전송이 더 빠르기 때문에 이 전송 시간도 크게 단축되어 익스큐터가 문제에 직면할 수 있는 취약한 시간을 줄게 된다.

6.3.3 드라이버 실패 복구

스파크가 특정 태스크 및 스테이지의 실패에서 복구하는 방법을 살펴보면 이제 드라이버 프로그램의 실패에서 복구하기 위해 스파크가 제공하는 기능을 살펴볼 수 있다. 스파크의 드라이버는 필수적인 역할을 한다. 블록 매니저의 보관소는 각 데이터 블록이 클러스터에서 상주하는 위치를 알고 있는데, 이는 또한 DAG가 위치하는 곳이기도 하다.

마지막으로 잡, 메타데이터 및 로그의 스케줄링 상태가 위치한다. 따라서 드라이버가 손실되면 스파크 클러스터 전체가 연산에서 어느 단계에 도달했는지, 연산이 실제로 무엇으로 구성되어 있는지, 그리고 그것을 제공하는 데이터를 어디서 찾을 수 있는지 잃어버릴 수 있다.

클러스터 모드 배포

스파크는 **클러스터 배포 모드**cluster deployment mode를 구현하여 드라이버 프로그램을 사용자 컴퓨터가 아닌 클러스터에서 호스트할 수 있도록 한다.

배포 모드는 다음 두 가지 옵션 중 하나다. 클라이언트 모드에서는 드라이버가 애플리케이션을 제출하는 클라이언트와 동일한 프로세스에서 시작된다. 그러나 클러스터 모드에서는 드라이버가 클러스터 내부의 작업자 프로세스 중 하나에서 시작되고 클라이언트 프로세스는 애플리케이션이 완료될 때까지 기다리지 않고 애플리케이션을 제출해야 할 책임이 있는 즉시 종료된다.

요약하면 스파크가 자동 드라이버 재시작을 수행할 수 있게 하여 사용자가 'fire and forget발사 후 망각 방식'으로 잡을 시작하고, 다음 기차를 타기 위해 잡을 시작한 다음 랩톱을 닫는다. 스파크의 모든 클러스터 모드는 사용자가 애플리케이션의 로그에 액세스할 수 있는 웹 UI를 제공한다. 다른 장점은 드라이버 프로세스가 클러스터 매니저에 의해 다시 시작되기 때문에 드라이버 실패가 작업의 끝을 표시하지 않는다는 것이다. 그러나 이전의 드라이버 시스템에 저장된 연산의 임시적인 상태가 손실될 수 있기 때문에 처음부터 복구할 수 있을 뿐이다.

체크포인팅

드라이버 손상 시 중간 상태가 손실되지 않도록 스파크는 체크포인팅 옵션을 제공한다. 즉, 애플리케이션 상태의 스냅샷을 디스크에 주기적으로 기록한다. sparkContext.setCheckpointDirectory() 옵션의 설정은 드라이버가 로컬 파일시스템에서 중간 RDD 상태를 재구성하려고 시도하기 때문에 신뢰할 수 있는 스토리지(예: 하둡 분산 파일 시스템)를 가리켜야 한다. 클러스터의 익스큐터에서 생성되므로 이를 백업하기 위해 드라이버와 상호작용할 필요는 없다.

체크포인팅은 24장에서 더 자세하게 설명할 것이다. 그러는 동안에도 스파크 클러스터에는 여전히 잠재적인 실패를 해결하지 못한 구성 요소인 마스터 노드가 남아 있다.

6.4 요약

이번 스파크 코어의 내결함성 및 고가용성 모드 둘러보기에서는 스파크에서 제공하는 주요 기본 요소 및 기능과 해당 기본값에 대한 아이디어를 제공했다. 이 중 어느 것도 지금까지 스파크 스트리밍 또는 구조적 스트리밍에 국한된 것은 아니지만 이러한 모든 교훈은 장기 실행, 내결함성 및 성능이 뛰어난 애플리케이션을 제공해야 한다는 점에서 스트리밍 API에 적용된다.

또한 이러한 기능은 특정 클러스터의 결함 빈도에 대한 다양한 우려를 반영한다.

- 주키퍼Zookeeper를 통해 최신 상태로 유지되는 장애 조치 마스터 노드 설정과 같은 기능은 스파크 애플리케이션 설계에서 단일 장애 지점을 방지하는 것이다.
- 스파크 셔플 서비스는 결함이 있는 익스큐터를 통해 전체를 취약하게 만드는 연산 단계의 긴 목록의 끝에 셔플 단계와 관련된 문제를 방지하기 위해 제공된다.

후자는 훨씬 더 자주 발생한다. 첫 번째는 가능한 모든 조건을 다루는 것이고 두 번째는 부드러운 성능과 효율적인 복구를 보장하는 것이다.

Part **II**

구조적 스트리밍

2부에서는 구조적 스트리밍을 살펴본다.

모델에 대한 직관을 구축하는 데 도움이 되는 실용적인 예를 살펴보는 것으로 여정을 시작한다. 거기에서 API 를 검토하고 스트림 처리의 다음 측면에 대한 세부 사항을 얻는다.

- 소스를 사용한 데이터 소비
- 풍부한 스트리밍 데이터프레임과 데이터셋 API를 사용한 데이터 처리 로직 구축
- 이벤트 시간 이해 및 작업
- 스트리밍 애플리케이션의 상태 처리
- 임의의 상태 기반 변환에 대한 학습
- 싱크를 사용하여 다른 시스템에 결과 쓰기

또한 구조적 스트리밍의 운영 측면에 대한 개요를 제공한다.

마지막으로 이 흥미로운 새 스트리밍 API의 현재 개발 내용을 살펴보고 머신러닝 애플리케이션 및 연속 스트 리밍을 통한 실시간 데이터 처리와 같은 실험적인 영역에 대한 통찰력을 제공한다.

Part II

구조적 스트리밍

## CHAPTER 7

구조적 스트리밍 소개

데이터 집약적인 기업에서는 인터넷에 연결된 서버의 로그 파일, 쇼핑 행태 테이블, 센서 데이터가 있는 NoSQL 데이터베이스 등 많은 대규모 데이터셋을 찾을 수 있다. 이러한 모든 데이터셋은 동일한 기본 수명 주기를 공유한다. 이들을 특정 시점에서 비우기 시작했으며 어떤 형태의 보조 스토리지로 향하는 데이터 포인트에 도달함으로써 점진적으로 채워졌다. 이러한 데이터 도착 프로세스는 보조 스토리지에 구체화된 **데이터 스트림**에 지나지 않는다. 그런 다음 **일괄 처리** batch processing라고 하는 기술을 사용하여 즐겨 사용하는 분석 도구를 유휴 데이터셋에 적용할 수 있다. 이는 대량의 데이터를 한 번에 가져올 수 있고, 해당 작업을 완료하는 데 일반적으로 몇 분에서 며칠까지 상당한 시간이 걸리기 때문이다.

스파크 SQL의 데이터셋 추상화는 유휴 데이터를 분석하는 방법 중 하나다. 본질적으로 **구조화된** 데이터에 특히 유용한데, 이는 정의된 스키마를 따르기 때문이다. 스파크의 데이터셋 API는 SQL과 유사한 API의 표현성과 스칼라 컬렉션 및 RDD 프로그래밍 모델을 연상시키는 타입 안전type-safe 컬렉션 작업을 결합한다. 동시에 파이썬 팬더스 및 R 데이터프레임과 유사한 데이터프레임 API는 함수형 패러다임에서 주로 개발하던 초기 핵심적인 데이터 엔지니어들을 넘어 스파크 사용자의 대상을 넓혔다. 이 높은 수준의 추상화는 더 넓은 범위의 전문가가 친숙한 API를 사용하여 빅데이터 분석 교육을 시작할 수 있도록 함으로써 최신 데이터 엔지니어링 및 데이터 과학 실습을 지원하기 위한 것이다.

데이터가 **정착**settle down될 때까지 기다리지 않고 원래 스트림 형태인 동안 동일한 데이터셋 개념을 데이터에 적용할 수 있다면 어떨까?

구조적 스트리밍 모델은 이동 중에 데이터를 처리하기 위한 데이터셋 SQL 지향 모델의 확장이다.

- 데이터가 **소스** source 스트림으로부터 도착하여 정의된 스키마가 있다고 가정한다.
- 이벤트 스트림은 무한한 테이블에 추가된 행으로 보여질 수 있다.
- 스트림에서 결과를 얻기 위해 연산을 해당 테이블에 대한 쿼리로 표현한다.
- 동일한 쿼리를 업데이트 테이블에 지속적으로 적용하여 처리된 이벤트의 출력 스트림을 생성한다.
- 결과 이벤트는 출력 **싱크** sink 에 제공된다.
- **싱크**는 스토리지 시스템, 다른 스트리밍 백엔드 또는 처리된 데이터를 사용할 준비가 된 애플리케이션일 수 있다.

이 모델에서 이론적으로 **제한이 없는** unbounded 테이블은 정의된 리소스 제약 조건이 있는 실제 시스템에서 구현해야 한다. 따라서 모델을 구현하려면 잠재적으로 무한한 데이터 유입을 처리하기 위해 특정 고려 사항 및 제한 사항이 필요하다.

이러한 문제를 해결하기 위해 구조적 스트리밍은 이벤트 시간 지원, **워터마킹** watermarking 및 과거 데이터가 실제로 얼마나 오래 저장되는지 결정하는 다양한 출력 모드와 같은 새로운 개념을 데이터셋 및 데이터프레임 API에 도입했다.

개념적으로 구조적 스트리밍 모델은 일괄 처리와 스트리밍 처리 사이의 경계를 흐리게 하여 빠르게 움직이는 데이터 상에서의 분석에 대한 추론의 부담을 상당 부분 제거한다.

7.1 구조적 스트리밍의 첫걸음

앞서 소스, 싱크 그리고 쿼리와 같은 구조적 스트리밍을 구성하는 고급 개념을 배웠다. 이제 간단한 웹 로그 분석 사례를 예로 들어 실용적인 관점에서 구조적 스트리밍을 살펴보겠다.

첫 번째 스트리밍 애플리케이션을 살펴보기 전에 아파치 스파크의 기존 배치 분석을 동일한 사례에 적용하는 방법을 살펴보자.

이 예제에는 두 가지 주요 목표가 있다.

- 첫째, 전부는 아니지만 대부분 스트리밍 데이터 분석은 정적 데이터 샘플을 연구하는 것으로 시작한다. 데이터 파일로 연구를 시작하고, 데이터가 어떻게 보이는지, 어떤 패턴을 보이는지 직관적으로 파악하며, 그 데이터에서 의도한 지식을 추출하기 위해 필요한 과정을 정의하는 것이 훨씬 쉽다. 일반적으로 데이터 분석 잡을 정

의하고 테스트한 후에야 데이터 분석 논리를 이동 중인 데이터에 적용할 수 있는 스트리밍 프로세스로 변환할 수 있다.

- 둘째. 현실적인 관점에서 아파치 스파크가 배치 및 스트리밍 분석에 균일한 API를 사용하여 배치 탐색에서 스트리밍 애플리케이션으로 전환하는 여러 측면을 단순화하는 방법을 이해할 수 있다.

이번 탐험은 스파크의 배치 및 스트리밍 API를 비교하고 대조할 수 있게 해줄 것이며, 한 단계에서 다른 단계로 이동하는 데 필요한 절차를 보여줄 것이다.

NOTE_ 온라인 리소스

이 예에서는 public 1995 NASA Apache 웹 로그의 아파치 웹 서버 로그를 사용한다.

실습을 위해 원래 로그 파일은 날짜별 파일로 분할했으며 각 로그 행은 JSON으로 형식화했다. 압축된 NASA-웹 로그 파일은 https://github.com/stream-processing-with-spark에서 다운로드할 수 있다.

이 데이터셋을 다운로드하여 컴퓨터의 폴더에 넣도록 하자.

7.2 배치 분석

아카이브 로그 파일로 작업 중이므로 모든 데이터에 한 번에 액세스할 수 있다. 스트리밍 애플리케이션을 구축하기 전에 간단한 **배치 분석**을 통해 기존 배치 분석 작업이 어떻게 보이는지 살펴보겠다.

NOTE_ 온라인 리소스

이번 예제에서는 이 책의 온라인 리소스인 batch_weblogs 노트북을 사용할 것이다. 해당 자료는 https://github.com/stream-processing-with-spark에서 확인할 수 있다.

먼저 압축을 푼 디렉터리에서 JSON으로 인코딩된 로그 파일을 로드한다.

```
// 이곳은 압축 해제된 파일의 위치이며, 상황에 따라 업데이트할 수 있다.
val logsDirectory = ???
val rawLogs = sparkSession.read.json(logsDirectory)
```

다음으로 유형이 지정된 데이터셋 API를 사용하기 위해 데이터의 스키마를 case class로 선언한다. 데이터셋(NASA-HTTP)에 대한 공식적인 설명에 따라 로그는 다음과 같이 구성된다.

로그는 요청당 한 줄의 ASCII 파일이며, 다음과 같은 컬럼이 있다.

- 요청을 하는 호스트. 가능하면 호스트 이름이며, 이름을 찾을 수 없는 경우 인터넷 주소다.
- "DAY MON DD HH:MM:SS YYYY" 형식의 타임스탬프. 여기서 DAY는 요일, MON은 월, DD는 날짜, HH:MM:SS는 24시간 단위의 시간이며, YYYY는 연도다. 표준시간대는 −0400이다.
- 따옴표 안에 주어진 요청
- HTTP 응답 코드
- 응답 바이트

이 스키마를 스칼라로 변환하면 다음과 같은 case class 정의가 제공된다.

```scala
import java.sql.Timestamp
case class WebLog(host: String,
                  timestamp: Timestamp,
                  request: String,
                  http_reply: Int,
                  bytes: Long
                  )
```

> **NOTE_** 스파크에서 내부적으로 지원되며 다른 옵션에 필요할 수 있는 추가적인 캐스트가 필요하지 않기 때문에 타임스탬프 유형으로 java.sql.Timestamp를 사용한다.

이전 스키마 정의를 사용하여 원래 JSON을 유형이 지정된 데이터 구조로 변환한다.

```scala
import org.apache.spark.sql.functions._
import org.apache.spark.sql.types.IntegerType
// JSON의 표현은 'BigInteger'로 해석되기 때문에
// 'Interger' 타입을 좁힐 필요가 있다.
val preparedLogs = rawLogs.withColumn("http_reply",
                                      $"http_reply".cast(IntegerType))
val weblogs = preparedLogs.as[WebLog]
```

이제 구조화된 형식의 데이터를 가지고 있기 때문에 흥미 있는 질문을 시작할 수 있다. 그 첫 번째 단계로 데이터셋에 얼마나 많은 레코드가 연결되었는지 알아보자.

```
val recordCount = weblogs.count
>recordCount: Long = 1871988
```

일반적인 질문은 '하루에 가장 인기 있는 URL은 무엇인가?' 정도가 될 것이다. 이에 답하기 위해 먼저 타임스탬프를 일^{day}로 줄인다. 그런 다음 이 새로운 dayOfMonth 열과 요청 URL을 기준으로 그룹화하고 이 집계를 카운트한다. 마지막으로 상위 URL을 먼저 얻기 위해 내림차순을 사용하여 정렬한다.

```
val topDailyURLs = weblogs.withColumn("dayOfMonth", dayofmonth($"timestamp"))
                    .select($"request", $"dayOfMonth")
                    .groupBy($"dayOfMonth", $"request")
                    .agg(count($"request").alias("count"))
                    .orderBy(desc("count"))

topDailyURLs.show()
+----------+--------------------------------------+-----+
|dayOfMonth|                               request|count|
+----------+--------------------------------------+-----+
|        13|GET /images/NASA-logosmall.gif HTTP/1.0|12476|
|        13|GET /htbin/cdt_main.pl HTTP/1.0        | 7471|
|        12|GET /images/NASA-logosmall.gif HTTP/1.0| 7143|
|        13|GET /htbin/cdt_clock.pl HTTP/1.0       | 6237|
|         6|GET /images/NASA-logosmall.gif HTTP/1.0| 6112|
|         5|GET /images/NASA-logosmall.gif HTTP/1.0| 5865|
            ...
```

상위 조회는 모두 이미지다. 그럼 이제 뭘 해야 할까? 상위 URL이 사이트 전체에서 일반적으로 사용되는 이미지임을 알 수 있다. 진정한 관심은 가장 많은 트래픽을 발생시키는 콘텐츠 페이지에 있다. 이를 찾기 위해 먼저 html 콘텐츠를 필터링한 다음 방금 배운 상위 집계를 적용한다.

요청 필드는 인용된 연속적인 [HTTP_VERB] URL [HTTP_VERSION]이다. URL을 추출하여 .html, .htm 또는 확장자 없음(디렉터리)으로 끝나는 URL만 보존한다. 이는 이 예제의 목적을 위한 단순화에 해당된다.

```scala
val urlExtractor = """^GET (.+) HTTP/\d.\d""".r
val allowedExtensions = Set(".html",".htm", "")
val contentPageLogs = weblogs.filter {log =>
  log.request match {
    case urlExtractor(url) =>
      val ext = url.takeRight(5).dropWhile(c => c != '.')
      allowedExtensions.contains(ext)
    case _ => false
  }
}
```

.html, .htm 및 디렉터리만 포함하는 이 새로운 데이터셋을 사용하여 이전과 동일한 *top-k* 함수를 적용한다.

```scala
val topContentPages = contentPageLogs
  .withColumn("dayOfMonth", dayofmonth($"timestamp"))
  .select($"request", $"dayOfMonth")
  .groupBy($"dayOfMonth", $"request")
  .agg(count($"request").alias("count"))
  .orderBy(desc("count"))

topContentPages.show()
+----------+------------------------------------------------+-----+
|dayOfMonth|                                         request|count|
+----------+------------------------------------------------+-----+
|        13| GET /shuttle/countdown/liftoff.html HTTP/1.0" | 4992|
|         5| GET /shuttle/countdown/ HTTP/1.0"             | 3412|
|         6| GET /shuttle/countdown/ HTTP/1.0"             | 3393|
|         3| GET /shuttle/countdown/ HTTP/1.0"             | 3378|
|        13| GET /shuttle/countdown/ HTTP/1.0"             | 3086|
|         7| GET /shuttle/countdown/ HTTP/1.0"             | 2935|
|         4| GET /shuttle/countdown/ HTTP/1.0"             | 2832|
|         2| GET /shuttle/countdown/ HTTP/1.0"             | 2330|
      ...
```

그달에 가장 인기 있는 페이지가 liftoff.html이었음을 알 수 있는데, 이는 NASA archives[1]에 기록된 디스커버리 왕복선의 발사 범위에 해당한다. 그다음으로는 발사 전 며칠 동안에 해당되는 countdown/이 뒤따른다.

----

[1] https://go.nasa.gov/2Q9HBQX

7.3 스트리밍 분석

앞 절에서는 역사적인 NASA 웹 로그 레코드를 살펴봤다. 이러한 레코드에서 동향 이벤트가 발견되었지만 실제 이벤트가 발생했을 때보다는 훨씬 늦다.

스트리밍 분석의 당위성을 부여하는 한 가지 핵심 요인은 다양한 수준에서 의사결정을 내리는 데 도움이 될 수 있는 시기적절한 정보를 보유하려는 조직의 수요 증가에서 비롯된다.

배치 중심의 접근 방식을 사용하여 보관된 레코드를 탐색하는 동안 배운 노하우를 활용하여 최신 정보를 제공하는 스트리밍 작업을 생성할 수 있다.

배치 분석에서 우리가 관찰한 첫 번째 차이점은 데이터의 출처다. 스트리밍 연습을 위해 TCP 서버를 사용하여 로그를 실시간으로 전송하는 웹 시스템을 시뮬레이션할 것이다. 시뮬레이터는 동일한 데이터셋을 사용하지만 우리가 분석할 스트림을 구체화하는 TCP 소켓 연결을 통해 공급할 것이다.

> **NOTE_ 온라인 리소스**
>
> 이번 예제에서는 이 책의 온라인 리소스인 weblog_TCP_server 및 streaming_weblogs 노트북을 사용할 것이다. 해당 자료는 https://github.com/stream-processing-with-spark에서 확인할 수 있다.

7.3.1 스트림에 연결하기

이 장의 소개를 떠올려 보면 구조적 스트리밍은 소스와 싱크의 개념을 스트림을 소비하고 결과를 생성하는 주요 추상화로 정의한다. TCP 소켓을 통해 서버에 연결하기 위해 TextSocketSource 구현을 사용할 것이다. 소켓 연결은 서버의 호스트와 연결을 수신하는 포트에 의해 정의된다. 소켓 소스를 생성하려면 이러한 두 가지 구성 요소가 필요하다.

```
val stream = sparkSession.readStream
  .format("socket")
  .option("host", host)
  .option("port", port)
  .load()
```

스트림 생성이 배치 처리 사례에서의 정적 데이터 소스 선언과 매우 유사한 점에 유의하자. 읽기 빌더를 사용하는 대신 readStream 구문을 사용하여 스트리밍 소스에 필요한 파라미터를 전달한다. 이 실습 과정 동안 그리고 나중에 볼 수 있듯이 구조적 스트리밍의 세부 사항을 살펴볼 때 API는 기본적으로 정적 데이터에 대해 동일한 데이터프레임 및 데이터셋 API지만 자세히 배우게 될 몇 가지 수정 및 제한 사항이 있다.

7.3.2 스트림에서 데이터 준비하기

소켓 소스는 스트림에서 수신된 데이터를 포함하는 하나의 열(값)로 스트리밍 데이터프레임을 생성한다. 자세한 내용은 10.5절 '소켓 소스'를 참조한다.

배치 분석의 경우 데이터를 JSON 레코드로 직접 로드할 수 있다. 소켓 소스의 경우 해당 데이터는 일반 텍스트다. 원시 데이터를 WebLog 레코드로 변환하려면 먼저 스키마가 필요하다. 스키마는 텍스트를 JSON 객체로 파싱하는 데 필요한 정보를 제공한다. 이는 **구조적** 스트리밍에 대해 이야기할 때의 **구조**^{structure}다.

데이터 스키마를 정의한 후 다음 단계에 따라 데이터셋을 만든다.

```scala
import java.sql.Timestamp
case class WebLog(host:String,
                  timestamp: Timestamp,
                  request: String,
                  http_reply:Int,
                  bytes: Long
                 )
val webLogSchema = Encoders.product[WebLog].schema      ❶
val jsonStream = stream.select(from_json($"value", webLogSchema) as "record")      ❷
val webLogStream: Dataset[WebLog] = jsonStream.select("record.*").as[WebLog]      ❸
```

❶ case class 정의에서 스키마를 확보한다.

❷ 스파크 SQL에 내장된 JSON 지원을 사용하여 텍스트값을 JSON으로 변환한다.

❸ 데이터셋 API를 사용하여 JSON 레코드를 WebLog 오브젝트로 변환한다.

이 프로세스의 결과로 WebLog 레코드의 스트리밍 데이터셋을 얻게 된다.

7.3.3 스트리밍 데이터셋에 대한 작업

방금 얻은 webLogStream은 배치 분석 작업에서와 같이 Dataset[WebLog] 유형이다. 이 인스턴스와 배치 버전의 차이점은 webLogStream이 스트리밍 데이터셋이라는 것이다.

객체를 쿼리하여 이를 확인할 수 있다.

```
webLogStream.isStreaming
> res: Boolean = true
```

배치 작업의 이 시점에서 데이터에 대한 첫 번째 쿼리를 작성했다. 데이터셋에 몇 개의 레코드가 포함되어 있을까? 이것은 모든 데이터에 접근할 때 쉽게 대답할 수 있는 질문이다. 그러나 지속적으로 도착하는 레코드는 어떻게 계산할까? 정답은 모든 레코드 수 계산과 같이 정적 데이터셋에서 일반적으로 고려하는 일부 작업은 스트리밍 데이터셋에 대해 정의된 의미를 가지고 있지 않다는 것이다.

다음 코드 스니펫에서 count 쿼리를 실행하려 하면 AnalysisException이 발생한다.

```
val count = webLogStream.count()
> org.apache.spark.sql.AnalysisException: Queries with streaming sources must
be executed with writeStream.start();;
```

이는 정적 데이터셋 또는 데이터프레임에서 사용한 직접 쿼리에 이제는 두 가지 수준의 상호작용이 필요하다는 것을 의미한다. 먼저 스트림의 변환을 선언한 다음 스트림 프로세스를 시작해야 한다.

7.3.4 쿼리 작성하기

인기 있는 URL은 무엇일까? 어떤 시간대일까? 웹 로그 스트림에 즉시 분석적인 접근을 할 수 있으므로 인기 있는 URL의 순위를 얻기 위해 하루나 한 달(또는 NASA 웹 로그의 경우 20년 이상)을 기다릴 필요가 없다. 훨씬 짧은 시간 내에 트렌드가 전개됨에 따라 이러한 정보를 가질 수 있게 되었다.

먼저 관심 있는 기간을 정의하기 위해 타임스탬프에 대한 창을 만든다. 구조적 스트리밍의 흥미로운 기능은 데이터가 처리되는 시간이 아니라 데이터가 생성된 타임스탬프(**이벤트 시간**[event time]이라고도 함)에서 해당 시간 간격을 정의할 수 있다는 것이다.

윈도우 정의는 5분의 이벤트 데이터로 구성된다. 타임라인이 시뮬레이션된 경우 5분은 시계 시간보다 훨씬 빠르거나 느려질 수 있다. 이러한 방식으로 구조적 스트리밍이 이벤트 타임스탬프 정보를 사용하여 이벤트 타임라인을 추적하는 방법을 분명히 이해할 수 있다.

배치 분석에서 배운 것처럼 URL을 추출하고 .html, .htm 또는 디렉터리와 같은 콘텐츠 페이지만 선택해야 한다. 윈도우 쿼리를 정의하기 전에 먼저 획득한 지식을 적용해보자.

```scala
// weblog.request에서 접근한 URL을 추출하는 정규 표현식
val urlExtractor = """^GET (.+) HTTP/\d.\d""".r
val allowedExtensions = Set(".html", ".htm", "")

val contentPageLogs: String => Boolean = url => {
  val ext = url.takeRight(5).dropWhile(c => c != '.')
  allowedExtensions.contains(ext)
}

val urlWebLogStream = webLogStream.flatMap { weblog =>
  weblog.request match {
    case urlExtractor(url) if (contentPageLogs(url)) =>
      Some(weblog.copy(request = url))
    case _ => None }
}
```

방문한 URL만 포함하도록 요청을 변환하고 모든 비콘텐츠 페이지를 필터링했다. 이제 인기 URL을 계산하기 위해 윈도우 쿼리를 정의한다.

```scala
val rankingURLStream = urlWebLogStream
    .groupBy($"request", window($"timestamp", "5 minutes", "1 minute"))
    .count()
```

7.3.5 스트림 처리 시작하기

지금까지 수행한 모든 단계는 스트림이 수행할 프로세스를 정의하기 위한 것이다. 아직 그 어떤 데이터도 처리하지 않았다.

구조적 스트리밍 잡을 시작하기 위해 싱크(sink) 및 출력 모드(outputmode)를 지정해야 한다. 다음은 구조적 스트리밍에서 도입된 두 가지 새로운 개념이다.

- 싱크는 결과 데이터를 구체화할 위치를 정의한다. 예를 들어 파일시스템의 파일, 인메모리 테이블 또는 카프카와 같은 다른 스트리밍 시스템 같은 것들이다.
- 출력 모드는 결과 전달 방법을 정의한다. 매번 모든 데이터를 볼 것인가? 오직 업데이트가 발생할 때만 볼 것인가? 아니면 단지 새 레코드만 볼 것인가?

이 옵션은 writeStream 작업에 제공된다. 스트림 소비를 시작하고 쿼리에 선언된 계산을 구체화하고 결과를 출력 싱크에 생성하는 스트리밍 쿼리를 만든다.

이 모든 개념을 나중에 자세히 살펴볼 것이다. 지금은 경험적으로 사용하고 결과를 관찰해보자.

[예제 7-1]의 쿼리에서 URL 순위를 추적한 결과에 새 레코드가 추가될 때마다 완전히 업데이트된 테이블을 갖도록 memory 싱크와 complete 출력 모드를 사용한다.

```scala
val query = rankingURLStream.writeStream
  .queryName("urlranks")
  .outputMode("complete")
  .format("memory")
  .start()
```

메모리 싱크는 queryName 옵션에 주어진 것과 동일한 이름의 임시 테이블에 데이터를 출력한다. 스파크 SQL에 등록된 테이블을 쿼리하여 이를 확인할 수 있다.

```scala
scala> spark.sql("show tables").show()
+--------+---------+-----------+
|database|tableName|isTemporary|
+--------+---------+-----------+
|        | urlranks|       true|
+--------+---------+-----------+
```

[예제 7-1]의 표현식에서 쿼리는 StreamingQuery 타입이며, 쿼리 수명 주기를 제어하는 핸들러다.

7.3.6 데이터 탐색

생산자 측에서 로그 타임라인을 가속화하고 있다고 가정하면 몇 초 후에 다음 명령을 실행하여 [그림 7-1]에 있는 첫 번째 윈도우의 결과를 볼 수 있다.

처리 시간(몇 초)이 어떻게 이벤트 시간(수백분의 로그)에서 분리되는지 확인해보자.

```
urlRanks.select($"request", $"window", $"count").orderBy(desc("count"))
```

request	window	count
"/shuttle/missions/sts-70/mission-sts-70.html"	{"start":"2018-02-02T18:18:00.000+01:00","end":"2018-02-02T18:23:00.000+01:00"}	8
"/shuttle/countdown/"	{"start":"2018-02-02T18:17:00.000+01:00","end":"2018-02-02T18:22:00.000+01:00"}	8
"/shuttle/countdown/"	{"start":"2018-02-02T18:18:00.000+01:00","end":"2018-02-02T18:23:00.000+01:00"}	8
"/shuttle/countdown/"	{"start":"2018-02-02T18:20:00.000+01:00","end":"2018-02-02T18:25:00.000+01:00"}	7
"/shuttle/countdown/"	{"start":"2018-02-02T18:21:00.000+01:00","end":"2018-02-02T18:26:00.000+01:00"}	7
"/shuttle/countdown/liftoff.html"	{"start":"2018-02-02T18:22:00.000+01:00","end":"2018-02-02T18:27:00.000+01:00"}	7
"/shuttle/missions/sts-70/mission-sts-70.html"	{"start":"2018-02-02T18:17:00.000+01:00","end":"2018-02-02T18:22:00.000+01:00"}	7
"/shuttle/countdown/liftoff.html"	{"start":"2018-02-02T18:20:00.000+01:00","end":"2018-02-02T18:25:00.000+01:00"}	6
"/shuttle/countdown/"	{"start":"2018-02-02T18:16:00.000+01:00","end":"2018-02-02T18:21:00.000+01:00"}	6
"/ksc.html"	{"start":"2018-02-02T18:17:00.000+01:00","end":"2018-02-02T18:22:00.000+01:00"}	6

그림 7-1 URL 순위: 윈도우별 쿼리 결과

이벤트 시간에 대해서는 12장에서 자세히 살펴볼 것이다.

7.4 요약

구조적 스트리밍의 첫 단계에서 스트리밍 애플리케이션 개발 과정을 살펴보았다. 프로세스의 배치 버전으로 시작하여 데이터에 대한 이해를 얻었으며 이러한 통찰력을 사용하여 스트리밍 버전의 잡을 만들었다. 이 과정에서 구조화된 배치와 스트리밍 API가 얼마나 가까운지 알 수 있지만 일반적인 배치 작업이 스트리밍 컨텍스트에 적용되는 것도 관찰했다.

이번 연습을 통해 구조적 스트리밍에 대한 호기심이 커졌으면 한다. 이제 학습 과정을 시작할 준비가 되었다.

구조적 스트리밍 프로그래밍 모델

구조적 스트리밍은 스파크 SQL 데이터프레임과 스파크 SQL 데이터셋 API 위에 놓인 기초를 기반으로 한다. 이러한 API를 확장하여 워크로드 스트림을 지원함으로써 구조적 스트리밍은 카탈리스트 쿼리 최적화 엔진의 사용과 텅스텐 프로젝트에서 제공하는 낮은 오버헤드 메모리 관리 및 코드 생성 등 기본 최적화뿐만 아니라 스파크 SQL이 도입한 고급 언어의 특성을 계승한다. 동시에 구조적 스트리밍은 스파크 SQL에 대해 지원되는 모든 언어에서 사용할 수 있게 되었다. 이에 해당하는 것은 스칼라, 자바, 파이썬 등으로 일부 고급 상태 관리 기능은 현재 스칼라에서만 사용할 수 있다. 스파크 SQL에 사용된 중간 쿼리 표현 덕분에 프로그램의 성능은 사용된 **언어 바인딩**language binding에 관계없이 동일하다.

구조적 스트리밍은 모든 윈도우 및 집계 작업에서의 이벤트 시간을 지원하고, **처리 시간**processing time이라고도 하는 처리 엔진에 들어가는 시간이 아니라 이벤트가 생성된 시간을 사용하는 로직을 쉽게 프로그래밍할 수 있게 해준다. 2.9절 '시간의 영향'에서 이러한 개념을 살펴본 바 있다.

스파크 에코시스템에서 구조적 스트리밍을 사용할 수 있게 되면서 스파크는 **클래식**classic 배치와 스트림 기반 데이터 처리 간의 개발 경험을 통합했다.

이 장에서는 구조적 프로그래밍으로 스트리밍 잡을 생성하는 데 필요한 일련의 단계를 따라감으로써 구조적 스트리밍의 프로그래밍 모델을 살펴볼 것이다.

- 스파크 초기화
- 소스 : 스트리밍 데이터 획득

- 데이터에 적용하고자 하는 작업 선언
- 싱크: 결과 데이터 출력

8.1 스파크 초기화

스파크에서 눈에 띄는 API 통합은 SparkSession이 구조적 스트리밍을 사용하는 **배치**^{batch} 및 **스트리밍**^{streaming} 애플리케이션의 단일 엔트리 포인트가 된다는 것이다.

따라서 스파크 작업을 생성하기 위한 엔트리 포인트는 스파크 배치 API를 사용할 때와 동일하다. [예제 8-1]에 설명한 것처럼 SparkSession을 인스턴스화한다.

예제 8-1 로컬 스파크 세션 생성

```
import org.apache.spark.sql.SparkSession

val spark = SparkSession
  .builder()
  .appName("StreamProcessing")
  .master("local[*]")
  .getOrCreate()
```

> **NOTE_ 스파크 셸 사용하기**
>
> 스파크 셸^{Spark Shell}을 사용하여 구조적 스트리밍을 탐색할 때 SparkSession은 스파크에서 제공한다. 따라서 구조적 스트리밍을 사용하기 위해 추가적인 컨텍스트를 만들 필요는 없다.

8.2 소스: 스트리밍 데이터 수집

구조적 스트리밍에서 **소스**^{source}는 스트리밍 데이터 생산자의 데이터를 사용할 수 있는 추상화다. 소스는 직접 작성되지 않는다. 대신 sparkSession은 API를 노출하여 **포맷**^{format}이라고 하는 스트리밍 소스를 지정하고 해당 구성을 제공하는 빌더 메서드인 readStream을 제공한다.

예를 들어 [예제 8-2]의 코드는 파일 스트리밍 소스를 만든다. format 메서드를 사용하여 소스 유형을 지정한다. schema 메서드는 이 파일 소스와 같은 특정 소스 유형에 필수인 데이터 스트림에 대한 스키마를 제공할 수 있게 해준다.

예제 8-2 파일 스트리밍 소스

```
val fileStream = spark.readStream
  .format("json")
  .schema(schema)
  .option("mode","DROPMALFORMED")
  .load("/tmp/datasrc")

>fileStream:
org.apache.spark.sql.DataFrame = [id: string, timestamp: timestamp ...]
```

각 소스 구현은 다양한 옵션을 가지고 있으며, 일부는 조정 가능한 파라미터를 가지고 있다. [예제 8-2]에서는 옵션 mode를 DLOPMALFORMATED로 설정하고 있다. 이 옵션은 JSON 스트림 프로세서에 JSON 형식을 준수하지 않거나 제공된 스키마와 일치하지 않는 라인을 삭제하도록 지시한다.

이면에서는 spark.readStream에 대한 호출이 DataStreamBuilder 인스턴스를 생성한다. 이 인스턴스는 빌더 메서드 호출을 통해 제공되는 다양한 옵션을 관리하는 역할을 한다. 이 DataStreamBuilder 인스턴스에 대한 호출 load(...)는 빌더에 제공된 옵션의 유효성을 확인하고 모든 항목이 확인되면 스트리밍 DataFrame을 반환한다.

> NOTE_ 스파크 API의 대칭성을 이해하면 유용하다. readStream은 스트림 소스를 선언하는 옵션을 제공하지만 writeStream은 프로세스에 필요한 출력 싱크 및 출력 모드를 지정할 수 있다. 이들은 데이터프레임 API의 read, write와 대응된다. 따라서 스파크 프로그램에서 사용하는 실행 모드를 쉽게 기억할 수 있다.
>
> - read/write: 배치 작업
> - readStream/writeStream: 스트리밍 작업

예제에서 이 스트리밍 DataFrame은 제공된 **경로**path를 모니터링하고 해당 경로의 각 새 파일을 제공된 스키마를 사용하여 파싱(구문 분석)된 JSON 인코딩 데이터로 처리하여 생성되는 데이터 스트림을 나타낸다. 모든 잘못된 코드는 이 데이터 스트림에서 삭제된다.

스트리밍 소스를 로드하는 것은 느리다. 우리가 얻는 것은 스트리밍 DataFrame 인스턴스에 구현된 스트림의 표현으로, 특정 비즈니스 로직을 구현하기 위해 적용할 일련의 변환을 표현하는데 사용할 수 있다. 스트리밍 DataFrame을 만들면 스트림이 구체화될 때까지 실제로 사용되거나 처리되는 데이터가 없다. 나중에 볼 수 있듯이 **쿼리**^{query}가 필요하다.

8.2.1 사용 가능한 소스

스파크 2.4.0부터는 다음과 같은 스트리밍 소스가 지원된다.

json, orc, parquet, csv, text, textFile
이들은 모두 파일 기반 스트리밍 소스다. 기본 기능은 파일시스템에서 경로(폴더)를 모니터링하고 그 안에 원자적으로 배치된 파일을 사용하는 것이다. 찾은 파일은 지정한 포매터^{formatter}에 의해 파싱된다. 예를 들어 json이 제공되는 경우 제공된 스키마 정보를 사용하여 스파크 json 판독기가 파일을 처리하는 데 사용된다.

socket
소켓 연결을 통해 텍스트 데이터를 제공하는 것으로 가정되는 TCP 서버에 대한 클라이언트 연결을 설정한다.

kafka
카프카에서 데이터를 검색할 수 있도록 카프카 소비자를 생성한다.

rate
rowsPerSecond 옵션으로 지정된 비율로 행 스트림을 생성하며, 이는 주로 테스트 소스로 사용된다.

소스는 10장에서 자세히 살펴볼 것이다.

8.3 스트리밍 데이터 변환

이전 절에서 보았듯이 로드(load) 호출의 결과는 스트리밍 DataFrame이다. 소스를 사용하여 스트리밍 DataFrame을 만든 후에는 데이터셋 또는 데이터프레임 API를 사용하여 특정 사용 사례를 구현하기 위해 스트림의 데이터에 적용할 논리를 표현할 수 있다.

> **CAUTION_** DataFrame은 Dataset[Row]의 별칭이다. 비록 이는 미세한 기술적인 차이처럼 보이지만 스칼라와 같은 유형의 언어에서 사용될 때 데이터셋 API는 유형이 지정된 인터페이스를 제공하지만 데이터 프레임 사용은 유형이 지정되지 않는다. 파이썬과 같은 동적 언어에서 구조화된 API를 사용하는 경우 데이터 프레임 API가 유일하게 사용 가능한 API다.
>
> 형식화된 데이터셋에서 작업을 사용할 때 성능에 영향이 존재한다. 데이터프레임 API에서 사용하는 SQL 식을 쿼리 플래너가 이해하고 추가로 최적화할 수 있지만 데이터셋 작업에서 제공되는 클로저는 쿼리 플래너에 불투명하므로 동일한 데이터프레임에 비해 느리게 실행될 수 있다.

센서 네트워크의 데이터를 사용하고 있다고 가정하면 [예제 8-3]에서는 sensorStream으로부터 deviceId, timestamp, sensorType 및 value 필드를 선택하고, 센서가 온도(temperature) 유형이고 값이 지정한 임곗값(threshold)보다 높은 레코드만 필터링하고 있다.

예제 8-3 필터와 프로젝션

```
val highTempSensors = sensorStream
  .select($"deviceId", $"timestamp", $"sensorType", $"value")
  .where($"sensorType" === "temperature" && $"value" > threshold)
```

마찬가지로 데이터를 집계하고 시간에 따라 그룹에 작업을 적용할 수 있다. [예제 8-4]는 이벤트 자체의 timestamp 정보를 사용하여 1분마다 슬라이드되는 5분의 시간 윈도우를 정의할 수 있음을 보여준다. 이벤트 시간은 12장에서 자세히 다룰 것이다.

여기서 파악해야 할 중요한 사항은 구조적 스트리밍 API가 배치 분석을 위한 데이터셋 API와 실질적으로 동일하며 스트림 처리에 특정한 몇 가지 추가 조항이 있다는 것이다.

예제 8-4 시간에 따른 센서 유형별 평균

```
val avgBySensorTypeOverTime = sensorStream
  .select($"timestamp", $"sensorType", $"value")
  .groupBy(window($"timestamp", "5 minutes", "1 minute"), $"sensorType")
  .agg(avg($"value")
```

스파크의 구조화된 API에 익숙하지 않은 경우 이에 익숙해질 것을 제안한다. 이 API를 자세히 다루는 것은 이 책의 범위를 벗어난다. 빌 챔버스와 마테이 자하리아의 『스파크 완벽 가이드』(한빛미디어, 2018)를 포괄적인 참고 용도로 추천한다.

8.3.1 데이터프레임 API에서의 스트리밍 API 제한

이전 장에서 암시한 것처럼 표준 데이터프레임 및 데이터셋 API에서 제공하는 일부 작업은 스트리밍 컨텍스트에서 의미가 없다.

stream.count의 예를 들었지만 이는 스트림에서 사용하기에 적합하지 않다. 일반적으로 기저 데이터셋을 즉시 구체화해야 하는 작업은 허용되지 않는다.

다음은 스트림상에서 직접적으로 지원되지 않는 API 작업이다.

- count
- show
- describe
- limit
- take(n)
- distinct
- foreach
- sort
- 누적된 여러 개의 집계

이러한 작업 외에도 stream-stream과 static-stream의 join은 부분적으로 지원된다.

제약 사항의 이해

count 또는 limit와 같은 일부 작업은 스트림에서 의미가 없지만 일부 다른 스트림 작업은 연산이 어렵다. 예를 들어 distinct가 그중 하나인데, 임의의 스트림에서 중복을 필터링하려면 지금까지 본 모든 데이터를 기억하고 새로운 각 레코드를 이미 본 모든 레코드와 비교해야 한다. 첫 번째 조건은 무한한 메모리를 요구하고 두 번째 조건은 $O(n^2)$ 계산 복잡도를 가지며, 요소 수 n이 증가함에 따라 엄두도 못 낼 정도로 복잡도가 증가한다.

집계 스트림에 대한 작업

지원되지 않는 일부 작업은 집계함수를 스트림에 적용한 후에 정의된다. 스트림을 계산할 수는 없지만 분당 수신한 메시지를 count하거나 특정 유형의 기기 수를 count할 수 있다.

[예제 8-5]에서는 분당 sensorType당 이벤트 count를 정의한다.

예제 8-5 시간이 지남에 따른 센서 유형 수

```
val avgBySensorTypeOverTime = sensorStream
  .select($"timestamp", $"sensorType")
  .groupBy(window($"timestamp", "1 minutes", "1 minute"), $"sensorType")
  .count()
```

마찬가지로 비록 출력 모드 complete를 사용한 쿼리로 제한되지만 집계된 데이터에 대한 정렬 (sort)을 정의할 수도 있다. 출력 모드에 대한 자세한 내용은 8.4.2절 'outputMode'를 참조하라.

스트림 중복 제거

앞서 임의의 스트림에서 distinct가 계산적으로 구현하기 더 어렵다고 논의했다. 그러나 스트림의 요소가 이미 표시되었을 때 알려주는 키를 정의할 수 있으면 이를 사용하여 복제본을 제거할 수 있다.

```
stream.dropDuplicates("<key-column>") ...
```

해결 방안

일부 작업은 배치 모델에서와 동일한 방식으로 지원되지 않지만 동일한 기능을 달성하는 다른 방법이 있다.

foreach

foreach를 스트림에서 직접 사용할 수는 없지만 동일한 기능을 제공하는 foreach 싱크가 있다. 싱크는 스트림의 출력 정의에 지정된다.

show

show에서는 쿼리를 즉시 구체화해야 하므로 스트리밍 데이터셋에서는 불가능하지만 console 싱크를 사용하여 데이터를 화면에 출력할 수 있다.

8.4 싱크: 결과 데이터 출력

스트림 생성과 변환 적용 등 지금까지 수행한 모든 작업은 선언적이다. 이들은 데이터를 소비하는 위치와 어떤 작업을 적용하려는지 정의한다. 그러나 지금까지는 시스템을 통해 흐르는 데이터가 없었다.

스트림을 시작하기 전에 먼저 출력 데이터의 **위치**^{where}와 **방법**^{how}을 정의해야 한다.

- 스트리밍 싱크와 관련된 **위치**: 스트리밍 데이터의 수신측
- 출력 모드를 언급하는 **방법**: 스트림에서 결과 레코드를 처리하는 방법

API 관점에서 [예제 8-6]에 표시된 것처럼 스트리밍 데이터프레임 또는 데이터셋에서 writeStream을 호출하여 스트림을 구체화한다.

스트리밍 데이터셋에서 writeStream을 호출하면 DataStreamWriter가 생성된다. 이는 스트리밍 프로세스의 출력 동작을 구성하는 메서드를 제공하는 빌더 인스턴스다.

예제 8-6 파일 스트리밍 싱크

```
val query = stream.writeStream
  .format("json")
  .queryName("json-writer")
  .outputMode("append")
  .option("path", "/target/dir")
  .option("checkpointLocation", "/checkpoint/dir")
  .trigger(ProcessingTime("5 seconds"))
  .start()

>query: org.apache.spark.sql.streaming.StreamingQuery = ...
```

싱크는 11장에서 자세히 다룰 것이다.

8.4.1 format

format 메서드는 내장형 싱크 이름 또는 사용자 정의 싱크의 정식 이름을 제공함으로써 출력 싱크를 지정할 수 있다.

스파크 2.4.0부터 다음의 스트리밍 싱크를 사용할 수 있다.

console 싱크
표준 출력으로 출력되는 싱크다. numRows 옵션으로 구성할 수 있는 여러 행을 보여준다.

file 싱크
결과를 파일시스템에 쓰는 파일 기반 및 특정 형식의 싱크를 의미한다. 형식은 csv, hive, json, orc, parquet, avro, text 등 형식 이름을 제공함으로써 지정된다.

kafka 싱크
하나 이상의 카프카 주제에 쓸 수 있는 카프카 관련 생산자 싱크다.

memory 싱크
제공된 쿼리 이름을 테이블 이름으로 사용하여 메모리 내 테이블을 만든다. 이 테이블은 스트림 결과로 지속적인 업데이트를 받는다.

foreach 싱크
한 번에 한 요소씩 스트림 콘텐츠에 접근하기 위한 프로그래밍 인터페이스를 제공한다.

foreachBatch 싱크
foreachBatch는 구조적 스트리밍 실행의 각 기본 마이크로배치에 해당하는 완전한 데이터 프레임에 액세스할 수 있는 프로그래밍 방식 싱크 인터페이스다.

8.4.2 outputMode

outputMode는 스트리밍 쿼리의 출력에 레코드가 추가되는 방식을 지정한다. 지원되는 모드는 append, update 및 complete다.

append
(기본 모드) 출력 스트림에 **최종** 레코드만 추가한다. 수신 스트림의 새 레코드가 해당 값을

수정할 수 없는 경우 **최종** 레코드로 간주된다. 투영^{projection}, 필터링^{filtering} 및 매핑^{mapping}을 적용한 선형 변환의 경우 항상 이러한 현상이 발생한다. 이 모드는 각 결과 레코드가 한 번만 출력되도록 한다.

update

마지막 트리거 이후의 새 레코드 및 업데이트된 레코드를 출력 스트림에 추가한다. 업데이트는 새 레코드가 도착하면 집계된 값이 변경되는 집계 컨텍스트에서만 의미가 있다. 하나 이상의 수신 레코드가 단일 결과를 변경하면 트리거 간격 사이의 모든 변경 사항이 하나의 출력 레코드로 수집된다.

complete

complete 모드는 스트림의 완전한 내부 표현을 출력한다. 이 모드는 집계와도 관련이 있는데, 집계되지 않은 스트림의 경우 지금까지 본 모든 레코드를 기억해야 하므로 비현실적이다. 실제적인 관점에서 complete 모드는 **국가별 방문자 수**와 같은 낮은 카디널리티 기준(국가수가 한정되어 있기 때문)에 따라 값을 집계하는 경우에만 권장된다.

append 시멘틱의 이해

스트리밍 쿼리에 집계가 포함된 경우 마지막의 정의는 중요하지 않게 된다. 집계 연산에서 새 수신 레코드는 사용된 집계 기준을 준수할 때 기존 집계 값을 변경할 수 있다. 정의에 따라 값이 최종임을 알 때까지 append를 사용하여 레코드를 출력할 수 없다. 따라서 집계 쿼리와 조합하여 append 출력 모드를 사용하는 것은 이벤트 시간을 사용하여 집계가 표현되는 쿼리로 제한되며 워터마크를 정의한다. 이 경우 워터마크가 만료되자마자 append가 이벤트를 출력하므로 집계된 값을 변경할 수 있는 새 레코드는 없는 것으로 간주된다. 결과적으로 append 모드의 출력 이벤트는 집계 시간 윈도우와 워터마크 오프셋에 의해 지연된다.

8.4.3 queryName

queryName을 사용하면 [그림 8-1]에 표시된 것처럼 일부 싱크에서 사용하고 스파크 콘솔의 작업 설명에 표시되는 쿼리의 이름을 제공할 수 있다.

그림 8-1 잡 설명에 쿼리 이름을 표시하는 스파크 UI에서의 완성된 잡의 모습

8.4.4 option

option 메서드를 사용하면 소스 구성과 유사하게 특정 키-값 쌍의 구성을 스트림에 제공할 수 있다. 각 싱크는 이 방법을 사용하여 커스터마이징할 수 있는 특정 구성을 가질 수 있다.

싱크를 구성하는 데 필요한 만큼 .option(...) 호출을 추가할 수 있다.

8.4.5 options

options는 설정하려는 모든 키-값 구성 파라미터를 포함하는 Map[String, String]을 사용하는 option의 대안이다. 이 대안은 싱크의 구성으로 전달될 설정을 **미리** 알지 못하는 외부화된 구성 모델에 더 친숙하다.

8.4.6 trigger

선택적 trigger 옵션을 사용하면 결과를 생성할 빈도를 지정할 수 있다. 기본적으로 구조적 스트리밍은 입력을 처리하고 가능한 한 빨리 결과를 생성한다. 트리거가 지정되면 각 트리거 간격마다 출력이 생성된다.

org.apache.spark.sql.streaming.Trigger는 지원되는 트리거를 다음과 같이 제공한다.

ProcessingTime(<interval>)
쿼리 결과의 빈도를 나타내는 시간 간격을 지정할 수 있다.

Once()

스트리밍 잡을 한 번 실행할 수 있는 특정 트리거다. 테스트에 유용하며 정의된 스트리밍 잡을 단일 샷 배치 작업으로 적용할 수도 있다.

Continuous(<checkpoint-interval>)

이 트리거는 짧은 지연 시간 처리를 위해 실행 엔진을 실험용의 continuous 엔진으로 전환한다. checkpoint-interval 파라미터는 데이터 복원력에 대한 비동기 체크포인트 빈도를 나타낸다. ProcessingTime 트리거의 배치 간격^{batch interval}과 혼동해서는 안 된다. 이 새로운 실행 옵션은 15장에서 살펴볼 것이다.

8.4.7 start()

스트리밍 연산을 구체화하려면 스트리밍 프로세스를 시작해야 한다. 마지막으로 start()는 전체 잡 설명을 스트리밍 연산으로 구체화하고 내부 스케줄링 프로세스를 시작하여 소스에서 데이터를 소비하고 처리하여 싱크로 생성한다. start()는 각 쿼리의 개별 수명 주기를 관리하는 핸들인 스트리밍 쿼리^{Streaming Query} 객체를 반환한다. 이는 동일한 sparkSession 내에서 서로 독립적으로 여러 쿼리를 동시에 시작하고 중지할 수 있음을 의미한다.

8.5 요약

이 장을 읽은 후에는 구조적 스트리밍 프로그래밍 모델 및 API를 잘 이해할 수 있어야 한다. 이 장에서는 다음을 배웠다.

- 각 스트리밍 프로그램은 소스와 현재 사용 가능한 소스를 정의함으로써 시작한다.
- 스트리밍 데이터 변환에 대부분의 데이터셋과 데이터프레임 API를 재사용할 수 있다.
- 배치 API의 몇몇 일반적인 작업은 스트리밍 모드에서 의미가 없다.
- 싱크는 스트림 출력의 구성 가능한 정의다.
- 스트림에서 출력 모드와 집계 작업 간의 관계
- 모든 변환이 지연되고 시스템을 통해 데이터가 흐르도록 스트림을 시작해야 한다.

다음 장에서는 포괄적인 스트림 처리 프로그램을 만들기 위해 새로 얻은 지식을 적용해볼 것이다. 그런 다음 이벤트 시간 처리, 윈도우 정의, 워터마크 개념 및 임의의 상태 처리와 같은 구조적 스트리밍 API의 특정 영역을 확대하여 살펴볼 것이다.

## CHAPTER 9

구조적 스트리밍 작동

구조적 스트리밍 API와 프로그래밍 모델에 대한 이해가 더 깊어졌기 때문에 이 장에서는 사물인터넷Internet of Things (IoT)에서 영감을 받은 작지만 완벽한 스트리밍 프로그램을 만들 것이다.

> **NOTE_ 온라인 리소스**
>
> 이번 예제에서는 이 책의 온라인 리소스인 Structured-Streaming-in-action 노트북을 사용할 것이다. 해당 자료는 https://github.com/stream-processing-with-spark에서 확인할 수 있다.

우리 유스 케이스는 스트리밍 소스로서 아파치 카프카의 센서 판독 스트림을 소비하는 것이다.

들어오는 IoT 센서 데이터와 알려진 모든 센서가 포함된 정적 참조 파일을 그들의 구성과 연관시킬 것이다. 그렇게 해서 보고된 데이터를 처리하는 데 필요한 특정한 센서 파라미터로 들어오는 각각의 기록을 풍부하게 한다. 그런 다음 파케이 형식의 파일에 올바르게 처리된 모든 레코드를 저장한다.

> **NOTE_ 아파치 카프카**
>
> 아파치 카프카는 이벤트 중심 시스템에서 생산자와 소비자를 분리하는 데 사용하는 확장 가능한 메시징 브로커를 위한 가장 인기 있는 선택 중 하나다. 분산 커밋 로그의 추상화를 기반으로 확장성이 뛰어난 분산 스트리밍 플랫폼이다. 메시지 큐 또는 엔터프라이즈 메시징 시스템과 유사한 기능을 제공하지만 세 가지 중요한 영역에서 이전 버전과 차별화된다.

- 실행이 운영 클러스터에 분산되어 확장성이 뛰어나다.
- 내결함성 데이터 스토리지는 데이터 수신 및 전달의 일관성을 보장한다.
- 풀 기반pull-based 소비자는 실시간에서 마이크로배치, 배치에 이르기까지 다양한 시간과 속도로 데이터를 소비할 수 있으므로 광범위한 애플리케이션에 데이터를 공급할 수 있다.

카프카는 http://kafka.apache.org에서 찾을 수 있다.

9.1 스트리밍 소스 소비하기

프로그램의 첫 부분은 스트리밍 데이터셋 생성을 다룬다.

```
val rawData = sparkSession.readStream
    .format("kafka")
    .option("kafka.bootstrap.servers", kafkaBootstrapServer)
    .option("subscribe", topic)
    .option("startingOffsets", "earliest")
    .load()

> rawData: org.apache.spark.sql.DataFrame
```

구조적 스트리밍의 엔트리 포인트는 기존의 스파크 세션(sparkSession)이다. 첫 번째 줄에서 알 수 있듯이 스트리밍 Dataset 생성은 읽기 작업을 대신 사용하는 정적 Dataset 생성과 거의 동일하다. sparkSession.readStream은 **유동**fluid API를 사용하여 스트리밍 소스를 구성하는 데 필요한 정보를 수집하기 위해 빌더 패턴을 구현하는 클래스인 DataStreamReader를 리턴한다. 이 API에서 소스 공급자(우리 사례에서는 kafka)를 지정할 수 있는 format 옵션을 찾는다. 그다음에 나오는 옵션은 소스에 따라 다르다.

kafka.bootstrap.servers
쉼표로 구분된 host:port 주소 목록으로 접속할 일련의 부트스트랩 서버의 집합을 나타낸다.

subscribe
구독할 주제를 지정한다.

startingOffsets

이 애플리케이션이 새로 시작될 때 적용되는 오프셋 재설정 정책

10장 후반에 카프카 스트리밍 공급자의 세부 사항을 다룰 것이다.

load() 메서드는 DataStreamReader 빌더를 평가하고, 결괏값에서 볼 수 있는 것처럼 데이터 프레임을 결과로 생성한다.

```
> rawData: org.apache.spark.sql.DataFrame
```

DataFrame은 알려진 스키마가 있는 Dataset[Row]의 별칭이다. 생성 후에는 일반 데이터셋처럼 스트리밍 데이터셋을 사용할 수 있다. show()나 count()와 같은 모든 작업이 스트리밍 컨텍스트에서 의미가 없기 때문에 일부 예외가 적용되기는 하지만 구조적 스트리밍과 함께 본격적인 데이터셋 API를 사용할 수 있다.

스트리밍 데이터셋과 정적 데이터셋을 프로그래밍 방식으로 구별하기 위해 데이터셋에 스트리밍 종류인지 여부를 요청할 수 있다.

```
rawData.isStreaming
res7: Boolean = true
```

또한 [예제 9-1]에 보여준 것처럼 기존 데이터셋 API를 사용하여 연결된 스키마를 탐색할 수도 있다.

예제 9-1 카프카 스키마

```
rawData.printSchema()

root
 |-- key: binary (nullable = true)
 |-- value: binary (nullable = true)
 |-- topic: string (nullable = true)
 |-- partition: integer (nullable = true)
 |-- offset: long (nullable = true)
 |-- timestamp: timestamp (nullable = true)
 |-- timestampType: integer (nullable = true)
```

일반적으로 구조적 스트리밍에는 소비된 스트림에 대한 스키마의 명시적 선언이 필요하다. kafka의 특정 케이스에서 결과 Dataset의 스키마는 고정되어 있으며 스트림의 내용과 무관하다. 이는 [예제 9-1]에서 볼 수 있듯이 카프카 소스에 고유한 필드 집합인 key, value, topic, partition, offset, timestamp 및 timestampType으로 구성된다. 대부분의 경우 애플리케이션은 스트림의 실제 페이로드가 상주하는 value 필드의 내용에 주로 관심이 있다.

9.2 애플리케이션 로직

우리 업무의 목적은 수신되는 IoT 센서 데이터를 구성이 알려진 모든 센서가 포함된 참조 파일과 연관시키는 것이다. 그렇게 하면 보고된 데이터를 해석할 수 있는 특정 센서 파라미터로 각 수신 레코드를 보강할 수 있다. 그런 다음 올바르게 처리된 모든 레코드를 파케이 파일에 저장한다. 알려지지 않은 센서에서 나온 데이터는 나중에 분석하기 위해 별도의 파일로 저장된다.

구조적 스트리밍을 사용하여 데이터셋 작업의 관점에서 잡을 구현할 수 있다.

```
val iotData = rawData.select($"value").as[String].flatMap{record =>
  val fields = record.split(",")
  Try {
    SensorData(fields(0).toInt, fields(1).toLong, fields(2).toDouble)
  }.toOption
}

val sensorRef = sparkSession.read.parquet(s"$workDir/$referenceFile")
sensorRef.cache()

val sensorWithInfo = sensorRef.join(iotData, Seq("sensorId"), "inner")

val knownSensors = sensorWithInfo
  .withColumn("dnvalue", $"value"*($"maxRange"-$"minRange")+$"minRange")
  .drop("value", "maxRange", "minRange")
```

첫 단계에서는 CSV 형식의 레코드를 다시 SensorData 항목으로 변환한다. value 필드를 String으로 추출하여 얻은 유형이 지정된 Dataset[String]에 스칼라 기능 연산을 적용한다.

그런 다음 정적 데이터셋 inner 조인에 스트리밍 데이터셋을 사용하여 sensorId를 키로 하여 센서 데이터를 해당 참조와 상관시킨다.

애플리케이션을 완성하기 위해 기준 데이터의 최소-최대 범위를 사용하여 센서 판독값의 실젯값을 계산한다.

9.3 스트리밍 싱크에 쓰기

스트리밍 애플리케이션의 마지막 단계는 풍부한 IoT 데이터를 파케이 형식 파일에 쓰는 것이다. 구조적 스트리밍에서는 write 작업이 중요하다. 선언된 변환이 스트림에서 완료되었음을 표시하고 쓰기^{write} 모드를 정의하며 start()를 호출하면 연속 쿼리 처리가 시작된다.

구조적 스트리밍에서 모든 작업은 스트리밍 데이터로 수행하려는 작업에 대한 늦은 선언이다. start()를 호출할 때만 스트림의 실제 소비가 시작되고 데이터에 대한 쿼리 작업이 실제 결과로 구체화된다.

```
val knownSensorsQuery = knownSensors.writeStream
  .outputMode("append")
  .format("parquet")
  .option("path", targetPath)
  .option("checkpointLocation", "/tmp/checkpoint")
  .start()
```

이 작업을 분류해보자.

- writeStream은 **유연한**^{fluent} 인터페이스를 사용하여 원하는 쓰기 작업에 대한 옵션을 구성할 수 있는 빌더 객체를 만든다.

- format을 사용하여 결과 다운스트림을 구체화할 싱크를 지정한다. 이 경우 내장 FileStreamSink와 파케이 형식을 사용한다.

- mode는 구조적 스트리밍에서 새로운 개념이다. 이론적으로 스트림에서 볼 수 있는 모든 데이터에 접근할 수 있다는 점을 감안할 때 해당 데이터의 다른 보기를 생성할 수도 있다.

- 여기에 사용된 append 모드는 스트리밍 계산의 영향을 받는 새 레코드가 출력으로 생성됨을 의미한다.

start 호출의 결과는 StreamingQuery 인스턴스다. 이 객체는 [예제 9-2]에 표시된 것처럼 쿼리 실행을 제어하고 실행 중인 스트리밍 쿼리의 상태에 대한 정보를 요청하는 방법을 제공한다.

예제 9-2 쿼리 과정

```
knownSensorsQuery.recentProgress

res37: Array[org.apache.spark.sql.streaming.StreamingQueryProgress] =
Array({
  "id" : "6b9fe3eb-7749-4294-b3e7-2561f1e840b6",
  "runId" : "0d8d5605-bf78-4169-8cfe-98311fc8365c",
  "name" : null,
  "timestamp" : "2017-08-10T16:20:00.065Z",
  "numInputRows" : 4348,
  "inputRowsPerSecond" : 395272.7272727273,
  "processedRowsPerSecond" : 28986.666666666668,
  "durationMs" : {
    "addBatch" : 127,
    "getBatch" : 3,
    "getOffset" : 1,
    "queryPlanning" : 7,
    "triggerExecution" : 150,
    "walCommit" : 11
  },
  "stateOperators" : [ ],
  "sources" : [ {
    "description" : "KafkaSource[Subscribe[iot-data]]",
    "startOffset" : {
      "iot-data" : {
        "0" : 19048348
      }
    },
    "endOffset" : {
      "iot-data" : {
        "0" : 19052696
      }
    },
    "numInputRow...
```

[예제 9-2]에서는 knownSensorsQuery.recentProgress를 호출한 결과로 StreamingQueryProgress를 볼 수 있다. numInputRows에 0이 아닌 값이 표시되면 잡이 데이터를 소비하고 있음을 확신할 수 있다. 이제 구조적 스트리밍 잡이 올바르게 실행되고 있다.

9.4 요약

이 장에서는 구조적 스트리밍을 사용하여 간단한 첫 번째 애플리케이션을 만드는 방법을 보여주었다.

이 장을 읽고 나면 구조적 스트리밍 프로그램의 구조와 데이터 소비에서부터 데이터셋 및 데이터프레임 API를 사용한 데이터 처리, 외부 출력으로 데이터 생성하기에 이르기까지 스트리밍 애플리케이션에 접근하는 방법에 대해 더 잘 이해할 수 있어야 한다. 이제 자신만의 스트리밍 처리 잡을 만드는 모험을 시작할 준비가 되었다.

다음 장에서는 구조적 스트리밍의 다양한 측면을 자세히 설명할 것이다.

구조적 스트리밍 소스

앞 장에서는 구조적 스트리밍 프로그래밍 모델에 대한 개요와 실질적인 적용 방법을 설명했다. 또한 어떻게 소스가 각 구조적 스트리밍 프로그램의 시작점이 될 수 있는지도 살펴보았다. 이 장에서는 소스의 일반적인 특성을 연구하고 다양한 구성 옵션 및 작동 모드를 포함하여 사용 가능한 소스를 더 자세히 살펴볼 것이다.

10.1 소스의 이해

구조적 스트리밍에서 소스는 스트리밍 데이터 공급자를 나타내는 추상화다. 스트리밍 데이터는 시간이 지남에 따라 연속적으로 발생하는 이벤트 흐름으로, 단조롭게 증가하는 카운터로 인덱스된 시퀀스로 볼 수 있다는 것이 소스 인터페이스의 기본 개념이다.

[그림 10-1]은 스트림의 각 이벤트가 점점 증가하는 오프셋으로 간주되는 방법을 보여준다.

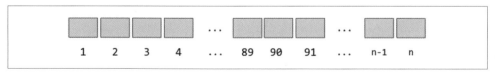

그림 10-1 인덱싱된 이벤트의 시퀀스로 표시되는 스트림

[그림 10-2]에 표시된 것처럼 오프셋은 외부 소스에서 데이터를 요청하고 이미 소비된 데이터를 나타내는 데 사용된다. 구조적 스트리밍은 외부 시스템에서 현재 오프셋을 요청하고 이를 마지막으로 처리한 오프셋과 비교하여 처리할 데이터가 있는 시기를 파악한다. 처리할 데이터는 두 오프셋 start와 end 사이에 **배치**를 가져와 요청된다. 소스는 주어진 오프셋을 커밋하여 데이터가 처리되었다는 정보를 받는다. 그 소스 계약은 커밋된 오프셋보다 작거나 같은 오프셋을 가진 모든 데이터가 처리되었으며 후속 요청이 커밋된 오프셋보다 큰 오프셋만 규정하도록 보장한다. 이러한 보장이 제공되면 소스는 처리된 데이터를 삭제하여 시스템 리소스를 확보할 수 있다.

그림 10-2 오프셋 프로세스 시퀀스

[그림 10-2]에 표시된 오프셋 기반 처리의 역학 관계를 자세히 살펴보자.

1 *t*1에서 시스템은 getOffset을 호출하여 **소스** source 의 현재 오프셋을 얻는다.
2 *t*2에서 시스템은 getBatch(start, end)를 호출하여 마지막으로 알려진 오프셋까지 배치를 얻는다. 그 동안 새로운 데이터가 도착했을 수 있다.
3 *t*3에서 시스템은 오프셋을 커밋(commit)하고 소스는 해당 레코드를 삭제한다.

이 프로세스는 지속적으로 반복하여 스트리밍 데이터를 확보한다. 최종 오류를 복구하기 위해 오프셋은 종종 외부 저장소에 **체크포인트** checkpoint 된다.

오프셋 기반 상호작용 외에도 소스는 두 가지 요구 사항을 충족해야 한다. 신뢰할 수 있으려면 소스를 동일한 순서로 재생할 수 있어야 하고, 소스는 스키마를 제공해야 한다.

10.1.1 신뢰할 수 있는 소스는 지속 가능해야 한다

구조적 스트리밍에서 **재생 가능성**^{replayability}은 이미 요청되었지만 아직 커밋되지 않은 스트림의 일부를 요청하는 기능이다. 주의가 산만해져서 놓친 부분을 보기 위해 넷플릭스 시리즈를 되감는 것처럼 소스는 이미 요청되었지만 커밋되지 않은 스트림을 재생할 수 있는 기능을 제공해야 한다. 이것은 우리가 다시 받고자 하는 오프셋 범위로 getBatch를 호출함으로써 이루어진다.

소스는 구조적 스트리밍 프로세스가 완전히 실패한 후에도 커밋되지 않은 오프셋 범위를 생성할 수 있을 때 신뢰할 수 있는 것으로 간주된다. 이 장애 복구 프로세스에서는 마지막으로 알려진 체크포인트에서 오프셋이 복원되고 소스에서 다시 요청된다. Streaming 프로세스 외부에 데이터를 안전하게 저장하려면 소스 구현을 지원하는 실제 스트리밍 시스템이 필요하다. 소스에서 재생성을 요구함으로써 구조적 스트리밍은 소스에 복구 책임을 위임한다. 이는 신뢰할 수 있는 소스만 구조적 스트리밍과 함께 작동하여 강력한 엔드 투 엔드 전달 보장을 생성함을 의미한다.

10.1.2 소스는 스키마를 제공해야 한다

스파크의 구조화된 API의 특징은 서로 다른 수준에서 데이터를 처리하기 위해 스키마 정보에 의존한다는 것이다. 불투명한 문자열 또는 바이트 배열 블롭^{blob}을 처리하는 것과 달리 스키마 정보는 필드와 유형의 관점에서 데이터가 어떻게 형성되는지에 대한 통찰력을 제공한다. 스키마 정보를 사용하여 쿼리 계획에서 데이터, 스토리지 및 접근에 대한 내부 바이너리 표현에 이르기까지 스택의 여러 수준에서 최적화를 추진할 수 있다.

소스는 생성하는 데이터를 설명하는 스키마 정보를 제공해야 한다. 일부 소스 구현에서는 이 스키마를 구성하고 이 구성 정보를 사용하여 수신 데이터를 자동으로 파싱하고 유효한 레코드로 변환할 수 있다. 실제로 JSON 또는 CSV^{comma-separated value}(쉼표로 구분된 값) 파일과 같은 많은 파일 기반 스트리밍 소스가 이 모델을 따르며, 이 모델에서는 사용자가 올바른 파싱을 위해 파일 형식에서 사용되는 스키마를 제공해야 한다. 일부 다른 소스는 모든 레코드의 메타데이터 정보를 표시하고 페이로드 파싱을 애플리케이션에 남겨두는 고정된 내부 스키마를 사용한다.

아키텍처 관점에서 볼 때 스키마 중심의 스트리밍 애플리케이션을 만드는 것은 데이터가 시스템을 통과하는 방식을 전체적으로 이해하고 다중 프로세스 스트리밍 파이프라인의 여러 단계를 공식화하기 때문에 바람직하다.

스키마 정의하기

구조적 스트리밍에서는 스키마 정의를 생성하기 위해 스파크 SQL API를 재사용한다. 프로그래밍 방식으로 case class 정의에서 유추하거나 기존 데이터셋에서 로드된 스트림의 내용을 정의하는 스키마를 정의하는 데 사용할 수 있는 여러 가지 방법이 있다.

프로그래밍 방식

StructType과 StructField 클래스를 사용하여 스키마 표현을 작성한다. 예를 들어 **아이디**id, **유형**type 그리고 **위치 좌표**location coordinate를 가진 궤도 차량을 나타내기 위해 다음과 같이 해당 스키마 구조를 구성할 수 있다.

```scala
import org.apache.spark.sql.{StructType, StructField}_
import org.apache.spark.sql.types._

val schema = StructType(
  List(
    StructField("id", StringType, true),
    StructField("type", StringType, true),
    StructField("location", StructType(List(
        StructField("latitude", DoubleType, false),
        StructField("longitude", DoubleType, false)
        )), false)
    )
  )
```

StructField는 중첩된 StructType을 포함할 수 있으므로 임의의 깊이와 복잡도의 스키마를 만들 수 있다.

추론을 이용한 방식

스칼라에서는 스키마를 임의의 case class 조합을 사용하여 표현할 수도 있다. 단일 case class 또는 case class 계층 구조가 제공되면 case class에 대한 Encoder를 작성하고 해당 encoder 인스턴스에서 스키마를 가져와서 스키마 표시를 계산할 수 있다.

이 메서드를 사용하면 앞의 예에서 사용한 것과 동일한 스키마 정의를 다음과 같이 얻을 수 있다.

```
import org.apache.spark.sql.Encoders

// case class 계층 정의
case class Coordinates(latitude: Double, longitude: Double)
case class Vehicle(id: String, `type`: String, location: Coordinates)
// Encoder로부터 Encoder와 schema 가져오기
val schema = Encoders.product[Vehicle].schema
```

데이터셋에서 추출

스키마 정의를 얻는 실용적인 방법은 샘플 데이터 파일을 파케이와 같은 스키마 인식 형식으로 유지하는 것이다. 스키마 정의를 얻기 위해 샘플 데이터셋을 로드하고 로드된 데이터프레임에서 스키마 정의를 가져온다.

```
val sample = spark.read.parquet(<path-to-sample>)
val schema = sample.schema
```

스키마를 정의하는 프로그래밍 방식은 강력하지만 노력이 필요하고 유지 관리가 복잡하여 종종 오류에 이르게 한다. 프로토타입 단계에서는 데이터셋을 로드하는 것이 실용적일 수 있지만 샘플 데이터셋을 최신 상태로 유지해야 할 경우가 있어 실수로 복잡해질 수 있다.

최선의 선택 방법은 사례마다 다를 수 있지만 일반적으로 스칼라를 사용할 때는 가능하면 추론을 이용한 방식을 사용하는 것이 좋다.

10.2 사용 가능한 소스

다음은 구조적 스트리밍의 스파크 배포에서 현재 사용 가능한 소스다.

파일

파일로 저장된 데이터를 수집할 수 있다. 대부분의 경우 데이터는 스트리밍 모드에서 추가로 처리되는 레코드로 변환된다. JSON, CSV, 파케이, ORC 및 일반 텍스트 형식을 지원한다.

카프카

아파치 카프카에서 스트리밍 데이터를 사용할 수 있게 해준다.

소켓

TCP 서버에 연결하고 텍스트 기반 데이터 스트림을 사용할 수 있는 TCP 소켓 클라이언트로, 스트림은 UTF-8 캐릭터셋으로 인코딩되어야 한다.

레이트

내부적으로 발생한 레코드(`timestamp, value`)의 스트림을 구성 가능한 생산 속도로 생성한다. 일반적으로 학습 및 테스트 목적으로 사용된다.

10.1절 '소스의 이해'에서 논의한 것처럼 소스는 구조화된 스트리밍 프로세스가 실패하더라도 오프셋에서 재생 기능을 제공할 때 신뢰할 수 있는 것으로 간주된다. 이 기준을 사용하여 다음과 같이 사용 가능한 소스를 분류할 수 있다.

신뢰할 수 있는reliable

파일 소스, 카프카 소스

신뢰할 수 없는unreliable

소켓 소스, 레이트 소스

신뢰할 수 없는 소스는 데이터 손실이 용인될 수 있는 경우에만 운영 시스템에서 사용될 수 있다.

> **CAUTION_** 스트리밍 소스 API는 현재 발전하고 있다. 이 글을 쓰는 시점에 커스텀 소스를 개발하기 위한 안정적인 퍼블릭 API는 없지만, 가까운 시일 내에 변경될 것으로 예상된다.

이후 절에서는 현재 사용 가능한 소스를 자세히 살펴본다. 운영용 소스로서 파일 및 카프카 소스에는 자세히 설명할 많은 옵션이 있다. 소켓 및 레이트 소스는 기능이 제한되어 있으며, 그 간결한 범위에 의해 명백하게 드러난다.

10.3 파일 소스

파일 소스는 파일시스템의 모니터링된 디렉터리에서 파일을 읽는 간단한 스트리밍 데이터 소스다. 파일 기반 핸드오버는 배치 기반 프로세스를 스트리밍 시스템과 연결하기 위해 일반적으로 사용하는 방법이다. 배치 프로세스는 파일 형식으로 출력을 생성하고 파일 소스의 적합한 구현이 이러한 파일을 선택하고 스트리밍 모드에서 추가 처리를 위해 해당 콘텐츠를 레코드의 스트림으로 변환할 수 있는 공통 디렉터리에 출력을 떨궈 놓는다.

10.3.1 파일 형식 지정하기

파일은 readStream 빌더에서 .format(<format_name>) 메서드와 함께 제공되는 지정된 형식을 사용하거나 DataStreamReader에서 사용할 형식을 나타내는 전용 메서드를 사용하여 읽는다. 예를 들면 readStream.parquet('/path/to/dir/')와 같은 식이다. 지원되는 각 형식에 해당하는 전용 메서드를 사용하는 경우 메서드 호출은 빌더의 마지막 호출로 수행되어야 한다.

예를 들어 [예제 10-1]의 세 가지 형태는 동일하다.

예제 10-1 FileStream 구성하기

```
// 형식과 로드 경로 사용
val fileStream = spark.readStream
  .format("parquet")
  .schema(schema)
  .load("hdfs://data/exchange")

// 형식과 경로 옵션 사용
val fileStream = spark.readStream
  .format("parquet")
  .option("path", "hdfs://data/exchange")
  .schema(schema)
  .load()

// 전용 메서드 사용
val fileStream = spark.readStream
  .schema(schema)
  .parquet("hdfs://data/exchange")
```

스파크 2.3.0부터 다음의 파일 기반 형식이 구조적 스트리밍에서 지원된다. 정적 데이터프레임, 데이터셋 그리고 SQL API에서 지원하는 것과 동일한 파일 형식이다.

- CSV
- JSON
- 파케이
- ORC
- 텍스트
- 텍스트파일

10.3.2 공통 옵션

특정 형식에 관계없이 파일 소스의 일반적인 기능은 특정 URL로 식별되는 공유 파일시스템에서 디렉터리를 모니터하는 것이다. 모든 파일 형식은 파일 유입을 제어하고 파일의 에이징 기준을 정의하는 공통적인 일련의 옵션을 지원한다.

> **CAUTION_** 아파치 스파크는 빠르게 진화하는 프로젝트이므로 API 및 해당 옵션은 향후 버전에서 변경될 수 있다. 또한 이 절에서는 스트리밍 워크로드에 적용되는 가장 관련성 있는 옵션만 다루게 된다. 최신 정보를 보려면 사용하는 스파크 버전에 해당하는 API 문서를 항상 확인하도록 하자.

이러한 옵션은 모든 파일 기반 소스에 대해 설정할 수 있다.

maxFilesPerTrigger (기본값: 없음)

각 쿼리 트리거에서 소비될 파일 수를 나타낸다. 이 설정은 각 트리거에서 처리되는 파일 수를 제한하므로 시스템에서 데이터 유입을 제어하는 데 도움이 된다.

latestFirst (기본값: false)

이 플래그가 true로 설정되면 최신 파일이 먼저 처리되도록 선택된다. 최신 데이터가 이전 데이터보다 우선순위가 높은 경우 이 옵션을 사용하자.

maxFileAge (기본값: 7 days)

디렉터리에 있는 파일에 대한 임곗값을 정의한다. 임곗값보다 오래된 파일은 처리할 수 없으며 효과적으로 무시된다. 이 임곗값은 시스템 시계가 아니라 디렉터리의 가장 최근 파일과 관련된 것이다. 예를 들어 maxFileAge가 2 days고 가장 최근 파일이 어제인 경우 파일이 너무 오래되었다고 간주하는 임곗값은 **3 days보다 오래된 것**에 해당된다. 이러한 동적인 특징은 이벤트 시간의 워터마크와 유사하다.

fileNameOnly (기본값: false)

true로 설정하면 두 파일의 이름이 같은 경우 동일한 것으로 간주한다. 그렇지 않으면 전체 경로를 고려한다.

> **NOTE_** latestFirst가 true로 설정되어 있고 maxFilesPerTrigger 옵션이 구성된 경우 시스템이 최근에 발견한 파일에 우선순위를 부여하므로 처리하기에 유효한 파일이 임곗값보다 오래된 조건이 있을 수 있으므로 maxFileAge는 무시된다. 이러한 경우 에이징 정책을 설정할 수 없다.

10.3.3 일반적인 텍스트 파싱 옵션(CSV, JSON)

CSV와 JSON 같은 일부 파일 형식은 구성 가능한 파서를 사용하여 각 파일의 텍스트 데이터를 구조화된 레코드로 변환한다. 업스트림 프로세스가 예상되는 형식을 충족하지 않는 레코드를 작성하는 것도 가능하다. 이 레코드는 손상된 것으로 간주된다.

스트리밍 시스템은 연속적인 실행이 특징이다. 잘못된 데이터가 수신될 때 스트리밍 프로세스가 실패하지 않아야 한다. 비즈니스 요구 사항에 따라 잘못된 레코드를 삭제하거나 손상된 것으로 간주되는 데이터를 별도의 오류 처리 흐름으로 라우팅할 수 있다.

파싱 오류 처리

다음 옵션을 사용하면 파서 동작을 구성하여 손상된 것으로 간주되는 레코드를 처리할 수 있다.

mode (기본값: PERMISSIVE)

파싱 parsing (구문 분석) 중에 손상된 레코드가 처리되는 방식을 제어한다. 허용되는 값은 PERMISSIVE, DROPMALFORMED 그리고 FAILFAST다.

- PERMISSIVE: 손상된 레코드의 값이 스키마에 있어야 하는 columnNameOfCorruptRecord 옵션으로 구성된 특수 필드에 삽입된다. 다른 모든 필드는 null로 설정된다. 필드가 존재하지 않으면 레코드는 삭제된다(DROPMALFORMED와 동일한 동작).

- DROPMALFORMED: 손상된 레코드가 삭제된다.
- FAILFAST: 손상된 레코드가 발견되면 예외가 발생한다. 예외의 전파로 인해 스트리밍 프로세스가 실패하고 중지될 수 있으므로 스트리밍 프로세스에서 이 방법은 권장되지 않는다.

columnNameOfCorruptRecord (기본값: "_corrupt_record")
조작된 레코드의 문자열값을 포함하는 특수 필드의 구성을 허용한다. 스파크 구성에서 spark.sql.columnNameOfCorruptRecord를 설정하여 이 필드를 구성할 수도 있다. spark.sql.columnNameOfCorruptRecord와 이 옵션이 모두 설정된 경우 이 옵션이 우선한다.

스키마 추론

inferSchema (기본값: false)
스키마 추론은 지원되지 않는다. 이 옵션에 대한 설정은 무시된다. 스키마를 제공하는 것이 필수다.

날짜와 시간 형식

dateFormat (기본값: "yyyy-MM-dd")
날짜(date) 필드를 파싱하는 데 사용되는 패턴을 구성한다. 사용자 정의 패턴은 java.text.SimpleDateFormat에 정의된 형식을 따른다.

timestampFormat (기본값: "yyyy-MM-dd'T'HH:mm:ss.SSSXXX")
timestamp 필드를 파싱하는 데 사용되는 패턴을 구성한다. 사용자 정의 패턴은 java.text.SimpleDateFormat에 정의된 형식을 따른다.

10.3.4 JSON 파일 소스 형식

파일 소스에 대한 JSON 형식 지원을 통해 JSON으로 인코딩된 텍스트 파일을 사용할 수 있는데, 여기서 파일의 각 줄은 유효한 JSON 객체가 된다. 제공된 스키마를 사용하여 JSON 레코드를 파싱한다. 스키마를 따르지 않는 레코드는 유효하지 않은 것으로 간주되며, 유효하지 않은 레코드 처리를 제어하는 데 사용할 수 있는 몇 가지 옵션이 있다.

JSON 파싱 옵션

기본적으로 JSON 파일 소스는 파일 콘텐츠가 JSON 라인 사양[JSON Lines specification][1]을 따를 것으로 기대한다. 즉, 파일에 있는 각각의 독립적인 행은 지정된 스키마를 준수하는 유효한 JSON 도큐먼트에 해당된다. 각 줄은 줄바꿈 문자(\n)로 구분해야 한다. 후행 공백이 무시되므로 CRLF 문자(\r\n)도 지원된다.

표준을 완전히 준수하지 않는 데이터를 처리하기 위해 JSON 파서의 허용 오차를 조정할 수 있다. 손상된 것으로 간주되는 레코드를 처리하기 위해 동작을 변경할 수도 있다. 다음 옵션을 사용하면 파서 동작을 구성할 수 있다.

allowComments (기본값: false)

enabled 상태인 경우 파일에서 자바/C++ 스타일의 주석이 허용되며 해당 행은 무시된다. 예를 들면 다음과 같다.

```
// 타임스탬프는 ISO 8601 호환 형식이다.
{"id":"x097abba", "timestamp": "2018-04-01T16:32:56+00:00"}
{"id":"x053ba0bab", "timestamp": "2018-04-01T16:35:02+00:00"}
```

그렇지 않으면 JSON 파일의 주석은 손상된 레코드로 간주되며 모드 설정에 따라 처리된다.

allowNumericLeadingZeros (기본값: false)

enabled 상태인 경우 0으로 시작되는 숫자가 허용된다(예: 00314). 그렇지 않으면 선행 0은 유효하지 않은 숫자값으로 간주되고 해당 레코드가 손상된 것으로 간주되며 모드 설정에 따라 처리된다.

allowSingleQuotes (기본값: true)

작은따옴표를 사용하여 필드를 표시할 수 있다. 사용 가능한 경우 작은따옴표와 큰따옴표가 모두 허용된다. 이 설정에 관계없이 따옴표 문자는 중첩될 수 없으며 값 내에 사용될 때 올바르게 이스케이프되어야 한다.

---

[1] http://jsonlines.org/

```
// 유효한 레코드
{"firstname": "Alice", 'lastname': 'Wonderland'}
// 유효하지 않은 중첩
{"firstname": 'Elvis "The King"', 'lastname': 'Presley'}
// 올바른 escape(\) 사용
{"firstname": 'Elvis \"The King\"', 'lastname': 'Presley'}
```

allowUnquotedFieldNames (기본값: false)

따옴표 없는 JSON 필드 이름(예: {firstname: "Alice"})을 허용한다. 이 옵션을 사용할 때는 필드 이름에 공백을 넣을 수 없으므로 주의해서 사용하도록 하자(예: 필드 이름이 스키마와 일치하더라도 {first name: "Alice"}가 손상된 것으로 간주됨).

multiLine (기본값: false)

enabled 상태인 경우 JSON 행을 파싱하는 대신 파서는 각 파일의 콘텐츠를 하나의 유효한 JSON 도큐먼트로 간주하고 해당 콘텐츠를 정의된 스키마에 따라 레코드로 파싱한다.

파일의 생산자가 완전한 JSON 도큐먼트만 파일로 출력할 수 있는 경우 이 옵션을 사용하도록 하자. 이러한 경우 [예제 10-2]에 표시된 것처럼 레코드를 그룹화하기 위해 최상위 배열을 사용한다.

예제 10-2 레코드를 그룹화하기 위한 최상위 배열 사용

```
[
  {"firstname": "Alice", "last name": "Wonderland", "age": 7},
  {"firstname": "Coraline", "last name": "Spin"    , "age": 15}
]
```

primitivesAsString (기본값: false)

enabled 상태인 경우 기본값 유형은 문자열로 간주된다. 이를 통해 혼합 유형의 필드가 있는 도큐먼트를 읽을 수 있지만 모든 값을 String으로 읽는다.

[예제 10-3]에서 결과 age 필드는 "Coraline"에 대해 age="15" 값과 "Diana"에 대해 age="unknown" 값을 포함하는 String 유형이다.

```
{"firstname": "Coraline", "last name": "Spin", "age": 15}
{"firstname": "Diana", "last name": "Prince", "age": "unknown"}
```

10.3.5 CSV 파일 소스 형식

CSV는 인기 있는 표로 나타낸 데이터 저장소 및 교환 형식으로 엔터프라이즈 애플리케이션에서 널리 지원된다. 파일 소스 CSV 형식 지원을 통해 구조적 스트리밍 애플리케이션에서 이러한 애플리케이션의 출력을 수집하고 처리할 수 있다. CSV라는 이름은 원래 값이 쉼표로 구분되어 있음을 나타내지만 종종 분리 문자를 자유롭게 구성할 수 있다. 데이터가 일반 텍스트에서 구조화된 레코드로 변환되는 방식을 제어하는 데 사용할 수 있는 많은 구성 옵션이 있다.

이 절의 나머지 부분에서는 가장 일반적인 옵션, 특히 스트리밍 프로세스와 관련된 옵션을 다룬다. 서식 관련 옵션에 대해서는 최신 문서를 살펴보도록 하자. 가장 일반적으로 사용하는 CSV 파싱 옵션은 다음과 같다.

CSV 파싱 옵션

comment (기본값: "")

주석으로 간주되는 줄을 표시하는 문자를 구성한다. 예를 들어 option("comment", "#")을 사용하면 다음 CSV에 #으로 시작하는 주석을 포함하여 파싱할 수 있다.

```
# 타임 스탬프는 ISO 8601 호환 형식이다.
x097abba, 2018-04-01T16:32:56+00:00, 55
x053ba0bab, 2018-04-01T16:35:02+00:00, 32
```

header (기본값: false)

스키마가 제공되어야 할 경우 헤더 행은 무시되며 효과가 없다.

multiline (기본값: false)

각 파일을 파일의 모든 행에 걸쳐 있는 하나의 레코드로 간주한다.

quote (기본값: ")

열 구분 기호를 포함하는 값을 묶는 데 사용하는 문자를 구성한다.

sep (기본값: ,)

각 행의 필드를 구분하는 문자를 구성한다.

10.3.6 파케이 파일 소스 형식

아차피 파케이는 컬럼 지향적인 파일 기반 데이터 저장 형식이다. 내부 표현은 원본 행을 압축 기술을 사용하여 저장된 열 청크로 나눈다. 결과적으로 특정 열이 필요한 쿼리는 전체 파일을 읽을 필요가 없다. 대신 관련 부분을 독립적으로 처리하고 검색할 수 있다. 파케이는 복잡한 중첩 데이터 구조를 지원하고 데이터의 스키마 구조를 유지한다. 향상된 쿼리 기능, 스토리지 공간의 효율적인 사용 및 스키마 정보의 보존으로 인해 파케이는 크고 복잡한 데이터셋을 저장하는 데 널리 사용하는 형식이다.

스키마 정의

파케이 파일에서 스트리밍 소스를 작성하려면 데이터 스키마 및 디렉터리 위치를 제공하는 것으로 충분하다. 스트리밍 선언 중에 제공되는 스키마는 스트리밍 소스 정의 기간 동안 고정된다.

[예제 10-4]는 제공된 스키마를 사용하여 hdfs://data/folder 폴더에서 파케이 기반 파일 소스를 만드는 것을 보여준다.

예제 10-4 파케이 소스 예제 구축하기

```
// 형식과 로드 경로 사용
val fileStream = spark.readStream
  .schema(schema)
  .parquet("hdfs://data/folder")
```

10.3.7 텍스트 파일 소스 형식

파일 소스의 텍스트 형식은 일반 텍스트 파일의 수집을 지원한다. 구성 옵션을 사용하면 텍스트를 한 줄씩 또는 전체 파일을 단일 텍스트 블롭으로 수집할 수 있다. 이 소스에서 생성된 데이터의 스키마는 당연히 StringType이므로 지정할 필요가 없다. 이것은 유명한 워드 카운트에서 독점 텍스트 형식의 사용자 지정 파싱에 이르기까지 추가 프로그래밍 처리를 위해 임의의 텍스트를 수집하는 데 사용할 수 있는 일반적인 형식이다.

텍스트 흡수 옵션

10.3.2절 '공통 옵션'에 표시된 파일 소스의 일반 옵션 다음의 텍스트 파일 형식은 전체 텍스트 옵션을 사용하여 텍스트 파일을 전체적으로 읽을 수 있도록 지원한다.

wholetext (기본값: false)

만약 true면 전체 파일을 단일 텍스트 블롭으로 읽는다. 그렇지 않으면 표준 줄 구분 기호 (\n, \r\n, \r)를 사용하여 텍스트를 줄로 나누고 각 줄을 레코드로 간주한다.

text와 textFile

텍스트 형식은 두 가지 API 대안을 지원한다.

text

StringType 형식의 단일 value 필드를 사용하여 동적으로 형식화된 데이터프레임을 반환한다.

textFile

정적으로 타입이 지정된 Dataset[String]을 반환한다.

텍스트 형식 사양을 종료 메서드 호출 또는 형식 옵션으로 사용할 수 있다. 정적으로 유형이 지정된 데이터셋를 얻으려면 스트림 빌더 호출의 마지막 호출로 textFile을 사용해야 한다. [예제 10-5]는 특정 API 사용법을 보여준다.

예제 10-5 텍스트 형식 API 사용법

```
// 형식으로 지정된 text
>val fileStream = spark.readStream.format("text").load("hdfs://data/folder")
fileStream: org.apache.spark.sql.DataFrame = [value: string]
```

```
// 전용 메서드를 통해 지정된 text
>val fileStream = spark.readStream.text("hdfs://data/folder")
fileStream: org.apache.spark.sql.DataFrame = [value: string]

// 전용 메서드를 통해 지정된 textFile
val fileStream = spark.readStream.textFile("/tmp/data/stream")
fileStream: org.apache.spark.sql.Dataset[String] = [value: string]
```

10.4 카프카 소스

아파치 카프카는 분산 로그 개념을 기반으로 하는 pub/sub$^{publish/subscribe}$ (게시/구독) 시스템
이다. 카프카는 확장성이 뛰어나 소비자 및 생산자 측에서 데이터 처리량이 많고 대기 시간이
짧은 데이터 처리 기능을 제공한다. 카프카에서 조직 단위는 토픽이다. 퍼블리셔는 토픽에 데
이터를 보내고 서브스크라이버는 구독한 토픽에서 데이터를 받는다. 이 데이터 전달은 안정적
인 방식으로 이루어진다. 아파치 카프카는 광범위한 스트리밍 사용 사례에 널리 사용되는 메시
징 인프라다.

카프카의 구조적 스트리밍 소스는 서브스크라이버 역할을 구현하며 하나 이상의 토픽에 게시
된 데이터를 사용할 수 있다. 이는 신뢰할만한 소스다. 10.1절 '소스의 이해'에서 논의한 바와
같이 이는 스트리밍 프로세스의 부분 또는 전체 실패 및 재시작의 경우에도 데이터 전송 시맨
틱이 보장됨을 의미한다.

10.4.1 카프카 소스 설정

카프카 소스를 생성하기 위해서는 스파크 세션에서 createStream 빌더와 format("kafka")
메서드를 함께 사용한다. 카프카에 연결하려면 카프카 브로커의 주소와 연결하려는 토픽이라는
두 가지 필수 파라미터가 필요하다.

연결할 카프카 브로커의 주소는 kafka.bootstrap.servers 옵션을 통해 쉼표로 구분된 host:
port 쌍 목록을 포함하는 String으로 제공된다.

[예제 10-6]은 간단한 카프카 소스 정의를 보여준다. host1:port1, host2:port2 및 host3:
port3에 있는 브로커에 연결하여 단일 토픽인 topic1을 구독한다.

```
>val kafkaStream = spark.readStream
  .format("kafka")
  .option("kafka.bootstrap.servers", "host1:port1,host2:port2,host3:port3")
  .option("subscribe", "topic1")
  .option("checkpointLocation", "hdfs://spark/streaming/checkpoint")
  .load()

kafkaStream: org.apache.spark.sql.DataFrame =
  [key: binary, value: binary ... 5 more fields]


>kafkaStream.printSchema

root
 |-- key: binary (nullable = true)
 |-- value: binary (nullable = true)
 |-- topic: string (nullable = true)
 |-- partition: integer (nullable = true)
 |-- offset: long (nullable = true)
 |-- timestamp: timestamp (nullable = true)
 |-- timestampType: integer (nullable = true)

>val dataStream = kafkaStream.selectExpr("CAST(key AS STRING)",
                                         "CAST(value AS STRING)")
                            .as[(String, String)]

dataStream: org.apache.spark.sql.Dataset[(String, String)] =
  [key: string, value: string]
```

이 호출의 결과는 key, value, topic, partition, offset, timestamp, timestampType의 7개 필드가 있는 데이터프레임이다. 이 7개 필드로 구성된 스키마를 갖는 것은 카프카 소스로 고정된다. 카프카의 원시 key와 value 및 사용된 각 레코드의 메타데이터를 제공한다.

일반적으로는 메시지의 key와 value에만 관심이 있다. key와 value 모두 내부적으로 Byte Array로 표시되는 이진 페이로드를 포함한다. String 시리얼라이저를 사용하여 카프카에 데이터를 쓰면 예제의 마지막 표현식에서와 같이 값을 String으로 캐스팅하여 해당 데이터를 다시 읽을 수 있다. 텍스트 기반 인코딩은 일반적인 방법이지만 데이터를 교환하는 가장 공간 효율적인 방법은 아니다. 스키마 인식 AVRO 형식과 같은 다른 인코딩은 스키마 정보 임베딩의 추가 이점으로 인해 더 나은 공간 효율성을 제공할 수 있다.

topic, partition, offset과 같은 메시지의 추가적인 메타데이터는 보다 복잡한 시나리오에서 사용할 수 있다. 예를 들어 토픽 필드에는 레코드를 생성한 **토픽** topic이 포함되며 동시에 여러 토픽을 구독하는 경우 레이블 또는 판별자로 사용할 수 있다.

10.4.2 토픽 구독 메서드 선택하기

우리가 소비하려는 토픽을 지정하는 세 가지 방법이 있다.

- subscribe
- subscribePattern
- assign

카프카 소스 설정에는 이러한 구독 옵션 중 하나만 포함해야 한다. 이는 토픽과 구독할 파티션을 선택할 수 있는 다양한 수준의 유연성을 제공한다.

subscribe

단일 토픽 또는 쉼표로 구분된 토픽 목록(topic1, topic2, ..., topicn)을 사용한다. 이 메서드는 각 토픽을 구독하고 모든 토픽의 통합 데이터가 포함된 단일 통합 스트림을 작성한다. 예를 들면 .option("subscribe", "topic1, topic3").

subscribePattern

subscribe 동작과 유사하지만 토픽은 정규 표현식 regular expression 패턴으로 지정된다. 예를 들어 'factory1Sensors', 'factory2Sensors', 'street1Sensors', 'street2Sensors' 토픽이 있는 경우 .option("subscribePattern", " factory[\\d]+Sensors")를 사용하여 모든 factory 센서를 구독할 수 있다.

assign

토픽당 특정 파티션의 세부 스펙을 사용할 수 있다. 카프카 API에서 TopicPartition으로 알려져 있다. 토픽당 파티션은 JSON 객체를 사용하여 표시되며, 각 키는 토픽이며 그 값은 파티션 배열이다. 예를 들어 옵션 정의 .option("assign", """{"sensors": [0,1,3]}""") 은 토픽 **센서** sensor의 파티션 0, 1 및 3을 구독한다. 이 방법을 사용하려면 토픽 파티셔닝에 대한 정보가 필요하다. 카프카 API를 사용하거나 구성을 통해 프로그래밍적인 방식으로 파티션 정보를 얻을 수 있다.

10.4.3 카프카 소스 옵션 구성

카프카의 구조적 스트리밍 소스에 대한 구성 옵션에는 전용 소스 구성과 기본 카프카 소비자에 직접적으로 제공되는 패스-스루 옵션의 두 가지 범주가 있다.

카프카 소스별 옵션

다음 옵션은 카프카 소스의 동작을 구성한다. 이는 특히 오프셋이 소비되는 방식과 관련이 있다.

startingOffsets (기본값: latest)

인정되는 값은 earliest, latest, 또는 토픽, 해당 파티션 및 주어진 오프셋 간의 연관을 나타내는 JSON 객체다. 실제 오프셋값은 항상 양수다. 두 개의 특수 오프셋값이 있는데, -2 는 earliest를 나타내고 -1은 latest를 나타낸다. 예를 들면 """ {"topic1": { "0": -1, "1": -2, "2": 1024}} """와 같은 형태다.

startingOffsets는 쿼리를 처음 시작할 때만 사용된다. 이후의 모든 재시작에는 저장된 **체크포인트**checkpoint 정보가 사용된다. 특정 오프셋에서 스트리밍 작업을 다시 시작하려면 **체크포인트**의 내용을 제거해야 한다.

failOnDataLoss (기본값: true)

이 플래그는 데이터가 손실될 수 있는 경우 스트리밍 쿼리 재시작에 실패하는지 여부를 나타낸다. 일반적으로 오프셋이 범위를 벗어났거나 토픽이 삭제되었거나 토픽의 균형이 조정된 경우다. 연속적인 생산자가 있는 쿼리측을 중지/다시 시작하면 오류가 발생하기 때문에 개발/테스트 주기 중에 이 옵션을 false로 설정하는 것이 좋다. 운영 배포의 경우 이를 다시 true로 설정한다.

kafkaConsumer.pollTimeoutMs (기본값: 512)

스파크 익스큐터에서 실행되는 분산 소비자에서 카프카의 데이터를 기다리는 폴링 시간 초과 (밀리초)다.

fetchOffset.numRetries (기본값: 3)

카프카 오프셋 패치에 실패하기 전의 재시도 횟수다.

fetchOffset.retryIntervalMs (기본값: 10)

오프셋 패치 재시도 간의 지연 시간(밀리초)이다.

maxOffsetsPerTrigger (기본값: 없음)

이 옵션을 사용하면 각 쿼리 트리거에서 소비되는 총 레코드 수로 속도 제한을 설정할 수 있다. 구성된 제한은 구독된 토픽의 파티션 집합에 균등하게 분배된다.

10.4.4 카프카 소비자 옵션

이 소스의 기본적인 카프카 소비자에 구성 옵션을 전달할 수 있다. 우리는 설정하려는 구성 키에 kafka. 접두사를 추가하여 이를 수행한다.

예를 들어 카프카 소스에 대해 TLS$^{\text{Transport Layer Security}}$ 옵션을 구성하기 위해 소스 구성에서 kafka.security.protocol을 설정함으로써 카프카 소비자 구성 옵션 security.protocol을 설정할 수 있다.

[예제 10-7]은 이 방법을 사용하여 카프카 소스에 대한 TLS를 구성하는 방법을 보여준다.

예제 10-7 카프카 소스 TLS 구성 예제

```
val tlsKafkaSource = spark.readStream.format("kafka")
  .option("kafka.bootstrap.servers", "host1:port1, host2:port2")
  .option("subscribe", "topsecret")
  .option("kafka.security.protocol", "SSL")
  .option("kafka.ssl.truststore.location", "/path/to/truststore.jks")
  .option("kafka.ssl.truststore.password", "truststore-password")
  .option("kafka.ssl.keystore.location", "/path/to/keystore.jks")
  .option("kafka.ssl.keystore.password", "keystore-password")
  .option("kafka.ssl.key.password", "password")
  .load()
```

> **NOTE_** 카프카 소비자 구성 옵션의 전제적인 목록은 공식 카프카 설명서[2]를 참고하기 바란다.

금지된 구성 옵션

소스의 내부 프로세스와 충돌하기 때문에 표준 소비자 구성의 모든 옵션을 사용할 수 있는 것은 아니며, 이는 10.4.3절의 '카프카 소스별 옵션'에서 살펴본 설정으로 제어된다.

---

2 http://bit.ly/2HnFl63

이러한 옵션들은 [표 10-1]에 표시된 것처럼 금지되어 있다. 즉, 이들 중 하나를 사용하려고 하면 IllegalArgumentException이 발생한다.

표 10-1 금지된 카프카 옵션

금지된 옵션	금지된 이유	대안
auto.offset.reset	오프셋은 구조적 스트리밍 내에서 관리된다.	대신 startingOffsets를 사용한다.
enable.auto.commit	오프셋은 구조적 스트리밍 내에서 관리된다.	
group.id	고유한 그룹 ID는 쿼리마다 내부적으로 관리된다.	
key.deserializer	페이로드는 항상 Byte Array로 표시된다.	특정 형식으로의 역직렬화는 프로그래밍 방식으로 수행된다.
value.deserializer	페이로드는 항상 Byte Array로 표시된다.	특정 형식으로의 역직렬화는 프로그래밍 방식으로 수행된다.
interceptor.classes	소비자 인터셉터가 내부 데이터 표현을 손상시킬 수 있다.	

10.5 소켓 소스

전송 제어 프로토콜^{Transmission Control Protocol}(TCP)은 클라이언트와 서버 간의 양방향 통신을 가능하게 하는 연결 지향 프로토콜이다. 이 프로토콜은 인터넷을 통한 FTP, HTTP, MQTT 등의 많은 고급 통신 프로토콜을 지원한다. HTTP와 같은 애플리케이션 계층 프로토콜은 TCP 연결 위에 부가적인 의미를 추가하지만 데이터를 전달하기 위해 UNIX 소켓을 통해 바닐라, 텍스트 기반 TCP 연결을 제공하는 많은 애플리케이션이 있다.

소켓 소스는 UTF-8로 인코딩된 텍스트 기반 데이터 스트림을 제공하는 TCP 서버에 연결할 수 있는 TCP 소켓 클라이언트다. 필수 옵션으로 제공된 host와 port를 사용하여 TCP 서버에 연결한다.

10.5.1 구성

TCP 서버에 연결하려면 호스트 주소와 포트 번호가 필요하다. 각 데이터 라인이 수신되는 타임스탬프를 추가하도록 소켓 소스를 구성할 수도 있다.

구성 옵션은 다음과 같다.

host (필수)
연결할 TCP 서버의 DNS 호스트 이름 또는 IP 주소

port (필수)
연결할 TCP 서버의 포트 번호

includeTimestamp (기본값: false)
enabled 상태가 되면 소켓 소스가 각 데이터 라인에 도착 타임스탬프를 추가한다. 또한 timestamp를 추가 필드로 추가하여 이 **소스**에서 생성한 스키마를 변경한다.

[예제 10-8]에서는 이 소스가 제공하는 두 가지 작동 모드를 관찰한다. host, port 구성과 함께 결과 스트리밍인 DataFrame은 String 유형의 value라는 단일 필드를 가지고 있다. includeTimestamp 플래그를 true로 설정하면 결과 스트리밍 DataFrame의 스키마는 value 와 timestamp 필드를 포함하는데, 여기서 value는 이전과 같이 String 형식이고 timestamp 는 Timestamp 형식이다. 또한 이 소스가 생성될 때 출력되는 로그 경고를 관찰하도록 하자.

예제 10-8 소켓 소스 예제

```
// 호스트 주소와 포트에만 사용

>val stream = spark.readStream
  .format("socket")
  .option("host", "localhost")
  .option("port", 9876)
  .load()

18/04/14 17:02:34 WARN TextSocketSourceProvider:
The socket source should not be used for production applications!
It does not support recovery.

stream: org.apache.spark.sql.DataFrame = [value: string]

// 타임스탬프 정보 추가

val stream = spark.readStream
  .format("socket")
  .option("host", "localhost")
```

```
    .option("port", 9876)
    .option("includeTimestamp", true)
    .load()

18/04/14 17:06:47 WARN TextSocketSourceProvider:
The socket source should not be used for production applications!
It does not support recovery.

stream: org.apache.spark.sql.DataFrame = [value: string, timestamp: timestamp]
```

10.5.2 작동

소켓 소스는 구성에 지정된 TCP 서버에 연결하는 TCP 클라이언트를 생성한다. 이 클라이언트
는 스파크 드라이버에서 실행된다. 쿼리가 소비하고 해당 오프셋이 커밋될 때까지 들어오는 데
이터를 메모리에 유지한다. 커밋된 오프셋의 데이터가 제거되어 정상적인 상황에서 메모리 사용
이 안정적으로 유지된다.

10.1절 '소스의 이해'에서 설명한 내용을 상기해보면 스트리밍 프로세스의 실패 및 재시작시에
도 커밋되지 않은 오프셋을 재생할 수 있는 경우 소스는 신뢰할 수 있는 것으로 간주된다. 스파
크 드라이버의 실패는 메모리의 커밋되지 않은 모든 데이터를 잃게 하기 때문에 이 소스는 신뢰
할 수 있는 것으로 간주되지 않는다.

이 소스는 데이터 손실이 허용되는 경우에만 사용해야 한다.

> **NOTE_** 소켓 소스를 사용하여 TCP 서버에 직접 연결하는 일반적인 아키텍처 대안은 카프카를 안정적인
> 중간 저장소로서 사용하는 것이다. 강력한 마이크로서비스가 TCP 서버와 카프카 사이를 메우기 위해 사용될
> 수 있다. 이 마이크로서비스는 TCP 서버에서 데이터를 수집하여 원자적으로 카프카로 전달한다. 그런 다음
> 신뢰할 수 있는 카프카 소스를 사용하여 데이터를 소비하고 구조적 스트리밍에서 추가 처리할 수 있다.

10.6 레이트 소스

레이트 소스는 records/second로 설정된 구성 가능한 빈도로 레코드의 시퀀스를 생성하는 내
부 스트림 생성기다. 출력은 레코드 (timestamp, value)의 스트림이다. timestamp는 레코드

생성 순간에 해당하며 value는 계속 증가하는 카운터다.

```
> val stream = spark.readStream.format("rate").load()

stream: org.apache.spark.sql.DataFrame = [timestamp: timestamp, value: bigint]
```

이는 외부 시스템에 의존하지 않고 벤치마킹 및 구조적 스트리밍 탐색을 위한 것이다. 이전 예에서 알 수 있듯이 작성하기 매우 쉽고 완전히 독립적이다.

[예제 10-9]의 코드는 60초의 램프업 시간^{ramp-up time}으로 초당 100행의 레이트 스트림을 생성한다. 결과 데이터프레임 스키마에는 타임스탬프 유형의 timestamp와 스키마 레벨에서는 BigInt이자 내부적 표현으로는 Long인 value라는 두 개의 필드가 있다.

예제 10-9 레이트 소스 예제

```
> val stream = spark.readStream.format("rate")
  .option("rowsPerSecond", 100)
  .option("rampUpTime",60)
  .load()
stream: org.apache.spark.sql.DataFrame = [timestamp: timestamp, value: bigint]
```

10.6.1 옵션

레이트 소스는 처리량과 병렬 처리 레벨을 제어하는 몇 가지 옵션을 지원한다.

rowsPerSecond (기본값: 1)
초당 생성할 수 있는 행수

rampUpTime (기본값: 0)
스트림 시작 시 이 시간에 도달할 때까지 레코드 생성이 점진적으로 증가하며, 이때 증가는 선형적이다.

numPartitions (기본값: 기본 스파크 병렬 처리 레벨)
생성할 파티션 수. 파티션이 많을수록 레코드 생성 및 다운스트림 쿼리 처리의 병렬 처리 레벨이 높아진다.

## CHAPTER 11

구조적 스트리밍 싱크

앞 장에서는 구조적 스트리밍이 처리할 데이터를 획득할 수 있는 추상화인 소스를 살펴봤다. 해당 데이터가 처리된 후에는 데이터로 무언가 수행하기 원할 것이다. 나중에 쿼리할 수 있도록 데이터베이스에, 추가적인 처리(배치 처리)를 위해 파일에, 또는 데이터를 계속 움직이게 하기 위해 다른 스트리밍 백엔드에 쓸 수 있다.

구조적 스트리밍에서 **싱크**^{sink}는 외부 시스템에 데이터를 생성하는 방법을 나타내는 추상화다. 구조적 스트리밍에는 여러 내장형^{built-in} 소스가 제공되며 기본적으로 지원되지 않는 다른 시스템에 대한 사용자 지정 싱크를 만들 수 있는 API를 정의한다.

이 장에서는 싱크 작동 방식을 살펴보고, 구조적 스트리밍에서 제공하는 싱크의 세부 사항을 검토할 것이며, 기본 구현에서 지원되지 않는 시스템에 데이터를 기록하기 위해 사용자 지정 싱크를 생성하는 방법을 살펴볼 것이다.

11.1 싱크의 이해

싱크는 구조적 스트리밍의 내부 데이터 표현과 외부 시스템 사이에서 출력 어댑터 역할을 한다. 이는 스트림 처리로 발생한 데이터의 쓰기 경로를 제공한다. 게다가 신뢰할만한 데이터 전송의 루프를 닫아야 한다.

종단간 안정적인 데이터 전송에 참여하려면 싱크가 **멱등**^{idempotent} 쓰기 작업을 제공해야 한다. 멱등은 작업을 두 번 이상 실행한 결과가 작업을 한 번 실행한 것과 같다는 것을 의미한다. 장애 복구 시 스파크는 장애 발생 시 부분적으로 처리된 일부 데이터를 재처리할 수 있다. 소스 측면에서 이는 재생 기능을 사용하여 수행된다. 신뢰할 수 있는 소스는 10.1절 '소스의 이해'를 참조하여 주어진 오프셋을 기반으로 커밋되지 않은 데이터를 재생하는 수단을 제공해야 한다. 마찬가지로 싱크는 중복된 레코드를 외부 소스에 기록하기 전에 제거할 수 있는 수단을 제공해야 한다.

재생 가능한 소스와 멱등 싱크의 조합은 구조적 스트리밍에 '**효과적으로 정확히 한 번**^{effectively exactly once}'의 데이터 전달 시맨틱을 부여한다. 멱등 요구 사항을 구현할 수 없는 싱크는 최대 '적어도 한 번' 의미의 종단간 전달을 보장한다. 스트리밍 프로세스의 실패로부터 복구할 수 없는 싱크는 데이터를 잃을 수 있기 때문에 '신뢰할 수 없는' 것으로 간주된다.

다음 절에서는 구조적 스트리밍에서 사용 가능한 싱크에 대해 자세히 설명할 것이다.

> **NOTE_** 서드파티 벤더(공급업체)는 해당 제품에 대한 사용자 지정 구조적 스트리밍 싱크를 제공할 수 있다. 프로젝트에 이러한 외부 싱크 중 하나를 통합할 때 지원하는 데이터 전달 보증을 결정하기 위해 해당 문서를 참고하도록 하자.

11.2 사용 가능한 싱크

구조적 스트리밍에는 출력 데이터를 임시 저장소 또는 콘솔로 출력할 수 있는 싱크뿐만 아니라 지원되는 소스와 일치하는 여러 싱크도 갖추고 있다. 대략적으로 제공된 싱크를 신뢰할 수 있는 학습/실험 지원으로 나눌 수 있다. 또한 임의의 외부 시스템과 작업할 수 있는 프로그래밍이 가능한 인터페이스도 제공한다.

11.2.1 신뢰할만한 싱크

신뢰할 수 있거나 생산 준비가 된 싱크는 잘 정의된 데이터 전달 시맨틱을 제공하며 스트리밍 프로세스의 전체 실패에 대해 탄력적이다.

제공되는 안정적인 싱크는 다음과 같다.

파일 싱크

파일시스템의 디렉터리에 있는 파일에 데이터를 쓴다. 파일 소스와 동일한 파일 형식인 JSON, 파케이, CSV 및 텍스트를 지원한다.

카프카 싱크

카프카에 데이터를 기록하여 데이터를 '이동 중에' 효과적으로 유지한다. 이는 프로세스 결과와 카프카를 데이터 백본으로 사용하는 다른 스트리밍 프레임워크를 통합하는 흥미로운 옵션이다.

11.2.2 실험을 위한 싱크

다음 싱크는 구조적 스트리밍과의 상호작용 및 실험을 지원하기 위해 제공된다. 실패 복구 기능을 제공하지 않아 데이터 손실이 발생할 수 있으므로 운영 환경에서는 사용을 권장하지 않는다.

다음은 신뢰할 수 없는 싱크다.

메모리 싱크

스트리밍 쿼리 결과가 포함된 임시 테이블이 생성된다. 결과 테이블을 동일한 자바 가상 머신(JVM) 프로세스 내에서 쿼리할 수 있으므로 클러스터 내 쿼리가 스트리밍 프로세스의 결과에 접근할 수 있다.

콘솔 싱크

쿼리에 대한 결과를 콘솔에 출력한다. 이는 개발 시 스트림 프로세스의 결과를 시각적으로 검사하는 데 유용하다.

11.2.3 싱크 API

내장형 싱크 옆에 프로그래밍 방식으로 싱크를 생성할 수도 있다. 이는 이름에서도 알 수 있듯이 출력 스트림의 각 개별 결과 레코드에 대한 접근을 제공하는 foreach 명령으로 수행된다. 마지막으로 싱크 API를 직접 사용하여 자체 맞춤형 싱크를 개발할 수 있다.

11.2.4 싱크 상세 탐색

이 장의 나머지 부분에서는 각 싱크에 사용할 수 있는 구성 및 옵션을 살펴볼 것이다. 적용 가능성에 대한 철저한 견해를 제공하면서 자신의 애플리케이션을 개발할 때 레퍼런스의 역할을 할 수 있는 신뢰할 수 있는 싱크에 대해 심도 있게 설명할 것이다.

실험용 싱크는 범위가 제한되어 있으며, 이는 다음 범위에도 반영된다.

지금부터 이 장 마지막까지 사용자 지정 싱크 API 옵션을 살펴보고 자체 싱크를 개발할 때 고려해야 할 사항을 검토한다.

TIP 구조적 스트리밍의 초기 탐색 단계에 있는 경우 일단 이 장의 나머지 과정을 건너뛰고 나중에 구조적 스트리밍 잡 개발을 할 때 다시 살펴봐도 된다.

11.3 파일 싱크

파일은 공통 시스템 간 경계다. 스트리밍 프로세스의 싱크로 사용되는 경우 스트림 지향 처리 후 데이터가 **유휴 상태**at rest가 된다. 이러한 파일은 **데이터 레이크**data lake의 일부가 되거나 스트리밍 및 배치 모드를 결합한 더 큰 처리 파이프라인의 일부로 다른(배치) 프로세스에 의해 사용될 수 있다.

HDFS 또는 아마존 S3 객체 저장소처럼 확장 가능하고 신뢰할만한 분산 파일시스템을 통해 대용량 데이터셋을 임의 형식의 파일로 저장할 수 있다. 탐색 또는 개발을 위해 로컬 모드에서 실행 중일 때 이러한 싱크를 위해 로컬 파일시스템을 사용할 수 있다.

파일 싱크는 파일 소스와 동일한 형식을 지원한다.

- CSV
- JSON
- 파케이
- ORC
- 텍스트

각 형식의 세부적인 내용으로 이동하기 전에 [예제 11-1]에 제시된 일반적인 파일 싱크 예제를 살펴보자.

예제 11-1 파일 싱크 예

```scala
// 기존 스트리밍 데이터프레임을 df라 가정한다.
val query = stream.writeStream
  .format("csv")
  .option("sep", "\t")
  .outputMode("append")
  .trigger(Trigger.ProcessingTime("30 seconds"))
  .option("path","<dest/path>")
  .option("checkpointLocation", "<checkpoint/path>")
  .start()
```

이 예제에서는 탭을 사용자 지정 구분 기호로 사용하여 스트림 결과를 <dest/path> 대상 디렉터리에 쓰기 위해 csv 형식을 사용하고 있다. 우리는 또한 체크포인트 메타데이터가 규칙적인 간격으로 저장되는 checkpointLocation을 지정한다.

파일 싱크는 오직 outputMode로 append만 지원하며 writeStream 선언에서 안전하게 생략할 수 있다. 다른 모드를 사용하려 하면 쿼리가 시작될 때 다음 예외가 발생한다.

```
org.apache.spark.sql.AnalysisException: Data source ${format} does not
support ${output_mode} output mode;
```

11.3.1 파일 싱크와 함께 트리거 사용하기

[예제 11-1]에서 볼 수 있는 추가 파라미터 중 하나는 트리거 사용이다. 트리거를 지정하지 않으면 구조적 스트리밍은 이전 배치가 완료되는 즉시 새 배치 처리를 시작한다. 파일 싱크의 경우

입력 스트림의 처리량에 따라 다수의 작은 파일이 생성될 수 있다. 이는 파일시스템 스토리지 용량 및 성능에 해로울 수 있다.

[예제 11-2]를 살펴보자.

예제 11-2 파일 싱크가 있는 레이트 소스

```
val stream = spark.readStream.format("rate").load()
val query = stream.writeStream
  .format("json")
  .option("path","/tmp/data/rate")
  .option("checkpointLocation", "/tmp/data/rate/checkpoint")
  .start()
```

이 쿼리를 잠시 실행한 후 대상 디렉터리를 확인하는 경우 다음과 같이 많은 수의 작은 파일을 관찰해야 한다.

```
$ ls -1
part-00000-03a1ed33-3203-4c54-b3b5-dc52646311b2-c000.json
part-00000-03be34a1-f69a-4789-ad65-da351c9b2d49-c000.json
part-00000-03d296dd-c5f2-4945-98a8-993e3c67c1ad-c000.json
part-00000-0645a678-b2e5-4514-a782-b8364fb150a6-c000.json
...

# 디렉토리 내의 파일 수를 카운트한다.
$ ls -1 | wc -l
562

# 잠시 후
$ ls -1 | wc -l
608

# 파일 내용은 무엇인가?
$ cat part-00007-e74a5f4c-5e04-47e2-86f7-c9194c5e85fa-c000.json
{"timestamp":"2018-05-13T19:34:45.170+02:00","value":104}
```

10장에서 배운 것처럼 레이트 소스는 기본적으로 초당 하나의 레코드를 생성한다. 하나의 파일에 포함된 데이터를 볼 때 실제로 해당 단일 레코드를 볼 수 있다. 실제로 쿼리는 새 데이터를 사용할 수 있을 때마다 하나의 파일을 생성한다. 해당 파일의 내용은 크지 않지만 파일시스템은 파일시스템의 파일 수를 추적하는 데 약간의 오버헤드가 발생한다. 또한 하둡 분산 파일 시스템 (HDFS)에서 각 파일은 블록을 차지하고 내용에 관계없이 n번 복제된다. 일반적인 HDFS 블록이 128MB인 것을 감안하면 파일 싱크를 사용하는 우리의 순진한 쿼리가 어떻게 스토리지를 빠르게 고갈시키는지 알 수 있다.

trigger 구성은 이러한 상황을 피할 수 있게 도와준다. 파일 생산을 위한 시간 트리거를 제공함으로써 각 파일에 충분한 양의 데이터를 확보할 수 있다.

이전 예제를 다음과 같이 수정하여 시간 trigger의 영향을 관찰할 수 있다.

```scala
import org.apache.spark.sql.streaming.Trigger

val stream = spark.readStream.format("rate").load()
val query = stream.writeStream
  .format("json")
  .trigger(Trigger.ProcessingTime("1 minute")) // <-- 트리거 구성 추가
  .option("path","/tmp/data/rate")
  .option("checkpointLocation", "/tmp/data/rate/checkpoint")
  .start()
```

쿼리를 실행하고 몇 분 기다려보자. 대상 디렉터리를 검사할 때 이전보다 파일 수가 훨씬 적어야 하며 각 파일에는 더 많은 레코드가 포함되어야 한다. 파일당 레코드 수는 데이터프레임 파티셔닝에 따라 다르다.

```
$ ls -1
part-00000-2ffc26f9-bd43-42f3-93a7-29db2ffb93f3-c000.json
part-00000-3cc02262-801b-42ed-b47e-1bb48c78185e-c000.json
part-00000-a7e8b037-6f21-4645-9338-fc8cf1580eff-c000.json
part-00000-ca984a73-5387-49fe-a864-bd85e502fd0d-c000.json
...

# 디렉토리 내의 파일 수를 카운트한다.
$ ls -1 | wc -l
34

# 몇 초 후
$ ls -1 | wc -l
42
```

```
# 파일 내용은 무엇인가?
$ cat part-00000-ca984a73-5387-49fe-a864-bd85e502fd0d-c000.json
{"timestamp":"2018-05-13T22:02:59.275+02:00","value":94}
{"timestamp":"2018-05-13T22:03:00.275+02:00","value":95}
{"timestamp":"2018-05-13T22:03:01.275+02:00","value":96}
{"timestamp":"2018-05-13T22:03:02.275+02:00","value":97}
{"timestamp":"2018-05-13T22:03:03.275+02:00","value":98}
{"timestamp":"2018-05-13T22:03:04.275+02:00","value":99}
{"timestamp":"2018-05-13T22:03:05.275+02:00","value":100}
```

개인용 컴퓨터에서 이 예제를 시도하는 경우 파티션 수는 기본적으로 존재하는 코어 수로 설정된다. 우리의 경우 코어가 8개이고 파티션당 7개 또는 8개의 레코드가 관찰된다. 이는 매우 적은 수의 레코드지만 실제 시나리오에 적용할 수 있는 원칙을 보여준다.

비록 이 시나리오에서는 레코드 수 또는 데이터 크기를 기반으로 하는 트리거가 더 흥미로울 수 있지만 현재는 시간 기반 트리거만 지원된다. 구조적 스트리밍이 발전함에 따라 향후 변경될 수도 있다.

11.3.2 지원되는 모든 파일 형식에서의 공통 구성 옵션

이전 예제에서는 싱크에서 구성 옵션을 설정하기 위해 키와 값을 취하는 메서드 option을 사용하는 것을 이미 보았다.

지원되는 모든 파일 형식은 다음 구성 옵션을 공유한다.

path
스트리밍 쿼리가 데이터 파일을 쓰는 대상 파일시스템에 있는 디렉터리

checkpointLocation
체크포인팅 메타데이터가 저장되는 탄력적인 파일시스템의 디렉터리. 새로운 체크포인트 정보는 각 쿼리 실행 간격으로 작성된다.

compression (기본값: None)
비록 사용 가능한 압축 코덱codec은 형식마다 다를 수 있지만 지원되는 모든 파일 형식은 데이터를 압축하는 기능을 공유한다. 특정 압축 알고리즘은 해당 절에서 각 형식에 대해 설명하겠다.

11.3.3 일반적인 시간과 날짜 형식(CSV, JSON)

CSV 및 JSON과 같은 텍스트 기반 파일 형식은 날짜 및 타임스탬프 데이터 형식에 대한 사용자 지정 형식을 허용한다.

dateFormat (기본값: yyyy-MM-dd)

날짜 필드를 형식화하는 데 사용되는 패턴을 구성한다. 사용자 정의 패턴은 java.text. SimpleDateFormat에 정의된 형식을 따른다.

timestampFormat (기본값: "yyyy-MM-dd'T'HH:mm:ss.SSSXXX")

타임스탬프 필드를 형식화하는 데 사용되는 패턴을 구성한다. 사용자 정의 패턴은 java. text.SimpleDateFormat에 정의된 형식을 따른다.

timeZone (기본값: 로컬 타임존)

타임스탬프를 형식화하는 데 사용할 시간대를 구성한다.

11.3.4 파일 싱크의 CSV 형식

CSV 파일 형식을 사용하면 스프레드시트 애플리케이션에서 광범위한 기업용 소프트웨어에 이르기까지 많은 프로그램에서 읽을 수 있는 어디서나 흔히 볼 수 있는 표 형식으로 데이터를 작성할 수 있다.

옵션

스파크의 CSV 지원은 필드 구분 기호, 인용 동작 그리고 머리글 포함을 제어하기 위한 많은 옵션을 지원한다. 또한 일반적인 파일 싱크 옵션과 날짜 형식 옵션이 CSV 싱크에 적용된다.

NOTE_ 이 절에는 가장 일반적으로 사용되는 옵션이 나열되어 있다. 포괄적인 목록을 보려면 온라인 설명서를 확인하자.

다음은 CSV 싱크에 일반적으로 사용되는 옵션이다.

header (기본값: false)

결과 파일에 헤더를 포함해야 하는지 여부를 나타내는 플래그다. 헤더는 이 스트리밍 `DataFrame`의 필드 이름으로 구성된다.

quote (기본값: ")

레코드를 인용하는 데 사용되는 문자를 설정한다. 따옴표 없이 구분 기호 문자가 레코드에 포함되어 레코드가 손상될 경우 인용이 필요하다.

quoteAll (기본값: false)

모든 값을 따옴표로 묶어야 하는지 또는 구분 문자가 포함된 값만 따옴표로 표시할지 여부를 나타내는 데 사용하는 플래그다. 일부 외부 시스템은 모든 값을 따옴표로 묶어야 한다. CSV 형식을 사용하여 외부 시스템에서 결과 파일을 가져오는 경우 이 옵션을 올바르게 구성하기 위해 시스템의 import 요구 사항을 확인하자.

sep (기본값: ,)

필드 사이에 사용되는 구분 문자를 구성한다. 구분 문자는 단일 문자여야 한다. 그렇지 않으면 쿼리가 시작될 때 런타임에 `IllegalArgumentException`이 발생한다.

11.3.5 JSON 파일 싱크 형식

JSON 파일 싱크를 사용하면 JSON 라인 형식을 사용하여 출력 데이터를 파일에 쓸 수 있다. 이 형식은 출력 데이터셋의 각 레코드를 한 줄의 텍스트로 작성된 유효한 JSON 도큐먼트로 변환한다. JSON 파일 싱크는 JSON 소스와 대칭이다. 예상한 것처럼 이 형식으로 작성된 파일은 JSON 소스를 사용하여 다시 읽을 수 있다.

NOTE_ 서드파티 벤더의 JSON 라이브러리를 사용하여 결과 파일을 읽을 때 먼저 파일을 텍스트 줄로 읽은 다음 각 줄을 하나의 레코드를 나타내는 JSON 도큐먼트로 파싱해야 한다.

옵션

일반적인 파일 및 텍스트 형식 옵션 옆에 있는 JSON 싱크는 다음과 같은 특정 구성을 지원한다.

encoding (기본값: UTF-8)

JSON 파일을 작성하는 데 사용되는 캐릭터셋 인코딩을 구성한다.

lineSep (기본값: \n)

JSON 레코드 간에 사용될 행 구분 기호를 설정한다.

지원되는 압축^{compression} 옵션(기본값: none): none, bzip2, deflate, gzip, lz4, snappy

11.3.6 파케이 파일 싱크 형식

파케이 파일 싱크는 일반적인 파일 싱크 구성을 지원하며 형식별 옵션이 없다.

지원되는 압축 옵션(기본값: snappy): none, gzip, lzo, snappy

11.3.7 텍스트 파일 싱크 형식

텍스트 파일 싱크는 일반 텍스트 파일을 쓴다. 다른 파일 형식은 스트리밍 데이터프레임 또는 데이터셋 스키마에서 특정 파일 형식 구조로의 변환을 수행하지만, 텍스트 싱크는 병합된 스트리밍 Dataset[String] 또는 StringType의 단일 value 필드를 포함하는 스키마가 있는 스트리밍 DataFrame을 예상한다.

텍스트 파일 형식의 일반적인 사용은 구조적 스트리밍에서 기본적으로 지원되지 않는 사용자 지정 텍스트 기반 형식을 쓰는 것이다. 이 목표를 달성하기 위해 먼저 프로그래밍적인 방식으로 데이터를 원하는 텍스트 표현으로 변환한다. 그런 다음 텍스트 형식을 사용하여 데이터를 파일에 쓴다. 복잡한 스키마를 텍스트 싱크에 쓰려고 하면 오류가 발생한다.

옵션

싱크 및 텍스트 기반 형식에 대한 일반적인 옵션 외에도 텍스트 싱크는 다음 구성 옵션을 지원한다.

lineSep (기본값: \n)

각 텍스트 줄을 종료하는 데 사용되는 줄 구분 기호를 구성한다.

11.4 카프카 싱크

10.4절 '카프카 소스'에서 설명한 것처럼 카프카는 pub/sub 시스템이다. 카프카 소스는 서브 스크라이버로 작동하지만 카프카 싱크는 퍼블리셔에 해당한다. 카프카 싱크를 사용하면 카프카에 데이터를 다시 쓸 수 있으며 다른 서브스크라이버가 일련의 스트리밍 프로세서를 계속 사용할 수 있다.

다운스트림 소비자는 구조적 스트리밍 또는 사용 가능한 다른 스트리밍 프레임워크를 사용하여 구현된 다른 스트리밍 프로세서 또는 엔터프라이즈 에코시스템의 애플리케이션을 활성화시키기 위해 스트리밍 데이터를 소비하는 (마이크로) 서비스일 수 있다.

11.4.1 카프카 발행 모델 이해하기

카프카에서 데이터는 토픽과 교환된 키-값 레코드로 표시된다. 토픽은 분산 파티션으로 구성된다. 각 파티션은 메시지를 받은 순서대로 유지 관리한다. 이 순서는 오프셋에 의해 색인화되며, 이는 소비자가 읽을 레코드를 나타내기 위해 사용한다. 레코드가 토픽에 발행되면 토픽의 파티션에 배치된다. 파티션의 선택은 키에 따라 다르다. 판단 원칙은 동일한 키를 가진 레코드가 동일한 파티션에 도착한다는 것이다. 결과적으로 카프카의 순서는 부분적이다. 단일 파티션의 레코드 순서는 도착 시간에 따라 순서대로 정렬되지만 파티션 간의 순서 보장은 없다.

이 모델은 확장성이 뛰어나고 카프카 구현은 지연 시간이 짧은 읽기 및 쓰기를 보장하므로 스트리밍 데이터를 위한 탁월한 운송수단이 될 수 있다.

11.4.2 카프카 싱크 사용하기

카프카 발행 모델에 대해 배웠으므로 카프카에 데이터를 생성하는 실용적인 측면을 살펴볼 수 있다. 카프카 레코드가 키-값 쌍으로 구성되어 있음을 확인했으며, 데이터를 같은 모양으로 구성해야 한다.

최소한의 구현에서는 스트리밍 DataFrame 또는 Dataset의 value 필드가 BinaryType 또는 StringType인지 확인해야 한다. 이 요구 사항의 의미는 데이터를 카프카로 보내기 전에 일반적으로 데이터를 전송 표현으로 인코딩해야 한다는 것이다.

키가 지정되지 않으면 구조적 스트리밍은 key를 null로 대체한다. 따라서 카프카 싱크는 해당 토픽에 대해 파티션의 라운드 로빈 할당을 사용한다.

키 할당에 대한 제어를 유지하려면 BinaryType 또는 StringType의 key 필드가 있어야 한다. 이 key는 파티션 할당에 사용되므로 동일한 키를 가진 레코드 간에 순서가 보장된다.

선택적으로 topic 필드를 추가하여 레코드 레벨에서 대상 토픽을 제어할 수 있다. 존재하는 경우 topic 값은 카프카 토픽과 일치해야 한다. writeStream 옵션에서 topic을 설정하면 topic 필드의 값이 대체된다.

관련 레코드는 해당 토픽에 발행된다. 이 옵션은 들어오는 레코드가 추가 처리를 위해 다른 전용 토픽으로 정렬되는 팬-아웃 패턴을 구현할 때 유용하다. 예를 들어 들어오는 지원 티켓을 해당 (마이크로) 서비스가 다운스트림에서 소비하는 전용 판매, 기술 및 문제 해결 토픽으로 분류하는 것에 대해 생각해보자.

올바른 형태의 데이터를 얻은 후에는 브로커에 연결하기 위해 대상 부트스트랩 서버의 주소도 필요하다.

실제적으로 이 작업에는 일반적으로 두 단계가 포함된다.

1 각 레코드를 value라는 단일 필드로 변환하고 선택적으로 각 레코드에 키와 토픽을 할당한다.
2 writeStream 빌더를 사용하여 스트림 싱크를 선언한다.

[예제 11-3]은 이러한 단계가 사용 중인 것을 보여준다.

예제 11-3 카프카 싱크 예제

```
// 기존 스트리밍 데이터프레임을 sensorData라 가정한다.
// 스키마는 다음과 같이 설정한다.
// id: String, timestamp: Long, sensorType: String, value: Double

// 각각의 레코드에서 키와 값을 생성한다.

val kafkaFormattedStream = sensorData.select(
  $"id" as "key",
```

```
    to_json(
      struct($"id", $"timestamp", $"sensorType", $"value")
    ) as "value"
)

// 2단계에서 스트리밍 쿼리를 선언한다.

val kafkaWriterQuery = kafkaFormat.writeStream .queryName("kafkaWriter")
  .outputMode("append")
  .format("kafka") // 카프카 싱크가 사용되는지 확인
  .option("kafka.bootstrap.servers", kafkaBootstrapServer)
  .option("topic", targetTopic)
  .option("checkpointLocation", "/path/checkpoint")
  .option("failOnDataLoss", "false") // 테스트할 때 이 옵션을 사용한다.
  .start()
```

레코드 레벨에서 topic 정보를 추가할 때는 topic 구성 옵션을 생략해야 한다.

[예제 11-4]에서는 각 코드를 sensorType과 일치하는 전용 주제에 쓰도록 이전 코드를 수정한다. 즉, 모든 humidity 레코드는 습도humidity 토픽으로 이동하고 모든 radiation 레코드는 방사선radiation 토픽으로 이동한다.

예제 11-4 다른 토픽으로의 카프카 싱크

```
// 기존 스트리밍 데이터프레임을 sensorData라 가정한다.
// 스키마는 다음과 같이 설정한다.
// id: String, timestamp: Long, sensorType: String, value: Double

// 각각의 레코드에서 키와 값을 생성한다.

val kafkaFormattedStream = sensorData.select(
  $"id" as "key",
  $"sensorType" as "topic",
  to_json(struct($"id", $"timestamp", $"value")) as "value"
)

// 2단계에서 스트리밍 쿼리를 선언한다.

val kafkaWriterQuery = kafkaFormat.writeStream
  .queryName("kafkaWriter")
  .outputMode("append")
  .format("kafka") // 카프카 싱크가 사용되는지 확인
  .option("kafka.bootstrap.servers", kafkaBootstrapServer)
```

```
    .option("checkpointLocation", "/path/checkpoint")
    .option("failOnDataLoss", "false") // 테스트할 때 이 옵션을 사용한다.
    .start()
```

option("topic", targetTopic) 설정을 제거하고 각 레코드에 topic 필드를 추가했다. 결과적으로 각 레코드는 해당 sensorType에 해당하는 topic으로 라우팅된다. 만약 option("topic", targetTopic) 설정을 그대로 남겨두면 topic 필드의 값이 적용되지 않는다. option("topic", targetTopic) 설정이 우선한다.

인코딩 선택하기

[예제 11-3]의 코드를 자세히 살펴보면 기존 데이터를 JSON 표현으로 변환하여 단일 value 필드를 만든다. 카프카에서 각 레코드는 키와 값으로 구성된다. value 필드에는 레코드의 페이로드가 포함된다. 카프카와 임의의 복잡한 레코드를 보내거나 받으려면 이 레코드를 이 value 필드에 맞출 수 있는 단일 필드 표현으로 변환해야 한다. 구조적 스트리밍에서 이 전송값 표시와 실제 레코드 간의 변환은 사용자 코드를 통해 수행해야 한다. 이상적으로는 선택한 인코딩을 구조화된 레코드로 쉽게 변환할 수 있고 스파크 기능을 활용하여 데이터를 조작할 수 있다.

일반적인 인코딩 형식은 JSON이다. JSON은 스파크의 구조화된 API를 기본으로 지원하며 구조적 스트리밍으로 확장된다. [예제 11-4]에서 살펴본 것처럼 to_json: to_json(struct($"id", $"time stamp", $"value")) as "value") SQL 함수를 사용하여 JSON을 작성한다.

아브로[Avro]나 프로토콜 버퍼[ProtoBuffers]와 같은 이진 표현도 가능하다. 이 경우 value 필드를 BinaryType으로 다루고 서드파티 라이브러리를 사용하여 인코딩/디코딩을 수행한다.

이 글을 쓰는 시점에서 바이너리 인코딩에 대한 지원은 기본적으로 제공되지 않지만 향후 버전에 대해 AVRO 지원이 발표되었다.

> **CAUTION_** 인코딩 형식을 선택할 때 고려해야 할 중요한 요소는 스키마 지원이다. 카프카를 통신 백본으로 사용하는 멀티서비스 모델에서는 스트리밍 프로세서나 그것을 소비하는 다른 서비스와는 다른 프로그래밍 모델, 언어 및/또는 프레임워크를 사용하는 데이터를 생성하는 서비스를 찾는 것이 일반적이다.
> 상호 운용성을 보장하기 위해 스키마 지향 인코딩이 선호된다. 스키마 정의를 사용하면 다른 언어로 아티팩트를 작성할 수 있으며 나중에 생성된 데이터를 사용할 수 있다.

11.5 메모리 싱크

메모리 싱크는 메모리 내 임시 테이블에 스트림 처리 결과를 저장하는 신뢰할 수 없는 싱크다. 스트리밍 프로세스가 종료되는 경우 모든 데이터가 손실되므로 신뢰할 수 없는 것으로 간주되지만, 스트리밍 결과에 대한 짧은 대기 시간이 필요한 시나리오에서는 확실히 유용하다.

이 싱크에 의해 생성된 임시 테이블의 이름은 쿼리 이름으로 지정된다. 이 테이블은 스트리밍 쿼리에 의해 백업되며 선택한 outputMode의 의미에 따라 각 트리거에서 업데이트된다.

결과 테이블에는 쿼리 결과에 대한 최신 조회가 포함되어 있으며 기존 스파크 SQL 작업을 사용하여 쿼리할 수 있다. 쿼리는 구조적 스트리밍 쿼리가 시작된 동일한 프로세스(JVM)에서 실행되어야 한다.

메모리 싱크가 유지 관리하는 테이블은 대화식으로 접근할 수 있다. 그러한 속성은 스파크 REPL 또는 노트북과 같은 대화식 데이터 탐색 도구와의 이상적인 인터페이스로 만든다.

다른 일반적인 용도는 스트리밍 데이터 위에 쿼리 서비스를 제공하는 것이다. 이는 HTTP 서버와 같은 서버 모듈을 스파크 드라이버와 결합하여 수행된다. 그러면 특정 HTTP 엔드포인트에 대한 호출은 이러한 인메모리 테이블의 데이터와 함께 제공될 수 있다.

[예제 11-5]는 sensorData 스트리밍 데이터셋을 가정한다. 스트림 처리 결과는 이러한 인메모리 테이블에 구체화되며, 이는 SQL 컨텍스트에서 sample_memory_query로 사용 가능하다.

예제 11-5 메모리 싱크 예제

```
val sampleMemoryQuery = sensorData.writeStream
  .queryName("sample_memory_query") // 이 쿼리 이름은 SQL 테이블 이름이 된다.
  .outputMode("append")
  .format("memory")
  .start()

// 쿼리가 시작된 후에 temp(임시) 테이블 내에 있는 데이터에 접근할 수 있다.
val memData = session.sql("select * from sample_memory_query")
memData.count() // 테이블 내에 얼마나 많은 요소가 있는지 보여준다.
```

11.5.1 출력 모드

메모리 싱크는 Append, Update, Complete와 같은 모든 출력 모드를 지원한다. 따라서 집계를 포함하여 모든 쿼리에 사용할 수 있다. 메모리 싱크와 Complete 모드의 조합은 최신 계산 완료 상태에 대한 빠른 메모리 내 쿼리 가능 저장소를 제공하기 때문에 특히 흥미롭다. 쿼리가 Complete 상태를 지원하려면 바운드 카디널리티$^{bounded\ cardinality}$ 키를 통해 집계해야 한다. 이는 상태를 처리하기 위한 메모리 요구 사항도 시스템 리소스 내에 제한되도록 하기 위한 것이다.

11.6 콘솔 싱크

'Hello, world!'를 출력하는 것을 좋아하는 우리 모두를 위해 콘솔 싱크가 존재한다. 실제로 콘솔 싱크는 쿼리 결과의 작은 샘플을 표준 출력으로 출력할 수 있게 해준다.

이의 사용은 스파크 셀과 같은 대화식 셀 기반 환경에서 디버깅 및 데이터 탐색으로 제한된다. 예상대로 이 싱크는 다른 시스템에 데이터를 커밋하지 않기 때문에 신뢰할 수 없다.

println이 작업 코드 기반에서 못마땅한 것처럼 운영 환경에서는 콘솔 싱크를 사용하는 것을 피해야 한다.

11.6.1 옵션

콘솔 싱크에 대해 구성 가능한 옵션은 다음과 같다.

numRows (기본값: 20)
각 쿼리 트리거에 표시할 최대 행수

truncate (기본값: true)
행의 각 셀 출력이 잘려야 하는지 여부를 나타내는 플래그

11.6.2 출력 모드

스파크 2.3부터 콘솔 싱크는 Append, Update, Complete와 같은 출력 모드를 지원한다.

11.7 foreach 싱크

스트림 처리 애플리케이션을 기업 환경의 레거시 시스템과 통합해야 하는 경우가 있다. 또한 신생 프로젝트의 경우 구조적 스트리밍에서 사용 가능한 싱크 범위가 다소 제한되어 있다.

foreach 싱크는 쿼리 실행 결과에 대한 접근을 제공하는 API 및 싱크 정의로 구성된다. 또한 구조적 스트리밍의 쓰기 기능을 자바 가상 머신(JVM) 클라이언트 라이브러리를 제공하는 외부 시스템으로 확장한다.

11.7.1 ForeachWriter 인터페이스

foreach 싱크를 사용하려면 ForeachWriter 인터페이스 구현을 제공해야 한다. ForeachWriter는 writer 작업의 수명 주기를 제어한다. 그것의 실행은 익스큐터에 분산되어 발생하며 [예제 11-6]에 설명한 것처럼 스트리밍 DataFrame 또는 Dataset의 각 파티션에 대해 메서드가 호출된다.

예제 11-6 ForeachWriter의 API 정의

```scala
abstract class ForeachWriter[T] extends Serializable {

  def open(partitionId: Long, version: Long): Boolean

  def process(value: T): Unit

  def close(errorOrNull: Throwable): Unit

}
```

[예제 11-6]에서 볼 수 있듯이 ForeachWriter는 스트리밍 Dataset의 유형에 해당하는 유형 [T] 또는 스트리밍 DataFrame의 경우 spark.sql.Row에 바인딩된다. API는 open, process, close의 세 가지 메서드로 구성된다.

open
이는 partitionId와 고유 버전 번호로 모든 트리거 간격마다 호출된다. 이 두 파라미터를 사용하여 ForeachWriter는 제공되는 파티션을 처리할지 여부를 결정해야 한다. true를 리턴하면 process 메서드의 로직을 사용하여 각 요소를 처리하게 된다. 메서드가 false를 리턴하면 처리를 위해 파티션을 건너뛴다.

process
이를 통해 한 번에 한 요소씩 데이터에 접근할 수 있다. 데이터에 적용된 함수는 데이터베이스에 레코드 삽입, REST API 호출 또는 네트워킹 라이브러리를 사용하여 데이터를 다른 시스템과 통신하는 등의 부수 효과를 발생시켜야 한다.

close
파티션 작성이 끝났음을 알리기 위해 호출된다. 이 파티션에 대한 출력 작업이 성공적으로 종료되면 error 객체가 null이거나 그렇지 않으면 Throwable을 포함한다. open이 false를 리턴한 경우에도 (파티션이 처리되지 않아야 함을 표시하기 위해) 모든 파티션 쓰기 작업의 끝에 close가 호출된다.

이 계약은 이미 싱크에 보내졌을 수도 있지만 복구 시나리오의 일부로 구조화된 스트리밍에 의해 재처리된 중복 파티션을 제거할 수 있기 때문에 데이터 전송 시멘틱의 일부다. 이러한 메커니즘이 제대로 작동하려면 싱크는 이미 살펴본 파티션/버전 조합을 기억하는 어떤 지속적인 방법을 구현해야 한다.

ForeachWriter를 구현한 후에는 싱크를 선언하는 일반적인 writeStream 메서드를 사용하고 ForeachWriter 인스턴스와 함께 전용 foreach 메서드를 호출한다.

ForeachWriter 구현은 직렬화 가능^{Serializable}해야 한다. 이는 처리 중인 스트리밍 데이터셋 또는 데이터프레임의 파티션을 포함한 클러스터의 각 노드에서 ForeachWriter가 분산적으로 실행되기 때문에 필수적이다. 런타임에 제공된 ForeachWriter 인스턴스의 역직렬화된 새 복제본이 데이터셋 또는 데이터프레임의 각 파티션에 대해 만들어진다. 결과적으로 ForeachWriter의 초기 생성자에서 상태를 전달하지 못할 수 있다.

이 모든 것을 간단한 예제로 정리할 것이며, 해당 예제는 foreach 싱크가 작동하는 방법을 보여주면서 상태 처리와 직렬화 요구 사항을 다루는 미묘한 복잡성을 보여줄 것이다.

11.7.2 TCPWriter 싱크: 실용적인 ForeachWriter 예제

이번 예제에서는 쿼리 결과를 외부 TCP 소켓 수신 서버로 전송하는 텍스트 기반 TCP 싱크를 개발하려 한다. 예제에서는 스파크 설치와 함께 제공되는 스파크 셸 유틸리티를 사용할 것이다.

[예제 11-7]에서 host와 port가 제공되면 서버 소켓에 텍스트를 연결하고 쓸 수 있는 간단한 TCP 클라이언트를 만든다. 이 클래스는 직렬화 가능하지 않음을 유의하자. 소켓은 기본적으로 시스템 직렬 I/O 포트에 종속되므로 직렬화할 수 없다.

예제 11-7 TCP 소켓 클라이언트

```scala
class TCPWriter(host:String, port: Int) {
  import java.io.PrintWriter
  import java.net.Socket
  val socket = new Socket(host, port)
  val printer = new PrintWriter(socket.getOutputStream, true)
  def println(str: String) = printer.println(str)
  def close() = {
    printer.flush()
    printer.close()
    socket.close()
  }
}
```

다음 [예제 11-8]에서는 이 TCPWriter를 ForeachWriter 구현에 사용한다.

예제 11-8 TCPForeachWriter 구현

```scala
import org.apache.spark.sql.ForeachWriter
class TCPForeachWriter(host: String, port: Int)
    extends ForeachWriter[RateTick] {

  @transient var writer: TCPWriter = _
  var localPartition: Long = 0
  var localVersion: Long = 0

  override def open(
      partitionId: Long,
      version: Long
    ): Boolean = {
    writer = new TCPWriter(host, port)
```

```
        localPartition = partitionId
        localVersion = version
        println(
          s"Writing partition [$partitionId] and version[$version]"
        )
        true // 항상 쓰기(write)를 허용한다.
      }

    override def process(value: RateTick): Unit = {
      val tickString = s"${v.timestamp}, ${v.value}" writer.println(
        s"$localPartition, $localVersion, $tickString"
      )
    }
    override def close(errorOrNull: Throwable): Unit = {
      if (errorOrNull == null) {
        println(
          s"Closing partition [$localPartition] and version[$localVersion]"
        )
        writer.close()
      } else {
        print("Query failed with: " + errorOrNull)
      }
    }
  }
}
```

TCPWriter 변수를 선언한 방식(@transient var writer: TCPWriter = _)에 주의를 기울이자. @transient는 이 참조가 직렬화되지 않아야 함을 의미하며 초깃값은 null이다(비어 있는 변수 초기화 구문 _ 사용). TCPWriter의 인스턴스를 만들어 나중에 사용할 수 있도록 변수에 할당하는 것은 호출을 통해서만 가능하다.

또한 process 메서드가 RateTick 유형의 오브젝트를 취하는 방법에 유의하자. **스트리밍 데이터프레임**의 제네릭 데이터 컨테이너인 spark.sql.Rows 대신 특정 객체 구조를 처리할 때 형식화된 데이터셋을 사용하면 ForeachWriter를 쉽게 구현할 수 있다. 이 경우 싱크 단계로 진행하기 전에 초기 스트리밍 데이터프레임을 형식화된 Dataset[RateTick]으로 변환했다.

이제 예제를 완성하기 위해 간단한 레이트 소스를 생성하고 생성된 스트림을 새로 개발된 TCPForeachWriter에 직접 쓴다.

```scala
case class RateTick(timestamp: Long, value: Long)

val stream = spark.readStream.format("rate")
                  .option("rowsPerSecond", 100)
                  .load()
                  .as[RateTick]

val writerInstance = new TCPForeachWriter("localhost", 9876)

val query = stream
    .writeStream
    .foreach(writerInstance)
    .outputMode("append")
```

쿼리를 시작하기 전에 간단한 TCP 서버를 실행하여 결과를 관찰한다. 이를 위해 커맨드 라인에서 TCP/UDP 클라이언트 및 서버를 작성하는 데 유용한 *nix 명령인 nc를 사용한다. 이 경우 포트 9876을 수신하는 TCP 서버를 사용한다.

```
# 팁: netcat의 구문은 시스템에 따라 다르다.
# 다음 명령은 *nix 및 homebrew가 관리하는 OSX nc에서 작동한다.
# 적절한 구문은 시스템 설명서를 참조하자.
nc -lk 9876
```

마지막으로 쿼리를 시작한다.

```scala
val queryExecution = query.start()
```

nc 명령을 실행하는 셸에 다음과 같은 출력이 표시되어야 한다.

```
5, 1, 1528043018, 72
5, 1, 1528043018, 73
5, 1, 1528043018, 74
0, 1, 1528043018, 0
0, 1, 1528043018, 1
0, 1, 1528043018, 2
0, 1, 1528043018, 3
0, 1, 1528043018, 4
0, 1, 1528043018, 5
```

```
0, 1, 1528043018, 6
0, 1, 1528043018, 7
0, 1, 1528043018, 8
0, 1, 1528043018, 9
0, 1, 1528043018, 10
0, 1, 1528043018, 11
7, 1, 1528043019, 87
7, 1, 1528043019, 88
7, 1, 1528043019, 89
7, 1, 1528043019, 90
7, 1, 1528043019, 91
7, 1, 1528043019, 92
```

출력에서 첫 번째 열은 partition이고 두 번째 열은 version이며 레이트 소스에서 생성된 데이터가 이어진다. 이 예에서는 partition 0과 같이 파티션 내에서 데이터가 정렬되지만 서로 다른 파티션 간에 순서가 보장되지 않는 것이 흥미로운 점이다. 파티션은 클러스터의 다른 시스템에서 병렬로 처리된다. 어느 것이 먼저 오는지는 보장할 수 없다.

마지막으로 쿼리 실행을 끝내기 위해 stop 메서드인 queryExecution.stop()을 호출한다.

```
queryExecution.stop()
```

11.7.3 이 예제의 교훈

이번 예제에서는 최소한의 socket 클라이언트를 올바르게 사용하여 foreach 싱크와 함께 스트리밍 쿼리 데이터를 출력하는 방법을 살펴보았다. 소켓 통신은 대부분의 데이터베이스 드라이버와 다른 많은 애플리케이션 클라이언트의 기본적인 상호작용 메커니즘이다. 여기에 설명된 방법은 JVM 기반 클라이언트 라이브러리를 제공하는 다양한 외부 시스템에 쓰기 위해 효과적으로 적용할 수 있는 일반적인 패턴이다. 이 패턴은 다음과 같이 요약할 수 있다.

1 ForeachWriter의 본문에 드라이버 클래스에 대한 @transient 변경 가능 참조를 생성한다.

2 open 메서드에서 외부 시스템에 대한 연결을 초기화한다. 이 연결을 변경 가능한 참조에 할당한다. 이 참조는 단일 스레드에서 사용되도록 보장된다.

3 처리 중에 제공된 데이터 요소를 외부 시스템에 공개한다.

4 마지막으로 모든 연결을 종료하고 상태를 정리한다.

11.7.4 ForeachWriter 직렬화 문제 해결

[예제 11-8]에서는 TCPWriter: @transient var writer:TCPWriter = _에 대한 초기화되지 않은 변경 가능한 참조를 얼마나 필요로 하는지 살펴보았다. ForeachWriter가 이미 직렬화 해제되어 익스큐터에서 원격으로 실행 중인 경우에만 직렬화할 수 없는 클래스를 인스턴스화하기 위해 이처럼 정교한 구조가 필요하다.

ForeachWriter 구현에 직렬화 가능하지 않은 참조를 포함하려고 할 때 발생하는 상황을 살펴보려면 대신 다음과 같이 TCPWriter 인스턴스를 선언할 수 있다.

```
import org.apache.spark.sql.ForeachWriter
class TCPForeachWriter(host: String, port: Int) extends ForeachWriter[RateTick] {

  val nonSerializableWriter:TCPWriter = new TCPWriter(host,port)
  // ... 이전과 동일한 코드 ...
}
```

비록 더 간단하고 친숙해보이지만 이 ForeachWriter 구현으로 쿼리를 실행하려 하면 org.apache.spark.SparkException: Task not serializable이 발생한다. 이로 인해 위반 클래스를 지적하기 위한 최선의 노력이 포함된 매우 긴 **스택 추적**stack trace이 생성된다. 다음 추적과 같이 Caused by 문을 찾을 때까지 스택 추적을 따라야 한다.

```
Caused by: java.io.NotSerializableException: $line17.$read$$iw$$iw$TCPWriter
Serialization stack:
  - object not serializable (class: $line17.$read$$iw$$iw$TCPWriter,
    value: $line17.$read$$iw$$iw$TCPWriter@4f44d3e0)
  - field (class: $line20.$read$$iw$$iw$TCPForeachWriter,
    name: nonSerializableWriter, type: class $line17.$read$$iw$$iw$TCPWriter)
  - object (class $line20.$read$$iw$$iw$TCPForeachWriter,
    $line20.$read$$iw$$iw$TCPForeachWriter@54832ad9)
  - field (class: org.apache.spark.sql.execution.streaming.ForeachSink, name:
    org$apache$spark$sql$execution$streaming$ForeachSink$$writer,
    type: class org.apache.spark.sql.ForeachWriter)
```

이 예제가 스파크 셸에서 실행되면서 이상한 $$ 표기법을 발견했지만 노이즈를 제거하면 직렬화 가능하지 않은 객체인 object not serializable (class: TCPWriter)와 이에 대한 참조인 field name: nonSerialableWriter, type: class TCPWriter 필드를 볼 수 있다.

직렬화 문제는 ForeachWriter 구현에서 일반적이다. 이 절의 팁을 사용하여 구현 시 문제를 피할 수 있기 바란다. 그러나 이런 상황이 발생하는 경우 스파크는 문제의 원인을 파악하기 위해 최선의 노력을 기울인다. 스택 추적에 제공된 이 정보는 이러한 직렬화 문제를 디버깅하고 해결하는 데 매우 중요하다.

## CHAPTER 12

이벤트 시간 기반 스트림 처리

2.9절 '시간의 영향'에서는 스트림 처리에서의 시간의 영향을 일반적인 관점에서 살펴보았다.

우리가 기억하는 바와 같이 **이벤트 시간 처리**event-time processing는 이벤트가 생성된 타임라인에서 이벤트 스트림을 보고 해당 관점에서 처리 로직을 적용하는 것을 말한다. 시간이 지남에 따라 이벤트 데이터의 패턴을 분석하는 데 관심이 있는 경우 이벤트가 생성될 때 이벤트를 관찰하는 것처럼 이벤트를 처리해야 한다. 이를 위해서는 이벤트 생성 시 장치 또는 시스템이 이벤트를 'stamp'해야 한다. 따라서 일반적인 이름 'timestamp'는 특정 이벤트 바인딩 시간을 나타낸다. 우리는 그 시간을 어떻게 시간이 진화하는지에 대한 기준틀로 사용한다.

이 개념을 설명하기 위해 친숙한 예를 살펴보자. 현지 기상 조건을 모니터링하는 데 사용하는 기상 관측소의 네트워크를 생각해보자. 일부 원격 관측소는 모바일 네트워크를 통해 연결되는 반면 가정에서 호스팅되는 다른 관측소는 다양한 품질의 인터넷 연결에 접근할 수 있다. 날씨 모니터링 시스템은 이벤트의 도착 순서에 의존할 수 없다. 그 순서는 주로 연결된 네트워크의 속도와 신뢰성에 달려 있기 때문이다. 대신 날씨 애플리케이션은 각 날씨 관측소에 의존하여 전달된 이벤트를 타임스탬프한다. 스트림 처리는 이러한 타임스탬프를 사용하여 일기 예보 시스템에 공급되는 시간 기반 집계를 계산한다.

이벤트 처리 시간을 사용하는 스트림 처리 엔진의 기능은 중요하다. 일반적으로 이벤트가 처리되는 순서가 아니라 이벤트가 생성된 상대 순서에 관심이 있기 때문이다. 이 장에서는 구조적 스트리밍이 이벤트 시간 처리를 완벽하게 지원하는 방법을 배울 것이다.

12.1 구조적 스트리밍에서의 이벤트 시간에 대한 이해

서버 측면에서 시간의 개념은 주어진 애플리케이션을 실행하는 컴퓨터의 내부 시계에 의해 결정된다. 머신 클러스터에서 실행되는 분산 애플리케이션의 경우 **네트워크 시간 프로토콜**^{Network} Time Protocol (NTP)과 같은 클럭 동기화 기술 및 프로토콜을 사용하여 모든 클럭을 동일한 시간에 맞추는 것이 필수적이다. 컴퓨터 클러스터에서 실행되는 분산 애플리케이션의 여러 부분이 이벤트의 타임라인 및 상대적 순서에 대해 일관된 결정을 내릴 수 있도록 하기 위한 것이다.

그러나 센서 네트워크, 다른 데이터센터, 휴대 전화 또는 커넥티드 카와 같은 외부 장치에서 데이터를 가져올 때 예컨대 시계가 머신 클러스터와 일치한다고 보장할 수 없다. 처리 시스템의 내부 시계가 아니라 생산 시스템의 관점에서 들어오는 이벤트의 타임라인을 해석해야 한다. [그림 12-1]은 이러한 시나리오를 잘 보여준다.

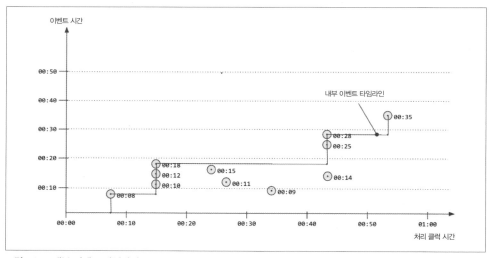

그림 12-1 내부 이벤트 타임라인

[그림 12-1]에서는 구조적 스트리밍에서 시간이 처리되는 방식을 시각화했다.

- x축에는 처리 시간, 처리 시스템의 클럭 시간이 있다.
- y축은 이벤트 타임라인의 내부 표현을 나타낸다.
- 이벤트는 해당 이벤트 시간 레이블 옆에 원으로 표시했다.
- 이벤트 도착 시간은 x축 시간과 일치한다.

이벤트가 시스템에 도착하면 내부 시간 개념이 진행된다.

1 첫 번째 이벤트는 00:08에, 기계 시계의 관점에서는 '이른' 00:07에 시스템에 도착한다. 내부 시계 시간은 이벤트 타임라인에 대한 인식에 영향을 미치지 않는다.

2 이벤트 타임라인이 00:08로 진행된다.

3 다음 이벤트 배치인 00:10, 00:12, 00:18이 처리를 위해 도착한다. 이벤트 타임라인은 지금까지 관찰된 최대 시간이므로 00:18까지 이동한다.

4 00:15가 시스템에 들어간다. 00:15가 현재 내부 시간보다 빠르므로 이벤트 타임라인은 현잿값 00:18로 유지된다.

5 마찬가지로 00:11과 00:09가 수신된다. 우리는 이러한 이벤트를 처리해야 할까 아니면 너무 늦은 걸까?

6 다음 이벤트 집합인 00:14, 00:25, 00:28이 처리되면 스트리밍 시계가 최대 00:28까지 증가한다.

일반적으로 구조적 스트리밍은 이벤트에서 타임스탬프로 선언된 필드의 단조 증가 상한을 유지하여 이벤트 시간으로 처리된 이벤트의 타임라인을 유추한다. 이 비선형 타임라인은 이 장의 시간 기반 처리 기능에 사용되는 판결 클럭이다. 이벤트 소스의 시간 흐름을 이해하는 구조적 스트리밍 기능은 이벤트 처리 시간에서 이벤트 생성을 분리시킨다. 특히 과거 이벤트 시퀀스를 재생하고 구조적 스트리밍으로 하여금 모든 이벤트 시간 집계에 대해 올바른 결과를 생성할 수 있다. 예를 들어 몇 분 안에 일주일 분량의 이벤트를 재생할 수 있으며 시스템에서 일주일과 일치하는 결과를 얻을 수 있다. 시간이 컴퓨터 시계에 의해 통제된다면 이것은 불가능할 것이다.

12.2 이벤트 시간의 사용

구조적 스트리밍에서는 시간 기반 집계와 상태 관리라는 두 가지 영역에서 이벤트 시간에 대한 기본 지원 기능을 활용할 수 있다.

두 경우 모두 첫 번째 단계는 구조적 스트리밍에 적합한 형식의 데이터 필드를 타임스탬프로 이해하는 것이다.

스파크 SQL은 java.sql.Timestamp를 Timestamp 타입으로 지원한다. 다른 기본 유형의 경우 이벤트 시간 처리에 값을 사용하려면 먼저 값을 Timestamp로 변환해야 한다. [표 12-1]에서 초기 ts 필드는 주어진 타입의 타임스탬프를 포함하고 해당 Timestamp 타입을 얻는 방법을 요약한다.

표 12-1 Timestamp 필드 획득하기

ts 기본 타입	SQL 함수
Long	`$"ts".cast(TimestampType))`
기본 형식이 yyyy-MM-dd HH:mm:ss인 문자열	`$"ts".cast(TimestampType)`
기본 형식이 yyyy-MM-dd HH:mm:ss인 문자열 (대안으로 사용)	`to_timestamp($"ts")`
사용자 정의 형식의 문자열 (예: dd-MM-yyyy HH:mm:ss)	`to_timestamp($"ts", "dd-MM-yyyy HH:mm:ss")`

12.3 처리 시간

이 절의 소개에서 논의한 것처럼 '이벤트 시간'과 '처리 시간' 처리를 구분한다. 이벤트 시간은 이벤트가 생성된 타임라인과 관련 있으며 처리 시간과 무관하다. 반대로 처리 시간은 엔진에 의해 이벤트가 수집될 때의 타임라인이며 이벤트 스트림을 처리하는 컴퓨터의 시계를 기반으로 한다. 이벤트가 처리 엔진에 들어갈 때가 '지금[now]'이다.

이벤트 데이터에 시간 정보가 포함되지 않은 경우가 있지만 구조적 스트리밍에서 제공하는 기본 시간 기반 기능을 여전히 활용하려 한다. 이러한 경우 **처리 시간**[processing-time] 타임스탬프를 이벤트 데이터에 추가하고 해당 타임스탬프를 이벤트 시간으로 사용할 수 있다.

동일한 예제를 계속 진행하면서 current_timestamp SQL 함수를 사용하여 처리 시간 정보를 추가할 수 있다.

```
// 기상 관측소 판독치에 대해 기존 스트리밍 데이터프레임을 적용하여 가정한다.
// (id: String, pressure: Double, temperature: Double)

// 처리 시간 타임스탬프 추가
val timeStampEvents = raw.withColumn("timestamp", current_timestamp())
```

12.4 워터마크

이 장의 시작 부분에서 외부 요인이 이벤트 메시지 전달에 영향을 줄 수 있으므로 처리에 이벤트 시간을 사용할 때 순서 또는 전달을 보장하지 않는다고 배웠다. 이벤트가 늦거나 전혀 도착하지 않을 수도 있다. 얼마나 늦어야 아주 늦었다고 할 수 있을까? 전체 집계를 완료하기 전에 얼마나 오랫동안 부분 집계를 유지해야 할까? 이러한 질문에 대답하기 위해 워터마크 개념이 구조적 스트리밍에 도입되었다. 워터마크는 이벤트가 너무 늦음을 선언하기 전에 이벤트를 기다리는 시간을 결정하는 시간 임곗값이다. 워터마크를 벗어난 것으로 간주되는 이벤트는 폐기된다.

워터마크는 내부 시간 표현에 따라 임곗값으로 계산된다. [그림 12-2]에서 알 수 있듯이 워터마크 라인은 이벤트 시간 정보에서 유추된 이벤트 시간 타임라인에서 변경된 라인이다. 이 차트에서 **워터마크**watermark 라인 아래의 '회색 영역'에 해당하는 모든 이벤트는 '너무 늦음'으로 간주되며 이 이벤트 스트림을 소비하는 계산에서는 고려되지 않는다.

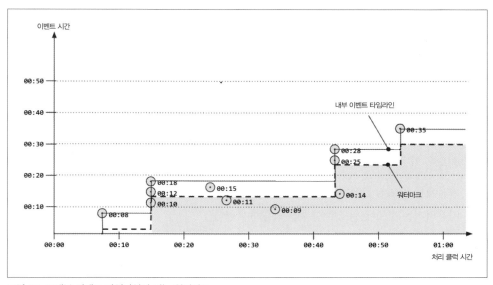

그림 12-2 내부 이벤트 타임라인이 있는 워터마크

타임스탬프 필드를 워터마크에 해당하는 시간 임곗값과 연결하여 워터마크를 선언한다. [표 12-1]을 따라 다음과 같이 워터마크를 선언한다.

```
// 기상 관측소 판독치에 대해 기존 스트리밍 데이터프레임을 적용하여 가정한다.
// (id: String, ts:Long, pressure: Double, temperature: Double)

val timeStampEvents = raw.withColumn("timestamp", $"ts".cast(TimestampType))
                         .withWatermak("timestamp", "5 minutes")
```

12.5 시간 기반 윈도우 집계

데이터 스트림에 제기하고 싶은 자연스러운 질문은 규칙적인 간격으로 집계된 정보다. 스트림은 잠재적으로 끝나지 않기 때문에 'X가 몇 개나 있습니까?'라고 묻는 대신 스트림 처리 환경에서는 '15분 간격으로 X가 몇 개인지'에 대해 더 관심 있다.

이벤트 시간 처리를 사용하면 구조적 스트리밍은 이 장에서 논의한 이벤트 전달 문제에 직면할 때 중간 상태를 다루는 일반적인 복잡성을 제거한다. 구조적 스트리밍은 데이터의 부분 집계를 유지하고 선택된 출력 모드에 해당하는 의미를 사용하여 다운스트림 소비자를 업데이트한다.

12.5.1 시간 기반 윈도우 정의하기

2.4절 '윈도우 집계'에서 윈도우 기반 집계의 개념에 대해 논의했으며, **텀블링**^{tumbling} 및 **슬라이딩**^{sliding} 윈도우의 정의를 제시했다. 구조적 스트리밍에서는 내장된 이벤트 시간 지원을 통해 이러한 윈도우 기반 작업을 쉽게 정의하고 사용할 수 있다.

API 관점에서 윈도우 집계는 윈도우 함수를 그룹화 기준으로 사용하여 선언된다. 이벤트 시간으로 사용하려는 필드에 윈도우 함수를 적용해야 한다.

기상 관측소 시나리오를 계속 이어나가자. [예제 12-1]은 모든 보고 관측소에 대해 10분마다 총 평균 압력을 계산할 수 있다.

예제 12-1 전체 평균 계산

```
$>val perMinuteAvg = timeStampEvents
   .withWatermak("timestamp", "5 minutes")
   .groupBy(window($"timestamp", "1 minute"))
```

```
      .agg(avg($"pressure"))

$>perMinuteAvg.printSchema // 윈도우 집계의 스키마를 살펴본다.

root
 |-- window: struct (nullable = true)
 |    |-- start: timestamp (nullable = true)
 |    |-- end: timestamp (nullable = true)
 |-- pressureAvg: double (nullable = true)
 |-- tempAvg: double (nullable = true)

$>perMinuteAvg.writeStream.outputMode("append").format("console").start()
// 몇 분 후
+------------------------------------------------+------------+------------+
|window                                          |pressureAvg |tempAvg     |
+------------------------------------------------+------------+------------+
|[2018-06-17 23:27:00.0,2018-06-17 23:28:00.0]|101.515516867|5.19433723603|
|[2018-06-17 23:28:00.0,2018-06-17 23:29:00.0]|101.481236804|13.4036089642|
|[2018-06-17 23:29:00.0,2018-06-17 23:30:00.0]|101.534757332|7.29652790939|
|[2018-06-17 23:30:00.0,2018-06-17 23:31:00.0]|101.472349471|9.38486237260|
|[2018-06-17 23:31:00.0,2018-06-17 23:32:00.0]|101.523849943|12.3600638827|
|[2018-06-17 23:32:00.0,2018-06-17 23:33:00.0]|101.531088691|11.9662189701|
|[2018-06-17 23:33:00.0,2018-06-17 23:34:00.0]|101.491889383|9.07050033207|
+------------------------------------------------+------------+------------+
```

이 예제에서는 윈도우 집계의 결과 스키마가 해당되는 계산 값과 함께 각 결과 윈도우의 시작 (start) 및 종료(end) 타임스탬프로 표시된 윈도우 기간이 포함되어 있음을 관찰할 수 있다.

12.5.2 간격이 어떻게 계산되는지에 대한 이해

윈도우 간격은 사용된 시간 단위의 다음 상위 시간 크기에 해당하는 초/분/시간/일의 시작에 연계된다. 예를 들어 window($"timestamp", "15 minutes")는 시간의 시작에 맞춰 15분 간격을 생성한다.

첫 번째 간격의 시작 시간은 데이터 손실 없이 윈도우 정렬을 조정하기 위한 과거 시간이다. 이는 첫 번째 간격이 일반적인 데이터 간격의 일부만 포함할 수 있음을 의미한다. 그래서 만약 초당 100개의 메시지를 받는다면 15분 안에 약 9만개의 메시지를 볼 수 있을 것으로 예상하지만, 반면에 첫 번째 윈도우는 단지 그것의 일부일 수도 있다.

윈도우의 시간 간격은 시작 시에 수용적이고 종료 시에 배타적이다. **구간 표기법**^{interval notation}에서 [start-time, end-time)으로 기록된다. 앞에서 정의한대로 15분 간격을 사용하면 타임스탬프 11:30:00.00으로 도착하는 데이터 포인트는 11:30-11:45 윈도우 간격에 속한다.

12.5.3 복합 집계키 사용

[예제 12-1]에서는 압력 및 온도 센서에 대해 전체적으로 집계된 값을 계산했다. 우리는 또한 각 기상 관측소의 집계된 값을 계산하는 데 관심이 있다. 정적 데이터프레임 API에서와 동일한 방식으로 stationId를 집계 기준에 추가하는 복합 집계키를 작성하여 이를 달성할 수 있다. [예제 12-2]는 이 작업을 수행하는 방법을 보여준다.

예제 12-2 관측소당 평균 계산

```
$>val minuteAvgPerStation = timeStampEvents
  .withWatermak("timestamp", "5 minutes")
  .groupBy($"stationId", window($"timestamp", "1 minute"))
  .agg(avg($"pressure") as "pressureAvg", avg($"temp") as "tempAvg")

// 집계 스키마는 이제 station Id까지 포함한다.
$>minuteAvgPerStation.printSchema
root
 |-- stationId: string (nullable = true)
 |-- window: struct (nullable = true)
 |    |-- start: timestamp (nullable = true)
 |    |-- end: timestamp (nullable = true)
 |-- pressureAvg: double (nullable = true)
 |-- tempAvg: double (nullable = true)

$>minuteAvgPerStation.writeStream.outputMode("append").format("console").start

+---------+-----------------------------------------+-----------+------------+
|stationId|window                                   |pressureAvg|tempAvg     |
+---------+-----------------------------------------+-----------+------------+
|d60779f6 |[2018-06-24 18:40:00,2018-06-24 18:41:00]|101.2941341|17.305931400|
|d1e46a42 |[2018-06-24 18:40:00,2018-06-24 18:41:00]|101.0664287|4.1361759034|
|d7e277b2 |[2018-06-24 18:40:00,2018-06-24 18:41:00]|101.8582047|26.733601007|
|d2f731cc |[2018-06-24 18:40:00,2018-06-24 18:41:00]|101.4787068|9.2916271894|
|d2e710aa |[2018-06-24 18:40:00,2018-06-24 18:41:00]|101.7895921|12.575678298|
    ...
```

```
|d2f731cc  |[2018-06-24 18:41:00,2018-06-24 18:42:00]|101.3489804|11.372200251|
|d60779f6  |[2018-06-24 18:41:00,2018-06-24 18:42:00]|101.6932267|17.162540135|
|d1b06f88  |[2018-06-24 18:41:00,2018-06-24 18:42:00]|101.3705194|-3.318370333|
|d4c162ee  |[2018-06-24 18:41:00,2018-06-24 18:42:00]|101.3407332|19.347538519|
+---------+-----------------------------------+----------+-----------+
// ** 출력은 페이지에 맞게 편집되었다.
```

12.5.4 텀블링 윈도우와 슬라이딩 윈도우

window는 TimestampType 타입의 timeColumn과 추가 파라미터를 사용하여 윈도우의 기간을 지정하는 SQL 함수다.

```
window(timeColumn: Column,
       windowDuration: String,
       slideDuration: String,
       startTime: String)
```

이 메서드의 오버로드된 정의는 slideDuration 및 startTime을 선택적으로 만든다.

이 API를 사용하면 텀블링 윈도우와 슬라이딩 윈도우라는 두 가지 유형의 윈도우를 지정할 수 있다. 예를 들어 선택적 startTime은 상승주기(램프업 기간$^{ramp-up\ period}$) 후에 스트림 처리량을 안정화시키려는 경우 윈도우 생성을 지연시킬 수 있다.

텀블링 윈도우

텀블링 윈도우는 시간을 겹치지 않는 연속된 기간으로 분할한다. '15분마다 총 카운트' 또는 '1시간마다 발전기 당 생산 수준'을 언급하면 자연스러운 윈도우 작업이다. 우리는 오직 windowDuration 파라미터만 제공하여 텀블링 윈도우를 지정한다.

```
window($"timestamp", "5 minutes")
```

이 윈도우 정의는 5분마다 하나의 결과를 생성한다.

슬라이딩 윈도우

텀블링 윈도우와 달리 슬라이딩 윈도우는 시간 간격이 겹친다. 간격의 크기는 windowDuration 시간에 의해 결정된다. 해당 간격의 스트림에서 모든 값은 집계 작업에 고려된다. 다음 슬라이스의 경우 slideDuration 중에 도착하는 요소를 추가하고 가장 오래된 슬라이스에 해당하는 요소를 제거한 다음 윈도우 내의 데이터에 집계를 적용하여 각 slideDuration에서 결과를 생성한다.

```
window($"timestamp", "10 minutes", "1 minute")
```

이 윈도우 정의는 10분 분량의 데이터를 사용하여 1분마다 결과를 생성한다.

텀블링 윈도우는 windowDuration과 slideDuration의 값이 같은 슬라이딩 윈도우의 특별한 경우다.

```
window($"timestamp", "5 minutes", "5 minutes")
```

windowDuration보다 큰 slideInterval을 사용하는 것은 규칙에 어긋난다. 이러한 경우 구조적 스트리밍은 org.apache.spark.sql.AnalysisException 오류를 발생시킨다.

간격 오프셋

윈도우 정의에서 startTime이라는 세 번째 파라미터는 윈도우 정렬을 오프셋하는 방법을 제공한다. 12.5.2절 '간격이 어떻게 계산되는지에 대한 이해'에서 윈도우 간격이 상위 다음 시간 크기로 연계되어 있음을 확인했다. startTime(우리의 견해로는 잘못된 이름)을 사용하면 표시된 시간만큼 윈도우 간격을 오프셋할 수 있다.

다음 윈도우 정의에서는 슬라이드 지속 시간이 5분인 10분 창을 2분씩 오프셋하여 00:02-00:12, 00:07-00:17, 00:12-00:22, ...와 같은 시간 간격을 생성한다.

```
window($"timestamp", "10 minutes", "5 minute", "2 minutes")
```

startTime은 slideDuration보다 작아야 한다. 잘못된 구성이 제공되면 구조적 스트리밍에서

org.apache.spark.sql.AnalysisException 오류가 발생한다. 직관적으로 slideDuration이 윈도우가 보고되는 주기성을 제공한다는 점을 고려하면 우리는 기간 자체보다 적은 시간 동안만 그 기간을 상쇄할 수 있다.

12.6 레코드 중복 제거

구조적 스트리밍은 스트림에서 중복 레코드를 제거하는 내장 기능을 제공한다. 이전에 본 키를 언제 폐기하는 것이 안전한지 결정하는 워터마크를 지정할 수 있다.

기본 형식은 매우 간단하다.

```
val deduplicatedStream = stream.dropDuplicates(<field> , <field>, ...)
```

그럼에도 불구하고 이 기본적인 방법은 잠재적으로 제한이 없는 고유 레코드를 정의하는 필드 집합에 대해 수신된 모든 값을 저장해야 하므로 권장하지 않는다.

보다 강력한 대안은 dropDuplicates 함수 전에 스트림에 워터마크를 지정하는 것이다.

```
val deduplicatedStream = stream
  .withWatermark(<event-time-field>, <delay-threshold>)
  .dropDuplicates(<field> , <field>, ...)
```

워터마크를 사용하는 경우 워터마크보다 오래된 키를 삭제할 수 있으므로 상태 저장소에서 스토리지 요구 사항을 제한할 수 있다.

12.7 요약

이 장에서는 구조적 스트리밍이 이벤트 데이터에 포함된 시간을 활용하기 위해 API가 제공하는 이벤트 시간과 기능의 개념을 어떻게 구현하는지 살펴보았다.

- 이벤트 시간을 사용하는 방법과 필요할 때 처리 시간을 되돌리는 방법을 배웠다.
- 어떤 이벤트가 너무 늦고 언제 상태 관련 데이터가 스토어에서 퇴출될 수 있는지 판단할 수 있는 중요한 개념인 워터마크를 조사했다.
- 윈도우 작동에 대한 다양한 구성과 이벤트 시간과의 연결을 확인했다.
- 마지막으로 데이터 중복 제거 기능이 워터마크를 사용하여 상태를 유지하는 방법을 알아보았다.

이벤트 타임 프로세싱은 시간, 순서, 지연 처리의 복잡성을 사용하기 쉬운 API로 캡슐화한 구조적 스트리밍에 내장된 강력한 기능의 집합이다.

그럼에도 불구하고 내장 함수가 특정 상태 기반 프로세스를 구현하기에 충분하지 않은 경우가 있다. 그러한 경우 구조적 스트리밍은 다음 장에서 볼 수 있듯이 임의의 상태 기반 프로세스를 구현하는 고급 기능을 제공한다.

## CHAPTER 13

고급 상태 기반 작업

8장에서는 구조적 스파크 API의 기존 집계함수를 사용하여 **구조적** 스트리밍에서 집계를 표현하는 것이 얼마나 쉬운지 설명했다. 12장에서는 이벤트 스트림에서 **이벤트 시간 처리**event-time processing라는 내장된 시간 정보를 사용하는 스파크의 내장 지원의 효과를 보여주었다.

그러나 기본 제공 모델에서 직접 지원하지 않는 사용자 지정 집계 기준을 충족해야 하는 경우가 있다. 이 장에서는 이러한 상황을 해결하기 위해 고급 상태 기반 작업을 수행하는 방법을 살펴본다.

구조적 스트리밍은 임의의 상태 기반 처리를 구현하는 API를 제공한다. 이 API는 mapGroups WithState 및 flatMapGroupsWithState의 두 가지 작업으로 표현된다. 두 작업 모두 상태의 사용자 정의를 만들고, 시간이 지남에 따라 새로운 데이터가 들어올 때 이 상태가 어떻게 발전하는지에 대한 규칙을 설정하며, 만료 시기를 결정하고, 이 상태 정의를 들어오는 데이터와 결합하여 결과를 산출하는 방법을 우리에게 제공할 수 있게 해준다.

mapGroupsWithState와 flatMapGroupsWithState의 주요 차이점은 전자가 각 처리된 그룹에 대해 단일 결과를 생성해야 하는 반면 후자는 0개 이상의 결과를 생성할 수 있다는 것이다. 의미론적으로 이것은 새로운 데이터가 항상 새로운 상태로 귀결될 때 mapGroupsWithState를 사용해야 하는 반면 다른 모든 경우 flatMapGroupsWithState를 사용해야 한다는 것을 의미한다.

내부적으로 구조적 스트리밍은 운영 간의 상태 관리를 담당하며 시간이 지남에 따라 스트리밍 프로세스 동안 가용성과 내결함성 보존을 보장한다.

13.1 예제: 차량 유지 보수 관리

차량들이 무선 네트워크 기능을 갖춘 차량 유지 보수 관리 솔루션을 상상해보자. 각 차량은 지리적 위치와 연료 레벨, 속도, 가속도, 베어링, 엔진 온도 등과 같은 많은 작동 파라미터를 정기적으로 보고한다. 이해관계자들은 이러한 원격 측정 데이터를 활용하여 비즈니스의 운영 및 재무 측면을 관리하는 데 도움이 되는 다양한 애플리케이션을 구현하고자 한다.

지금까지 알고 있는 구조적 스트리밍 기능을 사용하면 이벤트 시간 윈도우를 사용하여 매일 주행하는 km를 모니터링하거나 필터를 적용하여 연료 부족 경고가 발생한 차량을 찾는 등 이미 많은 사용 사례를 구현할 수 있었다.

이제 여행의 개념을 출발부터 정지까지의 주행 도로 구간으로 생각하자. 개별적으로 여행의 개념은 연료 효율을 계산하거나 가상 경계 협정의 준수를 감시하는 데 유용하다. 그룹으로 분석하면 여행 정보가 교통 패턴, 교통 핫스팟을 드러낼 수 있으며, 다른 센서 정보와 결합하면 도로 상태까지 보고할 수 있다. 스트림 처리 관점에서는 여행을 차량이 움직이기 시작할 때 열리고 정지할 때 닫히는 임의의 윈도우로 볼 수 있다. 12장에서 본 이벤트 시간 윈도우 집계는 고정 시간 간격을 윈도우 설정 기준으로 사용하므로 여행 분석을 실시하는 데 도움이 되지 않는다.

순전히 시간에 근거한 것이 아니라 임의의 조건에 근거한 보다 강력한 상태 정의가 필요하다는 것을 알 수 있다. 예제에서 이 조건은 차량이 주행 중이라는 것이다.

13.2 상태 작동을 통한 그룹의 이해

임의 상태 작동인 mapGroupsWithState 및 flatMapGroupWithState는 스칼라 또는 자바 바인딩을 사용하여 입력된 데이터셋 API에서만 작동한다.

처리하고 있는 데이터와 상태 기반 변환의 요건을 바탕으로 세 가지 유형 정의를 제공해야 하는데, 전형적으로 case class(스칼라) 또는 Java Bean(자바)으로 인코딩된다.

- 입력 이벤트(I)
- 유지할 임의의 상태(S)
- 출력(O) – 이 타입은 적절한 경우 상태 표현과 동일할 수 있음

이러한 모든 타입은 스파크 SQL 타입으로 인코딩할 수 있어야 한다. 이것은 사용 가능한 인코더가 있어야 함을 의미한다. 일반적인 import 문장인

```
import spark.implicits._
```

는 모든 기본 타입, 튜플 그리고 case class에 충분하다.

이러한 타입을 사용하면 사용자 지정 상태 처리 논리를 구현하는 상태 변환 함수를 공식화할 수 있다.

mapGroupsWithState에서는 이 함수가 단일 필수 값을 리턴할 것을 요청한다.

```
def mappingFunction(key: K, values: Iterator[I], state: GroupState[S]): O
```

flatMapGroupsWithState에서는 이 함수가 0개 이상의 요소를 포함할 수 있는 이터레이터를 리턴해야 한다.

```
def flatMappingFunction(
    key: K, values: Iterator[I], state: GroupState[S]): Iterator[O]
```

GroupState[S]는 구조적 스트리밍에서 제공하는 래퍼이며 내부적으로 실행 전반에 걸쳐 상태 S를 관리하는 데 사용된다. 이 함수 내에서 GroupState는 상태에 대한 뮤테이션^mutation (변화) 액세스와 시간 초과를 확인 및 설정하는 기능을 제공한다.

> **CAUTION_** mappingFunction/flatMappingFunction의 구현은 직렬화 가능해야 한다.
> 런타임에 이 함수는 자바 직렬화를 사용하여 클러스터의 익스큐터에 배포된다. 또한 이 요구 사항은 카운터나 기타 뮤테이블 변수^mutable variable (변화할 수 있는 변수)와 같은 국소 상태를 함수의 본문에 포함시키지 않아야 한다는 결과를 가지고 있다. 모든 관리 상태를 상태 표시 클래스에 캡슐화해야 한다.

13.2.1 내부 상태 흐름

[그림 13-1]에서는 들어오는 데이터를 사건 형태로 내부적으로 유지되는 상태와 결합하여 결과

를 산출하는 과정을 설명한다. 이 차트에서 mappingFunction(Σ로 표기함)은 사용자 정의 로직을 사용하여 이 요소 그룹을 처리하며, GroupState[S]가 관리하는 상태와 결합하면 결과가 나온다. 이 그림에서는 정지 기호를 사용하여 시간 초과를 표시했다. MapGroupsWithState의 경우 시간 초과로 이벤트 생성도 트리거되며 상태를 제거해야 한다. 퇴거 논리가 프로그램된 로직의 관리 하에 있는 것을 감안하면 완전한 상태 관리는 개발자의 책임 하에 있는 것이다. 구조적 스트리밍은 단지 기초 요소만 제공한다.

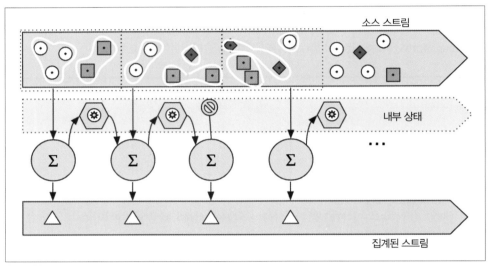

그림 13-1 상태 역학 관계가 있는 지도(Map) 그룹

13.3 MapGroupsWithState의 사용

12.5.4절의 '슬라이딩 윈도우'에서 시간 윈도우를 기준으로 이동 평균을 계산하는 방법을 확인했다. 이러한 시간 기반 윈도우는 윈도우에서 찾은 요소 수와 관계없이 결과를 생성한다.

이제 요구 사항을 키당 마지막 10개 요소의 이동 평균을 계산하는 것으로 가정한다. 필요한 요소 수를 가져오는 데 시간이 얼마나 걸리는지 알 수 없으므로 시간 윈도우를 사용할 수 없다. 대신 MapGroupsWithState와 함께 사용자 지정 상태를 사용하여 자체 카운트 기반 윈도우를 정의할 수 있다.

12.5.4절의 '슬라이딩 윈도우'에서 사용한 것과 동일한 스트리밍 데이터셋으로 시작해보자.
WeatherEvent case class는 입력 타입(I)이 된다.

```
// 기상 관측소 이벤트의 표현
case class WeatherEvent(stationId: String,
  timestamp: Timestamp,
  location:(Double,Double),
  pressure: Double,
  temp: Double)

val weatherEvents: Dataset[WeatherEvents] = ...
```

다음으로 상태(S)를 정의한다. 우리가 원하는 것은 상태에서 최신 n개 요소를 유지하고 더 오
래된 것을 삭제하는 것이다. 이것은 큐^{Queue}와 같은 FIFO$^{First In, First Out}$ 컬렉션을 자연스럽게
적용한 것과 같다. 최신 요소가 큐 앞에 추가되고 최신 n을 유지하고 이전 요소를 삭제한다.

상태 정의는 사용을 용이하게 하는 몇 가지 헬퍼 메서드가 있는 큐가 지원하는 FIFOBuffer가
된다.

```
import scala.collection.immutable.Queue
case class FIFOBuffer[T](
    capacity: Int, data: Queue[T] = Queue.empty
    ) extends Serializable {

  def add(element: T): FIFOBuffer[T] =
    this.copy(data = data.enqueue(element).take(capacity))

  def get: List[T] = data.toList

  def size: Int = data.size
}
```

그런 다음 상태 기반 연산의 결과인 출력 유형(O)을 정의해야 한다. 상태 기반 연산의 바람직한 결과는 입력 WeatherEvent에 있는 센서값의 이동 평균이다. 우리는 또한 연산에 사용된 값의 시간 범위를 알고 싶다. 이 지식을 바탕으로 출력 유형 WeatherEventAverage를 설계한다.

```scala
import java.sql.Timestamp
case class WeatherEventAverage(stationId: String,
                              startTime: Timestamp,
                              endTime:Timestamp,
                              pressureAvg: Double,
                              tempAvg: Double)
```

이러한 타입을 정의하면 기존 상태와 새 요소를 결과로 결합하는 mappingFunction을 계속 만들 수 있다. [예제 13-1]에서는 매핑 함수의 구현을 볼 수 있다. 이 함수는 GroupState 랩퍼가 제공하는 함수를 통해 내부 상태를 업데이트하는 역할도 한다. 상태를 null 값으로 업데이트할 수 없다는 점에 유의해야 한다. 그렇게 하려고 하면 IllegalArgumentException이 발생한다. 상태를 제거하려면 state.remove() 메서드를 사용한다.

예제 13-1 카운트 기반 이동 평균에 mapGroupsWithState 사용하기

```scala
import org.apache.spark.sql.streaming.GroupState
def mappingFunction(
    key: String,
    values: Iterator[WeatherEvent],
    state: GroupState[FIFOBuffer[WeatherEvent]]
): WeatherEventAverage = {

// 윈도우의 크기
val ElementCountWindowSize = 10

// 현재 상탯값을 받거나 상탯값이 존재하지 않는다면 새롭게 생성한다.
val currentState = state.getOption
  .getOrElse(
    new FIFOBuffer[WeatherEvent](ElementCountWindowSize)
  )

// 새로운 이벤트가 발생하면 상탯값을 변화시킨다.
val updatedState = values.foldLeft(currentState) {
  case (st, ev) => st.add(ev)
}
```

```scala
    // 최신화된 상태로 상탯값을 갱신한다.
    state.update(updatedState)

    // 데이터가 충분하면 상태에서 WeatherEventAverage를 생성하고
    // 그렇지 않으면 0으로 기록한다.
    val data = updatedState.get
    if (data.size > 2) {
      val start = data.head
      val end = data.last
      val pressureAvg = data
        .map(event => event.pressure)
        .sum / data.size
      val tempAvg = data
        .map(event => event.temp)
        .sum / data.size
      WeatherEventAverage(
        key,
        start.timestamp,
        end.timestamp,
        pressureAvg,
        tempAvg
      )
    }else{
      WeatherEventAverage(
        key,
        new Timestamp(0),
        new Timestamp(0),
        0.0,
        0.0
      )
    }
  }
```

이제 스트리밍 Dataset의 상태 기반 변환을 선언하기 위해 mappingFunction을 사용한다.

```scala
  import org.apache.spark.sql.streaming.GroupStateTimeout
  val weatherEventsMovingAverage = weatherEvents
    .groupByKey(record => record.stationId)
    .mapGroupsWithState(GroupStateTimeout.ProcessingTimeTimeout)(mappingFunction)
```

먼저 도메인의 주요 식별자로 **그룹**group을 만든다. 이 예제에서는 stationId다. groupByKey

작업은 [map|flatMap]GroupWithState 작업의 진입점이 되는 중간 구조인 KeyValueGrouped Dataset을 생성한다.

매핑 기능 외에도 타임아웃 유형을 제공해야 한다. 타임아웃 유형은 ProcessingTimeTimeout 또는 EventTimeTimeout일 수 있다. 상태 관리를 위한 이벤트 타임스탬프에 의존하지 않기 때문에 ProcessingTimeTimeout을 선택했다. 이 장의 뒷부분에서 시간 초과 관리에 대해 자세히 설명한다.

마지막으로 콘솔 싱크를 사용하여 쿼리 결과를 쉽게 관찰할 수 있다.

```
val outQuery = weatherEventsMovingAverage.writeStream
  .format("console")
  .outputMode("update")
  .start()


+---------+------------------+------------------+-----------+------------+
|stationId|startTime         |endTime           |pressureAvg|tempAvg     |
+---------+------------------+------------------+-----------+------------+
|d1e46a42 |2018-07-08 19:20:31|2018-07-08 19:20:36|101.33375295|19.753225782|
|d1e46a42 |2018-07-08 19:20:31|2018-07-08 19:20:44|101.33667584|14.287718525|
|d60779f6 |2018-07-08 19:20:38|2018-07-08 19:20:48|101.59818386|11.990002708|
|d1e46a42 |2018-07-08 19:20:31|2018-07-08 19:20:49|101.34226429|11.294964619|
|d60779f6 |2018-07-08 19:20:38|2018-07-08 19:20:51|101.63191940|8.3239282534|
|d8e16e2a |2018-07-08 19:20:40|2018-07-08 19:20:52|101.61979385|5.0717571842|
|d4c162ee |2018-07-08 19:20:34|2018-07-08 19:20:53|101.55532969|13.072768358|
+---------+------------------+------------------+-----------+------------+
// 출력은 페이지에 맞게 편집되었다.
```

13.4 FlatMapGroupsWithState 사용

이전 구현에는 결함이 있다. 그것을 발견할 수 있는가?

스트림 처리를 시작하고 이동 평균을 계산하는 데 필요한 것으로 간주되는 모든 요소를 수집하기 전에 mapGroupsWithState 작업에서 0이 없는 값을 생성한다.

```
+---------+------------------+------------------+-----------+-------+
|stationId|startTime         |endTime           |pressureAvg|tempAvg|
+---------+------------------+------------------+-----------+-------+
|d2e710aa |1970-01-01 01:00:00|1970-01-01 01:00:00|0.0       |0.0    |
|d1e46a42 |1970-01-01 01:00:00|1970-01-01 01:00:00|0.0       |0.0    |
|d4a11632 |1970-01-01 01:00:00|1970-01-01 01:00:00|0.0       |0.0    |
+---------+------------------+------------------+-----------+-------+
```

앞서 언급했듯이 mapGroupsWithState는 모든 트리거 간격에서 처리되는 각 그룹에 대해 단일 레코드를 생성하기 위한 상태 처리 기능이 필요하다. 이는 각 키에 해당하는 새로운 데이터의 도착이 자연스럽게 상태를 갱신할 때 괜찮다.

그러나 상태 로직이 결과를 생성하기 전에 일련의 이벤트가 발생해야 하는 경우가 있다. 현재 예제에서는 그들에 대한 평균을 생성하기 전에 n개 요소가 필요하다. 다른 시나리오에서는 단일 수신 이벤트가 여러 임시 상태를 완료하여 둘 이상의 결과를 생성할 수 있다. 예를 들어 단일 대중교통이 목적지로 도착하면 모든 승객의 여행 상태가 업데이트되어 각 승객에 대한 기록이 생성될 수 있다.

flatMapGroupsWithState는 상태 처리 함수가 0개 이상의 요소를 포함할 수 있는 결과 이터레이터를 생성하는 mapGroupsWithState의 일반화다.

이 함수를 사용하여 n-요소에 대한 이동 평균 계산을 개선하는 방법을 살펴보도록 하자.

> **NOTE_ 온라인 리소스**
>
> 이번 예제에서는 이 책의 온라인 리소스인 mapgroupswithstate-n-moving-average 노트북을 사용할 것이다. 해당 자료는 https://github.com/stream-processing-with-spark에서 확인할 수 있다.

결과의 이터레이터를 반환하려면 매핑 함수를 업데이트해야 한다. 우리의 경우 이 이터레이터는 평균을 계산할 충분한 값이 없을 때 원소를 0개 포함하고, 그렇지 않을 경우 값을 포함할 것이다. 변경된 기능은 [예제 13-2]와 같다.

예제 13-2 카운트 기반 이동 평균에 FlatMapGroupsWithState 사용

```
import org.apache.spark.sql.streaming._
def flatMappingFunction(
```

```scala
  key: String,
  values: Iterator[WeatherEvent],
  state: GroupState[FIFOBuffer[WeatherEvent]]
): Iterator[WeatherEventAverage] = {

val ElementCountWindowSize = 10

// 현재 상탯값을 받거나 상탯값이 존재하지 않는다면 새롭게 생성한다.
val currentState = state.getOption
 .getOrElse(
   new FIFOBuffer[WeatherEvent](ElementCountWindowSize)
   )

// 새로운 이벤트가 발생하면 상탯값을 변화시킨다.
val updatedState = values.foldLeft(currentState) {
  case (st, ev) => st.add(ev)
}

// 최신화된 상태로 상탯값을 갱신한다.
state.update(updatedState)

// 충분한 데이터가 있을 때만 상태에서 WeatherEventAverage를 생성한다.
// 그 전까지는 빈(empty) 값을 결과로 반환한다.
val data = updatedState.get
if (data.size == ElementCountWindowSize) {
  val start = data.head
  val end = data.last
  val pressureAvg = data
    .map(event => event.pressure)
    .sum / data.size
  val tempAvg = data
    .map(event => event.temp)
    .sum / data.size
  Iterator(
    WeatherEventAverage(
      key,
      start.timestamp,
      end.timestamp,
      pressureAvg,
      tempAvg
    )
  )
}else{
  Iterator.empty
}
```

```
  }

val weatherEventsMovingAverage = weatherEvents
  .groupByKey(record => record.stationId)
  .flatMapGroupsWithState(
    OutputMode.Update,
    GroupStateTimeout.ProcessingTimeTimeout
  )(flatMappingFunction)
```

flatMapGroupsWithState를 사용하면 더 이상 인공적인 제로 레코드를 생성할 필요가 없다. 또한 상태 관리 정의는 결과를 생성하기 위해 *n*개 요소를 갖는 것에 엄격하다.

13.4.1 출력 모드

map과 flatMapGroupsWithState 작업 간 결과에서의 카디널리티 차이는 실제 API 차이와 거의 같지 않지만, 결과의 명백한 가변적 생산을 넘어서는 더 큰 결과를 초래한다.

예제에서 알 수 있듯이 flatMapGroupsWithState에는 출력 모드의 추가 사양이 필요하다. 이는 상태 기반 작업의 레코드 생산 의미에 대한 정보를 다운스트림 프로세스에 제공하는 데 필요하다. 결과적으로 구조적 스트리밍은 다운스트림 싱크에 대해 허용된 출력 작업을 계산하는 데 도움이 된다.

flatMapGroupsWithState에 지정된 출력 모드는 다음 중 하나 일 수 있다.

update
생성된 레코드가 최종이 아님을 나타낸다. 나중에 새로운 정보로 업데이트될 수 있는 중간 결과다. 이전 예제에서 키에 대한 새 데이터가 도착하면 새 데이터 포인트가 생성된다. 다운스트림 싱크는 update를 사용해야 하며 어떤 집계도 flatMapGroupsWithState 작업을 따를 수 없다.

append
그룹에 대한 결과를 생성하는 데 필요한 모든 정보를 수집했으며, 들어오는 이벤트가 더 이상 해당 결과를 변경하지 않음을 나타낸다. 다운스트림 싱크는 append 모드를 사용하여 작성해야 한다. flatMapGroupsWithState를 적용하면 최종 레코드가 생성되므로 해당 결과에 추가 집계를 적용할 수 있다.

13.4.2 시간 경과에 따른 상태 관리

시간 경과에 따른 상태 관리의 중요한 요건은 안정적인 **작업셋**^{working set}[1]을 확보하는 것이다. 즉, 공정에 의해 요구되는 메모리는 시간이 지남에 따라 경계를 이루며, 변동을 허용할 수 있도록 가용 메모리 아래 안전한 거리에 머무른다.

12장에서 보았던 시간 기반 윈도우와 같은 관리되는 상태 기반 집계에서 구조적 스트리밍은 사용되는 메모리양을 제한하기 위해 내부적으로 상태 및 만료된 것으로 간주되는 이벤트를 제거하기 위한 메커니즘을 관리한다. [map|flatMap]GroupsWithState에서 제공하는 사용자 지정 상태 관리 기능을 사용할 때 이전 상태를 제거하는 책임을 져야 한다.

다행히도 구조적 스트리밍은 특정 상태의 만료 시기를 결정하는 데 사용할 수 있는 시간 및 타임아웃 정보를 노출한다. 첫 번째 단계는 사용할 시간 기준을 결정하는 것이다. 타임아웃은 이벤트 시간 또는 처리 시간을 기준으로 할 수 있으며, 그 선택은 구성 중인 특정 [map|flatMap]GroupsWithState에 의해 처리되는 상태에 전역적이다.

타임아웃 유형은 [map|flatMap]GroupsWithState를 호출할 때 지정된다. 이동 평균 예제를 호출하여 다음과 같은 처리 시간을 사용하도록 mapGroupsWithState 기능을 구성했다.

```scala
import org.apache.spark.sql.streaming.GroupStateTimeout
val weatherEventsMovingAverage = weatherEvents
  .groupByKey(record => record.stationId)
  .mapGroupsWithState(GroupStateTimeout.ProcessingTimeTimeout)(mappingFunction)
```

이벤트 시간을 사용하려면 워터마크 정의도 선언해야 한다. 이 정의는 이벤트의 타임스탬프 필드와 워터마크의 구성된 지연으로 이루어져 있다. 이전 예제에서 이벤트 시간을 사용하려면 다음과 같이 선언한다.

```scala
val weatherEventsMovingAverage = weatherEvents
  .withWatermark("timestamp", "2 minutes")
  .groupByKey(record => record.stationId)
  .mapGroupsWithState(GroupStateTimeout.EventTimeTimeout)(mappingFunction)
```

---

1 공정이 일정 기간 동안 기능하기 위해 사용하는 메모리양을 가리키는 개념

타임아웃 타입은 시간 참조의 전역적인 소스를 선언한다. 타임아웃이 필요하지 않은 경우를 위한 GroupStateTimeout.NoTimeout 옵션도 있다. 타임아웃의 실젯값은 GroupState에서 사용 가능한 state.setTimeoutDuration 또는 state.setTimeoutTimestamp 메서드를 사용하여 각 그룹별로 관리한다.

상태가 만료되었는지 확인하기 위해 state.hasTimedOut을 확인한다. 타임아웃 상태가 되면 타임아웃된 그룹에 대한 빈 값의 이터레이터가 포함된 (flat)MapFunction에 대한 호출이 발생된다.

타임아웃 기능을 사용해보자. 실행 중인 예제를 계속 진행하면서 가장 먼저 해야 할 일은 상태를 이벤트로 변환하는 것이다.

```scala
def stateToAverageEvent(
    key: String,
    data: FIFOBuffer[WeatherEvent]
  ): Iterator[WeatherEventAverage] = {
  if (data.size == ElementCountWindowSize) {
    val events = data.get
    val start = events.head
    val end = events.last
    val pressureAvg = events
      .map(event => event.pressure)
      .sum / data.size
    val tempAvg = events
      .map(event => event.temp)
      .sum / data.size
    Iterator(
      WeatherEventAverage(
        key,
        start.timestamp,
        end.timestamp,
        pressureAvg,
        tempAvg
      )
    )
  } else {
    Iterator.empty
  }
}
```

이제 데이터가 유입되는 일반적인 시나리오뿐만 아니라 타임아웃의 경우에서도 상태를 변환하기 위해 새로운 추상화를 사용할 수 있다. [예제 13-3]에서 타임아웃 정보를 사용하여 만료 상태를 제거하는 방법에 주목하자.

예제 13-3 flatMapGroupsWithState에서 타임아웃 사용

```scala
import org.apache.spark.sql.streaming.GroupState
def flatMappingFunction(
    key: String,
    values: Iterator[WeatherEvent],
    state: GroupState[FIFOBuffer[WeatherEvent]]
): Iterator[WeatherEventAverage] = {
  // 우선 상태에서 시간 초과 확인
  if (state.hasTimedOut) {
    // 상탯값이 timeout이라면 값은 비어 있다.
    // 이 검증은 단지 요점을 설명하기 위한 것이다.
    assert(
      values.isEmpty,
      "When the state has a timeout, the values are empty"
    )
    val result = stateToAverageEvent(key, state.get)
    // 시간 초과 상태(timeout) 제거
    state.remove()
    // 현재 상태를 출력 레코드로 변환한 결과를 내보낸다.
    result
  } else {
    // 현재 상탯값을 받거나 상탯값이 존재하지 않는다면 새롭게 생성한다.
    val currentState = state.getOption.getOrElse(
      new FIFOBuffer[WeatherEvent](ElementCountWindowSize)
    )
    // 새로운 이벤트가 발생하면 상탯값을 변화시킨다.
    val updatedState = values.foldLeft(currentState) {
      case (st, ev) => st.add(ev)
    }
    // 최신화된 상태로 상탯값을 갱신한다.
    state.update(updatedState)
    state.setTimeoutDuration("30 seconds")
    // 충분한 데이터가 있을 때만 상태에서 WeatherEventAverage를 생성한다.
    // 그 전까지는 빈(empty) 값을 결과로 반환한다.
    stateToAverageEvent(key, updatedState)
  }
}
```

타임아웃이 실제로 시간 초과되는 경우

구조적 스트리밍에서 타임아웃의 의미는 시계가 워터마크를 지나기 전에 이벤트가 시간 초과되지 않도록 보장한다. 이것은 우리의 타임아웃 직관에 따른 것이며, 설정된 만료 시간 전에는 타임아웃되지 않는다.

타임아웃 시맨틱이 일반적인 직관에서 벗어난 곳은 만료 시간이 지난 후 타임아웃 이벤트가 실제로 발생할 때다.

현재 타임아웃 처리는 새 데이터 수신에 바인드되어 있다. 따라서 잠시 침묵하고 처리할 새 트리거를 생성하지 않는 스트림은 타임아웃도 생성하지 않는다. 현재 타임아웃 시맨틱은 이벤트 측면에서 정의된다. 타임아웃 이벤트는 실제 타임아웃이 발생한 후 타임아웃 이벤트가 얼마나 오래 발생하는지에 대한 보증 없이 상태가 만료된 후 결국 트리거된다. 공식적으로 말하면 타임아웃이 언제 발생할지에 대한 엄격한 상한은 없다.

> CAUTION_ 사용 가능한 새 데이터가 없는 경우에도 타임아웃이 발생하도록 작업이 진행 중이다.

13.5 요약

이 장에서는 구조적 스트리밍의 임의 상태 기반 처리 API를 살펴봤다. 생성된 이벤트 및 지원되는 출력 모드와 관련하여 mapGroupsWithState와 flatMapGroupsWithState의 세부 사항과 차이점을 살펴보았다. 결국 타임아웃 설정에 대해서도 살펴봤고 그 의미도 알게 되었다.

이 장에서 살펴본 API는 구조화된 API의 일반 SQL과 유사한 구성보다 사용하기 더 복잡하지만 가장 까다로운 스트리밍 사용 사례의 개발을 처리하기 위해 임의의 상태 관리를 구현할 수 있는 강력한 도구셋을 제공한다.

## CHAPTER 14

구조적 스트리밍 애플리케이션 모니터링

애플리케이션 모니터링은 모든 강력한 배포에 없어서는 안 될 부분이다. 모니터링은 응답성, 리소스 사용량 그리고 작업별 지표와 같이 애플리케이션 성능의 다양한 측면을 정량화하는 메트릭을 수집하고 처리하여 시간이 지남에 따라 애플리케이션 성능 특성에 대한 통찰력을 제공한다.

스트리밍 애플리케이션에는 응답 시간 및 처리량과 관련된 엄격한 요구 사항이 있다. 스파크와 같은 분산 애플리케이션의 경우 애플리케이션 수명 동안 고려해야 할 변수의 수에 여러 컴퓨터 클러스터에서 실행하는 복잡성이 곱해진다. 클러스터와 관련하여 각 호스트의 관점에서 실행 중인 애플리케이션의 통합된 뷰뿐만 아니라 각 호스트의 관점에서 서로 다른 호스트의 CPU, 메모리 및 보조 스토리지와 같은 리소스 사용 현황을 파악해야 한다.

예를 들어 10개의 다른 익스큐터에서 실행되는 애플리케이션을 생각해보자. 총 메모리 사용량 표시기는 15% 증가한 것으로 나타냈으며, 이는 이 애플리케이션의 예상 허용 오차 내에 있을 수 있지만, 증가는 단일 노드에서 비롯된 것임을 알 수 있다. 이러한 불균형은 노드에 메모리가 부족할 때 잠재적으로 실패를 일으킬 수 있으므로 조사가 필요하다. 이는 또한 병목 현상을 유발하는 불균형한 작업 분배가 있을 수 있음을 의미한다. 적절한 모니터링이 없다면 애초에 그러한 행동을 관찰하지 못할 것이다.

구조적 스트리밍의 운영 메트릭은 세 가지 다른 채널을 통해 노출될 수 있다.

- 스파크 메트릭 하위시스템
- writeStream.start 작업에서 반환된 StreamingQuery 인스턴스
- StreamingQueryListener 인터페이스

다음 절에서 자세히 설명하겠지만 이러한 인터페이스는 서로 다른 수준의 세부 정보를 제공하고 다양한 모니터링 요구를 충족시킨다.

14.1 스파크 메트릭 하위시스템

스파크 핵심 엔진을 통해 사용할 수 있는 스파크 메트릭 하위시스템은 플러그 가능 싱크 인터페이스가 있는 구성 가능한 메트릭 수집 및 보고 API를 제공한다. 이 책의 앞부분에서 설명한 스트리밍 싱크와 혼동하지 말자. 스파크에는 HTTP, JMX 및 쉼표로 구분된 값(CSV) 파일을 비롯한 여러 싱크가 제공된다. 또한 라이선스 제한으로 인해 추가 컴파일 플래그가 필요한 갱글리아^{Ganglia} 싱크가 있다.

HTTP 싱크는 기본적으로 활성화되어 있다. 스파크 UI와 동일한 포트에서 드라이버 호스트의 엔드 포인트를 등록하는 서블릿으로 구현된다. /metrics/json 엔드 포인트에서 메트릭에 접근할 수 있다. 구성을 통해 다른 싱크를 활성화할 수 있다. 지정된 싱크의 선택은 통합하려는 모니터링 인프라에 의해 결정된다. 예를 들어 JMX 싱크는 쿠버네티스 클러스터 스케줄러에서 널리 사용되는 메트릭 수집기인 프로메테우스^{Prometheus}와 통합하는 일반적인 옵션이다.

14.1.1 구조적 스트리밍 메트릭

구조적 스트리밍 잡에서 메트릭을 얻으려면 먼저 해당 메트릭의 내부적인 보고를 활성화해야 한다. 다음과 같이 구성 플래그 spark.sql.streaming.metricsEnabled를 true로 설정하면 된다.

```
// 세션 생성 시
val spark = SparkSession
  .builder()
  .appName("SparkSessionExample")
  .config("spark.sql.streaming.metricsEnabled", true)
  .config(...)
  .getOrCreate()

// 구성값을 설정
spark.conf.set("spark.sql.streaming.metricsEnabled", "true")
```

```
// 또는 SQL 설정을 사용함으로써
spark.sql("SET spark.sql.streaming.metricsEnabled=true")
```

이 구성을 사용하면 보고된 메트릭은 동일한 SparkSession 컨텍스트에서 실행 중인 각 스트리밍 쿼리에 대한 세 가지 추가 메트릭을 포함한다.

inputRate-total
트리거 간격 당 수집된 총 메시지 수

latency
트리거 간격에 대한 처리 시간

processingRate-total
레코드가 처리되는 속도

14.2 StreamingQuery 인스턴스

이전의 구조적 스트리밍 예제를 통해 알 수 있듯이 **스트리밍 쿼리**^{streaming query}를 시작하면 StreamingQuery 결과가 생성된다. [예제 13-1]에서 weatherEventsMovingAverage를 주목해 보자.

```
val query = scoredStream.writeStream
        .format("memory")
        .queryName("memory_predictions")
        .start()

query: org.apache.spark.sql.streaming.StreamingQuery =
  org.apache.spark.sql.execution.streaming.StreamingQueryWrapper@7875ee2b
```

쿼리값에서 해당 호출을 통해 얻은 결과는 StreamingQuery 인스턴스다. StreamingQuery는 엔진에서 지속적으로 실행되는 실제 스트리밍 쿼리에 대한 핸들러다. 이 핸들러에는 쿼리 실행을 검사하고 수명 주기를 제어하는 메서드가 포함되어 있다. 몇 가지 흥미로운 메서드는 다음과 같다.

query.awaitTermination()

쿼리가 중지되었거나 오류가 발생하여 쿼리가 끝날 때까지 현재 스레드를 차단한다. 이 메서드는 메인 스레드를 차단하고 일찍 종료되지 않도록 하는 데 유용하다.

query.stop()

쿼리 실행을 중지한다.

query.exception()

쿼리 실행으로 인해 발생한 치명적인 예외를 검색한다. 이 메서드는 쿼리가 정상적으로 작동할 때 None을 반환한다. 쿼리가 중지된 후 이 값을 검사하면 실패 여부와 이유를 알 수 있다.

query.status()

쿼리가 현재 수행 중인 작업에 대한 간략한 스냅샷을 보여준다.

예를 들어 실행 중인 쿼리의 query.status를 검색하면 다음과 유사한 결과가 표시된다.

```
$query.status
res: org.apache.spark.sql.streaming.StreamingQueryStatus =
{
  "message" : "Processing new data",
  "isDataAvailable" : true,
  "isTriggerActive" : false
}
```

상태 정보는 모든 것이 올바르게 작동할 때 잘 드러나지는 않지만 새로운 잡을 개발할 때 유용할 수 있다. query.start()는 에러가 발생할 때 조용하다. query.status()를 참조하면 문제가 있음을 알 수 있으며, 이 경우 query.exception이 원인을 반환한다.

[예제 14-1]에서는 카프카 싱크에 대한 입력으로 잘못된 스키마를 사용했다. 11.4절 '카프카 싱크'를 떠올려보면 카프카 싱크는 출력 스트림에 필수적인 필드인 값을 필요로 한다(심지어 키도 선택 사항). 이 경우 query.status는 해당 문제를 해결하기 위해 관련 피드백을 제공한다.

예제 14-1 query.status는 스트림 실패의 원인을 표시한다.

```
res: org.apache.spark.sql.streaming.StreamingQueryStatus =
{
```

```
    "message": "Terminated with exception: Required attribute 'value' not found",
    "isDataAvailable": false,
    "isTriggerActive": false
}
```

StreamingQueryStatus의 메서드는 **스레드 안전**[thread-safe]한데, 이는 쿼리 상태가 손상될 위험
없이 다른 스레드로부터 동시에 호출될 수 있음을 의미한다.

14.2.1 StreamingQueryProgress를 사용하여 메트릭 가져오기

모니터링의 목적을 위해 우리는 쿼리 실행 메트릭에 대한 통찰력을 제공하는 일련의 메서드에
더 관심을 가진다. StreamingQuery 핸들러는 다음 두 가지 방법을 제공한다.

query.lastProgress

가장 최근의 StreamingQueryProgress 보고서를 검색한다.

query.recentProgress

가장 최근의 StreamingQueryProgress 보고서의 배열을 검색한다. 검색된 최대 **진행**[progress]
오브젝트 수는 스파크 세션에서 구성 파라미터 spark.sql.streaming.numRecentProgress
Updates를 사용하여 설정할 수 있다. 이 구성을 설정하지 않으면 기본적으로 가장 최근의
100개 보고서의 배열을 검색한다.

[예제 14-2]에서 알 수 있듯이 각 StreamingQueryProgress 인스턴스는 각 트리거에서 생성
된 쿼리 성능에 대한 포괄적인 스냅샷을 제공한다.

예제 14-2 StreamingQueryProgress 샘플

```
{
  "id": "639503f1-b6d0-49a5-89f2-402eb262ad26",
  "runId": "85d6c7d8-0d93-4cc0-bf3c-b84a4eda8b12",
  "name": "memory_predictions",
  "timestamp": "2018-08-19T14:40:10.033Z",
  "batchId": 34,
  "numInputRows": 37,
  "inputRowsPerSecond": 500.0,
  "processedRowsPerSecond": 627.1186440677966,
```

```
      "durationMs": {
        "addBatch": 31,
        "getBatch": 3,
        "getOffset": 1,
        "queryPlanning": 14,
        "triggerExecution": 59,
        "walCommit": 10
      },
      "stateOperators": [],
      "sources": [
        {
          "description": "KafkaSource[Subscribe[sensor-office-src]]",
          "startOffset": {
            "sensor-office-src": {
              "0": 606580
            }
          },
          "endOffset": {
            "sensor-office-src": {
              "0": 606617
            }
          },
          "numInputRows": 37,
          "inputRowsPerSecond": 500.0,
          "processedRowsPerSecond": 627.1186440677966
        }
      ],
      "sink": {
        "description": "MemorySink"
      }
    }
```

잡의 성능 모니터링 관점에서는 특히 numInputRows, inputRowsPerSecond 및 processing RowsPerSecond에 관심이 있다. 이러한 자체 설명 필드는 잡 성능에 대한 주요 지표를 제공한다. 쿼리가 처리할 수 있는 것보다 많은 데이터가 있는 경우 inputRowsPerSecond는 일정 기간 동안 processedRowsPerSecond보다 높다. 이는 지속 가능한 장기적인 성능에 도달하기 위해 이 잡에 할당된 클러스터 리소스를 늘려야 함을 나타낸다.

14.3 StreamingQueryListener 인터페이스

모니터링은 '2일차 운영' 문제이므로 용량 관리, 경고 그리고 운영 지원과 같은 다른 프로세스를 사용하려면 자동화된 성능 메트릭 모음이 필요하다.

앞 절에서 살펴본 StreamingQuery 핸들러에서 사용할 수 있는 검사 방법은 이 책의 연습에서 사용하는 것처럼 **스파크 셸** 또는 노트북과 같은 대화식 환경에서 작업할 때 유용하다. 대화식 설정에서는 작업의 성능 특성에 대한 초기 아이디어를 얻기 위해 StreamingQueryProgress의 출력을 수동으로 샘플링할 수 있다.

그러나 StreamingQuery 메서드는 자동화에 적합하지 않다. 각 스트리밍 트리거에서 새로운 진행 레코드를 사용할 수 있게 되면, 이 인터페이스에서 정보를 수집하기 위한 메서드의 자동화가 스트리밍 잡의 내부 스케줄링에 연결될 필요가 있다.

다행히 구조적 스트리밍은 스트리밍 잡 수명 주기의 업데이트를 보고하기 위해 비동기 콜백을 제공하는 **리스너 기반**[listener-based] 인터페이스인 StreamingQueryListener를 제공한다.

14.3.1 StreamingQueryListener 구현

내부 이벤트 버스에 연결하려면 StreamingQueryListener 인터페이스의 구현을 제공하고 실행 중인 SparkSession에 등록해야 한다.

StreamingQueryListener는 다음 세 가지 메서드로 구성된다.

onQueryStarted(event: QueryStartedEvent)
스트리밍 쿼리가 시작될 때 호출된다. event는 쿼리에 대한 고유한 id와 쿼리를 중지했다가 다시 시작하면 변경되는 runId를 제공한다. 이 콜백은 쿼리 시작과 동기식으로 호출되므로 차단하지 않아야 한다.

onQueryTerminated(event: QueryTerminatedEvent)
스트리밍 쿼리가 중지되면 호출된다. event는 시작 이벤트와 관련된 id와 runId 필드를 포함하고 있다. 또한 오류로 인해 쿼리가 실패한 경우 예외가 포함된 예외 필드를 제공한다.

onQueryProgress(event: StreamingQueryProgress)
각 쿼리 트리거에서 호출된다. event는 14.2.1절 'StreamingQueryProgress를 사용하

여 메트릭 가져오기'에서 살펴본 StreamingQueryProgress 인스턴스를 캡슐화하는 진행률 (progress) 필드를 포함하고 있다. 이 콜백은 쿼리 성능을 모니터링하는 데 필요한 이벤트를 제공한다.

[예제 14-3]은 그러한 리스너의 단순화된 버전의 구현을 보여준다. 이 chartListener는 노트북에서 인스턴스화될 때 초당 입력 및 처리 속도를 표시한다.

예제 14-3 스트리밍 잡 성능 플로팅

```scala
import org.apache.spark.sql.streaming.StreamingQueryListener
import org.apache.spark.sql.streaming.StreamingQueryListener._
val chartListener = new StreamingQueryListener() {
  val MaxDataPoints = 100
  // n개의 데이터 포인트를 버퍼링하는 불변의 컨테이너에 대한 가변(변경 가능한) 참조
  var data: List[Metric] = Nil

  def onQueryStarted(event: QueryStartedEvent) = ()

  def onQueryTerminated(event: QueryTerminatedEvent) = ()

  def onQueryProgress(event: QueryProgressEvent) = {
    val queryProgress = event.progress
    // 값이 0인 이벤트에 대해서는 무시한다.
    if (queryProgress.numInputRows > 0) {
      val time = queryProgress.timestamp
      val input = Metric("in", time, event.progress.inputRowsPerSecond)
      val processed = Metric("proc", time, event.progress.processedRowsPerSecond)
      data = (input :: processed :: data).take(MaxDataPoints)
      chart.applyOn(data)
    }
  }
}
```

리스너 인스턴스가 정의된 후 SparkSession에서 addListener 메서드를 사용하여 이벤트 버스에 연결되어야 한다.

```scala
sparkSession.streams.addListener(chartListener)
```

책의 온라인 리소스에 포함된 노트북 중 하나에 대해 이 chartListener를 실행하면 [그림 14-1]과 같이 입력 및 처리 속도를 시각화할 수 있다.

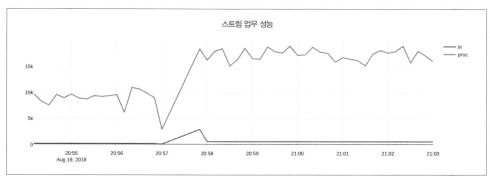

그림 14-1 입력 및 처리 스트리밍 속도

유사한 리스너 구현을 사용하여 프로메테우스, 그래파이트Graphite와 같은 인기 있는 모니터링 시스템 또는 그라파나Grafana와 같은 대시보드 애플리케이션과 쉽게 통합할 수 있는 인플럭스 디비InfluxDB와 같은 쿼리 가능한 데이터베이스로 메트릭 보고서를 보낼 수 있다.

## CHAPTER 15

실험 영역: 연속형 처리와 머신러닝

구조적 스트리밍은 스파크 2.0에서 실험용 API로 처음 등장했으며 스트리밍 애플리케이션에 대한 생각을 단순화하기 위한 새로운 스트리밍 모델을 제공한다. 스파크 2.2에서는 구조적 스트리밍이 실제 **제품 단계 수준**production-ready 으로 '졸업'하여 이 새로운 모델이 모두 산업 채택을 위해 설정되었다는 신호를 준다. 스파크 2.3에서는 스트리밍 조인 영역에서 추가 개선되었으며, 지연 시간이 짧은 스트림 처리를 위한 새로운 실험 연속 실행 모델도 소개되었다.

새로운 성공적인 개발과 마찬가지로 구조적 스트리밍이 빠른 속도로 계속 발전할 것으로 기대할 수 있다. 업계 채택이 중요한 기능에 대한 혁신적인 피드백을 제공할 것이지만, 머신러닝의 인기 증가와 같은 시장 동향은 향후 출시의 로드맵을 이끌 것이다.

이 장에서는 향후 릴리스에서 주류가 될 개발 중인 일부 영역에 대한 통찰력을 제공하고자 한다.

15.1 연속형 처리

연속형 처리continuous processing 는 개별 이벤트의 낮은 지연 시간 처리를 감안한 구조적 스트리밍의 대안적인 실행 모드다. 이 기능은 Spark 2.3의 실험적인 기능으로 포함되어 있으며 특히 전달 의미, 상태 기반 작업 지원 및 모니터링 영역에서 여전히 활발히 개발 중이다.

15.1.1 연속형 처리 이해

스파크의 초기 스트리밍 API인 스파크 스트리밍은 스파크의 배치 기능을 재사용한다는 아이디어로 고안되었다. 간단히 말해 데이터 스트림은 기본 배치 실행 모드에서 코어 엔진을 사용하여 처리를 위해 스파크에 제공되는 작은 청크로 분할된다. 짧은 시간 간격으로 이 프로세스의 예약된 반복을 사용하면 입력 스트림이 지속적으로 소비되고 스트리밍 방식으로 결과가 생성된다. 이를 **마이크로배치 모델**microbatch model이라고 하며, 이에 대해서는 5장에서 이미 논의한 바 있다. 이 책의 다음 부분에서 스파크 스트리밍을 이야기할 때 이 모델의 적용에 대해 더 자세히 연구할 것이다. 현재 기억해야 할 중요한 부분은 **배치 간격**batch interval이라고 부르는 해당 시간 간격의 정의가 원래 마이크로배치 구현의 핵심 요소라는 것이다.

구조적 스트리밍의 마이크로배치

구조적 스트리밍이 도입되었을 때 비슷한 진화가 발생했다. 대체 처리 모델을 도입하는 대신 구조적 스트리밍이 데이터셋 API에 포함되어 기본 스파크 SQL 엔진의 기존 기능을 재사용했다. 결과적으로 구조적 스트리밍은 보다 전통적인 배치 모드를 갖춘 통합 API를 제공하며 쿼리 최적화 및 텅스텐의 코드 생성과 같은 스파크 SQL에 의해 도입된 성능 최적화의 이점을 최대한 활용한다.

이러한 노력으로 기본 엔진은 증분 쿼리 실행 및 시간에 따른 탄력적 상태 관리 지원과 같은 스트리밍 워크로드를 유지하기 위한 추가 기능을 받았다.

API 표면적인 수준에서 구조적 스트리밍은 시간 개념을 명시적인 사용자용 파라미터로 만드는 것을 피했다. 대신 시간 개념이 데이터 스트림에서 유추되므로 이벤트 시간 집계를 구현할 수 있다. 내부적으로 실행 엔진은 여전히 마이크로배치 아키텍처에 의존하지만 시간의 추상화는 다른 실행 모델로 엔진을 생성할 수 있다.

고정 시간 마이크로배치에서 출발하는 첫 번째 실행 모델은 구조적 스트리밍에서 **최선 노력 실행**best-effort execution이며, 트리거가 지정되지 않은 경우 기본 모드다. 최선 노력 모드에서 다음 마이크로배치는 이전 마이크로배치가 종료되자마자 시작된다. 결과 스트림의 연속성을 관찰하고 기본 컴퓨팅 리소스의 사용을 향상시킨다.

마이크로배치 실행 엔진은 태스크 디스패칭 모델을 사용한다. 클러스터를 통한 태스크 디스패칭 및 조정은 비용이 다소 비싸며 가능한 최소 대기 시간은 약 100ms다.

[그림 15-1]에서는 유입되는 '원'을 필터링하여 이를 '삼각형'으로 변환하는 과정이 마이크로배치 모델과 어떻게 작용하는지 관찰할 수 있다. 일정한 간격으로 도착하는 모든 요소를 수집하고 함수 *f*를 모든 요소에 동시에 적용한다.

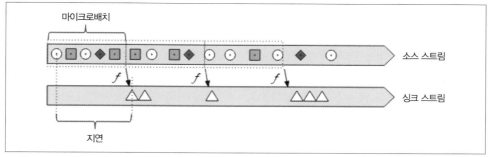

그림 15-1 마이크로배치 지연

처리 지연 시간은 **소스**^{source} 스트림에 이벤트가 도착한 후 **싱크**^{sink}에서 결과를 생성하는 사이의 지속 시간이다. 마이크로배치 모델에서 이 지연 시간 상한은 배치 간격과 데이터 처리에 걸리는 시간을 더한 값으로 계산 자체와 클러스터의 일부 익스큐터에서 이러한 계산을 실행하는 데 필요한 조정으로 구성된다.

연속형 처리 소개: 낮은 지연 스트리밍 모드

구조적 스트리밍에서 시간 추상화를 활용하면 사용자 대면 API의 변경 없이 새로운 실행 모드를 도입할 수 있다.

연속형 처리 실행 모드에서 데이터 처리 쿼리는 익스큐터에서 **지속적으로**^{continuously} 실행되는 장기 실행 작업으로 구현된다. 병렬 처리 모델은 간단한데, 각 입력 파티션에 대해 클러스터 노드에서 이러한 작업을 실행하게 된다. 이 작업은 입력 파티션을 구독하고 들어오는 개별 이벤트를 지속적으로 처리한다. 연속 처리에서 쿼리를 배포하면 클러스터에 작업 토폴로지가 생성된다.

[그림 15-2]에 나와 있는 것처럼 이 새로운 실행 모델은 마이크로배치 지연을 제거하고 처리되는 즉시 각 요소에 대한 결과를 생성한다. 이 모델은 아파치 플링크와 유사하다.

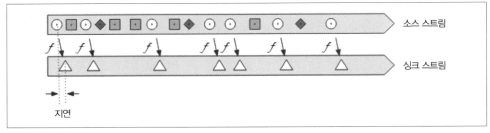

그림 15-2 연속형 처리 지연

15.1.2 연속형 처리 사용하기

연속형 처리 실행 모드를 사용하는 데 필요한 것은 Trigger.Continuous를 트리거로 지정하고 예제에서 보여주는 것처럼 비동기 체크포인트 함수에 대한 시간 간격을 제공하는 것이다.

```scala
import org.apache.spark.sql.streaming.Trigger

val stream = spark.readStream
  .format("rate")
  .option("rowsPerSecond", "5")
  .load()

val evenElements = stream.select($"timestamp", $"value").where($"value" % 2 === 0)

val query = evenElements.writeStream
  .format("console")
  .trigger(Trigger.Continuous("2 seconds"))
  .start()
```

CAUTION_ Trigger.Continuous(<time-interval>)에 제공된 시간 간격을 마이크로배치 간격과 혼동하지 말자. 이것은 **연속형 쿼리 익스큐터**continuous query executor가 수행하는 비동기 체크포인트 작업의 시간 간격이다.

15.1.3 제약 사항

API 수준에는 변경 사항이 없지만 연속형 모드에서 지원되는 쿼리 유형에는 여러 가지 제한

이 있다. 직관으로는 연속형 모드가 요소별로 적용될 수 있는 쿼리와 함께 작동한다는 것이다. SQL 용어에서는 집계를 제외한 SQL 함수를 포함하여 선택^{selection}, 투영^{projection} 및 변환^{transformation}을 사용할 수 있다. 함수적인 용어로 `filter`, `map`, `flatMap` 및 `mapPartitions`를 사용할 수 있다.

특히 이벤트 기반 데이터에서 집계와 윈도우 기능을 사용하는 경우 지연되고 잘못된 데이터를 기다리는 마감 시간이 훨씬 길어진다. 윈도우에서 기간의 특성과 **워터마크**^{watermark}와 같은 관련 개념은 이 실행 모델의 낮은 지연 시간 특성에서 이점을 얻지 못한다. 이러한 경우 권장되는 접근 방식은 `Trigger.Continuous(<checkpoint-interval>)`을 마이크로배치 트리거 정의인 `Trigger.ProcessingTime(<trigger-interval>)`로 바꾸어 마이크로배치 기반 엔진으로 대체하는 것이다.

`[flat]mapGroupsWithState`와 같은 임의의 상태 기반 처리 지원이 현재 개발 중이다.

15.2 머신러닝

사용 가능한 데이터의 양과 도달률이 증가함에 따라 데이터의 신호를 이해하는 전통적인 기술이 실행 가능한 통찰력을 추출하는 주요 요소가 되었다.

머신러닝은 본질적으로 데이터로부터 **배우고** 그 학습을 사용하여 특정 질문에 대한 답을 제공하는 알고리즘과 통계 분석 기법의 결합이다. 머신러닝은 세계의 일부 측면에 대한 수학적 표현인 모델을 추정하기 위해 데이터를 사용한다. 모델이 결정되면 기존 데이터나 새로운 데이터에 대해 쿼리하여 답변을 얻을 수 있다.

데이터로부터 우리가 원하는 답변의 본성은 머신러닝 알고리즘의 목표를 세 그룹으로 나눈다.

회귀 Regression
연속적인 범위의 값을 예측한다. 예를 들어 특정 수업에 대한 학생의 결석 수와 학습 시간에 대한 데이터를 사용하여 최종 시험에서 점수를 예측한다.

분류 Classification
데이터 포인트를 여러 범주 중 하나로 분리한다. 예를 들어 텍스트 샘플이 주어지면 언어를 추정한다.

군집Clustering

요소 집합이 주어지면 유사성 개념을 사용하여 하위 집합으로 나눈다. 예를 들어 온라인 와인 매장에서 유사한 구매 행동을 하는 고객을 그룹화한다.

학습 과정에는 **지도**supervision라는 개념도 있다. 훈련 중인 알고리즘이 여러 관측값을 결과에 매핑하는 데이터를 필요로 할 때 **지도학습**supervised learning에 대해 이야기한다. 회귀 및 분류 기술은 **지도학습** 범주에 속한다. 이전의 시험 점수 예를 사용하여 회귀 모델을 작성하려면 학생들이 보고한 결석 횟수 및 학습 시간과 함께 시험 점수가 포함된 과거 학생 성과 데이터셋이 필요하다. **좋은 데이터**를 얻는 것은 머신러닝 작업에서 가장 어려운 부분이다.

15.2.1 학습과 활용

머신러닝 기술을 적용할 때 두 단계를 식별할 수 있다.

- 학습 단계는 데이터를 준비하고 모델을 추정하는 데 사용된다. 이것을 **훈련**training 또는 **학습**learning이라고 한다.
- 활용 단계에서는 추정 모델이 새 데이터에 쿼리된다. 이 단계를 **예측**prediction 또는 **스코어링**scoring이라고 한다.

머신러닝의 교육 단계는 일반적으로 기록 데이터셋을 사용하여 수행된다. 이러한 데이터셋은 일반적으로 대상 애플리케이션에 맞게 정리되고 준비된다. 머신러닝 방법론은 또한 결과 모델이 알려진 결과의 데이터셋(일반적으로 **테스트**test셋 또는 **검증**validation셋)에 대해 평가되는 검증 단계를 요구한다. 테스트 단계의 결과는 학습 중에 보지 못한 데이터에 대해 학습된 모델의 성능을 보고하는 지표다.

스파크 MLLib: 스파크에서 머신러닝 지원

스파크의 머신러닝 라이브러리인 스파크 엠엘립MLLib은 **구조화된 데이터** 개념을 기반으로 통합된 데이터 처리 API를 제공하려는 노력의 일환으로, **ML 파이프라인**ML Pipelines 개념을 도입하여 데이터프레임 API를 채택했다.

ML 파이프라인은 데이터프레임 기반으로 구축된 MLLib용 고급 API다. 동적 데이터프레임 변환의 아이디어와 머신러닝 프로세스에 참여하는 값으로 데이터의 특정 필드를 처리하는 스키마 중심 기능을 결합한다. 이는 사용된 알고리즘의 MLLib 구현에 대한 입력으로 사용될 **벡터**와 같은 특정 형식으로 별도의 데이터 아티팩트를 준비해야 하는 일반적인 부담을 줄여준다.

아파치 스파크를 사용한 머신러닝에 대한 자세한 내용은 『9가지 사례로 익히는 고급 스파크 분석, 2판』(한빛미디어, 2018)을 읽어볼 것을 권장한다.

15.2.2 머신러닝 모델을 스트림에 적용하기

앞서 언급했듯이 머신러닝 모델을 만드는 것은 일반적으로 기록 데이터를 사용하여 통계 모델을 학습하는 배치 기반 프로세스다. 해당 모델을 사용할 수 있게 되면 모델을 학습한 특정 측면의 추정값을 얻기 위해 새 데이터를 **스코어링**^{scoring}하는 데 사용할 수 있다.

배치, 머신러닝 및 스트리밍에서 아파치 스파크의 통합 **구조화된**^{structured} API를 사용하면 이전에 훈련된 모델을 스트리밍 데이터프레임에 간단하게 적용할 수 있다.

모델이 디스크에 저장되어 있다고 가정하면 프로세스는 두 단계로 구성된다.

1 모델을 로드한다.
2 transform 메서드를 사용하여 모델을 스트리밍 데이터프레임에 적용한다.

API가 실제로 작동하는 것을 예제와 함께 살펴보자.

15.2.3 예제: 주변 센서를 사용하여 객실 점유율 추정

이 부분을 개발하는 동안 센서 정보를 실행 중인 테마로 사용했다. 지금까지는 센서 데이터를 사용하여 구조적 스트리밍의 데이터 처리 및 분석 기능을 탐색했다. 이제 일련의 객실에 이러한 주변 센서가 있다고 가정하자. 하지만 시간이 지남에 따라 온도 또는 습도 데이터를 추적하는 대신 해당 정보를 사용하여 새로운 애플리케이션을 만들고자 한다. 센서 데이터를 사용하여 특정 순간에 객실을 점유했는지 여부를 추정한다. 온도나 습도만으로는 실내가 사용 중인지 여부를 판단하기에 충분하지 않더라도 이러한 요인의 조합으로 특정 정도의 정확도로 점유율을 예측할 수 있다.

> **NOTE_ 온라인 리소스**
>
> 이번 예제에서는 이 책의 온라인 리소스인 occupancy_detection_model 및 occupancy_streaming_prediction 노트북을 사용할 것이다. 해당 자료는 https://github.com/stream-processing-with-spark에서 확인할 수 있다.

이 예제에서는 해당 질문에 대답하기 위해 수집된 점유율 데이터셋을 사용한다. 데이터셋은 다음의 스키마로 구성된다.

```
|-- id: integer (nullable = true)
|-- date: timestamp (nullable = true)
|-- Temperature: double (nullable = true)
|-- Humidity: double (nullable = true)
|-- Light: double (nullable = true)
|-- CO2: double (nullable = true)
|-- HumidityRatio: double (nullable = true)
|-- Occupancy: integer (nullable = true)
```

훈련 데이터셋의 점유 정보는 사람들의 존재를 확실하게 감지하기 위해 방의 카메라 이미지를 사용하여 획득되었다.

이 데이터를 사용하여 점유를 추정하는 로지스틱 회귀 모델을 학습시켰다. 이항한 결과 $[0,1]$에서 0은 점유되지 않은 것이고, 1은 점유된 것이다.

> NOTE_ 예제에서는 훈련된 모델이 이미 디스크에서 사용 가능하다고 가정한다. 예제의 전체 학습 단계는 이 책의 온라인 리소스에서 확인할 수 있다.

첫 번째 단계는 이전에 학습한 모델을 로드하는 것이다.

```
$ import org.apache.spark.ml._
$ val pipelineModel = PipelineModel.read.load(modelFile)
>pipelineModel: org.apache.spark.ml.PipelineModel = pipeline_5b323b4dfffd
```

이 호출은 파이프라인 단계에 대한 정보를 포함하는 모델을 생성한다. model.stages를 호출하면 다음 단계를 시각화할 수 있다.

```
$ model.stages
res16: Array[org.apache.spark.ml.Transformer] =
    Array(vecAssembler_7582c780b304, logreg_52e582f4bdb0)
```

파이프라인은 VectorAssembler와 LogisticRegression 분류기의 두 단계로 구성된다. VectorAssembler는 입력 데이터에서 선택한 필드를 선택적으로 모델의 입력 역할을 하는 숫자형 벡터로 변환하는 것이다. LogisticRegression 단계는 훈련된 로지스틱 회귀 분류기다. 학습된 파라미터를 사용하여 입력 벡터를 스트리밍 데이터프레임에 추가되는 세 개의 필드인 rawPrediction, probability, prediction으로 변환한다.

애플리케이션을 개발하기 위해 방이 사용 중인지(1) 아닌지(0) 알려주는 예측[prediction]값에 관심이 있다.

[예제 15-1]에 표시된 다음 단계는 모델을 스트리밍 데이터프레임에 적용하는 것이다.

예제 15-1 구조적 스트리밍에서 훈련된 머신러닝 모델 사용

```
// 기존의 sensorDataStream을 가정하자.
$ val scoredStream = pipeline.transform(sensorDataStream)

// 결과 DataFrame 스키마 검사
$ scoredStream.printSchema
root
 |-- id: long (nullable = true)
 |-- timestamp: timestamp (nullable = true)
 |-- date: timestamp (nullable = true)
 |-- Temperature: double (nullable = true)
 |-- Humidity: double (nullable = true)
 |-- Light: double (nullable = true)
 |-- CO2: double (nullable = true)
 |-- HumidityRatio: double (nullable = true)
 |-- Occupancy: integer (nullable = true)
 |-- features: vector (nullable = true)
 |-- rawPrediction: vector (nullable = true)
 |-- probability: vector (nullable = true)
 |-- prediction: double (nullable = false)
```

이 시점에서 원본 스트리밍 데이터의 예측을 포함하는 스트리밍 데이터프레임을 가지게 된다.

스트리밍 예측의 마지막 단계는 예측 데이터로 무언가를 수행하는 것이다. 예제에서는 메모리 싱크를 사용하여 결과 데이터를 SQL 테이블로 접근하기 위해 데이터를 쿼리하는 것으로 이 단계를 제한한다.

```
import org.apache.spark.sql.streaming.Trigger
val query = scoredStream.writeStream
        .format("memory")
        .queryName("occ_pred")
        .start()

// 테이블이 채워지도록 먼저 스트림을 잠시 실행한다.
sparkSession.sql("select id, timestamp, occupancy, prediction from occ_pred")
        .show(10, false)


+---+-----------------------+---------+----------+
|id |timestamp              |occupancy|prediction|
+---+-----------------------+---------+----------+
|211|2018-08-06 00:13:15.687|1        |1.0       |
|212|2018-08-06 00:13:16.687|1        |1.0       |
|213|2018-08-06 00:13:17.687|1        |1.0       |
|214|2018-08-06 00:13:18.687|1        |1.0       |
|215|2018-08-06 00:13:19.687|1        |1.0       |
|216|2018-08-06 00:13:20.687|1        |0.0       |
|217|2018-08-06 00:13:21.687|1        |0.0       |
|218|2018-08-06 00:13:22.687|0        |0.0       |
|219|2018-08-06 00:13:23.687|0        |0.0       |
|220|2018-08-06 00:13:24.687|0        |0.0       |
+---+-----------------------+---------+----------+
```

스트림을 구동하기 위해 테스트 데이터셋을 사용하고 있다는 점을 감안하면 원래 점유율 데이터에도 접근할 수 있다. 이 제한된 샘플에서 실제 점유율과 예측이 대부분 정확하지만 항상 정확한 것은 아님을 알 수 있다.

실제 애플리케이션의 경우 일반적으로 이 서비스를 다른 애플리케이션에 제공하는 데 관심이 있다. HTTP 기반 API 또는 pub/sub 메시징 상호작용을 통한 형태일 수 있다. 사용 가능한 싱크 중 하나를 사용하여 나중에 사용할 수 있도록 결과를 다른 시스템에 쓸 수 있다.

모델 서빙의 도전

훈련된 머신러닝 모델이 거의 완벽한 것은 아니다. 더 많은 또는 더 나은 데이터로 모델을 훈련시키거나 예측 정확도를 향상시키기 위해 파라미터를 조정할 기회가 항상 있다. 끊임없이 발전하는 훈련된 모델을 통해 스트리밍 스코어링 프로세스를 사용할 수 있을 때마다 새 모델로 업그레이드해야 한다.

훈련 단계부터 애플리케이션에서의 개발까지 머신러닝 모델의 수명 주기를 관리하는 이 프로세스는 일반적으로 광범위한 **모델 서빙**^{model serving} 개념으로 알려져 있다.

모델 서빙은 학습된 모델을 프로덕션 플랫폼으로 전환하고 이러한 온라인 **서빙** 프로세스를 최신의 훈련된 모델로 최신 상태를 유지하는 프로세스로 구성된다.

구조적 스트리밍에서의 모델 서빙

구조적 스트리밍에서는 실행 중인 쿼리를 업데이트하는 것이 불가능하다. [예제 15-1]에서 본 것처럼 모델 스코어링 단계를 스트리밍 프로세스의 변환으로 포함한다. 해당되는 스트리밍 쿼리를 시작하면 그 선언이 배포된 쿼리 계획의 일부가 되며 쿼리가 중지될 때까지 실행된다. 따라서 구조적 스트리밍에서 머신러닝 모델 업데이트는 직접 지원되지 않는다. 그럼에도 불구하고 새 모델이 이용 가능하게 되는 쿼리를 중지, 업데이트, 재시작하기 위해 구조적 스트리밍 API를 호출하는 관리 시스템을 만드는 것은 가능하다.

모델 서빙 주제는 스파크 커뮤니티에서 지속적으로 논의되고 있으며, 향후 버전의 스파크 및 구조적 스트리밍에서 분명히 진화를 확인할 수 있을 것이다.

15.2.4 온라인 트레이닝

앞서 설명한 머신러닝 과정에서는 학습 단계와 스코어링 단계를 구분하였는데, 학습 단계는 주로 오프라인 과정이었다. 스트리밍 애플리케이션의 맥락에서는 데이터가 도착하면 머신러닝 모델을 훈련하는 것이 가능하다. 이것을 **온라인 러닝**^{online learning}이라고 한다. 온라인 러닝은 우리가 소셜 네트워크의 관심사 변화나 금융 시장의 동향 분석과 같은 데이터에서 진화하는 패턴에 적응하고 싶을 때 특히 흥미롭다.

온라인 러닝은 각 데이터 포인트를 한 번만 관찰하고 관찰된 총 데이터양이 무한할 수 있다는 점을 고려해야 하기 때문에 새로운 과제를 제기한다.

현재 형태에서 구조적 스트리밍은 **온라인 트레이닝**^{online training}에 대한 지원을 제공하지 않는다. 구조적 스트리밍에 대해 일부 (제한된) 형태의 온라인 러닝을 구현하려는 노력이 있는데, 가장 주목할 만한 것은 홀든 카라우와 세스 헨드릭슨의 「Extend structured streaming for Spark ML」[1]과 람 스리하르샤와 블라드 파인버그의 「Online Learning with Structured Streaming」[2]이다.

구조적 스트리밍 외에도 온라인 러닝을 구현하기 위한 초기 이니셔티브^{initiative}(계획)는 동력을 잃은 것처럼 보인다. 이는 향후에 변경될 수 있으므로 이 영역의 잠재적인 업데이트에 대해 구조적 스트리밍의 새로운 릴리즈를 확인하도록 하자.

1 https://oreil.ly/2IZwIQU
2 http://bit.ly/2VFUV4J

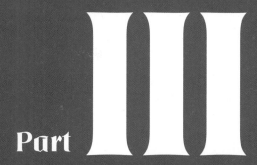

Part **III**

스파크 스트리밍

3부에서는 스파크 스트리밍을 살펴볼 것이다.

스파크 스트리밍은 아파치 스파크에서 제공하는 최초의 스트리밍 API이며 현재 전 세계 많은 회사의 운영환경에서 사용된다. 핵심 스파크 추상화를 기반으로 강력하고 확장 가능한 함수적인 API를 제공한다. 3부를 진행하면서 강력한 스파크 스트리밍 애플리케이션의 프로그래밍과 실행에 관련된 다양한 측면을 살펴본다.

- **이산 스트림(DStream)** 추상화 이해
- API와 프로그래밍 모델을 이용한 애플리케이션 만들기
- 스트리밍 소스와 **출력 작업**output operation 을 사용한 데이터 소비와 생산
- **SparkSQL**과 다른 라이브러리를 스트리밍 애플리케이션에 결합
- 내결함성 특성의 이해와 강력한 애플리케이션을 만드는 방법
- 스트리밍 애플리케이션 모니터링과 관리

3부가 끝나면 스파크 스트리밍을 사용하여 스트림 처리 애플리케이션을 설계, 구현 및 실행하는 데 필요한 지식을 얻게 된다. 또한 스트림 처리와 온라인 머신러닝을 위한 확률론적 데이터 구조의 적용과 같은 좀 더 발전된 주제를 다루는 4부를 시작할 준비도 된다.

Part III

스파크 스트리밍

## CHAPTER 16

스파크 스트리밍 소개

스파크 스트리밍은 스파크의 분산 처리 기능 위에 구축된 최초의 스트림 처리 프레임워크다. 오늘날에는 대규모 데이터 스트림을 처리하기 위해 업계에서 널리 채택된 성숙한 API를 제공한다.

스파크는 설계상 머신 클러스터에 분산된 데이터를 처리하는 데 정말 유용한 시스템이다. 스파크의 핵심 추상화인 **탄력적 분산 데이터셋**(RDD)과 풍부한 함수형 API를 통해 분산 데이터를 컬렉션으로 취급하는 프로그램을 작성할 수 있다. 이러한 추상화를 통해 분산 데이터셋의 변환 형태로 데이터 처리 로직을 추론할 수 있다. 이렇게 하면 확장 가능하고 분산된 데이터 처리 프로그램을 작성하고 실행하는 데 필요한 인지 부하가 줄어든다.

스파크 스트리밍은 단순하면서도 강력한 전제를 기반으로 만들어졌는데, 이는 스파크의 분산 컴퓨팅 기능을 적용하여 연속적인 데이터 스트림을 스파크가 작동할 수 있는 개별 데이터 컬렉션으로 변환하여 처리를 스트리밍하는 것을 말한다.

[그림 16-1]에서 볼 수 있듯이 스파크 스트리밍의 주요 작업은 스트림에서 데이터를 가져와서 작은 배치로 패키지화한 후 추가 처리를 위해 스파크에 제공하는 것이다. 그런 다음 출력이 일부 다운스트림 시스템으로 생성된다.

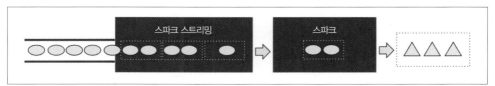

그림 16-1 작동 중인 스파크와 스파크 스트리밍

16.1 DStream 추상화

2부에서 배운 구조적 스트리밍은 데이터프레임과 데이터셋의 **스파크 SQL** 추상화 위에 스트리밍 기능을 구축하는 반면, 스파크 스트리밍은 훨씬 더 기본적인 RDD의 스파크 추상화에 의존한다. 동시에 스파크 스트리밍은 **이산 스트림**^{Discretized Stream}(DStream)이라는 새로운 개념을 도입했다. DStream은 [그림 16-2]에서 볼 수 있듯이 시간이 지남에 따라 RDD로 표시되는 개별 데이터 블록의 관점에서 스트림을 나타낸다.

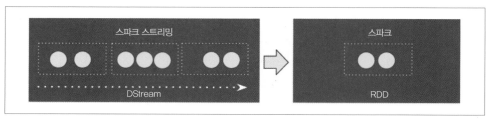

그림 16-2 스파크 스트리밍에서의 DStream과 RDD

DStream 추상화는 주로 함수형 프로그래밍 모델과 결합될 때 스트리밍 애플리케이션을 개발하고 실행하기 위한 완벽한 프레임워크를 제공하는 실행 모델이다.

16.1.1 프로그래밍 모델로서의 DStream

DStream의 코드 표현은 RDD API와 일치하는 함수형 프로그래밍 API를 제공하고, 스트림별 함수로 기능을 보강하여 집계, 시간 기반 연산 및 상태 기반 계산을 처리한다. 스파크 스트리밍에서는 SocketInputStream과 같은 기본 구현 중 하나에서 또는 스트림 공급자에 고유한 DStream 구현을 제공하는 많은 커넥터 중 하나를 사용하여 DStream을 만들어 스트림을 소비한다(몇 가지 예를 들면 스파크 스트리밍용 카프카, 트위터 또는 키네시스 커넥터가 있다).

```
// 주어진 호스트와 포트에 연결된 클라이언트 소켓을 사용하여 dstream을 생성한다.
val textDStream = ssc.socketTextStream("localhost", 9876)
```

DStream 레퍼런스를 획득한 후 DStream API에서 제공하는 기능을 사용하여 애플리케이션 로직을 구현할 수 있다. 예를 들어 이전 코드의 textDStream이 로그 서버에 연결된 경우 오류 발생 횟수를 계산할 수 있다.

```
// 로그 스트림을 오류 또는 정보(오류 아님)로 나누고
// (x, y) 쌍을 만든다.
// (1, 1)은 오류를,
// (0, 1)은 오류가 없음을 나타낸다.
val errorLabelStream = textDStream.map{line =>
    if (line.contains("ERROR")) (1, 1) else (0, 1)
  }
```

그런 다음 reduce라는 집계함수를 사용하여 총계를 계산하고 오류율을 계산할 수 있다.

```
// 키를 통해 줄이기(reduce by key)는 각 키에 대해 제공된 함수에 적용한다.
val errorCountStream = errorLabelStream.reduce {
    case ((x1,y1), (x2, y2)) => (x1+x2, y1+y2)
  }
```

오류율을 얻기 위해 안전한 분할을 수행한다.

```
// 오류율을 계산하고 그 값과 함께 문자열 메시지를 생성한다.
val errorRateStream = errorCountStream.map {case (errors, total) =>
    val errorRate = if (total > 0 ) errors.toDouble/total else 0.0
    "Error Rate:" + errorRate
  }
```

지금까지 DStream에서 변환을 사용하고 있지만 아직 데이터 처리가 진행되고 있지 않다는 점에 유의해야 한다. DStream의 모든 변환은 지연된다. 스트림 처리 애플리케이션의 논리를 정의하는 이 프로세스는 스트림 처리가 시작된 후 데이터에 적용될 변환 집합으로 보는 것이 더 좋다. 따라서 이는 소스 DStream에서 소비된 데이터에 대해 스파크 스트리밍이 반복적으로 실행되는 행동 계획이다. DStream은 변경할 수 없다. 변형 체인을 통해서만 데이터를 처리하고 결과를 얻을 수 있다.

마지막으로 DStream 프로그래밍 모델에서는 변환이 출력 작업으로 종료되어야 한다고 요구한다. 이 특정 작업은 DStream의 구체화 방법을 지정한다. 우리의 경우 이 스트림 계산 결과를 콘솔에 인쇄하는 데 관심이 있다.

```
// 콘솔에 결과를 출력한다.
errorRateStream.print()
```

요약하면 DStream 프로그래밍 모델은 스트림 페이로드에 대한 변환의 함수형 구성으로 이루어지며, 하나 이상의 **출력 작업**^{output operation}으로 구체화되고 스파크 스트리밍 엔진에 의해 반복적으로 실행된다.

16.1.2 실행 모델로서의 DStream

이전의 스파크 스트리밍 프로그래밍 모델 소개에서는 데이터가 원래 형식에서 우리가 의도한 결과인 일련의 지연된 함수형 변환으로 변환되는 방식을 볼 수 있었다. 스파크 스트리밍 엔진은 해당 기능 변환 체인을 가져와 실제 실행 계획으로 전환한다. 입력 스트림에서 데이터를 수신하고 해당 데이터를 배치로 수집한 다음 적시에 스파크에 공급하면 된다.

데이터를 기다리는 시간을 **배치 간격**^{batch interval}이라고 한다. 지연 시간에 대한 애플리케이션 요구 사항에 따라 일반적으로 약 200밀리초에서 몇 분에 이르는 짧은 시간이다. 배치 간격은 스파크 스트리밍의 중앙 시간 단위다. 각 배치 간격에서 이전 간격에 해당하는 데이터가 처리를 위해 스파크로 전송되어 새 데이터가 수신된다. 이 프로세스는 스파크 스트리밍 작업이 활성화되고 정상 작동하는 한 반복된다. 이 반복적인 마이크로배치 작업의 자연스러운 결과는 새로운 마이크로배치가 도착할 때 컴퓨팅 리소스를 사용할 수 있도록 배치 데이터 기간 동안 배치 데이터 계산이 완료되어야 한다는 것이다. 곧 배우겠지만 배치 간격은 스파크 스트리밍의 다른 대부분의 기능에 대한 시간을 나타낸다.

요약하면 DStream 모델은 연속적인 데이터 스트림이 배치 간격으로 정의된 규칙적인 시간 간격을 사용하여 마이크로배치로 이산화되도록 지시한다. 각 배치 간격에서 스파크 스트리밍은 적용되는 함수적인 변환과 함께 해당 기간 동안 대상 데이터를 스파크에 제공한다. 결과적으로 스파크는 계산을 데이터에 적용하고 일반적으로 외부 시스템에 결과를 생성한다. 스파크는 데이터를 처리할 때와 동일한 배치 시간 간격을 갖는다. 그렇지 않으면 나중에 배울 수 있듯이 바람직하지 못한 일이 발생할 수 있다.

16.2 스파크 스트리밍 애플리케이션의 구조

스파크 스트리밍 애플리케이션의 구조 및 프로그래밍 모델에 대한 이해를 돕기 위한 예를 들어보자.

스파크 스트리밍 애플리케이션은 다음 네 가지 작업을 수행해야 한다.

- **스파크 스트리밍 컨텍스트** Spark Streaming Context 생성
- 데이터 소스 또는 다른 DStream에서 하나 또는 여러 개의 DStream 정의
- 이러한 DStream 작업의 결과를 구체화하기 위해 하나 이상의 출력 정의
- 스트림 처리 진행을 위해 스파크 스트리밍 컨텍스트 시작

예제를 위해 잠시 동안 프로세스를 실행한 후 프로세스를 중지한다.

잡의 동작은 스트리밍 컨텍스트의 인스턴스가 정의된 순간과 그것의 시작 순간 사이에 정의된 작업에 정의된다. 그런 의미에서 시작되기 전의 컨텍스트 조작은 스트리밍 애플리케이션의 스캐폴딩 scaffolding 을 정의하며, 이는 스트리밍 애플리케이션의 지속 기간 동안 그것의 동작과 실행이 될 것이다.

이 정의 단계에서는 모든 DStream과 그 변환이 정의되고 스파크 스트리밍 애플리케이션의 동작이 '연결 wired'된다.

스파크 스트리밍 컨텍스트가 시작되면 새로운 DStream을 추가할 수 없으며 기존 DStream을 구조적으로 수정할 수도 없다는 점에 유의하자.

16.2.1 스파크 스트리밍 컨텍스트 생성

스파크 스트리밍 컨텍스트는 스파크 클러스터에서 DStream의 생성, 프로비저닝 및 처리를 감시하는 것을 목표로 한다. 따라서 각 간격마다 생성된 스파크 RDD를 기반으로 작업을 생성하고 DStream 연계를 추적한다.

이를 보다 명확하게 이해하기 위해 스트리밍 컨텍스트를 만들어 스트림을 호스팅하는 방법을 살펴보기로 하자. 가장 간단한 방법은 스파크 셸에서 스파크 컨텍스트 주위에 스트리밍 컨텍스트를 래핑하는 것이다. 이 컨텍스트는 셸에서 sc라는 이름으로 사용할 수 있다.

```scala
scala> import org.apache.spark.streaming._
import org.apache.spark.streaming._

scala> val ssc = new StreamingContext(sc, Seconds(2))
ssc: org.apache.spark.streaming.StreamingContext =
     org.apache.spark.streaming.StreamingContext@77331101
```

스트리밍 컨텍스트는 해당되는 streamingContext 인스턴스에서 start() 메서드가 호출될 때까지 지연되는 수집 프로세스의 시작을 담당한다.

> **CAUTION_** 초보자가 자주 실수하는 것은 로컬 모드(--master "local [1]")에서 단일 코어를 할당하거나 단일 코어가 있는 가상 머신에서 시작하여 스파크 스트리밍을 테스트하려 시도하는 것이다. 즉, 수신자에 의한 데이터 소비는 동일한 머신의 스파크 처리를 차단하여 스트리밍 작업이 진행되지 않는 결과를 낳는다.

16.2.2 DStream 정의

이제 임의의 로컬 포트를 통해 데이터를 수신하는 DStream을 선언해보자. DStream은 스스로 아무것도 하지 않는다. RDD가 연산을 실현하기 위한 조치를 필요로 하는 것과 같은 방식으로 DStream은 DStream 변환 실행의 스케줄링을 트리거하기 위해 출력 동작의 선언을 요구한다. 이 예제에서는 각 배치 간격에 수신된 요소 수를 카운트하는 카운트 변환을 사용한다.

```
scala> val dstream = ssc.socketTextStream("localhost", 8088)
dstream: org.apache.spark.streaming.dstream.ReceiverInputDStream[String] =
    org.apache.spark.streaming.dstream.SocketInputDStream@3042f1b

scala> val countStream = dstream.count()
countStream: org.apache.spark.streaming.dstream.DStream[Long] =
    org.apache.spark.streaming.dstream.MappedDStream@255b84a9
```

16.2.3 출력 작업 정의

이 예제에서는 출력 작업인 print를 사용하여 각 배치 간격에서 DStream의 작은 샘플 요소를 출력하도록 한다.

```
scala> countStream.print()
```

이제 별도의 콘솔에서 공통의 성씨 파일을 반복하고 이를 작은 Bash 스크립트를 사용하여 로컬 TCP 소켓으로 보낼 수 있다.

```
$ { while :; do cat names.txt; sleep 0.05; done; } | netcat -l -p 8088
```

이제 우리 파일을 반복하고 지속적으로 루프를 수행하여 TCP 소켓을 통해 무한히 전송한다.

16.2.4 스파크 스트리밍 컨텍스트 시작하기

지금까지 DStream을 만들고 간단한 카운트 변환을 선언했으며 결과를 관찰하기 위해 print를 출력 연산으로 사용했다. 또한 서버 소켓 데이터 생산자를 시작하여 이름 파일을 반복하고 각 항목을 네트워크 소켓으로 보냈다. 아직 결과는 표시되지 않는다. DStream에 선언된 변환을 실행 중인 프로세스로 구체화하려면 ssc로 표시되는 스트리밍 컨텍스트를 시작해야 한다.

```
scala> ssc.start()

...
\-------------------------------------------
Time: 1491775416000 ms
\-------------------------------------------
1086879

\-------------------------------------------
Time: 1491775420000 ms
\-------------------------------------------
956881

\-------------------------------------------
Time: 1491775422000 ms
\-------------------------------------------
510846

\-------------------------------------------
Time: 1491775424000 ms
\-------------------------------------------
0

\-------------------------------------------
Time: 1491775426000 ms
\-------------------------------------------
932714
```

16.2.5 스트리밍 프로세스 중지하기

초기 스파크 스트리밍 탐색의 마지막 단계는 스트림 프로세스를 중지하는 것이다. streamingContext가 중지된 후에는 해당 범위 내에 선언된 모든 DStream이 중지되고 더 이상 데이터가 소비되지 않는다.

```scala
scala> ssc.stop(stopSparkContext = false)
```

중지된 streamingContext를 다시 시작할 수 없다. 중지된 잡을 다시 시작하려면 streamingContext 인스턴스 작성 시점부터 전체 설정을 다시 실행해야 한다.

16.3 요약

이 장에서는 스파크에서 최초이자 가장 성숙한 스트림 처리 API로서 스파크 스트리밍을 소개했다.

- 스파크 스트리밍의 핵심 추상화인 DStream에 대해 배웠다.
- DStream 함수형 API를 살펴보았고 이를 첫 번째 애플리케이션에 적용했다.
- DStream 모델의 개념과 간격으로 알려진 시간 측정에 의해 마이크로배치가 정의되는 방식을 살펴보았다.

다음 장에서는 스파크 스트리밍의 프로그래밍 모델 및 실행 측면에 대한 더 깊은 이해를 얻을 수 있을 것이다.

## CHAPTER 17

스파크 스트리밍 프로그래밍 모델

앞 장에서는 스파크 스트리밍의 중앙 추상화인 DStream에 대해 알아보았고, 어떻게 마이크로 배치 실행 모델과 함수형 프로그래밍 API를 결합하여 스파크에서 스트림 처리를 위한 완벽한 기반을 제공하는지 알아보았다.

이 장에서는 임의의 복잡한 비즈니스 로직을 스트리밍 방식으로 구현할 수 있는 DStream 추상화가 제공하는 API를 살펴본다. API 관점에서 DStream은 업무의 상당 부분을 스파크의 기저 데이터 구조인 탄력적 분산 데이터셋(RDD)에 위임한다. DStream API의 세부 사항을 자세히 살펴보기 전에 RDD 추상화를 간단히 둘러보자. DStream의 작동 방식을 이해하려면 RDD 개념과 API에 대한 충분한 이해가 필수적이다.

17.1 DStream의 기본 추상화로서의 RDD

스파크는 API와 라이브러리의 기본 요소인 RDD라는 단일 데이터 구조를 갖는다. 이것은 분석할 데이터가 임의의 스칼라 유형으로 표시되는 일련의 요소를 나타내는 다형성 컬렉션이다. 데이터셋은 클러스터의 익스큐터에 분산되어 해당 머신을 사용하여 처리된다.

이러한 RDD를 사용하려면 대부분 RDD 컬렉션 타입에서 함수를 호출해야 한다. 이 API의 함수는 고차 함수다. 그런 의미에서 스파크에서의 프로그래밍에는 그 핵심에 함수적인 프로그래밍이 포함된다. 실제로 프로그래밍 언어는 특히 함수를 인수로, 변수로 또는 보다 일반적으로 구문 요소로 정의할 수 있을 때 함수적인 것으로 간주된다. 그러나 더 중요한 것은 프로그래밍 언어 이론 수준에서 언어는 함수를 인수로 전달할 수 있는 경우에만 함수적 프로그래밍 언어가 된다. 다음 예제에서는 어떻게 스파크가 map 구현을 사용하여 모든 단일 요소에 임의의 함수를 적용하여 컬렉션의 모든 값을 변환하게 할 수 있는지 살펴본다.

다음 예제는 인구 조사 데이터에서 성을 자주 포함하는 텍스트 파일을 RDD[String][1]으로 읽는다. 그런 다음 String으로 표시된 초기 이름을 길이로 변환하는 map 작업을 사용하여 해당 이름의 길이를 얻는다.

```scala
scala> val names = sc.textFile("/home/learning-spark-streaming/names.txt")
names: org.apache.spark.rdd.RDD[String] =
    MapPartitionsRDD[1] at textFile at <console>:24
scala> names.take(10)
res0: Array[String] =
    Array(smith, johnson, williams, jones, brown, davis, miller,
        wilson, moore, taylor)
scala> val lengths = names.map(str => str.length )
lengths: org.apache.spark.rdd.RDD[Int] =
    MapPartitionsRDD[3] at map at <console>:27
scala> lengths.take(10)
res3: Array[Int] = Array(6, 6, 6, 8, 9, 7, 7, 7, 6, 6)
```

---

[1] RDD[String]은 RDD of String(문자열의 RDD)이라고 읽는다.

스파크는 또한 반복적인 구성을 통해 얻은 수집의 주요 요소들을 다른 결과로 통합할 수 있는 reduce 기능을 제공한다. 또한 RDD의 요소 수를 계산하는 count 연산도 사용할 것이다. 다음을 살펴보자.

```scala
scala> val totalLength = lengths.reduce( (acc, newValue) => acc + newValue )
totalLength: Int = 606623
scala> val count = lengths.count()
count: Int = 88799
scala> val average = totalLength.toDouble / count
average: Double = 6.831417020461942
```

reduce는 RDD가 비어 있지 않을 것을 요구한다는 점을 주목할 필요가 있다. 그렇지 않으면, empty collection이라는 메시지와 함께 java.lang.UnsupportedOperationException 예외가 발생한다. 이는 대규모 데이터셋 처리에 대한 논의가 한창인 상황에서 극단적인 경우처럼 보일 수 있지만 들어오는 데이터를 실시간으로 처리하고자 할 때 필요하다.

이 한계를 극복하기 위해 reduce와 비슷한 어그리게이터^{aggregator}(집계자)인 fold를 사용할 수 있다. reduce 함수 외에도 fold를 사용하면 집계함수에 사용할 초기 '0' 요소를 정의할 수 있으므로 빈 RDD에서도 올바르게 작동한다.

fold와 reduce는 둘 다 RDD 유형에 대해 닫힌 집계함수를 사용한다. 따라서 측정치에 따라 RDD[Int]를 합하거나 데카르트 좌표의 min 또는 max를 계산할 수 있다. RDD가 나타내는 데이터와 다른 유형을 반환하고자 하는 경우가 있다. 보다 일반적인 aggregate 함수를 중간 단계에서 상이한 입력 및 출력 유형을 결합하는 방법을 결정할 수 있다.

```scala
scala> names.aggregate[TAB]
def aggregate[U](zeroValue: U)
  (seqOp: (U, T) => U, combOp: (U, U) => U)(implicit scala.reflect.ClassTag[U]): U

scala> names.fold[TAB]
    def fold(zeroValue: T)(op: (T, T) => T): T
```

스파크 RDD가 '**최고의 스칼라 컬렉션**'이라는 별명을 얻은 것은 바로 이 API의 사용 편의성에 기인한다. 스칼라 컬렉션 라이브러리에 있는 스파크의 원래 구현 프로그래밍 언어 포인트에 대한 이 참조는 이미 풍부한 API를 갖춘 단일 머신에서 함수형 프로그래밍의 혜택을 누릴 수 있게 해준다. 그것은 기본 map에서 데이터 처리 어휘를 확장하고 원래의 MapReduce 모델에서 reduce할 수 있게 해준다.

스파크의 진정한 장점은 스칼라 API의 사용 편의성을 재현하고 컴퓨팅 리소스 클러스터에서 작동하도록 확장할 수 있다는 것이다. RDD API는 두 가지 광범위한 기능군인 변환과 동작을 정의한다. map 또는 filter와 같은 변환을 사용하면 **부모**parent에 변환을 적용한 결과로 새 RDD를 작성하여 RDD에 포함된 불변 데이터를 처리할 수 있다. 이 RDD 변환 체인은 원시 데이터의 위치와 원하는 결과로 변환해야 하는 방법을 스파크에 알리는 유향 비순환 그래프directed acyclic graph(DAG)를 형성한다. 모든 변형은 선언적이고 지연된다. 즉, 실제로 데이터를 처리하지는 않는다. 결과를 얻으려면 **동작**action을 실행하여 변형 체인을 구체화해야 한다. 동작은 데이터 조작의 분산 실행을 트리거하고 확실한 결과를 생성한다. 파일에 쓰거나 화면에 샘플을 인쇄할 수 있다.

flatMap, groupBy 그리고 zip과 같은 추가적인 함수형 조작도 사용할 수 있다. join과 cogroup 같이 둘 이상의 기존 RDD를 병합할 수 있는 RDD 결합기combinator를 찾을 수도 있다.

17.2 DStream 변환의 이해

DStream 프로그래밍 API는 다른 함수를 인수로 취하는 변환 또는 고차 함수로 구성된다. API 수준에서 DStream[T]는 T 타입의 데이터 스트림을 나타내는 강력한 형식의 데이터 구조다.

DStream은 변경할 수 없다. 이것은 우리가 그 내용을 제자리에 바꿀 수 없다는 것을 의미한다. 대신 입력 DStream에 일련의 **변환**transformation을 적용하여 의도한 애플리케이션 로직을 구현한다. 각 변환은 부모 DStream에서 변환된 데이터를 나타내는 새 DStream을 만든다. DStream 변환은 지연되어 시스템이 결과를 구체화해야 할 때까지 기본 데이터가 실제로 처리되지 않는다. DStream의 경우 이 구체화 프로세스는 **출력 연산**output operation으로 알려진 특정 연산을 통해 스트림 싱크에 결과를 생성하려고 할 때 트리거된다.

> **NOTE_** 함수형 프로그래밍 배경을 가진 독자에게는 DStream 변환이 순수한 함수로 간주될 수 있는 반면 출력 연산은 외부 시스템에 결과를 생성하는 부가 효과가 있는 함수다.

앞서 소개에서 사용한 코드를 활용하여 이러한 개념을 검토해보자.

```
val errorLabelStream = textDStream.map{ line =>
    if (line.contains("ERROR")) (1, 1) else (0, 1)
  }
```

textDStream에는 텍스트의 라인들이 포함된다. map 변환을 사용하여 원래 DStream[String]의 각 라인에 상당히 단순한 오류 계산 함수를 적용하여 긴 튜플의 새로운 DStream[(Long, Long)]을 생성한다. 이 경우 map은 DStream 변환이며, 변환된 내용으로 다른 DStream을 생성하기 위해서는 해당되는 내용(여기서는 String)에 적용될 수 있는 함수를 사용한다.

DStream은 [그림 17-1]에서 설명한 것처럼 스트림 요소가 시간 차원에서 마이크로배치로 그룹화되는 스트리밍 추상화다. 차례차례 각 마이크로배치는 RDD로 표시된다. 실행 수준에서 스파크 스트리밍의 주요 작업은 데이터 블록을 적시에 수집하여 스파크에 전달하는 일정을 세우고 관리하는 것이다. 또한 스파크 핵심 엔진은 프로그래밍된 작업 순서를 애플리케이션 로직을 구성하는 데이터에 적용한다.

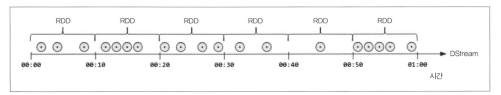

그림 17-1 스파크 스트리밍에 매핑된 스트리밍 모델

이것이 어떻게 API에 반영되는지 되돌아보면 단일 요소에서 작동하는 고전적인 map, filter 등과 같은 연산자가 있음을 알 수 있다. 이러한 작업은 분산 실행 원칙과 동일한 원리를 따르며 배치 스파크와 동일한 직렬화 제약 조건을 따른다.

또한 transform과 foreachRDD와 같이 요소 대신 RDD에서 작동하는 연산자가 있다. 이러한 연산자는 스파크 스트리밍 스케줄러에 의해 실행되며 제공된 연산자는 드라이버 컨텍스트에서 실행된다. 이러한 연산자 범위 내에서 북키핑 또는 애플리케이션 수준의 카운터 유지 관리와 같이 마이크로배치의 경계를 넘는 로직을 구현할 수 있다. 또한 모든 스파크 실행 컨텍스트에 대한 접근을 제공한다. 이러한 연산자 내에서 스파크 SQL, 스파크 ML과 상호작용하거나 스트리밍 애플리케이션의 수명 주기를 관리할 수도 있다. 이러한 작업은 반복 스트리밍 마이크로배치 예약, 요소 수준 변환 및 스파크 런타임 컨텍스트 간의 진정한 가교다.

이 구별을 사용하여 두 가지 광범위한 변환 그룹을 관찰할 수 있다.

요소 중심의 DStream 변환

스트림의 단일 요소에 적용하는 변환

RDD 중심의 DStream 변환

각 마이크로배치의 기본 RDD에 적용하는 변환

이러한 일반적인 분류 외에도 DStream API에는 두 가지 다른 변환 클래스가 있다.

계산 변환

스트림에서 요소를 계산하기 위한 전용 작업

구조 변경 변환

DStream의 내부 구조나 구성은 변경하지만 내용은 변경하지 않는 변환

이 장의 나머지 부분에서는 이들 변환에 대해 자세히 알아본다.

17.3 요소 중심의 DStream 변환

일반적으로 DStream API 미러 함수의 요소 중심 변환은 RDD API에서도 사용 가능하여 스파크의 배치 및 스트리밍 모드 간의 개발 경험을 통합한다.

가장 일반적으로 사용되는 변환은 다음과 같다.

> **NOTE_** 각 변환의 서명은 가능한 경우 서명을 보다 간결하게 만들기 위해 암시적 파라미터를 제거함으로써 단순화되었다.

map

```
map[U](mapFunc: (T) => U): DStream[U]
```

DStream의 map 함수는 T => U 함수를 가져와서 DStream[T]의 모든 요소에 적용하여 RDD 구조를 변경하지 않는다. RDD에서와 같이 그것의 입력이 나머지 데이터에 관하여 특정한 위치에 있는지 여부는 중요하지 않은 대규모 병렬 작동을 위한 적절한 선택이다.

flatMap

```
flatMap[U](flatMapFunc: (T) => TraversableOnce[U]): DStream[U]
```

flatmap은 U 타입의 요소를 리턴하는 대신 U의 TraversableOnce 컨테이너 유형을 리턴하는 map의 일반적인 동반자 같은 존재다. 이 컨테이너는 리턴하기 전에 단일 컨테이너로 병합된다. 모든 스칼라 컬렉션은 TraversableOnce 인터페이스를 구현하여 이 함수의 대상 유형으로 모두 사용할 수 있다.

flatMap의 일반적인 사용 사례는 단일 요소에서 0개 이상의 대상 요소를 작성하려는 경우다. flatMap을 사용하여 레코드를 여러 요소로 분해하거나 Option 타입과 함께 사용하면 특정 기준을 충족하지 않는 입력 레코드를 필터링하는 데 적용할 수 있다.

중요한 설명은 이 버전의 flatMap이 flatMap[U](flatMapFunc : (T) => DStream[U]) : DStream[U]와 같은 엄격한 단항의 정의를 따르지 않는다는 것이다. 이는 함수형 프로그래밍 배경을 가진 신규 사용자에게 혼동의 원인이 되는 경우가 많다.

mapPartitions

```
mapPartitions[U](mapPartFunc: (Iterator[T]) => Iterator[U],
                 preservePartitioning: Boolean = false): DStream[U]
```

이 함수는 RDD에 정의된 동종homonymous 함수와 마찬가지로 RDD의 각 파티션에 직접 map 조작을 적용할 수 있다. 결과는 요소가 매핑되는 새로운 DStream[U]다. RDD에 정의된 mapPartitions 호출과 마찬가지로 이 함수는 익스큐터 동작을 허용하므로 유용하다. 즉, 모든 요소에 대해 반복되지는 않지만 데이터가 처리되는 각 익스큐터에 대해 한 번만 실행되는 일부 로직이다.

전형적인 예는 Iterator[T]를 통해 접근할 수 있는 파티션의 모든 요소를 처리하는 데 사용되는 난수 생성기를 초기화한다는 것이다. 또 다른 유용한 경우는 서버 또는 데이터베이스 연결과 같은 고가 리소스의 생성을 없애거나 줄이고 이러한 리소스를 재사용하여 모든 입력 요소를 처리하는 것이다. 부가적인 이점은 초기화 코드가 익스큐터에서 직접 실행되므로 분산 컴퓨팅 프로세스에서 직렬화할 수 없는 라이브러리를 사용할 수 있다는 것이다.

filter

```
filter(filterFunc: (T) => Boolean): DStream[T]
```

이 함수는 인수로 전달된 술어에 따라 DStream의 일부 요소를 선택한다. map과 관련하여 술어는 DStream의 모든 요소에서 점검된다. 특정 배치 간격 동안 술어를 확인하는 요소가 수신되지 않으면 빈 RDD를 생성할 수 있다.

glom

```
glom(): DStream[Array[T]]
```

이 함수는 RDD에 정의된 동종 함수와 같이 배열의 요소를 통합할 수 있다. 실제로 RDD에 대한 glom 호출은 파티션 수만큼 요소 배열을 반환하므로 DStream과 같은 것은 각 구성 RDD에서 glom 함수를 호출한 결과를 반환한다.

reduce

```
reduce(reduceFunc: (T, T) => T): DStream[T]
```

RDD의 reduce 함수와 동일하다. 제공된 집계함수를 사용하여 RDD 요소를 집계할 수 있다. reduce는 두 개의 인수인 **누산기**^{accumulator}와 RDD의 새 요소를 사용하여 누산기에 대한 새 값을 반환한다. 따라서 DStream[T]에 reduce를 적용한 결과 각 배치 간격에 하나의 요소(누산기의 최종값)만 있는 RDD가 포함되는 동일한 타입 T의 DStream이 발생한다. 특히 reduce는 주의해서 사용해야 한다. 빈 RDD 자체는 처리할 수 없으며 스트리밍 애플리케이션에서는 데이터 생성 또는 수집이 중단될 때처럼 빈 데이터 일괄 처리가 항상 발생할 수 있다.

소스 DStream에서 어떤 유형의 작업을 수행하는지에 따라 이러한 다양한 변환을 다음과 같은 방식으로 요약할 수 있다. [표 17-1]에서 작업이 요소 단위가 아닌 전체 RDD에서 작동하는지 여부와 출력 RDD에 제한이 있는지 여부를 확인할 수 있다.

표 17-1 일부 필수 DStream 작업의 계산 모델 및 출력

연산	영향	출력 RDD 구조
map, filter	원소 단위(요소 단위)	변경되지 않음(원본만큼 많은 요소)
glom	파티션 단위	원래 파티션의 갯수만큼 많은 배열
mapPartitions	파티션 단위	원래의 RDD 만큼 많은 파티션
reduce, fold	집계, 응집	하나의 요소
flatMap	원소 단위(요소 단위)	출력 컨테이너의 크기만큼 많은 요소

17.4 RDD 중심의 DStream 변환

이러한 작업을 통해 DStream의 기본 RDD에 직접 접근할 수 있다. 이러한 작업을 특별하게 만드는 것은 이들이 스파크 드라이버의 컨텍스트에서 실행된다는 것이다. 따라서 스파크 세션 (또는 스파크 컨텍스트)에서 제공하는 기능과 드라이버 프로그램의 실행 컨텍스트에 접근할 수 있다. 이 로컬 실행 컨텍스트에서 로컬 변수, 데이터 저장소 또는 외부 서비스에 대한 API 호출에 접근하여 데이터 처리 방식에 영향을 줄 수 있다.

가장 일반적으로 사용되는 변환은 다음과 같다.

transform

```
transform[U](transformFunc: (RDD[T]) => RDD[U]): DStream[U]
transform[U](transformFunc: (RDD[T], Time) => RDD[U]): DStream[U]
```

변환을 통해 RDD[T] => RDD[U] 유형의 변환 함수를 재사용하고 이를 DStream의 각 구성 요소 RDD에 적용할 수 있다. 그것은 종종 배치 잡을 위해 작성된 일부 처리(또는 다른 컨텍스트에서 더 단순하게 작성된 일부 처리)의 이점을 이용하여 스트리밍 프로세스를 산출하기 위해 사용된다.

변환은 또한 시그니처 (RDD[T], Time) => RDD[U]와 함께 시간제한이 있는 버전을 가지고 있다. foreachRDD의 동작에 대해 곧 언급하겠지만 이는 DStream의 데이터에 이 데이터가 포함된 배치 시간으로 태그를 지정하는 데 매우 유용할 수 있다.

transformWith

```
transformWith[U,V](
    other: DStream[U], transformFunc: (RDD[T], RDD[U]) => RDD[V]
): DStream[V]
transformWith[U,V](
    other: DStream[U], transformFunc: (RDD[T], RDD[U], Time) => RDD[V]
): DStream[V]
```

transformWith를 사용하면 임의의 변환 함수를 사용하여 이 DStream을 다른 DStream과 결합할 수 있다. 이를 사용하여 조인 기능이 키를 기반으로 하지 않는 두 DStream 간에 사용자 정의 조인 기능을 구현할 수 있다. 예를 들어 유사성 함수를 적용하고 **충분히 가까운** 요소를 결합할 수 있다. transform과 마찬가지로 transformWith는 배치 시간에 접근하여 들어오는 데이터에 타임스탬프 메커니즘을 차별화할 수 있는 오버로드를 제공한다.

17.5 계산 변환

스트림의 내용은 로그의 계산 오류 또는 트윗의 해시태그와 같이 카디널리티가 중요한 데이터로 구성되는 경우가 많으므로 계산은 스파크에서 특정 API 함수를 보장할 정도로 최적화된 빈도가 높은 작업이다.

비록 count는 RDD API에서 결과를 직접 생성하기 때문에 RDD API에서 구체화되는 작업이지만, DStream API에서는 각 마이크로배치 간격에서 카운트를 사용하여 새 DStream을 생성하는 변환이라는 것은 흥미로운 일이다.

스파크 스트리밍에는 주어진 DStream에 대해 몇 가지 카운팅 기능이 있으며 이는 예제에서 보다 잘 살펴볼 수 있다.

첫 글자를 이용해서 키를 붙인 이름으로 구성된 DStream이 있고, 이 DStream이 '반복'한다고 가정해보자. 각 배치 간격에서 각각의 RDD는 알파벳 문자당 10개의 고유한 이름으로 구성된다.

```
val namesRDD: RDD[(Char, String)] = ...
val keyedNames: DStream[(Char, String)] =
    ConstantInputDStream(namesRDD, 5s)
```

이는 [표 17-2]에 표시된 결과로 이어질 것이다.

표 17-2 계산 작업

연산	반환 타입	결과
keyedNames.count()	DStream[Long]	260
keyedNames.countByWindow(60s)	DStream[Long]	260(동일한 RDD가 매번 반복되므로)
keyedNames.countByValue()	DStream[((Char, String), Long)]	260개의 고유한 (첫 번째 문자, 이름) 쌍 각각에 대해 1
keyedNames.countByKey()	DStream[(Char, Long)]	26 글자 각각에 대해 10
keyednames.countByValueAnd Window(60s)	DStream[((Char, String), Long)]	260개의 고유한 (첫 번째 문자, 이름) 쌍 각각에 대해 12

17.6 구조 변경 변환

이전 작업은 모두 변환이었다. 즉, 스트림의 내용에 함수를 적용한 후 항상 DStream을 반환한다. 스트림의 데이터를 변환하는 것이 아니라 DStream의 구조나 경우에 따라 스파크 클러스터를 통한 데이터 흐름을 변환하는 다른 변환이 있다.

repartition

```
repartition(int numPartitions): DStream[T]
```

repartition은 이 DStream에서 기본 RDD의 파티셔닝이 증가 또는 감소된 새로운 DStream을 야기한다. repartition을 통해 일부 스트리밍 계산의 병렬 처리 특성을 변경할 수 있다. 예를 들어 CPU 집약적인 계산을 위해 몇 개의 입력 스트림에서 대규모 클러스터에 배포할 대량의 데이터를 전송하는 경우 파티셔닝을 증가시킬 수 있다. 예를 들어 데이터베이스에 쓰기 전에 많은 요소를 가진 몇 개의 파티션이 있는지 확인하려는 경우 파티션을 줄이는 것이 흥미로울 수 있다. 제공된 파라미터는 대상 파티션 수의 절대 개수다. 이 작업으로 파티셔닝 생성 또는 감소 여부는 이 DStream의 원래 파티션 수에 따라 달라지며, 소스 병렬 처리에 따라 달라질 수 있다.

데이터 지향 변환과 달리 올바른 파티션 사용을 위해서는 입력 병렬 처리, 분산 연산의 복잡성 및 스트리밍 작업이 실행될 클러스터 크기에 대한 지식이 필요하다.

union

```
union(other: DStream[T]): DStream[T]
```

union은 동일한 타입의 두 개의 DStream을 단일 스트림에 추가한다. 결과는 두 입력 DStream 모두에서 찾은 요소를 포함하는 DStream이다. 대안적인 사용 방식은 결합할 DStream의 조합으로 streamingContext 인스턴스에서 공용체를 호출하는 것이다. 이 두 번째 형식을 사용하면 많은 DStream을 한 번에 통합할 수 있다.

```
union[T](streams: Seq[DStream[T]]): DStream[T]
```

17.7 요약

이 장에서는 스트리밍 애플리케이션을 구현하기 위해 DStream이 제공하는 API를 살펴봤으며, 다음을 확인할 수 있었다.

- DStream은 변경할 수 없다. 대신 변환transformation을 적용한다.
- 변형은 느리다. 특수 출력 작업으로 구체화해야 한다.
- DStream은 요소를 변환할 수 있는 풍부한 기능의 API를 제공한다.
- 일부 변환은 기본 RDD를 노출하여 풍부한 스파크 코어 API의 전체 범위에 대한 접근을 제공한다.

다음 장에서는 DStream을 만들어 외부 시스템에서 데이터를 소싱하는 방법을 배운다. 또한 데이터 스트림을 통한 변환 실행을 트리거하고 다른 시스템이나 보조 스토리지로 데이터를 생성할 수 있는, 스파크 스트리밍 전문 용어로 출력 작업이라고 하는 특정 작업셋을 배운다.

## CHAPTER 18

스파크 스트밍 실행 모델

16장에서 스파크 스트리밍 여행을 시작했을 때 DStream 추상화가 이 스트리밍 API에서 제공하는 프로그래밍과 운영 모델을 어떻게 구현하는지 논의했었다. 앞 장에서 프로그래밍 모델에 대해 배운 후 스파크 스트리밍 런타임 뒤의 실행 모델을 이해할 준비를 갖췄다.

이 장에서는 대량 동기화 아키텍처와 마이크로배치 스트리밍 모델에 대한 추론 프레임워크를 제공하는 방법을 학습한다. 그런 다음 스파크 스트리밍이 리시버 모델을 사용하여 데이터를 소비하는 방법과 이 모델이 데이터 처리 안정성 측면에서 제공하는 보장을 살펴본다. 마지막으로 안정적인 데이터 전송을 제공할 수 있는 스트리밍 데이터 공급자를 위한 리시버의 대안으로 직접 API를 검사한다.

18.1 대량 동기화 아키텍처

5장에서는 스트림의 마이크로배치에서 분산 스트림 처리가 어떻게 수행될 수 있는지 추론할 수 있는 이론적 프레임워크로서 **대량 동기화 병렬 처리**bulk-synchronous parallelism(**BSP**) 모델을 논의했다.

스파크 스트리밍은 대량 동기화 병렬 처리와 유사한 처리 모델을 따른다.

- 클러스터의 모든 스파크 익스큐터는 동기화 클럭을 가지고 있다고 가정한다. 예를 들어 네트워크 시간 프로토콜(NTP) 서버를 통해 동기화된다.

- 리시버 기반 소스의 경우 하나 또는 여러 익스큐터가 특수 스파크 잡인 **리시버**receiver를 실행한다. 이 리시버는 Stream의 새로운 요소를 소비한다. 이는 두 개의 클럭 틱을 수신한다.
  - 가장 빈번한 클럭 틱을 **블록 간격**block interval이라고 한다. 스트림으로부터 수신된 요소가 블록에 할당되어야 할 때 신호를 보낸다. 즉, 이 현재 간격 동안 단일 익스큐터에 의해 처리되어야 하는 스트림 부분이다. 이러한 각각의 블록은 각 배치 간격마다 생성된 탄력적 분산 데이터셋(RDD)의 파티션이 된다.
  - 두 번째로 빈번한 것은 **배치 간격**batch interval이다. 리시버가 마지막 클럭 틱 이후 수집된 스트림에서 데이터를 어셈블해야 하는 시점을 표시하고 클러스터에서 분산 처리를 위한 RDD를 생성한다.
- 직접 접근 방식을 사용할 때는 배치 간격 틱만 관련이 있다.
- 모든 처리 중에 정기적 (배치) 스파크 잡의 경우와 같이 블록은 블록 매니저에 신호를 보낸다. 블록 매니저는 스파크에 넣은 모든 데이터 블록이 구성된 지속성 수준에 따라 결함 허용의 목적으로 복제되도록 하는 구성 요소다.
- 각 배치 간격에서는 이전 배치 간격 동안 데이터가 수신된 RDD가 사용 가능해지므로 이 배치 동안에 처리가 예약된다.

[그림 18-1]은 이러한 요소들이 어떻게 결합되어 개념적으로 DStream을 형성하는지 보여준다.

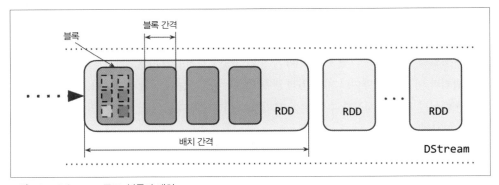

그림 18-1 DStream 구조: 블록과 배치

엄격한 대량 동기화 모델로 동시 실행을 달성하기 위해 이곳의 장벽은 배치 간격에 새로운 **RDD**가 될 것이다. 스파크 스트리밍을 제외하고는 새로운 배치가 도착할 때 데이터 전달이 클러스터 상태와 독립적으로 발생하기 때문에 이는 실제로 장벽은 아니며, 스파크의 리시버는 새 배치에서 데이터 수신을 시작하여 클러스터가 완료될 때까지 기다리지 않는다.

이는 설계 결함이 아니라 스파크 스트리밍이 가장 정직하게 실제 스트림을 처리하려고 시도한 결과로서, 마이크로배칭 모델을 가지고 있음에도 불구하고 스파크 스트리밍은 스트림이 사전 정의된 끝이 없으며 시스템이 지속적으로 데이터를 수신해야 한다는 것을 인정한다.

상대적으로 간단한 이 모델의 결과로 데이터 수신(리시버) 작업을 수행하는 스파크 스트리밍 잡은 클러스터에서 지속적으로 작업하도록 예약된 잡이어야 한다. 충돌이 발생한 경우 다른 익스큐터에서 다시 시작되어 추가 중단 없이 데이터를 계속 수집한다.

18.2 리시버 모델

앞서 언급했듯이 스파크 스트리밍에서 리시버는 스파크 클러스터의 처리 상태에 관계없이 입력 스트림에서 데이터를 지속적으로 수집할 수 있는 프로세스다.

이 구성 요소는 스트림 소스가 제공하는 데이터와 스파크 스트리밍의 데이터 처리 엔진 간의 어댑터다. 어댑터로서 외부 스트림의 특정 API 및 시맨틱을 구현하고 내부적인 계약을 사용하여 해당 데이터를 제공한다. [그림 18-2]는 DStream 데이터 흐름에서 리시버의 역할을 보여준다.

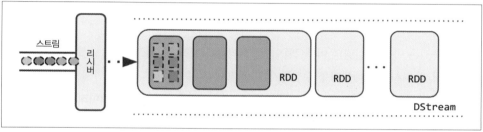

그림 18-2 리시버 모델

18.2.1 리시버 API

가장 기본적인 리시버는 다음 세 가지 메서드로 구성된다.

def onStart( )
외부 소스의 데이터 수신을 시작한다. 실제로 onStart는 인바운드 데이터 수집 프로세스를 비동기적으로 시작하고 즉시 반환해야 한다.

def store(...)
하나 또는 여러 개의 데이터 요소를 스파크 스트리밍에 제공한다. 새로운 데이터가 있을 때마다 onStart에 의해 시작된 비동기 프로세스에서 저장소를 호출해야 한다.

```
def stop(...)
```
수신 프로세스를 중지한다. stop은 onStart에 의해 시작된 수신 프로세스에 의해 사용되는
모든 리소스를 적절하게 정리해야 한다.

이 모델은 광범위한 스트리밍 데이터 제공자들을 통합하기 위해 구현될 수 있는 일반적인 인터
페이스를 제공한다. 일반성이 스트리밍 시스템의 데이터 전송 방법에 대해 어떻게 추상화하는지
주목하자. TCP 클라이언트 소켓과 같이 항상 연결된 푸시 기반 리시버는 물론 REST/HTTP
커넥터와 같은 요청 기반 풀 커넥터를 몇몇 시스템에 구현할 수 있다.

18.2.2 리시버는 어떻게 동작하는가

리시버의 임무는 스트림 소스에서 데이터를 수집하여 스파크 스트리밍에 전달하는 것이다. 이
는 직관적으로 이해하기 매우 쉽다. 데이터가 들어오면 배치 간격 동안 블록으로 수집되고 패
키지화된다. 각 배치 간격 기간이 완료되는 즉시 수집된 데이터 블록을 스파크에 전달하여 처
리한다.

[그림 18-3]은 이러한 일련의 이벤트들이 일어나는 시기를 묘사하고 있다. 스트리밍 프로세스
가 시작될 때 리시버는 데이터를 수집하기 시작한다. $t0$ 주기가 끝나면 첫 번째 수집된 블록 #0
이 처리를 위해 스파크에 주어진다. 시간 $t2$에서 스파크는 $t1$에서 수집된 데이터 블록을 처리하
고 있고, 수신기는 블록 #2에 해당하는 데이터를 수집하고 있다.

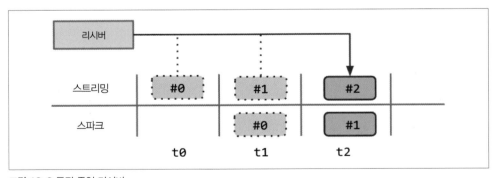

그림 18-3 동작 중인 리시버

어떤 시점에서든 스파크가 이전 배치의 데이터를 처리하고 있는 반면 리시버는 현재 간격에 대

한 데이터를 수집하고 있다는 것을 일반화할 수 있다. 스파크에 의해 배치가 처리된 후([그림 18-3]의 #0과 같이)에는 정리할 수 있다. RDD를 정리할 시간은 spark.cleaner.ttl 설정으로 결정한다.

18.2.3 리시버의 데이터 흐름

[그림 18-4]는 이 경우에 스파크 애플리케이션의 데이터 흐름을 보여준다.

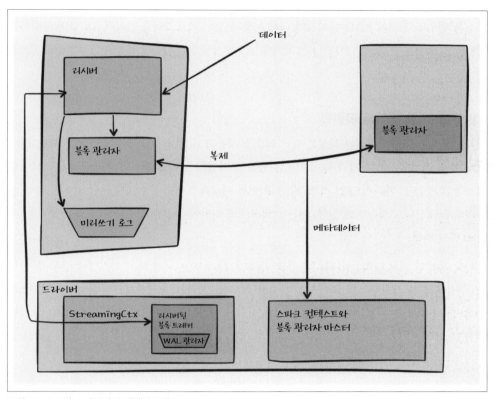

그림 18-4 스파크 리시버의 데이터 흐름

이 그림에서는 데이터 수집이 하나의 익스큐터 상에서 단일 태스크로 변환되는 잡으로 발생함을 알 수 있다. 이 작업은 데이터 소스에 대한 연결을 다루고 데이터 전송을 시작한다. 드라이버 머신 내에 존재하는 북키핑 객체인 스파크 컨텍스트에서 관리한다.

각 블록 간격 틱(리시버를 실행하는 익스큐터에서 측정한 대로)에서 이 기계는 이전 블록 간격에 대해 수신한 데이터를 블록으로 그룹화한다. 그런 다음 블록은 드라이버에 대한 스파크 컨텍스트의 북키핑에도 있는 블록 매지저에 등록된다. 이 프로세스는 스파크 스트리밍의 소스 데이터가 스토리지 레벨로 표시된 횟수만큼 복제되도록 하기 위해 이 블록이 나타내는 데이터의 복제를 시작한다.

각 배치 간격 틱(드라이버에서 측정한 대로)에서 드라이버는 올바른 횟수로 복제된 이전 배치 간격에 대해 수신된 데이터를 RDD에 그룹화한다. 스파크는 이 RDD를 잡스케줄러에 등록하여 특정 RDD에 대한 잡 스케줄링을 시작한다. 실제로 스파크 스트리밍의 마이크로배치 모델의 핵심은 연속적인 배치 RDD 데이터에 대해 사용자 정의 프로그램을 반복적으로 스케줄링하는 것이다.

18.2.4 내부 데이터 복원력

리시버가 독립적인 잡이라는 사실은 특히 리소스 사용과 데이터 전달 의미에 영향을 미친다. 데이터 수집 작업을 실행하기 위해 리시버는 필요한 작업의 양에 관계없이 익스큐터에서 하나의 코어를 소비한다. 따라서 단일 스트리밍 리시버를 사용하면 익스큐터에서 단일 코어에 의해 순차적으로 데이터 수집이 수행되며, 이는 스파크 스트리밍이 수집할 수 있는 데이터양에 대한 제한 요인이 된다.

스파크 복제의 기본 단위는 블록이다. 모든 블록은 하나 또는 여러 대의 시스템에 있을 수 있으며(구성에서 표시한 지속성 수준까지, 따라서 기본적으로 최대 2개까지), 블록이 그 지속성 수준에 도달해야 처리할 수 있다. 따라서 RDD가 모든 블록을 복제할 때만 잡 스케줄링을 고려할 수 있다.

스파크 엔진 쪽에서 각 블록은 RDD의 파티션이 된다. 데이터 파티션과 이에 적용해야 할 작업의 결합이 과제가 된다. 각 태스크는 일반적으로 로컬로 데이터를 포함하는 익스큐터에서 병렬로 처리할 수 있다. 따라서 단일 리시버에서 얻은 RDD에 대해 우리가 기대할 수 있는 병렬화 수준은 [식 18-1]에서 정의한 바와 같이 배치 간격 대 블록 간격의 비율이다.

식 **18-1** 단일 리시버 분할

$$\text{파티션 수} = \frac{\text{배치 간격}}{\text{블록 간격}}$$

스파크에서 작업 병렬 처리의 일반적인 경험 법칙은 작업 수와 사용 가능한 익스큐터 코어 수의 2~3배 비율을 갖는 것이다. 논의를 위해 세 가지 요소를 고려하여 블록 간격을 [식 18-2]에 표시된 간격으로 설정해야 한다.

식 18-2 블록 간격 튜닝

$$블록\ 간격 = \frac{배치\ 간격}{3 \times 스파크\ 코어}$$

18.2.5 리시버 병렬

앞서 단일 리시버가 스파크 스트리밍으로 처리할 수 있는 데이터양을 제한하는 요소라고 언급했다.

들어오는 데이터 처리량을 늘리는 간단한 방법은 코드 수준에서 더 많은 DStream을 선언하는 것이다. 각 DStream은 자체 소비자에 연결되므로 클러스터에서 자체 코어 소비량을 갖게 된다. DStream 작업 통합을 통해 이러한 스트림을 병합하여 다양한 입력 스트림에서 단일 데이터 파이프라인을 생성할 수 있다.

DStream을 병렬로 만들어 시퀀스에 넣었다고 가정하자.

```
val inputDstreams: Seq[DStream[(K,V)]] = Seq.fill(parallelism: Int) {
... // 입력 스트림 생성 함수
}
val joinedStream  = ssc.union(inputDstreams)
```

> **CAUTION_** 생성된 DStream의 union은 입력 DStream의 변환 파이프라인 수를 하나로 줄이므로 중요하다. 이렇게 하지 않으면 단계 수에 소비자 수가 곱해져 불필요한 오버헤드가 발생한다.

이런 식으로 동시에 생성된 DStream의 #parallelism 팩터로 표현되는 리시버 병렬 처리를 이용할 수 있다.

18.2.6 밸런싱 리소스: 리시버와 프로세싱 코어

생성된 각 리시버가 클러스터에서 자체 코어를 소비한다는 점을 감안할 때 소비자 병렬 처리가 증가하면 클러스터에서 처리할 수 있는 코어 수가 증가한다.

스트리밍 분석 애플리케이션 전용 12-코어 클러스터가 있다고 가정하자. 단일 리시버를 사용하는 경우 수신을 위해 하나의 코어를 사용하고 데이터 처리를 위해 9개의 코어를 사용한다. 단일 리시버가 사용 가능한 모든 처리 코어에 작업을 수행하기에 충분한 데이터를 수신하지 못할 수 있으므로 클러스터가 충분히 활용되지 않을 수 있다. [그림 18-5]는 진한 색 노드가 처리에 사용되고 흐린 색 노드가 유휴 상태인 상황을 보여준다.

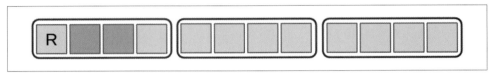

그림 18-5 단일 리시버 할당

클러스터 사용률을 향상시키기 위해 방금 설명한 것처럼 리시버 수를 늘린다. 가상 시나리오에서 4개의 리시버를 사용하면 [그림 18-6]에 표시된 것처럼 훨씬 더 나은 리소스 할당이 제공된다.

그림 18-6 다중 리시버 할당

배치 간격은 분석 요구에 의해 고정되며 동일하게 유지된다. 블록 간격은 무엇이어야 할까? 병렬로 처리하는 4개의 DStream은 단일 DStream보다 블록 간격당 4배 많은 블록을 생성해야 한다. 따라서 동일한 블록 간격으로 통합된 DStream의 파티션 수는 원래 경우보다 4배가 된다. 따라서 동일한 블록 간격을 사용할 수 없고, 대신에 다음을 사용해야 한다.

$$\text{블록 간격} = \frac{4 \times \text{배치 간격}}{3 \times \text{스파크 코어}}$$

최소 세 개의 파티션이 필요하므로 이 숫자를 가장 가까운 밀리초로 **내림**한다.

임의의 특성 집합으로 일반화하려면 다음을 사용해야 한다.

$$블록\ 간격 = \frac{리시버 \times 배치\ 간격}{코어당\ 파티션 \times 스파크\ 코어}$$

시스템에서 사용되는 총 코어 수는 다음과 같다.

$$총\ 시스템\ 코어 = 리시버\ 수 + 스파크\ 코어\ 수$$

18.2.7 미리 쓰기 로그를 통한 데이터 손실 제로화 달성

스파크 1.2 이전의 원래 리시버 설계에는 중대한 설계 결함이 있었다. 리시버가 현재 블록에 대한 데이터를 수집하는 동안 그 데이터는 리시버 프로세스의 메모리 버퍼에서만 발견된다. 블록이 완성되어 전달되어야 클러스터에서 복제된다. 리시버가 고장 나면 해당 버퍼의 데이터가 손실되고, 복구할 수 없어 데이터 손실이 발생한다.

데이터 손실을 방지하기 위해 리시버가 수집한 데이터를 신뢰할 수 있는 파일시스템 상의 로그 파일에 추가한다. 이것은 신뢰할 수 있고 지속 가능한 데이터 수신을 보장하기 위해 데이터베이스 설계에서 일반적으로 사용되는 구성 요소인 미리 쓰기 로그$^{write-ahead\ log}$(WAL)로 알려져 있다.

WAL은 처리를 위해 데이터가 전달되기 전에 데이터가 쓰여지는 추가 전용$^{append-only}$ 구조다. 데이터가 올바르게 처리된 것으로 알려지면 로그에 입력된 데이터가 처리된 것으로 표시된다. 데이터베이스 세계에서 동등한 프로세스는 데이터가 관련된 트랜잭션의 커밋이며, 이 로그를 **커밋 로그**$^{commit\ log}$라고 한다.

실패가 발생할 경우 WAL의 데이터는 마지막으로 등록된 커밋에 이은 기록에서 재생되며, 리시버의 잠재적 데이터 손실을 보상한다. WAL과 리시버의 조합은 신뢰할 수 있는 리시버로 알려져 있다. 신뢰할 수 있는 리시버 모델에 기초한 스트리밍 소스는 **신뢰할 수 있는 소스**$^{reliable\ source}$로 알려져 있다.

WAL 활성화

WAL 지원 데이터 전송을 활성화하여 데이터 손실을 방지하려면 다음 설정을 적용해야 한다.

```
streamingContext.checkpoint(dir)
```
이 디렉터리는 체크포인트와 미리 쓰기 로그 모두에 사용된다.

spark.streaming.receiver.writeAheadLog.enable (기본값: false)

미리 쓰기 프로세스를 활성화하려면 true로 설정하자.

로그 쓰기 작업이 증가함에 따라 스트리밍 잡의 전체 처리량이 줄어들고 전체 리소스 사용량이 증가할 수 있음을 알아두자. WAL이 안정적인 파일시스템에 쓸 때 해당 파일시스템의 인프라에는 스토리지 및 처리 용량 측면에서 로그에 대한 연속 쓰기 스트림을 수용할 수 있는 충분한 리소스가 있어야 한다.

18.3 리시버가 없는 모델 또는 직접 모델

스파크 스트리밍은 일반적인 스트림 처리 프레임워크를 목표로 한다. 그 전제 내에서 리시버 모델은 모든 스트리밍 소스의 통합을 가능하게 하는 일반적인 소스와 무관한 계약을 제공한다. 그러나 일부 소스는 데이터 전달 프로세스에서 중개자로서 리시버의 역할이 불필요하게 되는 직접 소비 모델을 허용한다.

스파크 스트리밍 잡을 위한 스트리밍 백엔드로 카프카의 인기가 높아짐에 따라 추가 고려 대상이 되었다. 이전 절에서는 장애에 직면했을 때 리시버 모델에 대한 데이터 손실을 완전히 없애기 위한 솔루션으로서 WAL을 배운 바 있다.

카프카는 본질적으로 분산 커밋 로그의 구현이다. 신뢰할 수 있는 카프카 리시버가 구현되었을 때 WAL의 사용이 카프카에 이미 존재하는 것과 동일한 기능을 복제하고 있다는 것이 명백해졌다. 더구나 카프카에서 리시버로 데이터를 소비하는 것은 필요조차 없었다. 리시버가 스파크 메모리에 있는 블록의 중복을 통해 데이터 중복을 처리한다는 것을 상기해보자. 카프카는 이미 데이터 신뢰성을 복제하고 동등한 데이터 내구성 보장을 제공하고 있다. 카프카로부터 데이터를 소비하기 위해서는 이미 처리된 데이터의 **오프셋**offset을 추적하여 배치 간격으로 수신한 새 데이터의 오프셋을 계산하기만 하면 되었다. 소비된 각 파티션에 대해 이 두 개의 오프셋을 사용하면 이들 오프셋에 의해 결정된 데이터 세그먼트를 직접 소비하고 그 위에서 작동하는 스파크 잡을 시작하기에 충분할 것이다. 마이크로배치의 처리가 성공하면 소비된 오프셋이 커밋된다.

직접 커넥터 모델은 데이터 브로커라기보다는 매니저에 가깝다. 그 역할은 스파크가 처리할 데이터 세그먼트를 계산하고 이미 처리된 데이터 대비 처리할 데이터의 북키핑을 유지하는 것이다. 카프카의 고성능과 낮은 지연 시간 데이터 전송 특성을 감안할 때 이 방법은 리시버 기반 구현에 비해 훨씬 더 빠르고 리소스가 덜 필요한 것으로 나타났다.

> **NOTE_** 카프카용 **직접** 커넥터(디렉트 커넥터)의 구체적인 사용법은 19장을 참조하라.

18.4 요약

지금까지 스파크 스트리밍 실행 모델과 스트림 처리 방식의 기초를 살펴보았다.

- 스트림은 데이터 소스에서 시간 경과에 따라 볼 수 있는 집계된 데이터다. 블록 간격마다 새로운 데이터 파티션이 생성되고 복제된다. 모든 배치 간격(블록 간격의 배수)에서 결과 데이터는 RDD로 조립되며, 그에 대한 잡을 스케줄링할 수 있다.
- 스케줄링은 스크립트의 사용자 정의 기능에 의해 수행되지만, 일부 내장 기능(예: 체크포인팅)의 부산물이 될 수도 있다. 스케줄링 자체는 고정된 코어를 가지고 있다.
- DStream을 생성하는 가장 일반적인 방법은 익스큐터의 입력 소스에 연결하는 잡을 생성하여 하나의 코어를 소비하는 리시버 모델이다. 여러 개의 DStream을 생성하여 병렬성을 높일 수 있는 경우도 있다.
- 리소스 할당 및 구성 파라미터와 같은 요인은 스트리밍 잡의 전반적인 성능에 영향을 미치며, 이러한 동작을 조정할 수 있는 옵션이 있다.
- WAL을 활성화하면 추가적인 리소스 사용을 희생하면서 잠재적인 데이터 손실을 방지할 수 있다.
- 고성능과 내구성이 뛰어난 데이터 전달 보증을 제공하는 카프카와 같은 특정 시스템의 경우 리시버의 책임을 스트리밍 시스템 고유의 관점에서 마이크로배치 간격을 계산하는 최소한의 북키핑으로 줄일 수 있다. 직접 모델(디렉트 모델)로 알려진 이 모델은 스파크 클러스터의 메모리로 데이터를 복사하고 복제해야 하는 것보다 더 리소스 효율적이고 성능이 뛰어나다.

## CHAPTER 19

스파크 스트리밍 소스

2장에서 살펴본 것처럼 스트리밍 소스는 지속적으로 데이터를 제공하는 데이터 공급자다. 스파크 스트리밍에서 **소스**source는 외부 스트리밍 소스와의 상호작용을 구현하고 DStream 추상화를 사용하여 스파크 스트리밍에 데이터를 제공하는 스파크 스트리밍 잡의 컨텍스트 내에서 실행되는 어댑터다. 프로그래밍 관점에서 스트리밍 데이터 소스를 소비한다는 것은 해당 소스에 대한 적절한 구현을 사용하여 DStream을 작성하는 것을 의미한다.

16.1절 'DStream 추상화'에서는 네트워크 소켓으로부터 데이터를 소비하는 방법에 대한 예를 살펴보았다. [예제 19-1]을 살펴보자.

예제 19-1 소켓 연결에서 텍스트 스트림 작성

```
// 주어진 호스트와 포트에 연결된 클라이언트 소켓을 사용하여 DStream을 생성한다.
val textDStream: DStream[String] = ssc.socketTextStream("localhost", 9876)
```

[예제 19-1]에서 스트리밍 소스 작성이 전용 구현에 의해 제공됨을 알 수 있다. 이 경우 **스트리밍 컨텍스트**streaming context인 ssc 인스턴스에 의해 제공되며, DStream의 내용으로 입력된 소켓에 의해 전달된 텍스트 데이터를 포함하는 DStream[String]이 된다. 비록 각 소스의 구현은 다르지만, 이 패턴은 모두 동일하다. 소스를 만들려면 streamingContext가 필요하며 스트림의 내용을 나타내는 DStream이 생성된다. 스트리밍 애플리케이션은 결과 DStream에서 작동하여 잡의 로직을 구현한다.

19.1 소스의 유형

일반적인 스트림 처리 프레임워크로서 스파크 스트리밍은 다양한 스트리밍 데이터 소스와 통합할 수 있다.

작동 모드에 따라 분류할 때 다음 세 가지 유형의 소스가 있다.

- 기본 소스
- 리시버 기반 소스
- 직접 소스

19.1.1 기본 소스

기본 소스는 기본적으로 streamingContext에 의해 제공된다. 그것들은 주로 예제 또는 테스트 소스로 제공되며 실패 복구 의미론을 제공하지 않는다. 따라서 운영 시스템 상에서는 사용하지 않는 것이 좋다.

다음은 기본 소스다.

파일 소스

파일시스템의 디렉터리를 모니터링하고 새 파일을 읽는 데 사용된다. 파일은 특히 데이터웨어 하우스 및 많은 데이터 레이크 구현과 같은 배치 기반 통합 모델로부터 진화하는 시스템에서 시스템 간에 데이터를 통신하는 광범위한 메커니즘이다.

큐 소스

데이터를 스파크 스트리밍에 주입하는 데 사용할 수 있는 streamingContext의 로컬 생산자-소비자 큐다. 일반적으로 테스트에 사용된다.

19.4.3절에서는 공식적으로는 소스가 아니지만 큐^{Queue} 소스와 비슷한 기능을 수행하며 사용하기가 더 쉬운 ConstantInputDStream에 대해 이야기하겠다.

19.1.2 리시버 기반 소스

18장에서 논의한 바와 같이 리시버는 스트리밍 소스의 데이터를 받아들여 RDD 형태로 스파크에 신뢰성 있는 방법으로 전달하는 역할을 담당하는 스파크 스트리밍의 특별한 과정이다. 리시버는 백업 소스가 그러한 보증을 제공할 수 없더라도 데이터 전달 신뢰성을 구현할 책임이 있다. 그러한 목적을 위해 리시버는 스파크가 데이터를 처리할 수 있도록 하기 전에 클러스터 내에서 데이터를 수신하고 복제한다.

이 소스의 클래스 내에는 신뢰할 수 있는 리시버를 가지고 있는데, 이것은 미리 쓰기 로그(WAL)의 사용을 통해 데이터 수신 보증을 향상시킨다.

프로그래밍 모델의 관점에서 각 리시버는 단일 DStream에 연결되는데 이는 그 DStream의 리시버가 스파크 스트리밍 애플리케이션에 전달하는 데이터를 나타낸다.

분산된 컨텍스트에서 리시버 수를 스케일업하기 위해 DStream의 데이터를 사용할 여러 인스턴스를 생성한다.

리시버 모델이 스파크 스트리밍에서 구현된 원래의 상호작용 모델이었다는 점을 감안할 때 초기 버전 이후 지원되었던 모든 소스는 직접 소스에 유리하게 사용되지 않지만 리시버 기반 소스로 이용할 수 있다. 가장 일반적으로 사용되는 리시버는 소켓, 카프카, 키네시스, 플룸 그리고 트위터다.

리시버 API는 또한 사용자 정의 소스 작성을 허용한다. 이를 통해 스파크 스트리밍을 위한 서드파티 소스의 확산이 가능해졌으며, 예를 들면 레거시 엔터프라이즈 시스템에 연결하기 위해 자체 사용자 정의 소스를 만들 수도 있다.

19.1.3 직접 소스

18장에서 논의한 바와 같이 카프카와 같은 일부 소스가 기본적으로 강력한 데이터 전달 보증을 제공할 수 있다는 인식은 리시버 모델의 데이터 신뢰성을 해당 소스와 무관하게 만들었다.

리시버 없는 모델receiverless model 로도 알려진 직접 모델은 해당 소스의 데이터 소비와 관련된 메타데이터를 추적하고, 그 소스에서 마이크로배치를 계산하는 경량 컨트롤러로, 실제 데이터 전송과 처리를 코어 스파크 엔진에 맡긴다. 이 간소화된 프로세스는 스트리밍 소스 백엔드의 데이터 전달 의미와 스파크의 신뢰할 수 있는 컴퓨팅 모델에 직접적으로 의존한다.

직접 접근법을 사용하여 구현된 가장 인기 있는 소스는 카프카와 키네시스다.

19.2 일반적으로 사용되는 소스

스파크 스트리밍의 광범위한 채택을 고려할 때 사용 가능한 오픈 소스와 독점 소스가 많이 있다. 이 장의 나머지 부분에서는 스파크 프로젝트가 제공하는 가장 인기 있는 소스를 다룬다.

기본적인 소스인 **파일**^{File}과 **큐**^{Queue}부터 시작할 것이다. 이들은 사용하기 쉽고 스파크 스트리밍에서 몇 가지 예를 개발하기 위한 낮은 진입점을 제공할 수 있기 때문이다.

내장된 기본 소스를 검토한 후 리시버 기반 소스의 한 예, 즉 네트워크 포트의 TCP 서버에 접속하여 데이터를 수신할 수 있는 TCP 클라이언트 소켓을 구현하는 **소켓**^{socket} 소스로 넘어갈 것이다.

다음으로 아파치 카프카가 아마도 현재 스트리밍 시스템을 구축하는 데 사용하는 가장 인기 있는 오픈 소스 이벤트 브로커일 것이라는 점에서 카프카 소스에 대해 논의한다. 카프카의 광범위한 사용을 고려해보면 스파크 스트리밍과의 통합과 관련하여 상세하고 최신화된 온라인 레퍼런스(구축 사례)를 가지고 있다. 이 토론에서는 사용 패턴을 채택의 시작점으로 강조한다.

그리고 스파크 스트리밍에 대한 더 많은 소스를 찾을 수 있는 아파치 바히르^{Apache Bahir}에 대한 설명으로 이 장을 마무리할 것이다.

19.3 파일 소스

파일 소스는 파일시스템에 지정한 디렉터리를 모니터링하고 디렉터리에서 발견된 새 파일을 처리한다. 타깃 파일시스템은 스파크 스트리밍이 실행 중인 분산 환경에서 하둡과 호환 가능하고 접근 가능해야 한다. 일반적인 스토리지 선택은 하둡 분산 파일 시스템(HDFS)이다. 아마존 S3와 같은 클라우드 블록 스토리지 시스템도 지원되지만 새로운 파일이 보고되는 시점에 대해서는 동작에 대한 추가 테스트가 필요하다. 이 소스는 레거시 시스템을 연결하는 데 유용하며, 레거시 시스템은 보통 파일 묶음으로 결과를 전달한다.

파일 소스는 StreamingContext에서 전용 메서드 형태로 제공된다. StreamingContext는 여러 가지 버전의 구성 옵션을 제공한다.

가장 간단한 방법은 파일시스템 디렉터리 경로에서 텍스트 파일 스트림을 로드하는 데 사용된다.

```
val stream: DStream[String] = ssc.textFileStream(path)
```

그리고 다음과 같은 유사한 방법을 사용하여 고정 길이 레코드를 포함하는 바이너리 파일의 스트림을 로드한다.

```
val stream: DStream[Array[Byte]] = ssc.binaryRecordsStream(path, recordLength)
```

사용자 정의 데이터 형식의 경우 파일 소스의 일반 형식은 KeyClass에 대해서는 K, ValueClass에 대해서는 V, InputFormatClass에 대해서는 F 타입을 사용한다. 이러한 모든 타입은 하둡 API를 사용하여 정의되며, 일반적으로 사용되는 타입에 대해 사용 가능한 많은 구현을 제공한다. 결과는 제공된 타입 정의에 해당하는 키-값 쌍의 DStream이다.

```
val stream: DStream[(K,V)] = ssc.fileStream[K,V,F] (
    directory: String,
    filter: Path => Boolean,
    newFilesOnly: Boolean,
    conf: Configuration)
```

파라미터는 다음과 같다.

directory: String
새 파일을 모니터링할 디렉터리

filter: Path => Boolean
처리할 파일을 평가하는 데 사용되는 술어이며 .log 파일만 선택하는 필터 술어의 예는 다음과 같다.

```
filter = (p:Path) => p.getFileName.toString.endsWith(".log")
```

newFilesOnly: Boolean

모니터링되는 디렉터리의 기존 파일을 고려해야 하는지 여부를 나타내는 데 사용하는 플래그다. 스트리밍 프로세스 시작 시 newFilesOnly가 true인 경우 디렉터리에 존재하는 파일은 다음 예에 지정된 시간 규칙을 사용하여 고려된다. False면 잡 시작 시 모니터링되는 폴더에 있는 모든 파일이 처리를 위해 선택된다.

conf: Configuration

하둡 구성 인스턴스다. 이를 사용하여 특정 스토리지 제공자의 라인 끝 문자 또는 자격 증명과 같은 특정 동작을 설정할 수 있다. 예를 들어 다음과 같이 지정된 아마존 S3 버킷에 접근하기 위해 구현 공급자 및 자격 증명을 수동으로 지정할 수 있다.

```
val s3Conf = new Configuration()
s3Conf.set("fs.s3.impl","org.apache.hadoop.fs.s3native.NativeS3FileSystem")
s3Conf.set("fs.s3.awsAccessKeyId",awsAccessKeyId)
s3Conf.set("fs.s3.awsSecretAccessKey", awsSecretAccessKey)

val stream = ssc.fileStream[K,V,F] (directory, filter, newFilesOnly, s3Conf)
```

19.3.1 작동 방식

각 배치 간격에서 파일 소스는 모니터링된 디렉터리의 목록을 확인한다. 디렉터리에 있는 모든 새 파일은 처리를 위해 선택되고 RDD로 읽히고 처리를 위해 스파크에 제공된다.

파일 소스가 새 파일을 정의하는 방법에 특별한 주의를 기울여야 한다.

- 각 배치 간격마다 디렉터리 목록이 평가된다.
- 파일의 수명은 최종 수정된 타임스탬프에 의해 결정된다.
- 처리 윈도우 간격 내에서 수정된 타임스탬프가 있는 파일은 처리 대상으로 간주되어 처리된 파일 목록에 추가된다.
- 처리된 파일은 이미 처리된 파일이 다시 선택되지 않도록 처리 윈도우 간격의 길이 동안 기억한다.
- 처리 윈도우 간격보다 오래된 파일은 무시한다. 만약 파일이 이전에 기억된 경우 **기억된**remembered 목록에서 제거되어 **잊혀진다**forgotten. 그 과정을 [그림 19-1]에서 확인할 수 있다.

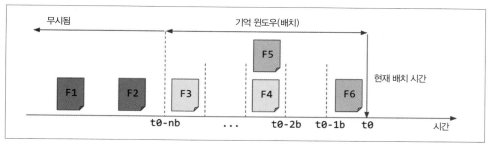

그림 19-1 *t*0에서의 스파크 스트리밍 파일 소스 기억 윈도우

[그림 19-1]에서 발생하고 있는 일들을 좀 더 자세히 살펴보자.

- 현재 배치 시간은 *t*0으로 표시된다.
- 기억 윈도우는 *n*개의 마이크로배치로 구성된다.
- 파일 F1과 F2는 **무시됨**Ignored 영역에 있다. 그것들은 과거에 처리되었을지도 모르지만 스파크 스트리밍은 그것에 대해 전혀 알지 못한다.
- 파일 F3과 F4는 이미 처리되었으며 현재 기억되고 있다.
- 파일 F5와 F6은 새로운 것이다. 그것들은 처리를 위해 선택되어 기억되는 목록에 포함된다.

[그림 19-2]와 같이 시간이 다음 배치 간격으로 진행되면 F3가 어떻게 노화되어 무시된 목록의 일부가 되었는지 관찰할 수 있다. 새 파일 F7은 처리를 위해 선택되어 기억된 목록에 포함된다.

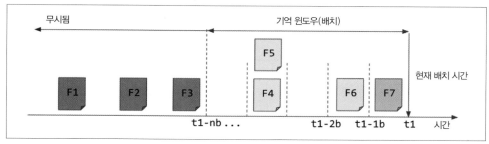

그림 19-2 *t*1에서의 스파크 스트리밍 파일 소스 기억 윈도우

이 프로세스는 스파크 스트리밍 프로세스가 작동하는 한 계속된다. 기본값이 60초인 `spark.streaming.minRememberDuration`을 사용하여 기억remember 윈도우의 길이를 구성할 수 있다. 이 프로세스는 파일시스템의 클럭이 스파크 스트리밍 잡을 실행하는 익스큐터의 클럭과 동기화된다고 가정한다.

기억 윈도우는 마이크로배치로 계산된다. 비록 구성 파라미터인 spark.streaming.minRemem
berDuration이 지속 기간으로 제공되더라도 실제 윈도우는 ceiling(remember_duration/
batch_interval)으로 계산된다.

예를 들어 60초의 기본 기억 지속 시간과 45초의 배치 간격을 사용하면 기억 배치의 수는
ceil(60/45) = 2가 된다. 이는 기억 기간의 실제 지속 시간이 90초라는 것을 의미한다.

> **CAUTION_** 파일 소스는 어떠한 데이터 신뢰성 보증도 제공하지 않는다. 파일 소스를 사용하는 스트리밍
> 프로세스를 다시 시작할 때 복구 의미론은 [그림 19-2]에 묘사된 클럭 시간과 기억 윈도우의 역학에 기초한
> 다. 즉, 이미 처리된 파일이 다시 적격화됨에 따라 중복된 기록에서 빠른 복구가 발생할 수 있는 반면, 복구 시
> 간이 길면 처리되지 않은 파일이 기억 윈도우 시점을 지나 노후화되어 부적합한 파일이 되어 데이터 손실이
> 발생할 수 있다. 강력한 파일 기반 스트림 통합을 위해 우리는 구조화된 스트리밍과 해당 파일 소스의 사용을
> 권장한다.

19.4 큐 소스

큐 소스는 프로그래밍 소스다. 외부 시스템에서 데이터를 받지 않는다. 대신 소비자^{consumer}로서
DStream을 생성할 수 있는 생산자-소비자 큐를 제공하며, 생산자 역할을 하는 프로세스 자체
에서 데이터를 공급받을 수 있다.

기본 소스로서 큐 소스는 streamingContext 인스턴스에 의해 제공된다.

```
// ssc는 SparkContext의 인스턴스다.
val queueStream: InputDStream[T] = queueStream[T](
    queue,
    oneAtATime,
    defaultRDD
)
```

다음 파라미터를 살펴보자.

queue: Queue[RDD[T]]

RDD[T] 유형의 scala.collection.mutable.Queue. 이 큐는 미리 생성되어 있어야 한다. 이
미 데이터로 채워졌거나 나중에 데이터를 밀어 넣을 수 있다.

oneAtATime: Boolean

큐의 데이터가 분배되는 방법을 나타내는 플래그다. oneAtATime = true인 경우 처리를 위해 각 배치 간격마다 큐에서 단일 RDD 요소가 사용된다. oneAtATime = false인 경우 각 배치 간격에서 큐에서 사용 가능한 모든 RDD 요소가 한 번에 소비된다.

defaultRDD: RDD[T]

큐가 비어 있는 경우 처리를 위해 제공되는 RDD 인스턴스다. 이 옵션은 생산자에 관계없이 항상 소비자 측에 데이터가 있는지 확인하는 데 사용할 수 있다. 이 파라미터가 생략된 사용 가능한 오버로드가 있다. 이 경우 큐가 비어 있다면 데이터가 없다.

19.4.1 작동 방식

큐 소스는 큐를 중개자로 사용하여 생산자-소비자 패턴을 구현한다. 프로그래밍 방식 생산자는 RDD 데이터를 대기열에 추가한다. 소비자 측은 DStream 인터페이스를 구현하고 스트리밍 시스템에 데이터를 제공한다.

큐 소스의 주요 사용 사례는 스파크 스트리밍 프로그램에 대한 단위 테스트 작성이다. 테스트 데이터가 준비되어 큐에 추가된다. 테스트 실행은 큐 소스에 연결된 DStream을 사용하며, 그 결과는 예상에 반하여 어서트[assert]된다.

19.4.2 단위 테스트에 큐 소스 사용하기

예를 들어 데이터셋에서 단어의 인스턴스를 세는 현재 유명한 워드 카운트 프로그램의 스트리밍 구현인 streamWordCount를 테스트하고 싶다고 가정해보자.

단어 수의 스트리밍 버전은 다음과 같을 수 있다.

```
val streamWordCount: DStream[String] => DStream[(String, Long)] = stream =>
    stream.flatMap(sentence => sentence.split(","))
        .map(word => (word.trim, 1L))
        .reduceByKey((count1: Long, count2:Long) => count1 + count2)
```

이는 워드 카운트 계산의 기능적 표현이다. 주어진 DStream 구현에서 시작하는 대신 함수에 대한 파라미터로 예상된다는 점에 유의하자. 이러한 방식으로 DStream 인스턴스를 프로세스에서 분리하여 queueDStream을 입력으로 사용할 수 있게 해준다.

queueDStream을 생성하려면 큐와 일부 데이터가 필요하다. 이때 데이터는 미리 RDD에 있어야 한다.

```scala
import scala.collection.mutable.Queue
val queue = new Queue[RDD[String]]() // 가변적인 큐 인스턴스
val data = List(
    "Chimay, Ciney, Corsendonck, Duivel, Chimay, Corsendonck ",
    "Leffe, Ciney, Leffe, Ciney, Grimbergen, Leffe, La Chouffe, Leffe",
    "Leffe, Hapkin, Corsendonck, Leffe, Hapkin, La Chouffe, Leffe"
  )
// RDD 목록을 생성한다. 각 목록에는 단어의 문자열이 포함된다.
val rdds = data.map(sentence => sparkContext.parallelize(Array(sentence)))
// rdds를 큐에 더한다.
queue.enqueue(rdds:_*)
```

데이터와 큐가 있으면 queueDStream을 생성할 수 있다.

```scala
val testStream = ssc.queueStream(queue = queue, oneAtATime = true)
```

다음 단계는 스트리밍 출력에서 결과를 추출하는 메서드에 관한 것이다. 큐를 사용하여 결과를 캡처한다.

```scala
val queueOut = new Queue[Array[(String, Long)]]()
```

이제 테스트 실행을 정의할 준비가 되었다.

```scala
streamWordCount(testStream).foreachRDD(rdd => queueOut.enqueue(rdd.collect))
ssc.start()
ssc.awaitTerminationOrTimeout(3000) // 1초에 3 배치 간격(= 3 배치 간격에 1초가 걸림)
```

마지막으로 예상한 결과를 받은 것을 어서트할 수 있다.

```
// 첫 번째 배치
assert(queueOut.dequeue.contains("Chimay" -> 2), "missing an expected element")
// 두 번째 배치
assert(queueOut.dequeue.contains("Leffe" -> 4), "missing an expected element")
```

19.4.3 큐 소스에 대한 단순한 대안: ConstantInputDStream

ConstantInputDStream을 사용하면 각 배치 간격에서 스트림에 단일 RDD 값을 제공할 수 있다. 비록 공식적으로 **소스**^source 는 아니지만 ConstantInputDStream은 큐 소스와 유사한 기능을 제공하며 설정이 훨씬 쉽다. 큐 소스를 사용하면 프로그래밍 방식으로 사용자 지정 데이터의 마이크로배치를 스트리밍 잡에 제공할 수 있지만 ConstantInputDStream을 사용하면 각 배치 간격마다 지속적으로 재생되는 단일 RDD를 제공할 수 있다.

```
// ssc는 SparkContext의 인스턴스다.
val constantStream: InputDStream[T] = new ConstantInputDStream[T](ssc, rdd)
```

파라미터는 다음과 같다.

ssc: StreamingContext
활성 StreamingContext 인스턴스

rdd: RDD[T]
각 배치 간격마다 재생되는 RDD

작동 방식

ConstantInputDStream 생성 시 제공된 RDD 인스턴스는 각 배치 간격마다 재생된다. 이것은 테스트 목적으로 사용될 수 있는 일정한 데이터 소스를 생성한다.

임의 데이터 생성기로서의 ConstantInputDStream

종종 테스트 또는 시뮬레이션 목적으로 임의의 데이터셋을 생성해야 한다. 방금 배운 것처럼 ConstantInputDStream은 동일한 RDD를 계속해서 반복한다. 이 기법의 단서는 함수가 값이라는 것이다. 데이터 RDD를 생성하는 대신 임의 데이터 생성기 함수의 RDD를 생성한다. 이러한 함수는 각 배치 간격마다 평가되어 스트리밍 애플리케이션에 임의의 데이터가 지속적으로 유입된다.

이 기법을 사용하려면 먼저 임의 데이터 생성기를 만들어야 하는데, 이는 Unit에서 원하는 타입으로의 함수인 () => T다. 이 예제에서는 센서 레코드의 스트림을 생성한다. 각 레코드는 id, timestamp 그리고 value를 포함하는 쉼표로 구분된 String이다.

```scala
import scala.util.Random

val maxSensorId = 1000
// 랜덤 sensor Id(= 무작위 sensor Id)
val sensorId: () => Int = () => Random.nextInt(maxSensorId)
// 랜덤 sensor 값(= 무작위 sensor 값)
val data: () => Double = () => Random.nextDouble
// 타임스탬프로서의 현재 시간(밀리초 단위)
val timestamp: () => Long = () => System.currentTimeMillis
// 유효하지 않은 레코드가 10% 포함된 임의 데이터로 레코드를 생성한다.

val recordGeneratorFunction: () => String = { () =>
  if (Random.nextDouble < 0.9) {
    Seq(sensorId().toString, timestamp(), data()).mkString(",")
  } else {
    // 10% 쓰레기 데이터도 시뮬레이션한다. 실제 업무 환경에서 스트림은 거의 깨끗하지 않다.
    "!!~corrupt~^&##$"
  }
}
```

이 recordGeneratorFunction으로 함수의 RDD를 생성할 수 있다.

```scala
// n을 각 RDD에서 전달한 레코드 수로 가정한다.
val n = 100
val nGenerators = Seq.fill(n)(recordGeneratorFunction)
val sensorDataGeneratorRDD = sparkContext.parallelize(nGenerators )
```

> **NOTE_** 이 메서드의 근거는 스칼라에서는 함수가 값이라는 것이다. RDD는 값의 모음이므로 함수 모음을 만들 수 있다.

이제 sensorDataGeneratorRDD를 사용하여 ConstantInputDStream을 생성할 수 있다.

```scala
import org.apache.spark.streaming.dstream.ConstantInputDStream
// ssc는 활성 스트리밍 컨텍스트다.
val stream: DStream[() => String] =
    new ConstantInputDStream(ssc, sensorDataGeneratorRDD)
```

DStream[() => String]의 타입 서명을 주목해서 살펴보자. 값을 구체화하기 위해서는 그 함수를 평가할 필요가 있다. 이러한 변환이 DStream 계통의 일부임을 감안할 때 이는 각 배치 간격에서 발생하며, 매번 새로운 값을 효과적으로 생성한다.

```scala
val materializedValues = stream.map(generatorFunc => generatorFunc())
```

스파크 셸을 사용하는 경우 출력 작업을 사용하고 streamingContext를 시작하여 이러한 값을 관찰할 수 있다.

```
materializedValues.print() // 출력 연산
ssc.start

-------------------------------------------
Time: 1550491831000 ms
-------------------------------------------
581,1550491831012,0.22741105530053118
112,1550491831012,0.636337819187351
247,1550491831012,0.46327133256442854
!!~corrupt~^&##$
65,1550491831012,0.5154695043787045
634,1550491831012,0.8736169835370479
885,1550491831012,0.6434156134252232
764,1550491831012,0.03938150372641791
111,1550491831012,0.05571238399267886
!!~corrupt~^&##$
```

이 기술은 외부 스트리밍 시스템을 설정하는 데 시간과 노력을 들이지 않고 개발 단계 중 초기 단계에서 테스트 데이터를 보유하는 데 매우 유용하다.

19.5 소켓 소스

소켓 소스는 TCP 클라이언트 역할을 하고 리시버 기반 소스로 구현되며, 리시버 프로세스가 TCP 클라이언트 연결을 인스턴스화하고 관리한다. 네트워크 위치에서 실행 중인 TCP 서버에 연결되며, host:port 조합으로 식별된다.

소켓 소스는 sparkContext의 메서드로 사용할 수 있다. 일반적인 형태는 다음과 같다.

```
// ssc는 SparkContext의 인스턴스다.
val stream: DStream[Type] =
  ssc.socketStream[Type](hostname, port, converter, storageLevel)
```

소켓 소스의 파라미터는 다음과 같다.

hostname: String
연결할 서버의 네트워크 호스트

port: Int
연결할 네트워크 포트

converter: (InputStream) => Iterator[Type]
입력 스트림을 지정된 대상 타입으로 디코딩할 수 있는 함수

storageLevel: StorageLevel
이 소스에 의해 수신된 데이터에 사용할 StorageLevel. 권장되는 시작점은 StorageLevel. MEMORY_AND_DISK_SER_2이며 이는 다른 소스들의 공통적인 기본값이다.

UTF-8 문자셋을 사용하는 텍스트 스트림 인코딩을 위한 단순화된 버전도 있다. 이 대안은 단순성을 고려할 때 가장 일반적으로 사용된다.

```
// ssc는 SparkContext의 인스턴스다.
val stream: DStream[String] = ssc.socketTextStream(host, port)
```

19.5.1 동작 원리

소켓 소스는 데이터 스트림을 수신하기 위해 소켓 연결과 관련 로직을 처리하는 리시버 기반 프로세스로 구현된다.

소켓 소스는 일반적으로 테스트 소스로 사용된다. 넷캣^{Netcat}(NC)과 같은 커맨드라인 유틸리티를 사용하여 네트워크 서버를 만드는 단순성을 고려할 때 소켓 소스는 스파크 스트리밍의 많은 기본 예제에 대한 출처가 되어 왔다. 이 시나리오에서는 클라이언트와 서버를 동일한 시스템에서 실행하는 것이 일반적이므로 다음 코드 조각과 같이 localhost를 **호스트**^{host} 사양으로 사용할 수 있다.

```
// ssc는 SparkContext의 인스턴스다.
val textStream = ssc.socketTextStream("localhost", 9876)
```

스파크가 로컬 모드에서 실행 중일 때만 localhost 사용이 가능하다는 점에 주목할 필요가 있다. 스파크가 클러스터에서 실행될 경우 소켓 소스 리시버 프로세스는 임의의 익스큐터에서 호스팅된다. 따라서 클러스터 설정에서 소켓 소스가 서버에 연결되기 위해서는 IP 주소나 DNS 이름을 적절하게 사용해야 한다.

> **TIP** SocketInputDStream.scala의 스파크 프로젝트에서 소켓 소스 구현은 사용자 정의 리시버를 개발하는 좋은 예다.

19.6 카프카 소스

스트리밍 플랫폼과 관련하여 아파치 카프카는 확장성 있는 스칼라 메시징 브로커^{messaging broker}에 가장 인기 있는 선택 중 하나다. 아파치 카프카는 분산 커밋 로그의 추상화를 기반으로 확장성이 뛰어난 분산 스트리밍 플랫폼이다.

카프카는 pub/sub 패턴을 구현한다. 카프카 용어로 **생산자**^{producer}라고 하는 클라이언트는 브로커에 데이터를 발행한다. 소비자는 pull 기반 구독을 사용하므로 여러 구독자가 서로 다른 속도로 이용 가능한 데이터를 사용할 수 있다. 한 구독자는 실시간 사용 사례에 따라 데이터를 사용할 수 있지만 다른 구독자는 시간이 지남에 따라 더 큰 데이터 청크를 선택할 수 있다(예를 들면 지난 1시간 동안의 데이터에 대한 보고서를 생성하려는 경우). 이러한 특별한 동작은 카프카를 스파크 스트리밍에 적합한 것으로 만드는데, 이는 마이크로배치 접근 방식을 보완하기 때문이다. 긴 마이크로배치는 자연적으로 더 많은 데이터를 보유할 수 있고 애플리케이션의 처리량을 증가시킬 수 있는 반면 배치 간격이 짧으면 낮은 처리량을 희생하면서 애플리케이션의 대기 시간을 향상시킬 수 있기 때문이다.

카프카 소스는 프로젝트의 종속성에서 가져와야 사용할 수 있는 별도의 라이브러리로 사용할 수 있다.

스파크 2.4의 경우 다음과 같은 종속성을 사용한다.

```
groupId = org.apache.spark
artifactId = spark-streaming-kafka-0-10_2.11
version = 2.4.0
```

> **CAUTION_** 구조적 스트리밍을 위한 카프카 통합은 다른 라이브러리라는 점에 유의하도록 하자. 사용 중인 API에 대해 올바른 종속성을 사용하는지 확인하자.

카프카 직접 스트림을 생성하려면 이 소스의 구현 제공업체인 KafkaUtils의 createDirectStream을 호출한다.

```
val stream: InputDStream[ConsumerRecord[K, V]] =
  KafkaUtils.createDirectStream[K, V](ssc, locationStrategy, consumerStrategy)
```

다음은 타입 파라미터다.

K
메시지 키의 타입

V
메시지 값의 타입

예상되는 파라미터는 다음과 같다.

ssc: StreamingContext
활성 스트리밍 컨텍스트

locationStrategy: LocationStrategy
익스큐터에서 주어진 (토픽, 파티션)에 대한 소비자를 스케줄링하기 위해 사용하는 전략. 선택은 다음과 같다.

- **PreferBrokers**
  카프카 브로커로서 동일한 익스큐터에서 소비자를 스케줄링하려는 시도. 이는 스파크와 카프카가 동일한 물리적 노드에서 실행되는 가능성이 희박한 시나리오에서만 작동한다.

- **PreferConsistent**
  주어진 (토픽, 파티션)에 대한 소비자-익스큐터 매핑을 보존하려는 시도. 이것은 소비자가 메시지 프리페칭을 실행하기 때문에 성능상의 이유로 중요하다.

- **PreferFixed(map: java.util.Map[TopicPartition, String])**
  지정된 익스큐터 상에 특정 (토픽, 파티션) 조합을 배치한다. 선호되는 전략은 LocationStrategies.PreferConsistent다. 나머지 두 가지 옵션은 매우 구체적인 경우에 사용해야 한다. 위치 선호는 힌트라는 점에 유의하자. 파티션에 대한 실제 소비자는 리소스의 가용성에 따라 다른 곳에 배치될 수 있다.

consumerStrategy: ConsumerStrategy[K, V]
소비자 전략에 따라 소비를 위해 선택되는 (토픽, 파티션)이 결정된다. 여기에는 이용 가능한 세 가지 전략이 있다.

- **Subscribe**
  명명된 토픽의 컬렉션을 구독한다.

- **SubscribePattern**
  제공된 regex 패턴과 일치하는 토픽의 컬렉션을 구독한다.

- **Assign**
  사용할 (토픽, 파티션)의 고정된 목록을 제공한다. 이 메서드를 사용할 때 지정된 토픽의 임의 파티션을 건너뛸 수 있다는 점을 유의하자. 요구 사항이 이러한 엄격한 전략을 필요로 할 때만 사용하도록 하자. 이러한 경우에는 정적 구성에 의존하는 대신 (토픽, 파티션) 할당을 계산하는 것을 선호한다. 가장 일반적인 consumerStrategty는 Subscribe다. 다음 예제에서 이 전략과 함께 카프카 소스의 사용을 설명한다.

19.6.1 카프카 소스 사용하기

카프카 소스를 설정하려면 소스를 생성할 때 구성을 정의하고 해당 구성을 사용해야 한다. 이 구성은 configuration-name, value의 map으로 제공된다. 구성에서 필수 요소는 다음과 같다.

bootstrap.servers
카프카 브로커의 위치를 host:port의 쉼표로 구분된 목록으로 제공한다.

key.deserializer
바이너리 스트림을 예상 키 타입으로 역직렬화하는 데 사용하는 클래스. 카프카는 이미 구현된 가장 일반적인 타입과 함께 제공된다.

value.deserializer
key.deserializer와 유사하지만 값을 나타낸다.

group.id
사용할 카프카 소비자 그룹 이름

auto.offset.reset
새 소비자 그룹이 구독할 때의 파티션 시작점. earliest는 이 토픽에 사용 가능한 모든 데이터를 소비하기 시작하는 반면 latest는 모든 기존 데이터를 무시하고 그룹이 가입하는 순간의 마지막 오프셋부터 레코드를 소비하기 시작한다.

기본적인 카프카 소비자에 맞춰 튜닝할 수 있는 노브^{knob}(손잡이)가 많이 있다. 모든 구성 파라미터 목록은 온라인 설명서[1]를 참조하라.

```
import org.apache.spark.streaming.kafka010._

val preferredHosts = LocationStrategies.PreferConsistent
```

---

[1] http://bit.ly/2vrUH2n

```scala
val topics = List("random")
import org.apache.kafka.common.serialization.StringDeserializer
val kafkaParams: Map[String, Object] = Map(
  "bootstrap.servers" -> "localhost:9092",
  "key.deserializer" -> classOf[StringDeserializer],
  "value.deserializer" -> classOf[StringDeserializer],
  "group.id" -> "randomStream",
  "auto.offset.reset" -> "latest",
  "enable.auto.commit" -> Boolean.box(true)
)
```

이 구성을 통해 다음과 같은 직접 카프카 소스를 만들 수 있다.

```scala
import org.apache.kafka.common.TopicPartition
val offsets = Map(new TopicPartition("datatopic", 0) -> 2L)

val dstream = KafkaUtils.createDirectStream[String, String](
  ssc,
  preferredHosts,
  ConsumerStrategies.Subscribe[String, String](topics, kafkaParams, offsets))
```

이 예제에서는 이 옵션의 사용을 설명하기 위해 오프셋 파라미터를 사용하여 topic에 대한 초기 오프셋을 지정한다.

19.6.2 동작 원리

카프카 직접 스트림은 스트림 내 요소의 위치 색인인 오프셋을 기반으로 기능한다.

데이터 전달의 요지는 스파크 드라이버가 오프셋을 쿼리하고 아파치 카프카의 배치 간격마다 오프셋 범위를 결정하는 것이다. 이러한 오프셋을 수신한 후 드라이버는 각 파티션에 대한 작업을 실행하고 해당 오프셋을 전송하여 카프카 파티션과 회사 스파크 파티션 사이에 1:1 병렬 처리를 하게 된다. 각 작업은 특정 오프셋 범위를 사용하여 데이터를 검색한다. 드라이버는 데이터를 익스큐터에 전송하지 않고, 대신 익스큐터가 데이터를 직접 소비하기 위해 사용하는 오프셋 몇 개를 전송한다. 결과적으로 아파치 카프카에서 데이터 수집의 병렬화는 각 스트림이 단일 기계에 의해 소비되었던 레거시 리시버 모델보다 훨씬 낫다.

이는 또한 해당 직접 스트림의 익스큐터가 오프셋을 커밋하여 특정 오프셋에 대한 데이터 수신을 인정하기 때문에 내결함성에도 더욱 효율적이다. 실패가 발생할 경우 새 익스큐터는 알려진 최신 커밋 오프셋에서 파티션 데이터를 선택한다. 이 동작은 출력 연산자가 이미 본 데이터 재생을 계속 제공할 수 있기 때문에 적어도 한 번에 데이터 전달 시맨틱을 보장한다. 의미를 효과적으로 정확히 한 번만 달성하려면 출력 연산이 멱등이어야 한다. 즉, 조작을 두 번 이상 실행하면 조작을 한 번 실행하는 것과 동일한 결과가 발생한다. 예를 들어 고유한 기본 키를 사용하여 데이터베이스에 레코드를 작성하면 레코드가 삽입될 때 하나의 인스턴스만 찾을 수 있다.

19.7 더 많은 소스를 찾을 수 있는 곳

스파크 코드베이스의 일부로서 생애를 시작한 몇 가지 소스와 일부 추가적인 컨트리뷰션 contribution (기여)은 아파치 스파크와 아파치 플링크 확장을 위한 엄브렐라 umbrella 저장소 역할을 하는 프로젝트인 아파치 바히르로 옮겨졌다.

이러한 확장 중에서 다음과 같은 일련의 스파크 스트리밍 커넥터를 찾을 수 있다.

Apache CouchDB/Cloudant
NoSQL 데이터베이스

Akka
행위자 시스템 구글 클라우드 Pub/Sub: 구글 소유의 클라우드 기반 pub/sub 시스템

MQTT
가벼운 머신-투-머신/사물인터넷(IoT) pub/sub 프로토콜

Twitter
인기 있는 소셜 네트워크의 트윗을 구독하는 소스

ZeroMQ
비동기 메시징 라이브러리

아파치 바히르 라이브러리의 커넥터를 사용하려면 프로젝트 빌드 정의에 해당하는 종속성을 추가하고 라이브러리에서 제공하는 전용 방법을 사용하여 스트림을 생성하도록 하자.

## CHAPTER 20

스파크 스트리밍 싱크

DStream으로 대표되는 소스를 통해 데이터를 취득하고 DStream API를 활용한 일련의 변환을 적용하여 비즈니스 로직을 구현한 후 그 결과를 외부 시스템에 검사, 저장 또는 생산하고 싶을 것이다.

일반적인 스트리밍 모델에서는 스트리밍 프로세스로부터 데이터를 외부화하는 것을 담당하는 컴포넌트를 싱크라고 부른다(2장 참조). 스파크 스트리밍에서 싱크는 이른바 **출력 연산**^{output operation}을 사용하여 구현된다.

이 장에서는 이러한 출력 연산을 통해 외부 시스템에 데이터를 생성하기 위한 스파크 스트리밍의 기능과 양식을 살펴보기로 한다.

20.1 출력 연산

출력 연산은 모든 스파크 스트리밍 애플리케이션에서 중요한 역할을 한다. 그들은 DStream을 통해 연산을 촉발하는 동시에 프로그램 가능한 인터페이스를 통해 결과 데이터에 대한 접근을 제공해야 한다.

[그림 20-1]은 두 개의 스트림을 입력으로 가져가고, 그중 하나를 변환한 다음 그 결과를 데이터베이스에 쓰기 전에 이들을 결합하는 일반적인 스파크 스트리밍 잡을 설명한다. 실행 시 해당 **출력 연산**으로 종료되는 DStream 변환 체인은 스파크 잡이 된다.

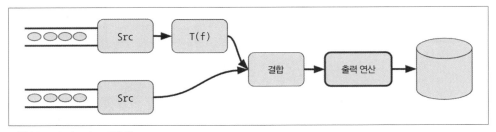

그림 20-1 스파크 스트리밍 잡

이 잡은 스파크 스트리밍 스케줄러에 포함되어 있다. 차례대로 스케줄러는 각 배치 간격에서 정의된 잡의 실행을 트리거한다([그림 20-2] 참조).

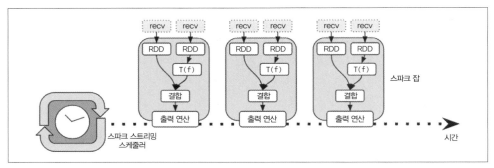

그림 20-2 스파크 스트리밍 스케줄러

출력 연산은 다음에 제시된 것들 사이의 링크를 제공한다.

- DStream 상에서의 지연된 변환 순서
- 스파크 스트리밍 스케줄러
- 데이터를 생성하는 외부 시스템

실행 모델 관점에서 스트리밍 프로그램에 선언된 모든 출력 연산은 프로그램에 선언된 것과 같은 순서로 스파크 스트리밍 스케줄러에 포함된다. 이 순서는 이전 작업의 실행이 완료된 후 나중에 출력 연산이 트리거되는 시퀀싱 의미론을 보장한다. 예를 들어 다음 코드 조각에서는 미디어 자산을 검색 가능한 인덱스에 추가하기 전에 데이터베이스에 저장한다. 스파크 스트리밍에서 출력 연산의 보장된 실행 순서는 새로운 미디어가 검색 색인을 통해 검색이 가능해지기 전에 메인 데이터베이스에 추가되도록 보장한다.

```
// mediaStream을 DStream[Media]라 가정한다.
// 미디어는 새 오디오/비디오 자산에 대해 메타 데이터가 포함된 유형이다.

// 자산 데이터베이스에 저장한다.
mediaStream.foreachRDD{mediaRDD => assetsDB.store(mediaRDD)}

// ElasticSearch 인덱스에 새로운 미디어를 추가한다.
mediaStream.saveToEs("assets/media")
```

모든 스파크 스트리밍 잡에는 적어도 하나의 출력 연산이 있어야 한다. 이것은 논리적인 요구 사항이며, 그렇지 않으면 변환을 구체화하거나 결과를 얻을 방법이 없다. 이 요건은 sparkStreamingContext.start() 작업이 호출되는 순간 런타임에 시행된다. 하나 이상의 출력 작업을 제공하지 않는 스트리밍 작업은 시작되지 않고 다음 오류를 발생시킨다.

```
scala> ssc.start()

17/06/30 12:30:16 ERROR StreamingContext:
    Error starting the context, marking it as stopped
java.lang.IllegalArgumentException:
    requirement failed: No output operations registered, so nothing to execute
```

이름에서 알 수 있듯이 출력 연산은 DStream에 선언된 연산 결과 데이터에 대한 접근을 제공한다. 이를 사용하여 결과 데이터를 관찰하거나 디스크에 저장하거나 나중에 쿼리할 수 있도록 데이터베이스에 저장하거나 관찰을 위해 온라인 모니터링 시스템으로 직접 보내는 것과 같이 다른 시스템에 데이터를 공급한다.

일반적으로 출력 연산의 기능은 배치 간격에 의해 지정된 간격으로 제공된 동작을 스케줄링하는 것이다. 클로저가 필요한 출력 연산의 경우 클로저 코드는 클러스터에 분산되지 않고 스파크 드라이버의 각 배치 간격마다 한 번씩 실행된다. 모든 출력 작업은 Unit을 반환한다. 즉, 부작용이 있는 작업만 실행하고 구성할 수 없다. 스트리밍 잡은 필요한 만큼의 출력 연산을 가질 수 있다. 이들은 DStream의 변환 DAG를 위한 끝점이다.

20.2 내장형 출력 연산

스파크 스트리밍 코어 라이브러리에서 제공하는 몇 가지 출력 연산이 있다. 이들에 대해 살펴보자.

20.2.1 print

print()는 DStream의 첫 번째 요소를 표준형 출력 형태로 출력한다. 인수 없이 사용하면 작업이 실행될 때 타임스탬프를 포함하여 모든 스트리밍 간격마다 DStream의 처음 10개 요소를 출력한다. 각 스트리밍 간격마다 주어진 최대 요소 수를 얻기 위해 임의의 숫자로 print(num: Int)를 호출할 수도 있다.

결과가 표준 출력에만 쓰여진다는 점에서 print의 실제 사용은 스트리밍 계산의 탐색 및 디버깅에 한정되며, 여기서는 콘솔에서 DStream의 첫 번째 요소에 대한 연속 로그를 볼 수 있다.

예를 들어 2장에서 사용한 이름의 네트워크 스트림에서 print()를 호출하면 다음을 확인할 수 있다.

```
namesDStream.print()
ssc.start()

-------------------------------------------
Time: 1498753595000 ms
-------------------------------------------
MARSHALL
SMITH
JONES
BROWN
JOHNSON
WILLIAMS
MILLER
TAYLOR
WILSON
DAVIS
...
```

20.2.2 saveAsxyz

출력 연산 중 saveAsxyz 계열은 스트림 출력을 위한 파일 기반 싱크 기능을 제공한다. 사용 가능한 옵션은 다음과 같다.

saveAsTextFiles(prefix, suffix)

DStream의 콘텐츠를 파일시스템에 파일로 저장한다. 접두사와 선택적 접미사는 대상 파일시스템에서 파일을 찾고 이름을 지정하는 데 사용된다. 스트리밍 간격마다 하나의 파일이 생성된다. 생성된 각 파일의 이름은 prefix-<timestamp_in_milliseconds>[.suffix] 형태다.

saveAsObjectFiles(prefix, suffix)

표준 자바 직렬화를 사용하여 직렬화할 수 있는 객체의 DStream을 파일에 저장한다. 동적 파일 생성은 saveAsTextFiles와 동일하다.

saveAsHadoopFiles(prefix, suffix)

DStream을 하둡 파일로 저장한다. 동적 파일 생성 기능은 saveAsTextFiles와 동일하다.

하둡 분산 파일 시스템 디스크 사용량과 스트리밍 파일

데이터 처리량 및 선택한 스트리밍 간격에 따라 saveAsxxx 연산으로 인해 각 간격마다 하나씩 작은 파일을 많이 생성한다는 점을 강조하는 것이 중요하다. 할당 블록이 큰 파일시스템과 함께 사용하면 잠재적으로 유익하지 않다. 기본 블록 크기가 128MB인 하둡 분산 파일 시스템(HDFS)이 그러한 경우다. 어림잡아 계산을 수행하면 처리량이 150KB이고 배치 간격이 10초인 DStream은 각 간격마다 약 1.5MB의 파일을 생성한다. 하루가 지나면 약 12.65GB의 데이터를 8,640개 파일에 저장해야 한다. 블록 크기가 128MB인 HDFS의 실제 사용량은 8,640 × 128MB 또는 대략 1TB의 데이터다. 일반적인 HDFS 설정인 복제 계수 3을 고려하면 초기 12.65GB의 데이터는 3TB의 원시 디스크 스토리지를 차지한다. 이는 피하고 싶은 리소스의 낭비다.

saveAsxxx 출력 연산을 사용할 때 고려해야 할 한 가지 접근 방식은 보조 저장소의 특성에 맞게 적당한 크기의 텀블링 윈도우를 만드는 것이다. 이전 예제를 계속하면 850초(약 15분)의 윈도우를 만들어 해당 조건에서 최적의 스토리지에 적합한 약 127MB의 파일을 만들 수 있다. 21장에서 자세히 논의할 때 이는 사용 단계에 따라 달라지는 요구 사항으로 이해되지만 스토리지 단계 전에 데이터를 줄이는 것도 고려해야 한다.

마지막으로 새로운 하둡 API는 하둡 시퀀스 파일을 사용하여 HDFS 스토리지 공간 소비와 관련된 문제를 완화한다. 이것은 이러한 더 나은 구현에 접근하는 메서드의 이름으로 newAPI의 명시적인 언급에 반영되어 있다. 시퀀스 파일 및 디스크 사용에 미치는 영향에 대한 자세한 내용은 『하둡 완벽 가이드』(한빛미디어, 2017)를 참조하기 바란다.

20.2.3 foreachRDD

foreachRDD(func)는 각 스트리밍 간격마다 DStream 내의 기본 RDD에 대한 접근을 제공하는 범용 출력 연산이다.

앞서 언급한 다른 모든 출력 연산은 foreachRDD를 사용하여 구현을 지원한다. foreachRDD는 스파크 스트리밍의 기본 출력 연산자이며 다른 모든 출력 연산은 그것에서 파생된 것이라고 말할 수 있다.

스파크 스트리밍 결과를 구체화하고 가장 유용한 기본 출력 연산을 구체화하는 것이 핵심이다. 따라서 이를 위한 별도의 절이 필요하다.

20.3 프로그래밍 가능한 싱크로서 foreachRDD 사용하기

foreachRDD는 DStream에 선언된 변환을 통해 처리된 데이터와 상호작용하는 기본 메서드다. foreachRDD에는 두 가지 메서드 오버로드가 있다.

foreachRDD (foreachFunc : RDD [T] => Unit)
파라미터로 전달된 함수는 RDD를 사용하여 부가 효과를 적용한다.

foreachRDD (foreachFunc : (RDD [T], Time) => Unit)
연산이 발생하는 시간에 접근할 수 있는 대안으로서, 도착 시간 관점에서 데이터를 구별하는 데 사용할 수 있다.

> **NOTE_** foreachRDD 메서드로 제공되는 시간은 처리 시간을 나타낸다. 2.9절 '시간의 영향'에서 살펴본 것처럼 스트리밍 엔진이 이벤트를 처리하는 시간이다. RDD[T]에 포함된 T 타입의 이벤트는 이벤트 생성 시간, 이벤트 시간으로 이해되는 시간 도메인에 대한 추가 정보를 포함하거나 포함하지 않을 수 있다.

foreachRDD의 클로저 내에서 스파크 스트리밍의 두 추상화 계층에 접근할 수 있다.

스파크 스트리밍 스케줄러

RDD에서 작동하지 않는 ForeachRDD 클로저 내에 적용되는 기능은 스파크 스트리밍 스케줄러의 범위 내에서 드라이버 프로그램에서 로컬로 실행된다. 이 수준은 반복의 북키핑과 스트리밍 데이터, 로컬 (뮤테이블) 변수 또는 로컬 파일시스템을 풍부하게 하기 위한 외부 웹 서비스에 접근하는 데 유용하다. 이 수준에서 SparkContext와 SparkSession에 접근할 수 있어 스파크 SQL, 데이터프레임 그리고 데이터셋과 같은 스파크의 다른 하위시스템과 상호 작용할 수 있다는 점을 언급하는 것은 중요하다.

RDD 연산

클로저 함수에 제공된 RDD에 적용되는 연산은 스파크 클러스터에서 분산적으로 실행될 것이다. 이 범위에서는 모든 통상적인 RDD 기반 연산[RDD-based operation]이 허용된다. 이러한 연산은 클러스터에서의 직렬화와 분산 실행의 일반적인 스파크 코어 프로세스를 따른다.

일반적인 패턴은 foreachRDD에서 두 가지 클로저(로컬 연산을 포함하는 외부 범위와 클러스터에서 실행되는 RDD에 적용된 내부적인 클로저)를 관찰하는 것이다. 이러한 이중성은 종종 혼란의 원천이며 코드 예제를 통해 가장 잘 배울 수 있다.

들어오는 데이터를 일련의 **대안**[alternative] (구체적인 분류)으로 정렬하려는 [예제 20-1]의 코드 조각을 생각해보자. 이러한 대안은 동적으로 변경되며 외부 웹 서비스 호출을 통해 접근하는 외부 서비스에 의해 관리된다. 각 배치 간격마다 고려해야 할 대체 세트에 대해 외부 서비스를 참조하도록 하자. 우리는 각 대안에 대해 포맷터를 만든다. 이 특정 포맷터를 사용하여 분산 맵 변환을 적용하여 해당 레코드를 변환한다. 마지막으로 필터링된 RDD에서 foreachPartition 연산을 사용하여 데이터베이스에 연결하고 레코드를 저장한다. DB 연결은 직렬화할 수 없으므로 각 익스큐터에서 로컬 인스턴스를 가져오려면 RDD에서 이 특정 구성이 필요하다.

> **NOTE_** 이는 다양한 고객의 기기에 대한 사물인터넷(IoT) 데이터를 분류하는 작업을 담당하는 실제 스파크 스트리밍 생산 잡을 단순화한 것이다.

예제 20-1 foreachRDD 내의 RDD 연산

```
dstream.foreachRDD{rdd =>    ❶
    rdd.cache()    ❷
    val alternatives = restServer.get("/v1/alternatives").toSet    ❸
    alternatives.foreach{alternative =>    ❹
      val filteredRDD = rdd.filter(element => element.kind == alternative)    ❺
      val formatter = new Formatter(alternative)    ❻
      val recordRDD = filteredRDD.map(element => formatter(element))
      recordRDD.foreachPartition{partition =>    ❼
        val conn = DB.connect(server)    ❽
        partition.foreach(element => conn.insert(alternative, element))    ❾
      }
    }
    rdd.unpersist(true)    ❿
}
```

언뜻 보기에 이 DStream 출력 연산에서 많은 일이 진행되고 있다. 좀 더 알기 쉽게 조각으로 나누어 살펴보자.

❶ DStream에서 foreachRDD 연산을 선언하고 인라인 구현을 제공하기 위해 클로저 표기법 f{ x => y }를 사용한다.

❷ 제공된 RDD의 내용을 여러 번 반복할 예정이기 때문에 캐싱으로 구현을 시작한다(캐싱에 대한 내용은 26.8절 '캐싱'에서 자세히 설명한다).

❸ 웹 서비스에 접속한다. 이는 각 배치 간격마다 한 번씩 발생하며, 실행은 드라이버 호스트에서 이루어진다. 익스큐터는 프라이빗 네트워크에서 '폐쇄'될 수 있는 반면 드라이버는 인프라의 다른 서비스에 대한 방화벽 접근을 가질 수 있기 때문에 이는 네트워킹 측면에서도 중요하다.

❹ 수신된 셋에 포함된 값에 대한 루프를 시작하여 RDD에 포함된 값을 반복적으로 필터링할 수 있도록 한다.

❺ RDD에 대한 필터 변환을 선언한다. 이 작업은 지연되어서 어떤 조치가 실현을 요구할 때 클러스터 내에서 분산적으로 수행될 것이다.

❻ 이전 단계에서 필터링된 레코드를 포맷하기 위해 7행에서 사용하는 직렬화 가능한 포맷터 인스턴스에 대한 로컬 참조를 얻는다.

❼ 필터링된 RDD에 poreachPartition 동작을 사용한다.

❽ 익스큐터에 데이터베이스 드라이버의 로컬 인스턴스가 필요하다.

❾ 데이터베이스에 레코드를 병렬로 삽입한다.

❿ 마지막으로 다음 반복을 위한 메모리를 확보하기 위해 RDD를 해제한다.

[그림 20-3]에서는 foreachRDD 호출의 클로저 내에서 코드의 다른 실행 범위를 강조한다. 간단히 말해 RDD 연산에 의해 뒷받침되지 않는 모든 코드는 드라이버의 컨텍스트에서 로컬로 실행된다. RDD에 호출된 함수 및 클로저는 클러스터에서 분산된 방식으로 실행된다. 로컬 컨텍스트에서 RDD 실행 컨텍스트로 전달되지 않도록 더욱 주의를 기울여야 한다. 이는 스파크 스트리밍 애플리케이션에서 자주 발생하는 문제의 원인이다.

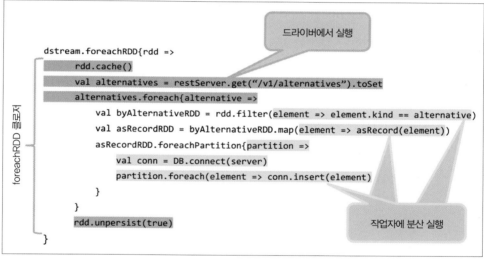

그림 20-3 foreachRDD 클로저의 범위

그림에서 확인할 수 있듯이 foreachRDD는 로컬 및 분산 연산을 혼합하고 일치시켜 계산 결과를 얻고 스트리밍 로직으로 처리한 후 다른 시스템에 푸시할 수 있는 다용도 출력 연산이다.

20.4 서드파티 출력 연산

여러 서드파티 라이브러리는 출력 연산을 DStream에 추가하기 위해 스칼라의 라이브러리 농축 패턴을 사용하여 특정 대상 시스템에 대한 스파크 스트리밍 지원을 추가한다.

예를 들어 데이터스택스^{Datastax}의 스파크-카산드라 커넥터$^{Spark-Cassandra\ Connector}$[1]는 DStream에서 saveToCassandra 작업을 실행하여 스트리밍 데이터를 대상 아파치 카산드라 키스페이스 및 테이블에 직접 저장할 수 있다. 벤 프라뎃$^{Ben\ Fradet}$의 스파크-카산드라-라이터$^{spark-kafka-writer}$[2]는 DStream을 카프카 토픽에 쓰기 위해 유사한 구조인 dStream.writeToKafka를 활성화시킨다.

엘라스틱서치^{Elasticsearch}는 동일한 패턴을 사용하여 스파크 스트리밍을 지원한다. 엘라스틱서치 라이브러리에 대한 스파크 지원은 saveToEs 호출로 DStream API를 풍부하게 한다. 자세한 내용은 엘라스틱의 「Spark Integration Guide」[3]를 참조하기 바란다.

이러한 라이브러리 구현은 스칼라 암시성 및 foreachRDD를 사용하여 특정 서드파티 시스템에 대한 사용자 친화적인 고급 API를 제공하므로 앞에서 설명한 foreachRDD 내의 다중 레벨 추상화를 다루는 복잡한 세부 정보로부터 사용자를 구할 수 있다.

커넥터에 관련된 자세한 사항은 SparkPackages[4]를 참조하도록 하자.

---

1 http://bit.ly/2IPiUIL
2 http://bit.ly/2ZNLrnw
3 http://bit.ly/2V3DyL
4 https://spark-packages.org/

## CHAPTER 21

시간 기반 스트림 처리

앞서 시사한 바와 같이, 그리고 이전 변환에서 보여주었듯이 스파크 스트리밍은 시간 기반 데이터 집계를 구축하는 기능을 제공한다. 구조적 스트리밍과 대조적으로 이 영역에서 스파크 스트리밍의 즉시 사용할 수 있는 기능은 처리 시간으로 제한되는데, 2.9절 '시간의 영향'을 기억해보면 이는 스트리밍 엔진이 이벤트를 처리하는 시간이다.

이 장에서는 스파크 스트리밍의 다양한 집계 기능에 대해 살펴보기로 한다. 비록 처리 시간 영역에 제약을 받지만 풍부한 의미론을 제공하며 확장 가능하고 리소스가 제한된 방식으로 데이터를 처리하는 데 도움이 될 수 있다.

21.1 윈도우 집계

집계^{aggregation}는 스트림 데이터 처리에서 빈번한 패턴으로, 데이터 생산자(입력)와 데이터 소비자(출력)의 우려의 차이를 반영한다.

2.4절 '윈도우 집계'에서 설명한 것처럼 시간에 따른 데이터의 **윈도우**^{window} 개념은 오랜 기간에 걸친 집계를 만드는 데 도움이 될 수 있다. 스파크 스트리밍 API는 해당 절에 나와 있는 두 가지 일반적인 윈도우 개념인 **텀블링**^{tumbling} 윈도우와 **슬라이딩**^{sliding} 윈도우에 대한 정의를 제공하며, 일정 기간 동안 특정 집계를 실행하는 데 필요한 중간 메모리의 양을 제한하기 위해 윈도우를 통해 작동하는 특화된 축소 기능을 제공한다.

이 장에서는 다음과 같은 스파크 스트리밍의 윈도우 기능을 살펴볼 것이다.

- 텀블링 윈도우
- 슬라이딩 윈도우
- 윈도우 기반 감소

21.2 텀블링 윈도우

스파크 스트리밍에서 가장 기본적인 윈도우 정의는 DStream의 window(<time>) 연산이다. 이 DStream 변환은 원하는 로직을 구현하기 위해 추가로 변환할 수 있는 새로운 윈도우 DStream 을 만든다.

해시태그hashtag의 DStream을 가정할 때 텀블링 윈도우에서 다음 작업을 수행할 수 있다.

```
val tumblingHashtagFrequency = hashTags.window(Seconds(60))
                                       .map(hashTag => (hashTag,1))
                                       .reduceByKey(_ + _)
```

window 연산에서는 map과 remedByKey 단계(지금은 간단한 계산을 수행함) 전에 DStream을 RDD로 분할하는 것을 재프로그래밍하고 있다. 원래 스트림인 hashTags는 배치 간격에 따라 엄격한 분할을 따른다(배치당 RDD 1개).

이러한 경우에는 60초당 하나의 RDD를 포함하기 위해 새로운 DStream인 hashTags.window (Seconds(60))을 구성한다. 시계가 60초를 체크할 때마다 동일한 윈도우가 있는 DStream 의 이전 요소와는 독립적으로 클러스터의 리소스에 새로운 RDD가 생성된다. 그런 의미에서 2.4.1절의 '텀블링 윈도우'에서 설명한 대로 윈도우는 **하락**tumbling하고 있다. 모든 RDD는 실시간으로 읽은 새로운 '신선한' 요소들로 100% 구성되어 있다.

21.2.1 윈도우 길이와 배치 간격

윈도우 스트림의 작성은 원본 스트림의 여러 RDD 정보를 윈도우 스트림에 대한 단일 RDD로 병합하여 얻어지므로 윈도우 간격은 배치 간격의 배수여야 한다.

당연히 초기 배치 간격의 배수가 되는 모든 윈도우 길이는 인수로 전달될 수 있다. 따라서 이러한 종류의 그룹화된 스트림을 사용하면 사용자는 윈도우 스트리밍 계산 런타임의 *k*번째 간격에 대해 보다 정확하게 마지막 1분, 마지막 15분 또는 마지막 한 시간의 데이터를 질문할 수 있다.

새로운 사용자를 놀라게 하는 중요한 관찰은 윈도우 간격이 스트리밍 애플리케이션의 시작과 일치한다는 것이다. 예를 들어 배치 간격이 2분인 DStream을 통해 30분간의 윈도우가 주어졌을 때 스트리밍 작업이 10:11에서 시작하면 윈도우 간격은 11:41, 12:11, 12:11, 12:41에 계산된다.

21.3 슬라이딩 윈도우

비록 '유명 스포츠 행사 중 10분마다 가장 인기 있었던 해시태그'와 같은 정보는 포렌식이나 미래 예측 측면에 있어 흥미롭지만, 그 행사 기간 동안 일반적으로 묻는 질문의 종류는 아니다. 텀블링 윈도우도 이상 징후를 감지할 때 관련 시간대가 아니다. 이 경우 관찰되는 값이 빈번하지만 종종 작고, 그로 인해 분석을 위해 추가적인 데이터 포인트가 제공되는 컨텍스트를 요구하는 의미 없는 변동이 있기 때문에 집계가 필요하다. 주식의 가격이나 구성 요소의 온도는 개별적으로 관측하면 안 되는 작은 변동성을 가진다. 실제 트렌드는 일련의 최근 이벤트를 관찰함으로써 가시화가 이루어지는 것이다.

일부는 새로운 슬라이딩 윈도우를 유지하는 동안 비교적 큰 기간 동안의 데이터를 표시하는 다른 유형의 집계를 살펴보는 것이 종종 도움이 된다.

```
val slidingSums = hashTags.window(Seconds(60), Seconds(10))
                          .map(hashTag => (hashTag, 1))
                          .reduceByKey(_ + _)
```

이 예제에서는 가장 빈번한 해시태그를 계산하기 위해 다른 유형의 DStream을 설명한다. 이번에는 10초마다 새로운 RDD가 생성된다. 윈도우 함수의 이러한 대안에서 windowDuration 이라는 첫 번째 인수는 윈도우의 길이를 결정하는 반면, 두 번째 인수인 slideDuration은 새 데이터 윈도우를 얼마나 자주 관찰할 것인지 결정한다.

예제로 돌아가서, 결과로 생성된 윈도우 DStream에는 최신 60초 동안의 계산 결과를 나타내는 RDD가 10초마다 생성된다.

이 슬라이딩 뷰를 통해 모니터링 애플리케이션을 구현할 수 있으며, 이러한 스트림에서 생성된 데이터가 처리 후 대시보드로 전송되는 것을 자주 볼 수는 없다. 이 경우 당연히 대시보드의 새로 고침 빈도는 슬라이드 간격과 연결된다.

21.3.1 슬라이딩 윈도우와 배치 간격

출력 함수의 RDD는 원래 DStream의 입력 RDD를 병합함으로써 얻어지므로 슬라이드 간격은 배치 간격의 배수여야 하고, 윈도우 간격은 슬라이드 간격의 배수여야 한다는 것이 명백하다.

예를 들어 배치 간격이 5초인 **스트리밍 컨텍스트**^{streaming context}와 stream이라는 기본 DStream을 사용하면 슬라이드 간격이 배치 간격의 배수가 아니기 때문에 `stream.window(30, 9)` 표현식은 잘못된 것이다. 올바른 윈도우 사양은 `stream.window(30, 10)`이다. `stream.window(Seconds(40), Seconds(25))` 표현식은 윈도우 기간과 슬라이드 간격이 배치 간격의 배수임에도 불구하고 동일하게 유효하지 않다. 윈도우 간격은 슬라이드 간격의 배수여야 하기 때문이다. 이 경우 `stream.window(Seconds(50), Seconds(25))`는 올바른 윈도우 기간과 슬라이딩 간격 정의다.

간단히 말해 배치 간격은 윈도우 DStream의 시간 간격의 '분리할 수 없는 원자'로 볼 수 있다.

마지막으로 계산이 이치에 맞으려면 슬라이딩 윈도우가 윈도우 길이보다 작아야 한다는 점에 유의하자. 스파크는 이러한 제약 조건 중 하나가 존중되지 않으면 런타임 오류를 출력할 것이다.

21.3.2 슬라이딩 윈도우와 텀블링 윈도우

슬라이딩 윈도우의 사소한 경우는 슬라이드 간격이 윈도우 길이와 동일한 경우다. 이러한 경우 스트림이 이전에 제시된 텀블링 윈도우 사례와 동일하며, 윈도우 함수에는 `windowDuration` 인수만 있음을 알 수 있다. 이것은 정확히 윈도우 함수에서 내부적으로 구현한 의미론과 일치한다.

21.4 윈도우 사용과 더 긴 배치 간격 사용

단순한 텀블링 윈도우를 보면 단순히 배치 간격을 늘리기보다는 텀블링 모드로 윈도우 스트림을 사용하는 것이 왜 필요한지 궁금할 수 있다. 결국 사용자가 분당 집계된 데이터를 원한다면 배치 간격이 정확히 그 목적으로 만들어지지 않는가? 이러한 접근 방식에 대한 몇 가지 반론이 있다.

여러 집계의 필요

때때로 사용자는 서로 다른 증분으로 계산된 데이터를 보고 싶어 하는데, 이는 데이터를 보는 두 개의 특정 빈도를 추출할 것을 요구한다. 그러한 경우 배치 간격이 불가분하고 다른 윈도우에 대한 집계의 근원이기 때문에 필요한 지연 시간 중 가장 작은 시간으로 설정하는 것이 가장 좋다. 수학적인 측면에서 만약 지속 시간 x, y, z와 같이 데이터의 여러 윈도우를 원한다면 배치 간격 batch interval 을 **최대공약수**greatest common divisor 인 $gcd(x, y, z)$로 설정하기 원한다.

안전성과 지역성

배치 간격만이 DStream을 RDD로 분할하는 유일한 소스가 아니다. 리시버 기반 소스의 경우 배치 간격은 네트워크를 통해 데이터가 복제되고 이동하는 방식에도 역할을 한다. 예를 들어 각각 4개의 코어가 있는 8개의 시스템으로 구성된 클러스터가 있다면 코어당 두 개 파티션의 순서를 원할 수 있기 때문에 배치당 32개의 블록 간격이 가능하도록 블록 간격을 설정하고자 한다. 블록 매니저가 스파크에서 수신한 데이터를 복제하기 위해 고려하는 클럭 체크 표시를 결정하는 것은 블록 간격이다. 따라서 배치 간격이 증가하면 배치 간격의 일부분으로 구성해야 하는 블록 간격도 증가할 수 있으며, 데이터 수집을 손상시키는 충돌(예: 리시버 기계가 다운되는 경우)에 더 취약해질 수 있다. 예를 들어 배치 간격이 1시간이고 블록 간격이 2분일 경우 리시버 충돌 시 잠재적 데이터 손실은 데이터 주파수에 따라 부적절할 수 있다. 데이터 손실을 피하기 위해 미리 쓰기 로그write-ahead log(WAL)를 사용하는 신뢰할 수 있는 리시버를 사용하면 이러한 위험을 완화할 수 있지만, 이는 추가 오버헤드와 저장 비용에 따른 것이다.

1시간의 집계를 원하는 경우 배치 간격이 5분인 소스 DStream에 기반한 1시간의 텀블링 윈도우가 10초 미만의 블록 간격을 제공하므로 데이터 손실이 적다.

요약하면 적절한 크기의 배치 간격을 유지하는 것이 클러스터 설정의 복원력을 증가시킨다.

21.5 윈도우 기반 감소

복잡한 파이프라인을 구축하는 것이 끝날 무렵에는 본질적으로 시간의 다양한 개념에 의존하는 데이터의 지표를 종종 보고 싶어 한다. 예를 들어 지난 15분 동안, 지난 시간 동안 그리고 전날 동안의 웹사이트 방문자 수나 교차로를 통과하는 차량 수를 볼 수 있을 것으로 기대한다.

이 세 가지 정보의 조각들은 모두 이 장에서 이미 살펴본 윈도우 DStream의 카운트를 기반으로 계산할 수 있다. 윈도우 기반 함수는 서로 다른 기간에 걸쳐 집계를 생성하는 데 필요한 원시 요소를 제공하지만, 또한 특정 기간 동안 모든 데이터를 유지하도록 요구한다. 예를 들어 24시간 집계를 생성하기 위해서는 지금까지 알고 있는 윈도우 함수가 24시간 분량의 데이터를 스토리지(메모리 및/또는 디스크, DStream 구성에 따라)에 보관해야 할 것이다.

웹사이트에 대한 24시간 동안의 총 사용자 방문 횟수를 원한다고 상상해보자. 실제로 각각의 기록을 24시간 동안 보유할 필요는 없다. 대신 실행 카운트를 가질 수 있고 그것이 들어오는 대로 새로운 데이터를 추가할 수 있다. 이것은 윈도우 기반 감소에 대한 직관이다. 제공된 함수(연관되어 있다고 가정)는 각각의 새로운 데이터의 마이크로배치에 적용된 다음 그 결과는 윈도우 DStream에 의해 유지되는 집계에 추가된다. 잠재적으로 많은 양의 데이터를 주변에 보관하는 대신 최소한의 메모리 리소스를 사용하는 확장 가능한 집계를 제공하면서 시스템에 들어오는 대로 데이터를 집계한다.

스파크 스트리밍에 있는 윈도우 리듀서 제품군은 앞서 배운 윈도우 정의에 대한 파라미터와 함께 리듀서 기능을 취한다. 다음 절에서는 그러한 리듀서 몇 가지를 논의한다.

21.5.1 reduceByWindow

reduceByWindow는 감소함수, 윈도우 지속 시간 및 슬라이드 지속 시간을 갖는다. 감소함수는 원래 DStream의 두 요소를 결합하고 동일한 유형의 새로운 결합 요소를 생성해야 한다. windowDuration 길이의 텀블링 윈도우를 생성하기 위해 slideDuration을 생략할 수 있다.

```
def reduceByWindow(
    reduceFunc: (T, T) => T,
    windowDuration: Duration,
    slideDuration: Duration
  ): DStream[T]
```

21.5.2 reduceByKeyAndWindow

reduceByKeyAndWindow는 DStream의 쌍, 즉 (Key, Value) 튜플의 DStream으로만 정의된다. reduceByWindow와 유사한 파라미터가 필요하지만 reduce 함수는 DStream의 값에 적용된다. 이 연산은 우리가 다루는 값을 나타내는 키를 가질 수 있기 때문에 이것의 형제인 reduceByWindow보다 잠재적으로 더 유용하다.

```
def reduceByKeyAndWindow(
    reduceFunc: (V, V) => V,
    windowDuration: Duration,
    slideDuration: Duration
  ): DStream[(K, V)]
```

해시태그 예제로 돌아가서 reduceByKeyAndWindow 함수를 사용함으로써 일일 해시태그 사용 빈도 집계를 구현할 수 있다.

```
val sumFunc: Long => Long => Long = x => y => x+y
val reduceAggregatedSums = hashTags.map(hashTag => (hashTag, 1))
                            .reduceByKeyAndwindow(sumFunc, Seconds(60), Seconds(10))
```

21.5.3 countByWindow

countByWindow는 특정 시간 동안 DStream 내의 요소 수에만 관심이 있는 reduceByWindow의 특수한 형식이다. 이는 '**주어진 윈도우에서 얼마나 많은 이벤트가 수신되었나?**'와 같은 질문에 답변을 준다.

```
def countByWindow(
    windowDuration: Duration,
    slideDuration: Duration): DStream[Long]
```

countByWindow는 21.3절 '슬라이딩 윈도우'에서 정의한 것과 동일한 windowDuration과 slideDuration 파라미터를 사용한다.

21.5.4 countByValueAndWindow

countByValueAndWindow는 방금 언급한 countByWindow 연산의 그룹화된 변형이다.

```
def countByValueAndWindow(
    windowDuration: Duration,
    slideDuration: Duration,
    numPartitions: Int = ssc.sc.defaultParallelism)
    (implicit ord: Ordering[T] = null) : DStream[(T, Long)]
```

countByValueAndWindow는 본래 DStream의 값을 카운트를 위한 키로 사용한다. 이는 해시 태그 예제를 다소 사소한 것으로 만든다.

```
val sumFunc: Long => Long => Long = x => y => x+y
val reduceAggregatedSums =
  hashTags.countByValueAndWindow(Seconds(60), Seconds(10))
```

내부적으로 이전 예제와 비슷한 단계를 수행한다. (value, 1L) 양식으로 튜플을 만든 다음 결과 DStream에서 reduceByKeyAndWindow를 사용한다. 이름에서 알 수 있듯이 countByValueAndWindow를 사용하여 지정된 각 윈도우에 대해 본래 DStream에서 각 값의 발생 횟수를 카운트한다.

21.3절 '슬라이딩 윈도우'에서 정의한 것과 동일한 windowDuration 및 slideDuration 파라미터를 사용한다.

21.6 가역 윈도우 집계

reduceByWindow와 reduceByKeyAndWindow 함수에는 선택적인 파라미터로서 추가적인 네 번째 인수가 포함된다. 이 인수를 **역감소함수**[inverse reduce function]라 한다. 이는 되돌릴 수 있는 집계함수를 사용하는 경우에만 중요하다. 즉, 집계에서 요소를 '제거'할 수 있다.

공식적으로 역함수인 invReduceFunc는 누적된 값 y와 요소 x에 대해 invReduceFunc(reduceFunc(x, y), x) = y다.

이 이면에는 스파크가 윈도우의 전체 내용보다는 각각의 새로운 슬라이딩 윈도우에서 몇 개의 슬라이드 간격의 요소들에 대해 계산하게 함으로써 이러한 가역의 개념이 스파크로 하여금 우리 집계의 계산을 단순화시킨다.

예를 들어 15분의 윈도우에 걸쳐서 매분마다 슬라이드되고, 1분 간격으로 표시되는 정수 개수를 집계한다고 해보자. 역축소함수를 지정하지 않으면 DStream에 표시되는 데이터를 요약하기 위해 15분 동안 새 카운트를 모두 추가해야 한다. [그림 21-1]에 이러한 프로세스를 나타냈다.

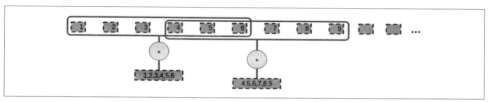

그림 21-1 불가역함수를 가진 reduceByWindow의 집계

이 방법은 효과적이지만 1분에 100,000개 요소가 표시되면 매분마다 윈도우에서 150만 개의 데이터 포인트가 합산된다. 더 중요한 것은 이 150만 개 요소를 메모리에 저장해야 한다는 점이다. 더 나아질 수 있을까?

지난 15분 동안의 카운트를 기억하고 새로운 데이터 수신 시간이 있다고 생각할 수 있다. 이전 15분을 초과하여 계산을 수행하면 카운팅(합계) 함수가 가역이기 때문에 해당 15분 집계에서 가장 오래된 분의 수를 뺄 수 있다. 가장 오래된 분의 수를 빼면 14분의 집계가 생성되며, 이로 인해 최신 1분의 데이터만 추가하면 마지막 15분의 데이터가 제공된다. [그림 21-2]는 이 프로세스가 동작하는 것을 보여준다.

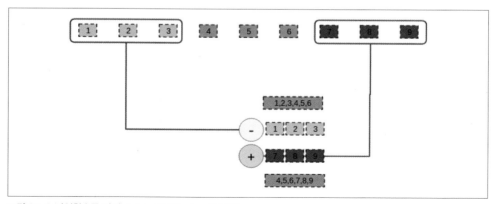

그림 21-2 가역함수를 가진 reduceByWindow의 집계

흥미로운 부분은 150만 개의 데이터 포인트를 저장할 필요가 없다는 것이다. 오히려 매분마다 중간 수, 즉 15개의 값만 필요하다.

보다시피 윈도우 집계의 경우 축소를 위해 집계함수를 사용하는 것은 매우 유용할 수 있다. 또한 reduceByWindow로 생성된 다양한 DStream을 저렴하게 만들 수 있어 긴 집계 기간 동안에도 스트림을 분석할 때 고려할 값에 대한 정보와 집계를 공유할 수 있는 훌륭한 방법을 제공한다.

> **CAUTION_** 모든 집계 간격이 다른 것과는 완전히 분리되어 있기 때문에 집계함수의 역은 텀블링 윈도우에서 쓸모가 없다. 따라서 슬라이드 간격을 사용하지 않으면 이 옵션을 사용하지 않아도 된다!

21.7 슬라이싱 스트림

마지막으로 스파크의 DStream에는 slice라는 선택함수도 있다. 이 함수는 두 경계 사이에 포함된 DStream의 특정 하위 부분을 반환한다. 스파크의 org.apache.spark.streaming.Time 또는 org.apache.spark.streaming.Interval에 해당하는 시작 시간과 종료 시간을 사용하여 범위를 지정할 수 있다. 둘 다 기본 단위로 밀리초를 사용하여 시간 산술을 간단히 다시 구현하여 사용자에게 적절한 표현력을 제공한다.

스파크는 정확한 타임스탬프를 전달하는 요소를 통해 슬라이스된 DStream을 생성한다. 또한 slice는 DStream의 두 경계 사이에 배치 간격이 있는 만큼 많은 RDD를 생성한다.

> **TIP** 슬라이스 사양이 배치에 깔끔하게 맞지 않으면 어떻게 될까?
>
> 시작 시간과 종료 시간이 원래 DStream의 배치 간격 **틱**tick과 일치하지 않으면 RDD의 원래 배치 타이밍과 슬라이스의 출력이 정확하게 일치하지 않을 수 있다. 타이밍 변경은 INFO 레벨에서 로그에 반영된다.
>
> ```
> INFO Slicing from [fromTime] to [toTime]
>     (aligned to [alignedFromTime] and [alignedToTime])
> ```

21.8 요약

이 장에서는 DStream에서 데이터 윈도우를 만들고 처리하는 스파크 스트리밍의 기능을 살펴보았다. 이제 다음을 수행할 수 있다.

- DStream API를 사용하여 텀블링 윈도우와 슬라이딩 윈도우를 표현한다.
- 데이터의 키를 사용하여 개수를 그룹화하는 것을 포함하여 윈도우에서 요소를 카운트한다.
- 윈도우 기반 카운트와 집계 생성
- 함수 가역성을 활용하는 최적화된 축소 버전을 사용하여 내부 메모리 사용량을 대폭 줄인다.

윈도우 집계를 통해 데이터가 배치 간격보다 훨씬 긴 시간에 걸쳐 펼쳐지면서 데이터의 추세를 관찰할 수 있다. 방금 배운 도구를 통해 이러한 기술을 스파크 스트리밍에 적용할 수 있다.

## CHAPTER 22

임의 상태 기반 스트리밍 연산

지금까지는 어떻게 스파크 스트리밍이 들어오는 데이터에서 과거의 기록과 독립적으로 작동할 수 있는지 살펴봤다. 또한 많은 애플리케이션에서 오래된 데이터 포인트와 관련하여 도착하는 데이터의 진화를 분석하는 데 흥미가 있다. 수신된 데이터 포인트에 의해 발생하는 변화를 추적하는 것에 관심이 있을 수도 있다. 즉, 이미 본 데이터를 사용하여 시스템의 상태 기반 표현을 구축하는 데 관심이 있을 수 있다.

스파크 스트리밍은 이전에 본 데이터에 대한 지식을 쌓고 저장할 뿐만 아니라 새로운 데이터를 변환하는 데 그 지식을 사용할 수 있도록 해주는 몇 가지 기능을 제공한다.

22.1 스트림 규모의 상태 기반

함수형 프로그래머는 상태 기반이 없는 함수를 좋아한다. 이러한 함수들은 입력값에만 신경 쓰면서 함수 정의 밖에서 외부의 상태와 독립된 값을 반환한다.

그러나 함수는 비상태 기반일 수 있고 오직 입력에만 신경을 쓸 수 있지만, 함수화에 대한 어떤 규칙도 어기지 않고, 그 계산과 함께 관리되는 값의 개념을 유지할 수 있다. 그 아이디어는 이 값이 어떤 중간 상태를 나타내며, 인수 구조의 통과와 동시에 기록을 유지하기 위해 계산의 하나 또는 여러 인수의 통과에 이용된다는 것이다.

예를 들어 17장에서 논의한 reduce 연산은 인수로서 다음과 같이 주어진 RDD의 통과를 따라 하나의 단일 값을 업데이트한다.

```scala
val streamSums = stream.reduce {
  case (accum, x) => (accum + x)
}
```

여기서 입력 DStream을 따라 각 RDD에 대한 중간 합계의 계산은 RDD 요소들을 왼쪽에서 오른쪽으로 반복하고, 누산기 변수를 업데이트된 상태로 유지함으로써 이루어진다. 이는 누산기의 새 값(괄호 사이)을 반환하는 업데이트 연산 덕분에 지정된 작업이다.

22.2 updateStateByKey

때때로 현재 요소 이전에 둘 이상의 배치가 발생한 스트림의 이전 요소에 의존하는 일부 결과를 계산하는 것이 유용하다. 그러한 경우의 예는 다음과 같다.

- 스트림의 모든 요소의 실행 합계
- 특정 마커 값의 발생 횟수
- 스트림 요소의 주어진 특정 순서에 따라 스트림에서 마주치게 되는 가장 높은 요소

이러한 연산은 종종 스트림 횡단을 통해 계산 상태의 표현을 업데이트하는 큰 reduce 연산의 결과로 생각할 수 있다. 스파크 스트리밍에서 이 기능은 updateStateByKey 함수에 의해 제공된다.

```scala
def updateStateByKey[S: ClassTag](
    updateFunc: (Seq[V], Option[S]) => Option[S]
  ): DStream[(K, S)]
```

updateStateBykey는 키-값 쌍의 DStream에만 정의된 연산이다. 상태 업데이트 함수를 인수로 사용한다. 이 상태 업데이트 함수는 다음과 같은 타입이어야 한다.

```
`Seq[V] -> Option[S] -> Option[S]`
```

이 타입은 업데이트 연산이 타입 V에 대해 일련의 새로운 값을 취하는 방법을 반영한다. 이는 현재 배치 작업 중에 도착한 주어진 **키**^{key}의 모든 **값**^{value}과 유형 S로 표시되는 선택적 상태에 해당한다. 그런 다음 상태 S에 대해 리턴할 상태가 있으면 Some(state), 새로운 상태가 없으면 None을 새로운 값으로 리턴하여 계산하며, 이 경우 이 키에 해당하는 저장된 상태가 내부 표현에서 삭제된다.

```
def updateFunction(Values: Seq[Int], runningCount: Option[Int]): Option[Int] = {
  val newCount = runningCount.getOrElse(0) + Values.filter(x => x >5).length
  if (newCount > 0)
    Some(newCount)
  else
    None
}
```

업데이트 상태 함수는 각 배치에서 이 스트림 처리가 시작된 후 익스큐터가 만나는 모든 키에서 호출된다. 경우에 따라 이것은 이전에는 볼 수 없었던 새 키에 있다. 이는 업데이트 함수의 두 번째 인수인 state가 None인 경우다. 다른 경우로 이 배치 안에 새 값이 없는 키에 있을 수 있는데, 이 경우 업데이트 함수의 첫 번째 인수인 새 값은 Nil이다.

마지막으로 updateStateByKey 함수는 사용자의 업데이트가 명령해야 하는 경우에만 값(즉, 특정 키에 대한 새 상태의 스냅샷)을 반환한다. 이것은 함수의 리턴 타입에서 Option을 설명한다. 앞의 예에서 실제로 5보다 큰 정수를 만나면 상태를 업데이트했다. 특정 키가 오직 5보다 작은 값만 접할 경우 이 키에 대해 생성된 상태가 없으며 이에 따라 업데이트도 없다.

[그림 22-1]은 updateStateByKey와 같은 상태 기반 계산을 사용할 때 보존되는 내부 상태의 역학을 보여준다. 스트림의 중간 상태는 내부 상태 저장소에 유지된다. 각 배치 간격에서 내부 상태는 updateFunc 함수를 사용하여 스트림에서 오는 새 데이터와 결합되어 상태 기반 계산의 현재 결과와 함께 보조 스트림을 생성한다.

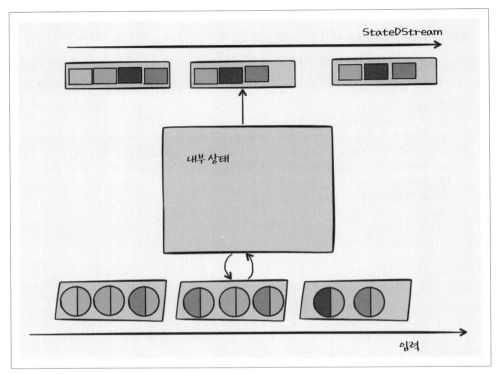

그림 22-1 updateStateByKey에 의해 생성된 데이터 흐름

22.3 updateStateByKey의 한계

지금까지 설명한 updateStateByKey 함수를 사용하면 스파크 스트리밍을 사용하여 상태 기반 프로그래밍을 수행할 수 있다. 예를 들어 사용자 세션의 개념을 인코딩할 수 있는데, 이 경우 특정 배치 간격이 현재 사용 중인 애플리케이션과 명확하게 일치하지 않는다. 이 접근법에는 두 가지 문제가 있다. 이를 좀 더 자세히 살펴보자.

22.3.1 성능

첫 번째 문제는 성능과 관련이 있다. updateStateByKey 함수는 실행이 시작된 이후 애플리케이션의 프레임워크와 만나는 모든 키에서 실행된다. 이는 다소 희박한 데이터셋(데이터의 다양성과 특히 키의 다양성에 롱테일이 있다는 전제하에)에서도 메모리에 표현된 총 데이터양이 무한정 증가한다는 분명한 주장이 있기 때문에 문제가 된다.

예를 들어 애플리케이션 실행이 시작될 때 웹사이트에 키나 특정 사용자가 나타나는 경우 애플리케이션 시작 이후(예: 지난달 이후)에 이 특정 개인으로부터 세션을 보지 못했다는 것을 나타내기 위해 해당 사용자의 상태를 업데이트하는 것은 어떤 관련이 있을까? 애플리케이션에 대한 이점은 명확하지 않다.

22.3.2 메모리 사용량

두 번째 문제는 상태가 무기한으로 커져서는 안 되므로 프로그래머는 메모리의 북키핑(모든 키에 대한 코드 작성)을 수행하여 해당 특정 요소에 대한 데이터의 상태를 유지하는 것이 여전히 적절한지 알아내야 한다는 것이다. 이는 메모리 관리를 위한 수동적인 계산을 요구하는 복잡성이다.

실제로 대부분의 상태 기반 계산의 경우 상태를 처리하는 것은 간단한 작업이다. 특정 시간 내에 웹사이트를 방문한 사용자나 한동안 새로 고침을 하지 않은 사용자와 같은 키는 여전히 관련성이 있다.

22.4 mapwithState를 사용한 상태 기반 연산 소개

mapWithState는 스파크에서 상태 기반 업데이트에 대한 더 나은 모델로, 앞에서 언급한 두 가지 단점을 극복한다. 모든 키를 업데이트하고 기본 시간 제한을 설정하여 계산과 함께 생성된 상태 객체의 크기를 제한한다. 이는 스파크 1.5에서 도입되었다.

```
def mapWithState[StateType: ClassTag, MappedType: ClassTag](
    spec: StateSpec[K, V, StateType, MappedType]
  ): MapWithStateDStream[K, V, StateType, MappedType]
```

mapWithState를 사용하려면 키, 선택적 값, 그리고 State 객체를 포함하는 상태 사양에서 작동하는 StateSpec 함수를 작성해야 한다. 이 방법은 좀 더 복잡하지만 몇 가지 명시적인 유형을 포함하기 때문에 여러 요소를 단순화한다.

- 프로그래머는 값을 리스트가 아닌 하나씩 처리한다.
- 업데이트 함수는 키 자체에 접근할 수 있다.
- 이 업데이트는 현재 배치에서 새로운 값을 가지는 키에서만 실행된다.
- 상태를 업데이트하는 것은 출력을 생성하는 암시적인 행위보다는 상태 객체의 메서드에 대한 필수적인 호출이다.
- 프로그래머는 이제 상태 관리와 독립적으로 출력을 생성할 수 있다.
- StateSpec 함수에는 자동 타임아웃 기능이 있다.

[그림 22-2]는 mapWithState 함수를 사용할 때의 데이터 흐름을 보여준다.

> **CAUTION_ mapWithState와 updateStateByKey: 언제, 어떤 것을 사용할까**
>
> mapWithState는 updateStateByKey 함수보다 더 성능이 뛰어나고 사용하기 좋으며, 전자는 실제로 상태 기반 계산을 위한 좋은 기본 선택이다. 그러나 한 가지 주의할 점은 상태 표현에서 데이터를 밀어내기 위한 모델(일명 플러시 상태 데이터)이 시간 초과되어 더 이상 사용자가 제어할 수 없다는 것이다. 결과적으로 상태를 최신 상태(예: 웹 사용자의 시간제한 세션에서 클릭 수)로 유지하려는 경우 mapWithState가 특히 적합하다. 우리는 오랜 기간 동안 작은 상태를 유지하는 것을 절대적으로 보장하려는 틈새 사례에 대해 updateStateByKey를 선호한다.
>
> 홍수 경보가 한 가지 예가 될 수 있다. 강 근처의 특정 위치에서 수심을 보고하는 센서를 다루고 있으며 관측 기간 동안 관측된 최댓값을 유지하려면 mapWithState가 아니라 updateStateBykey를 사용하는 것이 타당할 수 있다.

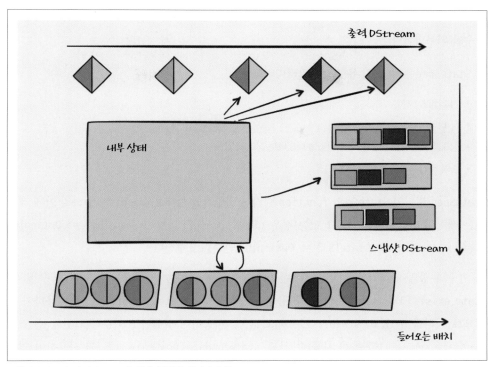

그림 22-2 mapWithState에 의해 생성된 데이터 흐름

각 배치 간격마다 각각의 키와 모든 키에 대한 상태 스냅샷을 보려면 mapWithState에 의해 생성된 특정 DStream의 .snapshots 함수를 호출하자.

mapWithState를 사용하면 이벤트가 수신될 때 스트림 요소의 계산이 시작될 수 있으며, 이상적으로 구조적 이벤트가 수신된 직후에 완료된다. 다음 몇 페이지에서 이에 대한 예를 살펴볼 것이다.

22.5 mapWithState 사용하기

mapWithState는 사용자로 하여금 상태 계산 작업을 설명하는 StateSpec 객체를 제공하도록 요구한다. 이것의 핵심 부분은 당연히 주어진 키에 대해 새로운 값을 입력하여 출력을 반환할 뿐만 아니라 이 키에 대한 상태를 업데이트하는 함수다. 실제로 이 StateSpec의 빌더 객체는 이 함수를 의무화한다.

이 StateSpec은 네 가지 유형으로 파라미터화된다.

- 키 타입 K
- 값 타입 V
- 상태를 저장하는 데 사용되는 타입을 나타내는 상태 타입 S
- 출력 타입 U

StateSpec 빌더인 StateSpec.function은 가장 일반적인 형태로, mapWithState와 함께 제공되는 배치의 타임스탬프가 필요 없는 경우 (Time, K, Option[V], State[S]) => Option[U] 또는 (K, Option[V], State[S]) => Option[U] 인수를 요구한다.

이 함수의 정의에 개입하는 상태 유형은 타임아웃을 지원하는 변경 가능한 셀로 볼 수 있다. state.exists()와 state.get()을 사용하여 쿼리하거나 state.getOption()을 사용하여 옵션으로 처리할 수 있고, state.isTimingOut()을 사용하여 타임아웃 여부를 확인할 수 있으며, state.remove()를 통해 지울 수 있고, state.update(newState : S)를 사용하여 업데이트할 수 있다.

우리가 센서로 발전소를 감시하고 있고 지난 일괄 배치 동안의 평균 온도와 비정상적인 온도를 감지할 수 있는 간단한 방법을 모두 원한다고 가정해보자. 이 예제에서는 변칙적인 온도를 80도 이상으로 정의한다.

```scala
import org.apache.spark.streaming.State

case class Average(count: Int, mean: Float){
  def ingest(value: Float) =
    Average(count + 1, mean + (value - mean) / (count + 1))
}

def trackHighestTemperatures(sensorID: String,
    temperature: Option[Float],
    average: State[Average]): Option[(String, Float)] = {
  val oldMax = average.getOption.getOrElse(Average(0, 0f))
  temperature.foreach{ t => average.update(oldMax.ingest(t)) }
  temperature.map{
```

```
        case Some(t) if t >= (80) => Some(sensorID, t)
        case _ => None
      }
  }

  val highTempStateSpec = StateSpec.function(trackHighestTemperatures)
                                   .timeout(Seconds(3600))
```

이 함수에서는 이전의 최댓값을 추출하고 평균과 임곗값으로 최신 값의 집계를 모두 실행하며, 그에 상응하여 상태 업데이트와 출력값으로 결과를 라우팅한다. 이렇게 하면 두 가지 스트림을 이용할 수 있다.

- temperatureStream.mapWithState(highTempStateSpec)은 고온 발생 시 이를 추적한다.
- temperatureStream.mapWithState(highTempStateSpec).stateSnapshots()는 각 센서의 평균 온도를 추적한다.

센서가 60분 동안 방출을 멈추면 자동적으로 센서의 상태가 제거되어 우려했던 상태 저장 장치의 폭발을 막는다. 이를 위해 명시적 remove() 함수도 사용할 수 있다는 점에 주목하자.

그러나 여기에는 센서의 처음 몇몇 값에서 센서값을 각 센서에 적합하지 않을 수 있는 낮은 기본값과 비교하는 문제가 있다.

우리가 아직 이에 대한 값을 가지고 있지 않기 때문에 이 특정 센서에 완벽하게 적합한 온도 스파이크 판독값을 감지할 수 있다.

이 경우 highTempStateSpec.initialState(initialTemps : RDD[(String, Float)])를 사용하여 센서의 초깃값을 제공할 수 있다.

22.6 mapWithState를 사용한 이벤트 시간 스트림 계산

mapWithState의 또 다른 이점은 과거에 대한 데이터를 State 객체에 효율적이고 명시적으로 저장할 수 있다는 것이다. 이는 이벤트 시간 컴퓨팅을 달성하는 데 매우 유용할 수 있다.

실제로 스트리밍 시스템에서 '실시간^on the wire'으로 보이는 요소는 다른 요소와 관련하여 순서가 잘못 도착하거나 지연되거나 심지어 매우 빠르게 도착할 수 있다. 이 때문에 매우 특정한 시간에 생성된 데이터 요소를 처리할 수 있는 유일한 방법은 생성 시 데이터를 타임스탬프하는 것이다. 이전 예제에서와 같이 스파이크를 감지하려고 하는 온도 스트림은 일부 이벤트가 역순으로 도착하면 온도 상승 및 온도 감소를 혼동할 수 있다.

> **NOTE_** 이벤트 시간 연산은 12장에서 살펴본 바와 같이 구조적 스트리밍에 의해 기본적으로 지원되지만, 여기에서 설명한 기법을 이용하여 스파크 스트리밍에서 프로그래밍적으로 구현할 수 있다.

그러나 만일 순서대로 이벤트를 처리하는 것을 목표로 한다면 스트림에서 보이는 데이터 요소에 존재하는 타임스탬프를 읽음으로써 잘못된 순서를 감지하고 반전시킬 수 있어야 한다. 이러한 재정렬을 수행하기 위해서는 스트림에서 기대할 수 있는 (한 방향 또는 다른 방향) 지연 크기의 순서에 대해 알아야 한다. 실제로 재정렬 범위에 대해 이러한 경계가 없다면 특정 기간 동안 최종 결과를 계산할 수 있도록 무한정 대기해야 할 것이다. 우리는 항상 지연되었을 또 다른 요소를 받을 수 있다.

이를 실질적으로 다루기 위해서는 **워터마크**^{watermark}, 즉 뒤쳐진 요소를 기다리는 최대 기간을 정의할 것이다. 스파크 스트리밍의 시간 개념으로 볼 때 이는 배치 간격의 배수가 되어야 한다. 이 워터마크 후 연산 결과를 '봉인'하고 워터마크보다 더 지연되는 요소는 무시한다.

> **CAUTION_** 이러한 잘못된 순서를 처리하는 자발적 접근 방식은 윈도우 스트림이 될 수 있다. 워터마크와 동일한 윈도우 간격을 정의하고, 타임스탬프별로 요소를 정렬하는 변환을 정의하면서 정확히 하나의 배치로 슬라이드하게 한다.
>
> 이것은 정렬된 원소가 첫 번째 워터마크 간격을 지나자마자 정확한 시야를 얻을 수 있는 한 정확하다. 단, 사용자가 워터마크와 동일한 초기 지연을 허용해야 계산 결과를 볼 수 있다. 그러나 배치 간격보다 한 자릿수 높은 워터마크를 보는 것은 그럴듯하며, 그러한 대기 시간은 이미 마이크로배치 접근 때문에 높은 대기 시간을 발생시키는 스파크 스트리밍과 같은 시스템에서는 받아들일 수 없을 것이다.
>
> 괜찮은 이벤트 시간 스트리밍 솔루션을 사용하면 스트림 이벤트의 임시보기를 기반으로 계산한 다음 지연된 요소가 도착하면 이 결과를 업데이트할 수 있을 것이다.

마지막으로 수신한 k개 요소를 포함하는 크기 k의 고정 크기 벡터인 원형 버퍼의 개념이 있다고 가정해보자.

```scala
import scala.collection.immutable

object CircularBuffer {
  def empty[T](): CircularBuffer[T] = immutable.Vector.empty[T]
}

implicit class CircularBuffer[T](v: Vector[T]) extends Serializable {
  val maxSize = 4
  def get(): Vector[T] = v
  def addItem(item : T) : CircularBuffer[T]  =
    v.drop(Math.min(v.size, v.size - maxSize + 1)) :+ item
}
```

이 객체는 가장 최근에 추가한 항목을 선택하여 하나 이상의 내부 요소와 최대 maxSize 요소를 유지한다.

5밀리초의 배치 간격을 가정하여 마지막 4개의 배치에 대한 평균 온도를 추적한다고 가정해보자.

```scala
import org.apache.spark.streaming.State

def batch(t:Time): Long = (t.milliseconds % 5000)

def trackTempStateFunc(
  batchTime: Time,
  sensorName: String,
  value: Option[(Time, Float)],
  state: State[CB]): Option[(String, Time, Int)] = {

  value.flatMap { (t: Time, temperature: Float) =>
    if ( batch(t) <= batch(batchTime)) { // 이 요소는 과거의 것이다.
      val newState: CB =
        state.getOption.fold(Vector((t, Average(1, temperature)))): CB){ c =>
          val (before, hereOrAfter) =
            c.get.partition{case (timeStamp, _) => batch(timeStamp) < batch(t) }
          (hereOrAfter.toList match {
            case (tS, avg: Average) :: tl if (batch(tS) == batch(t)) =>
              (tS, avg.ingest(temperature)) ::tl
            case l@_ => (t, Average(1, temperature)) :: l
          }).toVector.foldLeft(before: CB){ case (cB, item) => cB.addItem(item)}
        }
      state.update(newState) // 상태를 갱신한다.
```

```
      // 업데이트된 배치에 대한 새로운 평균 온도를 출력한다!
      newState.get.find{ case (tS, avg) => batch(tS) == batch(t) }.map{
        case (ts, i) => (key, ts, i)
      }
    }
    else None // 이 요소는 추후 사용을 위해 남겨둔 것이다.
  }
}
```

이 함수에서 State는 각 배치에 대한 평균을 포함하는 4개의 셀 세트다. 여기서는 현재 배치 시간을 인수로 사용하는 변형에서 mapWithState를 사용하고 있다. 배치 비교를 합리적으로 하기 위해 batch 함수를 사용하며, 만약 t1과 t2가 동일한 배치 내에 있으면 batch(t1) == batch(t2)가 될 것으로 예상한다.

새로운 값과 그 이벤트 시간을 살펴보는 것으로 시작하자. 해당 이벤트 시간의 배치가 현재 배치 시간을 초과하면 벽시계 또는 이벤트 시간에 오류가 있다. 이 예에서는 None을 반환하지만 오류 또한 기록할 수 있다. 이벤트가 과거에 있는 경우 해당 이벤트가 속한 배치를 찾아야 한다. 이를 위해 CircularBuffer 상태의 각 셀 배치에서 스칼라의 파티션 함수를 사용하고, 요소의 배치 앞에서 오는 요소를 같은 배치에서 오는 요소나 이후에 오는 요소와 분리한다.

그런 다음 후자 리스트의 맨 앞부분에서 찾아야 할(파티션 덕분에) 이벤트 배치에 대해 이미 초기화된 평균이 있는지 살펴본다. 만약 있다면 그것에 새로운 온도를 더하고, 그렇지 않으면 단일 요소로 평균을 만든다. 마지막으로 현재 요소의 시간 이전부터 배치를 가져와서 모든 후속 배치를 순서대로 추가한다. CircularBuffer는 기본적으로 임계점(4개)보다 더 많은 최신 요소만 보유하도록 보장한다.

마지막 단계에서는 새로운 요소로 업데이트한 셀에서 업데이트된 평균을 찾아보고(만약 있다면 오래된 요소를 업데이트했을지도 모른다), 만약 그렇다면 새로운 평균을 출력한다. 결과적으로 (String, (Time, Float)) 요소의 RDD에서 생성할 수 있는 mapWithState 스트림(센서 이름을 키로 하고 타임스탬프 표시된 온도를 값으로 지정)은 첫 번째 배치에서 마지막으로 수신한 업데이트의 평균을 업데이트한다.

당연히 CircularBuffer의 내용을 처리할 때 선형 시간을 사용하는데, 이는 이 예제를 통해 도달하고자 하는 단순성의 결과다. 그러나 타임스탬프별로 정렬된 구조를 어떻게 처리하고 있으며, 건너뛰기 목록과 같은 다른 데이터 구조가 어떻게 처리 속도를 높이고 이를 확장 가능하게 하는지에 대해 유의하도록 하자.

요약하자면 강력한 상태 업데이트 의미론, 부족한 타임아웃 의미론, 그리고 snapshots()이 가져오는 다양성을 가진 mapWithState는 몇 줄의 스칼라 코드 상에서 기본 이벤트 시간 처리를 나타내는 강력한 도구를 제공한다.

## CHAPTER 23

스파크 SQL로 작업하기

지금까지는 어떻게 스파크 스트리밍이 많은 소스의 스트림을 처리하고 추가 소비를 위해 전송하거나 저장할 수 있는 결과를 산출하는 독립형 프레임워크로서 작동할 수 있는지 살펴보았다.

격리된 데이터는 제한된 값을 가진다. 우리는 종종 데이터셋을 결합하여 서로 다른 소스의 데이터가 병합될 때만 명백해지는 관계를 탐구하기 원한다.

스트리밍 데이터의 특별한 경우에 각 배치 간격에서 볼 수 있는 데이터는 잠재적으로 무한한 데이터셋의 샘플일 뿐이다. 따라서 주어진 시점에서 관찰된 데이터의 가치를 높이기 위해서는 이미 가지고 있는 지식과 결합할 수 있는 수단이 반드시 필요하다. 이는 파일이나 데이터베이스에 있는 과거 데이터일 수도 있고, 전날의 데이터를 기반으로 만든 모델일 수도 있고, 심지어 이전 스트리밍 데이터일 수도 있다.

스파크 스트리밍의 핵심 가치 제안 중 하나는 다른 스파크 프레임워크와의 원활한 상호 운용성이다. 스파크 모듈 사이의 이러한 시너지 효과(동반 상승효과)는 우리가 만들 수 있는 데이터 지향 애플리케이션의 스펙트럼을 증가시켜 우리 스스로 임의적인(흔히 호환되지 않는) 라이브러리들을 결합하는 것보다 더 낮은 복잡성을 야기한다. 이는 개발 효율을 높여 결과적으로 애플리케이션에서 제공하는 비즈니스 가치를 향상시키는 것으로 해석할 수 있다.

이 장에서는 스파크 스트리밍 애플리케이션을 스파크 SQL과 결합하는 방법을 살펴볼 것이다.

23.1 스파크 SQL

스파크 SQL은 구조화된 데이터로 작동하는 스파크 모듈이다. 쿼리 분석기, 옵티마이저, 실행 플래너 등 전통적으로 데이터베이스 영역에서 발견되는 함수와 추상화를 구현해 스파크 엔진 위에 임의로 구조화된 데이터 소스를 테이블처럼 조작할 수 있도록 한다.

이 절에서는 스파크 SQL의 다음 세 가지 중요 기능을 소개한다.

- 데이터 작업을 나타내기 위한 SQL 쿼리 언어 사용
- SQL과 유사한 타입 안정적인 데이터 처리 **도메인 특화 언어**^{domain specific language}(DSL)인 데이터셋
- 동적으로 형식화된 데이터셋에 해당되는 데이터프레임

이 장의 목적을 위해 독자가 스파크 SQL, 데이터셋 및 데이터프레임에 익숙하다고 가정한다.

스파크 스트리밍과 스파크 SQL을 함께 사용하면 스파크 스트리밍 잡의 맥락에서 스파크 SQL의 중요한 데이터 랭글링^{data wrangling} 기능에 접근할 수 있다. 데이터프레임을 통해 데이터베이스에서 로드된 참조 데이터를 사용하여 들어오는 스트림을 효율적으로 보강할 수 있다. 또는 사용 가능한 SQL 함수를 사용하여 고급 요약 계산을 적용하자. 또한 파케이, ORC와 같이 지원되는 쓰기 형식 또는 자바 데이터베이스 연결(JDBC)을 통해 외부 데이터베이스를 수신하거나 결과 데이터를 쓸 수 있다. 가능성은 무한하다.

2부에서 살펴본 것처럼 아파치 스파크는 데이터셋/데이터프레임 API 추상화 및 개념을 사용하는 기본 스트리밍 API를 제공한다. 스파크의 기본 SQL 기능을 활용하려면 구조적 스트리밍이 첫 번째 옵션이 되어야 한다. 그러나 스파크 스트리밍 컨텍스트에서 이러한 기능에 접근하려는 경우가 있다. 이 장에서는 스파크 스트리밍과 스파크 SQL을 결합해야 할 때 사용할 수 있는 기술을 살펴본다.

23.2 스파크 스트리밍에서 스파크 SQL 함수에 접근하기

스파크 SQL로 스파크 스트리밍을 증강하는 가장 일반적인 사용 사례는 관계형 데이터베이스, 쉼표로 구분된 값(CSV), 파케이 파일 등과 같은 지원되는 구조화된 데이터 형식에 대한 접근 및 쓰기 접근 권한을 얻는 것이다.

23.2.1 예제: 파케이에 스트리밍 데이터 쓰기

우리 스트리밍 데이터셋은 sensorId, 타임스탬프 그리고 값을 포함하는 실행 중인 센서 정보로 구성될 것이다. 이러한 모든 요소가 구비된 사례의 단순성을 위해 실제 사물인터넷(IoT) 사용 사례를 시뮬레이션하는 시나리오를 사용하여 무작위 데이터셋을 생성한다. 타임스탬프는 실행 시간이 되며, 각 레코드는 쉼표로 구분된 값의 '필드'에서 오는 문자열로 형식화된다.

> **NOTE_ 온라인 리소스**
>
> 이번 예제에서는 이 책의 온라인 리소스인 enriching-streaming-data 노트북을 사용할 것이다. 해당 자료는 https://github.com/stream-processing-with-spark에서 확인할 수 있다.

우리는 또한 데이터에 약간의 현실적 혼란을 더한다. 기상 조건으로 인해 일부 센서는 손상된 데이터를 게시한다.

먼저 데이터 생성 기능을 정의하는 것부터 시작하자.

```scala
import scala.util.Random
// 시스템 상의 10만 개의 센서
val sensorId: () => Int = () => Random.nextInt(100000)
val data: () => Double = () => Random.nextDouble
val timestamp: () => Long = () => System.currentTimeMillis
val recordFunction: () => String = { () =>
  if (Random.nextDouble < 0.9) {
    Seq(sensorId().toString, timestamp(), data()).mkString(",")
  } else {
    "!!~corrupt~^&##$"
  }
}
```

```
> import scala.util.Random
> sensorId: () => Int = <function0>
> data: () => Double = <function0>
> timestamp: () => Long = <function0>
> recordFunction: () => String = <function0>
```

> **CAUTION_** 우리는 순간적인 주의를 요하는 특정한 트릭을 사용한다. 앞의 예에 있는 값이 어떻게 함수인
> 지 주목하자. 텍스트 레코드의 RDD를 생성하는 대신 레코드를 생성하는 함수의 RDD를 만든다. 그런 다음
> RDD가 평가될 때마다 레코드 함수는 새로운 무작위 레코드를 생성하게 된다. 이러한 방식으로 각 배치에서
> 서로 다른 셋을 제공하는 실제 랜덤 데이터의 로드를 시뮬레이션할 수 있다.

```
val sensorDataGenerator = sparkContext.parallelize(1 to 100)
                                      .map(_ => recordFunction)
val sensorData = sensorDataGenerator.map(recordFun => recordFun())

> sensorDataGenerator: org.apache.spark.rdd.RDD[() => String] =
  MapPartitionsRDD[1] at map at <console>:73
> sensorData: org.apache.spark.rdd.RDD[String] =
  MapPartitionsRDD[2] at map at <console>:74
```

몇 가지 데이터를 샘플링한다.

```
sensorData.take(5)

> res3: Array[String] = Array(
               !!~corrupt~^&##$,
               26779,1495395920021,0.13529198017496724,
               74226,1495395920022,0.46164872694412384,
               65930,1495395920022,0.8150752966356496,
               38572,1495395920022,0.5731793018367316
)
```

그리고 스트리밍 컨텍스트를 생성한다.

```
import org.apache.spark.streaming.StreamingContext
import org.apache.spark.streaming.Seconds

val streamingContext = new StreamingContext(sparkContext, Seconds(2))
```

스트림 소스는 레코드 생성 RDD에 의해 공급되는 ConstantInputDStream이 될 것이다. ConstantInputDStream을 레코드 생성 RDD와 결합하여 이 예제에서 처리할 새로운 랜덤 데이터의 자체 생성 스트림을 생성한다. 이 메서드는 예제를 독립적으로 만든다. 즉, 외부 스트림 생성 프로세스의 필요성을 제거한다.

```
import org.apache.spark.streaming.dstream.ConstantInputDStream
val rawDStream  = new ConstantInputDStream(streamingContext, sensorData)
```

우리는 스트리밍 데이터에 대한 스키마 정보를 제공해야 한다.

이제 새로운 데이터의 DStream이 2초 간격으로 처리되었으므로 이 예제의 요지에 초점을 맞출 수 있다. 먼저 수신되는 데이터에 스키마를 정의하고 적용할 것이다. 스칼라에서는 다음과 같이 case class로 스키마를 정의한다.

```
case class SensorData(sensorId: Int, timestamp: Long, value: Double)

> defined class SensorData
```

이제 flatMap 함수를 사용하여 스키마를 DStream에 적용해야 한다.

> **NOTE_** 들어오는 데이터가 불완전하거나 손상된 경우가 있을 수 있기 때문에 map 대신 flatMap을 사용한다.
>
> map을 사용하면 우리는 각각의 변환된 레코드에 대해 결괏값을 제공해야 한다. 이것은 우리가 유효하지 않은 기록에 대해서는 할 수 없는 일이다. flatMap을 Option과 함께 사용하면 유효한 레코드를 Some(recordValue)로, 유효하지 않은 레코드를 None으로 나타낼 수 있다. flatMap 덕분에 내부 Option 컨테이너가 평평해지고 결과 스트림에 유효한 레코드 값만 포함된다.
>
> 쉼표로 구분된 레코드를 파싱하는 동안 누락된 필드로부터 자신을 보호할 뿐만 아니라 숫자 값을 예상 유형으로 파싱한다. 주위의 Try는 유효하지 않은 레코드에서 발생할 수 있는 모든 NumberFormatException을 캡처한다.

```
import scala.util.Try
val schemaStream = rawDStream.flatMap{record =>
  val fields = record.split(",")
```

```
    // 이 Try는 손상된 입력값과 관련된 예외(exception)를 캡처한다.
    Try {
      SensorData(fields(0).toInt, fields(1).toLong, fields(2).toDouble)
    }.toOption
  }

> schemaStream: org.apache.spark.streaming.dstream.DStream[SensorData] =
    org.apache.spark.streaming.dstream.FlatMappedDStream@4c0a0f5
```

데이터프레임 저장하기

스키마 스트림이 마련되었으니 기본 RDD를 데이터프레임으로 변환하는 작업을 진행할 수 있다. 이것을 범용 행동 foreachRDD의 맥락에서 진행한다. DStream[DataFrame]이 정의되지 않았기 때문에 현 시점에서는 변환을 사용할 수 없다. 이는 또한 데이터프레임(또는 데이터셋)에 적용하고자 하는 추가 작업이 여기에 설명된 것처럼 foreachRDD 클로저 범위에 포함되어야 함을 의미한다.

```
import org.apache.spark.sql.SaveMode.Append
schemaStream.foreachRDD{rdd =>
  val df = rdd.toDF()
  df.write.format("parquet").mode(Append).save("/tmp/iotstream.parquet")
}
```

마지막으로 스트림 프로세스를 시작한다.

```
streamingContext.start()
```

그런 다음 대상 디렉터리를 검사하여 결과 데이터가 파케이 파일로 스트리밍되는 것을 확인할 수 있다.

이제 스파크 콘솔을 검사하기 위해 http://<spark-host>:4040으로 이동하자. [그림 23-1]과 같이 SQL과 Streaming 탭이 모두 존재함을 알 수 있다. 특히 Streaming 탭이 우리 관심사다.

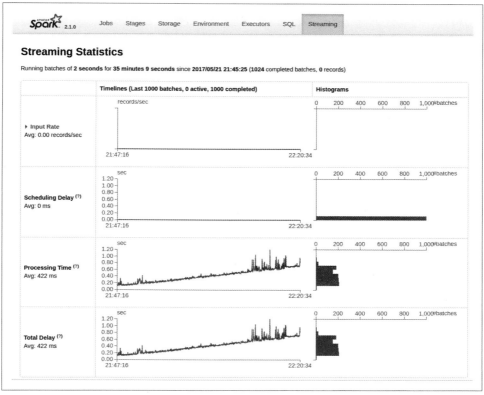

그림 23-1 파케이에 스트림 저장하기

[그림 23-1]에서 시간이 지남에 따라 파케이의 쓰기 시간이 어떻게 빠르게 증가하는지 확인할 수 있다. 파케이 파일에 작업을 추가하면 시간이 지남에 따라 비용이 더 발생한다. 스파크 스트리밍 잡과 같이 오래 지속되는 프로세스의 경우 이 제한을 해결하는 한 가지 방법은 항상 새로운 파일을 추가하는 것이다.

[예제 23-1]에서는 스트리밍 잡이 시작된 순간부터 측정하여 매시간(3,600초)마다 파일의 접미사를 변경한다.

예제 23-1 파일 대상의 타임스탬핑

```
def ts: String = ((time.milliseconds - timeOrigin)/(3600 * 1000)).toString
df.write.mode(SaveMode.Append).format("parquet").save(s"${outputPath}-$ts")
```

23.3 유휴 데이터 처리

스트리밍 애플리케이션의 설계 및 구현 중에 발생하는 일반적인 질문은 스트림의 이벤트를 풍부하게 하기 위해 기존 데이터를 사용하는 방법이다. 이 '유휴' 데이터는 파일, 조회 테이블, 데이터베이스의 테이블 또는 '이동 중인' 데이터를 향상시키는 데 사용할 수 있는 기타 정적 데이터의 기록 레코드일 수 있다.

우리는 스파크 SQL의 기능을 사용하여 들어오는 스트리밍 데이터와 결합할 수 있는 '유휴' 데이터셋을 로드할 수 있다. 이 시나리오에서 스파크 SQL의 주요 장점은 로드된 데이터가 구조화되어 있다는 것이다. 이는 스트리밍 개발자가 조인 작업을 수행하기 전에 데이터를 올바른 형식으로 준비하는 데 투자해야 하는 노력을 줄여준다.

이 예제는 데이터프레임의 형태로 고정된 데이터셋에 대한 조인[join]의 사용과 애플리케이션에 의해 지속적으로 소비되는 스트리밍 데이터를 예시한다.

23.3.1 조인을 사용하여 입력 스트림을 풍부하게 만들기

이전의 예에서는 센서 데이터의 들어오는 스트림을 처리하여 유효한 레코드에 파싱하여 파케이 파일에 직접 저장하였다. 그러나 보고된 데이터 포인트의 값을 해석하기 위해서는 우선 센서 유형, 작동 범위, 기록된 각 값의 단위를 알아야 한다.

우리 IoT 애플리케이션에서는 센서가 배포되기 전에 먼저 등록된다. 등록 과정은 우리가 필요로 하는 정보를 포착한다. 다행히도 이 정보는 [그림 23-2]에서 볼 수 있듯이 스트리밍 애플리케이션에서 가져올 수 있는 CSV 파일 내보내기로 이용할 수 있다.

데이터 위치를 사용하여 몇 가지 상수를 정의해보자.

```
val sensorCount = 100000
val workDir = "/tmp/learningsparkstreaming/"
val referenceFile = "sensor-records.parquet"
val targetFile = "enrichedIoTStream.parquet"
```

이제 파케이 파일에서 참조 데이터를 로드한다([그림 23-2] 참조). 또한 데이터를 메모리에 저장하고 스트리밍 애플리케이션의 성능을 향상시키기 위해 데이터를 캐싱한다.

```
val sensorRef = sparkSession.read.parquet(s"$workDir/$referenceFile")
sensorRef.cache()
```

sensorId	sensorType	unit	minRange	maxRange
25001	"noise"	"dB"	0	200
25002	"luminosity"	"Lux"	0	100000
25003	"noise"	"dB"	0	200
25004	"humidity"	"Rel%"	0	100
25005	"radiation"	"mSv"	0	100000
25006	"temp"	"C"	-100	100
25007	"radiation"	"mSv"	0	100000
25008	"radiation"	"mSv"	0	100000
25009	"temp"	"C"	-100	100
25010	"temp"	"C"	-100	100
25011	"noise"	"dB"	0	200
25012	"pressure"	"kPa"	0	140
25013	"pressure"	"kPa"	0	140
25014	"luminosity"	"Lux"	0	100000
25015	"radiation"	"mSv"	0	100000
25016	"luminosity"	"Lux"	0	100000

그림 23-2 샘플 참조 데이터

다음으로 스트리밍 데이터를 풍부하게 한다. 스키마 스트림이 준비되면 기본 RDD를 데이터프레임으로 변환하는 작업을 진행할 수 있다. 이번에는 참조 데이터를 활용해서 구체적인 센서 정보를 추가할 것이다. 또한 센서 범위에 따라 기록된 값을 분석하여 결과 데이터셋에서 그 데이터를 반복할 필요가 없도록 할 것이다.

이전과 같이 범용 액션 foreachRDD의 맥락에서 다음과 같이 한다.

```scala
val stableSparkSession = sparkSession
import stableSparkSession.implicits._
import org.apache.spark.sql.SaveMode.Append
schemaStream.foreachRDD{ rdd =>
  val sensorDF = rdd.toDF()
  val sensorWithInfo = sensorDF.join(sensorRef, "sensorId")
  val sensorRecords =
    sensorWithInfo.withColumn(
      "dnvalue", $"value"*($"maxRange"-$"minRange")+$"minRange"
    ).drop("value", "maxRange", "minRange")
  sensorRecords.write
               .format("parquet")
               .mode(Append)
               .save(s"$workDir/$targetFile")
}
```

CAUTION_ SparkNotebook에서 sparkSession 참조는 뮤테이블 변수(mutable variable)이므로 불안정한 참조에서 가져오기를 실행할 수 없기 때문에 stableSparkSession에 대해 이상해보일 수도 있는 구성이 필요하다.

계속해서 결과를 검사해보자. [그림 23-3]과 같이 결과 데이터를 검사하기 위해 현재 스파크 세션을 실행 중인 스파크 스트리밍 잡과 동시에 사용할 수 있다.

```scala
val enrichedRecords = sparkSession.read.parquet(s"$workDir/$targetFile")
enrichedRecords
```

그림 23-3 enrichedRecords 데이터프레임의 샘플

이 시점에서는 레코드 수가 진화하는 것을 볼 수 있다. 스트리밍 프로세스가 데이터셋을 증가시키는 방법을 확인하기 위해 결과 데이터셋에 카운트를 발행할 수 있다. 차이점을 관찰하기 위해 두 실행 사이에 잠시 대기하는 시간을 갖는다.

```
enrichedRecords.count
>res33: Long = 45135
// ... 몇 초 동안 기다린다 ...
enrichedRecords.count
>res37: Long = 51167
```

23.4 조인 최적화

현재 솔루션에는 주요 단점이 있는데, 이는 등록되지 않은 센서에서 들어오는 데이터를 삭제한다는 것이다. 프로세스 시작 시 참조 데이터를 한 번만 로드하기 때문에 그 순간 이후 등록한 센서는 조용히 삭제된다. 우리는 다른 종류의 조인 작업을 사용하여 이 상황을 개선할 수 있다. foreachRDD 내에서 다른 스파크 라이브러리의 기능에 완전히 접근할 수 있다. 이 특별한 경우

에 사용하는 조인 작업은 스파크 SQL에서 왔으며 해당 패키지의 옵션을 사용하여 스트리밍 프로세스를 향상시킬 수 있다. 특히 시스템에 알려진 IoT 센서 ID와 알려지지 않은 IoT 센서 ID를 구별하기 위해 **외부**^outer 조인을 사용할 것이다. 그런 다음 알려지지 않은 장치의 데이터를 나중에 조정하기 위해 별도의 파일에 쓸 수 있다.

프로그램의 나머지 부분은 foreachRDD 호출을 제외하고 동일하게 유지된다. 여기서는 [예제 23-2]에 보여주는 것처럼 새 로직을 추가한다.

예제 23-2 외부 조인으로 브로드캐스트 최적화 사용

```
val stableSparkSession = sparkSession
import stableSparkSession.implicits._
import org.apache.spark.sql.SaveMode.Append
schemaStream.foreachRDD{ rdd =>
  val sensorDF = rdd.toDF()
  val sensorWithInfo = sensorRef.join(
    broadcast(sensorDF), Seq("sensorId"), "rightouter"
  )
  val sensorRecords =
    sensorWithInfo.withColumn(
      "dnvalue", $"value"*($"maxRange"-$"minRange")+$"minRange"
    ).drop("value", "maxRange", "minRange")
  sensorRecords.write
                .format("parquet")
                .mode(Append)
                .save(s"$workDir/$targetFile")
}
```

날카로운 시각을 가졌다면 조인 작업에 두 가지 변화를 도입했다는 것을 알아차렸을 것이다. [예제 23-3]은 이들에 중점을 둔다.

예제 23-3 조인 작업의 세부 사항

```
val sensorWithInfo = sensorRef.join(
  broadcast(sensorDF), Seq("sensorId"), "rightouter"
)
```

차이점은 조인 순서를 변경했다는 것이다. 수신 데이터를 참조 데이터셋과 조인하는 대신 반대의 작업을 수행한다. 특별한 이유로 방향 전환이 필요한데, 스파크가 **브로드캐스트 조인**^broadcast join을 수행하도록 지시하기 위해 조인 표현식에 브로드캐스트 힌트를 추가하고 있다.

하둡 전문 용어로 **맵사이드 조인**^map-side join이라고 알려진 브로드캐스트 조인은 조인에 참여하는 두 데이터셋 사이의 크기에 큰 차이가 있고 그중 하나가 모든 익스큐터의 메모리로 전송될 만큼 작을 때 유용하다. I/O가 많은 셔플 기반 조인을 수행하는 대신 작은 실행 데이터셋을 각 익스큐터에서 동시에 메모리 내 조회 테이블로 사용할 수 있다. 결과적으로 I/O 오버헤드가 줄어들어 실행 시간이 빨라진다.

이 시나리오에서는 참조 데이터셋이 각 간격마다 수신된 디바이스 데이터보다 훨씬 크기 때문에 참여 데이터셋의 순서를 바꾼다. 참조 데이터셋에는 알려진 모든 장치에 대한 레코드가 포함되어 있지만 스트리밍 데이터에는 전체 모집단의 샘플만 포함되어 있다. 따라서 성능 측면에서 스트림에서 데이터를 브로드캐스트하여 참조 데이터와의 브로드캐스트 조인을 실행하는 것이 좋다.

이 코드 조각의 마지막 설명은 조인 타입 rightouter가 제공하는 조인 방향이다. 이 조인 타입은 수신 센서 데이터인 오른쪽의 모든 레코드를 유지하고 조인 조건이 일치하면 왼쪽의 필드를 추가한다. 이 경우 일치하는 것은 sensorId다.

결과는 알려진 SensorId에 대한 풍부한 센서 데이터가 있는 파일([그림 23-4] 참조)과 현재 모르는 센서의 원시 데이터가 있는 파일로 저장된다([그림 23-5] 참조).

enrichedRecords

res31: org.apache.spark.sql.DataFrame = [sensorId: int, timestamp:

1 >>

sensorId	timestamp	sensorType	unit	dnvalue
26140	1495402992211	"radiation"	"mSv"	8529.460065196548
84739	1495402992212	"luminosity"	"Lux"	40891.46792556275
82070	1495402992212	"temp"	"C"	14.345990752880283
10484	1495402992212	"noise"	"dB"	91.61852200516864
70760	1495402992212	"radiation"	"mSv"	53155.29779322772
75464	1495402992212	"luminosity"	"Lux"	18450.203608756743
3970	1495402992212	"radiation"	"mSv"	833.5520188078372
52765	1495402992212	"humidity"	"Rel%"	33.70152466216159
99686	1495402992212	"noise"	"dB"	16.095900641350113
64578	1495402992212	"pressure"	"kPa"	81.47635868016002
65802	1495402992213	"radiation"	"mSv"	25745.591428913216

그림 23-4 풍부한 레코드의 샘플

sensorId	sensorType	unit	minRange	maxRange	timestamp	value
100200					1498867518294	0.4296108409658099
100275					1498867506376	0.3535681531311208
100855					1498867506366	0.6230050066156928
100920					1498867530329	0.30692198074148225
100562					1498867510248	0.05377385469435081

그림 23-5 알려지지 않은 여러 장비로부터 발생한 레코드의 샘플

스파크의 여러 조인 옵션과 그 특성에 대한 자세한 내용은 『하이 퍼포먼스 스파크』(제이펍, 2018)를 참조하기 바란다.

23.5 스트리밍 애플리케이션에서 참조 데이터셋 업데이트하기

앞 절에서는 정적 데이터셋을 로드하여 들어오는 스트림을 풍부하게 하는 방법을 살펴보았다.

비록 일부 데이터셋은 스마트 그리드에 대한 작년 합성 프로파일, IoT 센서에 대한 보정 데이터 또는 인구 조사에 따른 인구 분포와 같이 상당히 정적이기는 하지만 종종 스트리밍 데이터와 결합해야 하는 데이터셋 또한 변화한다는 것을 발견할 수 있다. 이러한 변화는 스트리밍 애플리케이션과 다른, 훨씬 느린 속도로 나타날 수 있으므로 자체 스트림이라고 간주할 필요는 없다.

디지털 진화 과정에서 조직은 종종 서로 다른 운율의 프로세스 혼합을 가진다. 데이터 내보내기 또는 일일 보고서와 같은 느리게 진행되는 출력 프로세스는 정기적이지만 지속적이지는 않은 업데이트를 요구하는 스트리밍 시스템의 유효한 입력이다.

우리는 정적 데이터셋(느린 데이터)을 스트리밍(빠른 데이터) 트랙에 통합하기 위한 스파크 스트리밍 기술을 탐구할 것이다.

본질적으로 스파크 스트리밍은 고성능 스케줄링과 코디네이션 애플리케이션이다. 데이터 무결성을 보장하기 위해 스파크 스트리밍은 스트리밍 잡의 다양한 출력 작업을 순서대로 스케줄링한다. 애플리케이션 코드에서의 선언 순서는 런타임 때의 실행 순서가 된다.

18장에서는 배치 간격과 추가 처리를 위해 데이터 수집과 이전에 수집한 데이터를 스파크 엔진에 제출하는 것 사이의 동기화 지점을 제공하는 방법을 살펴봤다. 스트림 처리 이외의 스파크 작업을 실행하기 위해 스파크 스트리밍 스케줄러에 연결할 수 있다.

특히 스트리밍 애플리케이션 내에서 추가적인 작업을 스케줄링하기 위해 필수 구성 요소로 빈 입력이 포함된 ConstantInputDStream을 사용한다. 비어 있는 DStream을 범용 운영 foreachRDD와 결합하여 스파크 스트리밍이 애플리케이션 맥락에서 필요한 추가 작업의 정기적인 실행을 처리하도록 한다.

23.5.1 참조 데이터셋으로 예제 강화하기

이 기술의 역학 관계를 더 잘 이해하기 위해 실행 중인 예제를 계속 진행해보자.

이전 절에서는 시스템에 알려진 각 센서에 대한 설명이 포함된 참조 데이터셋을 사용했다. 이 데이터는 추가 처리에 필요한 파라미터로 스트리밍 센서 데이터를 보강하는 데 사용되었다. 이 접근 방식의 중요한 제한 사항은 스트리밍 애플리케이션이 시작된 후 해당 리스트에 있는 센서를 추가, 업데이트 또는 제거할 수 없다는 것이다.

예제의 맥락에서는 매 시간 그 리스트의 업데이트를 받는다. 우리는 우리 스트리밍 애플리케이션이 새로운 참조 데이터를 사용하기 바란다.

파케이 파일로부터 참조 데이터 로드하기

앞의 예제에서와 같이 파케이 파일에서 참조 데이터를 로드한다. 또한 데이터를 메모리에 보관하고 스트리밍 애플리케이션의 성능을 향상시키기 위해 데이터를 캐싱한다. 이 단계에서 관찰되는 유일한 차이점은 이제 기준 데이터에 대한 참조를 유지하기 위해 값 대신 변수를 사용한다는 것이다. 스트리밍 애플리케이션이 실행될 때 새로운 데이터로 이 참조를 업데이트하기 때문에 이를 변경할 수 있도록 해야 한다.

```
var sensorRef: DataFrame = sparkSession.read.parquet(s"$workDir/$referenceFile")
sensorRef.cache()
```

리프레싱 매커니즘 설정하기

주기적으로 참조 데이터를 로드하기 위해 스파크 스트리밍 스케줄러에 **연결**hook한다. 우리는 모든 작업에 대한 시계의 내부 눈금 역할을 하는 배치 간격의 관점에서만 그것을 할 수 있다. 따라서 리프레시 간격을 기본 배치 간격 동안 윈도우로 표시한다. 실질적으로 모든 x 배치마다 참조 데이터를 리프레시한다.

비어 있는 RDD와 함께 ConstantInputDStream을 사용한다. 이는 항상 foreachRDD 함수를 통해 스케줄러에 접근할 수 있는 유일한 기능을 가지고 있는 빈 DStream이 확보할 수 있음을 보장한다. 각 윈도우 간격마다 현재 데이터프레임을 가리키는 변수를 업데이트한다. 스파크 스트리밍 스케줄러는 각 배치 간격으로 예정된 작업을 선형적으로 실행하기 때문에 안전한 구성이다. 따라서 새로운 데이터는 이를 활용하는 업스트림 작업에 사용할 수 있다.

캐싱을 사용하여 스트리밍 애플리케이션에서 사용되는 간격 동안 참조 데이터셋이 한 번만 로드되도록 한다. 또한 클러스터에서 리소스를 확보하고 리소스 소비 관점에서 안정적인 시스템을 보장하기 위해 이전에 캐시된 만료 데이터를 유지하는 것이 중요하다.

```
import org.apache.spark.rdd.RDD
val emptyRDD: RDD[Int] = sparkContext.emptyRDD
val refreshDStream = new ConstantInputDStream(streamingContext, emptyRDD)
val refreshIntervalDStream = refreshDStream.window(Seconds(60), Seconds(60))
refreshIntervalDStream.foreachRDD{ rdd =>
  sensorRef.unpersist(false)
  sensorRef = sparkSession.read.parquet(s"$workDir/$referenceFile")
  sensorRef.cache()
}
```

리프레시 과정을 위해 60초의 텀블링 윈도우를 사용한다.

런타임의 함축성

대규모 데이터셋을 로드하면 시간과 리소스 비용이 발생하므로 운영에 영향을 미치게 된다. [그림 23-6]은 기준 데이터셋의 로딩에 해당하는 처리 시간의 반복적인 스파이크를 나타낸다.

그림 23-6 참조 데이터를 로드하는 것은 런타임에 가시적인 효과를 발생시킨다.

스트리밍 애플리케이션의 리듬보다 훨씬 낮은 속도로 참조 데이터 로드를 스케줄링함으로써 상대적으로 많은 수의 마이크로배치에 대한 처리 비용을 경감할 수 있다. 그럼에도 불구하고 시간이 지남에 따라 안정적인 실행을 위해서는 클러스터 리소스를 계획할 때 이 추가적인 로드를 고려해야 한다.

23.6 요약

비록 SQL 기능이 구조적 스트리밍에서는 기본 제공되지만, 이 장에서는 스파크 스트리밍의 스파크 SQL 기능을 사용하는 방법과 이러한 조합이 발생할 수 있는 가능성을 살펴보았다. 우리는 다음 사항을 살펴봤다.

- 스파크 스트리밍의 출력 작업에서 스파크 SQL 컨텍스트에 접근하기
- 스트리밍 데이터를 강화하기 위한 유휴 데이터 로드와 재로드
- 서로 다른 조인 모드로 데이터를 조인하는 방법

## CHAPTER 24

체크포인팅

체크포인팅 작업은 정보를 손실하지 않으면서 해당 시점까지 보이는 모든 데이터의 재처리를 요구하지 않고 상태 기반 스트리밍 애플리케이션을 다시 시작하는 데 필요한 정보를 정기적으로 저장하는 것으로 구성된다.

체크포인팅Checkpointing은 상태 기반 스파크 스트리밍 애플리케이션을 다룰 때 특히 주의를 기울여야 할 주제다. 체크포인팅 없이 상태 기반 스트리밍 애플리케이션을 재시작하려면 애플리케이션이 이전에 중지된 지점까지의 상태를 재구성해야 한다. 윈도우 작업의 경우 그러한 재구성 프로세스는 잠재적으로 몇 시간의 데이터로 구성될 수 있으며, 이는 더 큰 중간 스토리지를 필요로 할 것이다. 더 어려운 경우는 22장에서 보았던 것처럼 임의의 상태적 집계를 시행하고 있을 때다. 체크포인트가 없다면 웹사이트의 각 페이지에 대한 방문자 수를 세는 것과 같은 단순한 상태 기반 애플리케이션이더라도 그 상태를 일관된 수준으로 재구축하기 위해 보이는 모든 데이터를 재처리해야 할 것이다. 시스템에서 더 이상 필요한 데이터를 사용할 수 없기 때문에 매우 어려운 것부터 불가능한 것까지 다양한 문제가 발생할 수 있다.

그러나 체크포인트는 무료가 아니다. 체크포인트 연산은 체크포인트 데이터를 유지하는 데 필요한 저장 장치와 이 반복 연산이 애플리케이션의 성능에 미치는 영향과 관련하여 스트리밍 애플리케이션에 추가 요건을 부과한다.

이 장에서는 스파크 스트리밍 애플리케이션에 체크포인트를 설정하고 사용하는 데 필요한 고려사항을 논의한다. 우리는 프로그램에서 체크포인트를 설정하는 실제적인 측면을 보여주는 예제로 시작한다. 그 후 체크포인트에서 복구하는 방법, 체크포인팅에서 도입되는 운영 비용을 확인하고 마지막으로 체크포인팅의 성능을 조정하는 몇 가지 기술을 논의한다.

24.1 체크포인트 사용법의 이해

온라인 비디오 상점에서 시간당 비디오가 재생된 횟수를 추적하는 다음 스트리밍 잡을 생각해보자. mapWithState를 사용하여 스트림을 통해 들어오는 비디오 재생(videoPlayed) 이벤트를 추적하고 이벤트에 내장된 타임스탬프를 처리하여 시간 기반 집계를 결정한다.

이후 코드 조각에서는 다음과 같은 가정을 한다.

- 데이터 스트림은 VideoPlayed(video-id, client-id, timestamp) 구조로 이루어져 있다.
- DStream[VideoPlayed] 타입의 videoPlayedDStream이 있다.
- 다음과 같은 서명을 가진 trackVideoHits 함수가 있다.

```scala
// 데이터 구조
case class VideoPlayed(videoId: String, clientId: String, timestamp: Long)
case class VideoPlayCount(videoId: String, day: Date, count: Long)

// 상태 추적 함수
def trackVideoHits(videoId: String,
                   timestamp:Option[Long],
                   runningCount: State[VideoPlayCount]
                   ): Option[VideoPlayCount]
```

> **NOTE_ 온라인 리소스**
>
> 여기서는 체크포인팅을 이해하는 데 필요한 요소들로 코드를 줄였다. 전체 예제를 보려면 https://github.com/stream-processing-with-spark에 있는 이 책의 온라인 리소스에서 단독 프로젝트인 checkpointed-video-stream을 살펴보자.

예제 24-1 스트림 체크포인팅

```scala
import org.apache.spark.streaming.State
```

```
import org.apache.spark.streaming._

val streamingContext = new StreamingContext(spark.sparkContext, Seconds(10))
streamingContext.checkpoint("/tmp/streaming")

val checkpointedVideoPlayedDStream = videoPlayedDStream.checkpoint(Seconds(60))

// mapWithState spec을 생성한다.
val videoHitsCounterSpec = StateSpec.function(trackVideoHits _)
                                    .timeout(Seconds(3600))

// videoHitsPerHour의 상태 저장 스트림
val statefulVideoHitsPerHour = checkpointedVideoPlayedDStream.map(videoPlay =>
  (videoPlay.videoId, videoPlay.timestamp)
).mapWithState(videoHitsCounterSpec)

// DStream을 '평탄화(flattening)'함으로써 상태 스트림에서 None 값을 제거한다.
val videoHitsPerHour = statefulVideoHitsPerHour.flatMap(elem => elem)

// 상위 10개 값 출력
videoHitsPerHour.foreachRDD{ rdd =>
  val top10 = rdd.top(10)(Ordering[Long].on((v: VideoPlayCount) => v.count))
  top10.foreach(videoCount => println(videoCount))
}

streamingContext.start()
```

이 예제를 실행하면 다음과 유사한 출력을 볼 수 있다.

```
Top 10 at time 2019-03-17 21:44:00.0
========================
video-935, 2019-03-17 23:00:00.0, 18
video-981, 2019-03-18 00:00:00.0, 18
video-172, 2019-03-18 00:00:00.0, 17
video-846, 2019-03-18 00:00:00.0, 17
video-996, 2019-03-18 00:00:00.0, 17
video-324, 2019-03-18 00:00:00.0, 16
video-344, 2019-03-17 23:00:00.0, 16
video-523, 2019-03-18 00:00:00.0, 16
video-674, 2019-03-18 00:00:00.0, 16
video-162, 2019-03-18 00:00:00.0, 16
========================
```

이 잡이 실행되는 동안 관찰해야 할 더 흥미로운 측면은 이전 단계에서 각 배치 실행의 종속성이 어떻게 전개되는지 볼 수 있는 스파크 UI다.

[그림 24-1]은 어떻게 첫 번째 반복(Job # 0)이 makeRDD 작업으로 식별된 초기 데이터 배치에만 의존하는지 보여준다.

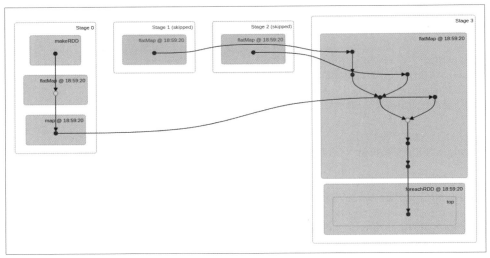

그림 24-1 초기 상태 기반 잡 계보 관찰

NOTE_ 자신의 설정에서 이 표현을 보려면 \<host\>:4040의 스파크 UI(또는 동일한 호스트에서 둘 이상의 작업이 실행 중인 경우 4041, 4042 등)로 이동하자.

그런 다음 잡 세부 사항을 클릭하여 http://\<host\>:4040/jobs/job/?id=0 페이지로 이동하자. 여기서 DAG 시각화DAG Visualization를 확장하여 시각화를 표시할 수 있다.

잡이 진행됨에 따라 [그림 24-2]에 표시된 다음 실행 작업인 job #1의 DAG 시각화를 검사할 수 있다. 여기서는 mapWithState 단계에서 구현한 상태 기반 계산에 의해 함께 가져온 이전의 makeRDD와 현재의 데이터 배치에 따라 결과가 달라지는 것을 볼 수 있다.

[그림 24-3]에서 job # 1의 단계 8에 대한 세부 사항을 살펴보면 현재 결과의 조합이 이전 및 새 데이터 조합에 어떻게 의존하는지 이해할 수 있다.

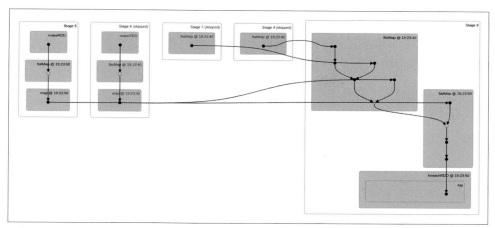

그림 24-2 상태 기반 잡 계보의 진화

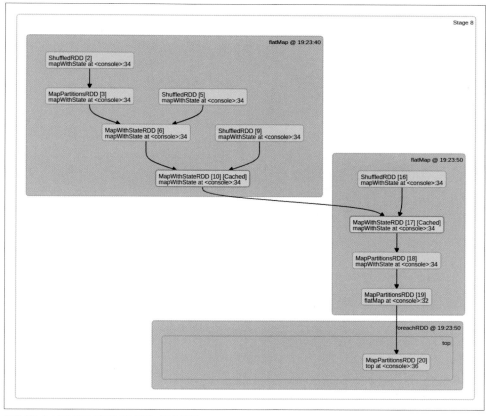

그림 24-3 상태 기반 잡 계보의 진화: 세부 사항

이 프로세스는 각각의 새로운 데이터 배치에서 반복되며, 각 반복에 대해 더욱 복잡한 종속성 그 래프를 생성한다. 같은 차트에서 우리는 그 결과를 메모리에서 여전히 사용할 수 있기 때문에 오 래된 단계를 건너뛰는 것을 볼 수 있다. 그러나 이전의 모든 결과를 영원히 곁에 둘 수는 없다.

체크포인팅은 우리에게 이 복잡성을 막을 해결책을 제공한다. 각 체크포인트에서 스파크 스트리 밍은 새로운 데이터를 처리하기 위해 체크포인트 이전의 결과가 더 이상 필요하지 않도록 스트 림 계산의 중간 상태를 저장한다.

[그림 24-4]에서 300회 이상 반복한 후 동일한 스트리밍 잡의 상태를 확인할 수 있다. 이전의 300개 결과를 메모리에 보관하는 대신, 상태 기반 계산은 체크포인트 정보를 가장 최근의 데이 터 배치와 결합하여 최신 마이크로배치에 대한 결과를 얻는다.

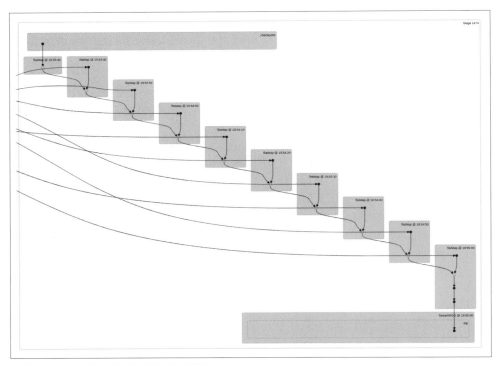

그림 24-4 상태 기반 잡 계보의 진화: 체크포인트

24.2 DStream 체크포인팅

체크포인팅을 활성화하려면 다음 두 파라미터를 설정해야 한다.

streamingContext.checkpoint(<dir>)
이 스트리밍 컨텍스트의 체크포인트 디렉터리를 설정한다. 이 디렉터리는 하둡 분산 파일 시스템과 같은 탄력적인 파일시스템에 있어야 한다.

dstream.checkpoint(<duration>)
DStream의 체크포인트 빈도를 지정된 지속 시간으로 설정한다.

DStream의 지속 시간 설정은 선택 사항이다. 설정되지 않은 경우 DStream 타입에 따라 기본값이 지정된다. MapWithStateDStream의 경우 기본값은 배치 간격 지속 시간의 10배다. 다른 모든 DStream의 경우 기본값은 10초 또는 배치 간격 중 가장 큰 값으로 지정된다.

체크포인트 빈도는 배치 간격의 배수여야 하며 그렇지 않으면 잡이 초기화 오류와 함께 실패하게 된다. 직관적으로 우리가 원하는 것은 간격 빈도가 각 n 배치 간격이며, 여기서 n의 선택은 데이터 볼륨과 잡의 실패 복구에 대한 요구 사항의 중요도에 따라 달라진다. 스파크 설명서에서 조언한 경험적인 법칙은 처음부터 5개에서 7개 배치 간격마다 체크포인팅을 수행하는 것이다.

> **CAUTION_** 배치 간격이 10초 이상일 경우 기본값을 그대로 두면 모든 배치에 체크포인트가 생성되어 스트리밍 잡의 성능에 부정적인 영향을 줄 수 있다는 점에 유의하자.

체크포인팅은 스트리밍 작업이 이전 상태에 따라 달라지는 경우 상태 기반 처리를 위해 필요하며, 따라서 계산 비용이 많이 들거나 필요한 모든 데이터를 주변에 보관하는 것이 불가능할 수 있다. 여기서 아이디어는 스파크 스트리밍이 중간 결과 또는 이전 소스 데이터에서 다수의 이전 RDD에 의존하는 연산을 구현한다는 것이다. 앞의 예에서 보았듯이 이것은 연산의 계보를 이룬다. 그러나 우리가 관찰한 바와 같이 그 계보는 상태 있는 연산을 사용하는 경우 길게 또는 심지어 무한정 성장할 수 있다.

예를 들어 윈도우 연산으로부터 얻은 최대 계보의 길이를 계산하는 논리는 최악의 경우 부분적인 데이터 손실로 인해 전체 연산을 수행할 경우 어떤 종류의 데이터를 복구해야 하는지 고려하는 것이다. 지속 시간 t의 배치 간격과 $n \times t$의 윈도우 간격을 감안할 때 윈도우를 재평가하기 위해 데이터의 마지막 *n* RDD가 필요할 것이다. 윈도우 계산의 경우 계보의 길이는 길지만 고정 인자에 의해 경계될 수 있다.

계보가 임의로 길어질 수 있을 때 체크포인팅의 사용은 편리함에서 필요성으로 점프한다. 임의의 상태 기반 스트림의 경우 이전 RDD에 대한 상태 의존 기간은 애플리케이션 런타임의 시작까지 거슬러 올라갈 수 있으므로 상태 기반 스트림에 대한 체크포인트 사용이 의무화된다.

24.3 체크포인트에서 복구

지금까지의 논의에서는 체크포인팅이 상태 기반 잡의 중간 상태를 저장하는 데 있어 어떤 역할을 하는지 고려하여 추가적인 반복이 그 작업의 전체 계보에 의존하는 것이 아니라 중간 결과를 참조할 수 있기 때문에 지금까지 받은 첫 번째 요소까지 갈 수 있다.

실패에 대처하고 그 실패를 복구할 때 체크포인팅에 또 다른 중요한 측면이 있다. 초기 예로 돌아가서 잠시 생각해보자. '나의 잡이 어느 시점에 실패하면 어떻게 될까?' 체크포인트가 없다면 적어도 지난 한 시간 동안의 데이터를 재생해야 모든 비디오의 부분 총계를 복구할 수 있을 것이다. 이제 일일 총계를 세고 있다고 상상해보자. 그러면 새로운 데이터가 여전히 처리를 위해 도착하는 동안 하루치 분량의 데이터를 재생해야 할 것이다.

체크포인트에 포함된 정보는 마지막 체크포인트를 찍은 마지막 알려진 상태로부터 스트림 처리 애플리케이션을 복구할 수 있게 해준다. 이것은 완전한 복구가 몇 시간 또는 며칠 분량의 기록 대신 몇 개의 데이터 묶음만 재생하면 된다는 것을 의미한다.

체크포인트로부터의 복구는 그 구현에서 스파크 스트리밍 애플리케이션에 의해 지원되어야 한다. 특히 액티브 streamingContext를 획득하기 위해서는 특별한 메서드를 사용해야 한다. streamingContext는 애플리케이션이 <dir>에 저장된 기존 체크포인트에서 시작할 수 있도록 허용하는 getActiveOrCreate(<dir>, <ctx-creation-function>) 메서드를 제공하며, 그 것이 없다면 <ctx-creation-function> 함수를 사용하여 새로운 streamingContext를 만들 수 있다.

체크포인트 복구로 이전 예를 업데이트하면 streamingContext 생성은 다음과 같아야 한다.

```
def setupContext(
  checkpointDir : String,
  sparkContext: SparkContext
  ): StreamingContext = {
// streamingContext를 생성하고 이전에 보았던 DStream 연산을 설정한다.
}

val checkpointDir = "/tmp/streaming"
val streamingContext = StreamingContext.getOrCreate(
  CheckpointDir,
  () => setupContext(CheckpointDir, spark.sparkContext)
)

streamingContext.start()
streamingContext.awaitTermination()
```

24.3.1 제한 사항

체크포인트 복구는 JAR 파일로 패키징된 애플리케이션에만 지원되며 spark-submit을 사용하여 제출된다. 체크포인트에서 복구하는 것은 체크포인트 데이터를 작성한 것과 동일한 애플리케이션 로직으로 제한되며, 실행 중인 스트리밍 애플리케이션에서 업그레이드를 수행하는 데 사용할 수 없다. 애플리케이션 로직의 변경은 체크포인트의 직렬화된 형태에서 애플리케이션 상태를 재구성할 수 있는 가능성에 영향을 미치고 재시작에 실패할 것이다.

체크포인트는 스트리밍 애플리케이션을 새로운 버전으로 업그레이드할 수 있는 가능성을 심각하게 방해하며, 애플리케이션의 새로운 버전이 사용 가능할 때 상태 기반 계산을 복원하기 위해 특정한 아키텍처 고려 사항을 요구한다.

24.4 체크포인팅 비용

배치 간격을 계산 예산으로 간주하기 때문에 스트리밍 애플리케이션의 실행 시간에 체크포인트를 추가하는 데 드는 추가 비용은 스파크 스트리밍에서 특히 중요하다. 특히 이 애플리케이션을 지원하는 하드웨어가 상대적으로 느릴 경우 대규모 상태를 디스크로 쓰는 데 비용이 많이 들 수 있으며, 이는 하둡 분산 파일 시스템(HDFS)을 백업 저장소로 사용할 때 흔히 있는 일이다. HDFS는 신뢰할 수 있는 파일시스템이며 자기 드라이브는 관리 가능한 비용으로 복제된 스토리지를 제공한다는 점에서 가장 일반적인 체크포인트 사례라는 점을 주목하자.

체크포인팅은 신뢰할 수 있는 파일시스템에서 이상적으로 작동하여 장애가 발생할 경우 신뢰할 수 있는 스토리지의 데이터를 읽어 스트림 상태를 신속하게 복구할 수 있어야 한다. 그러나 HDFS에 대한 쓰기가 느릴 수 있다는 점을 고려할 때 체크포인팅이 주기적으로 더 많은 런타임, 어쩌면 배치 간격보다 더 많은 시간을 필요로 한다는 사실을 직시할 필요가 있다. 그리고 앞서 설명했듯이 배치 처리 시간이 배치 처리 간격보다 길다는 것은 문제가 될 수 있다.

24.5 체크포인트 튜닝

스파크 사용자 인터페이스 덕분에 체크포인팅이 필요하지 않은 RDD에서 관찰한 배치 처리 시간과 비교하여 체크포인팅을 포함하는 배치 간격 계산에 얼마나 더 많은 시간이 필요한지 평균적으로 측정할 수 있다. 배치 처리 시간은 배치 간격(분)에 대해 약 30초라고 가정하자. 이것은 비교적 유리한 경우로, 배치 간격마다 30초 밖에 컴퓨팅을 하지 않으며, 처리 시스템이 데이터를 수신하면서 유휴 상태에 있는 동안 30초의 '자유' 시간을 갖는다.

주어진 애플리케이션 요건을 고려하여 5분마다 체크포인트를 결정하자. 이제 5분마다 체크포인팅을 실시하기로 결정했으므로 몇 가지 측정을 실행해 체크포인팅 배치에 4분의 실제 배치 처리 시간이 필요하다는 것을 관찰한다. 같은 배치 동안 계산에서 30초를 확장했다는 것을 고려할 때 디스크에 쓰는 데 약 3분 30초가 필요할 것이라고 결론 내릴 수 있다. 이는 다시 한 번 체크포인트하기 위해 4개의 배치가 필요하다는 뜻이다. 왜 그럴까?

디스크에 실제로 파일을 쓰는 데 3분 30초를 소비할 때 사실 3분 30초가 지나도 여전히 데이터를 받고 있기 때문이다. 3분 30초 동안 체크포인트 작업이 끝나기를 기다리며 우리 시스템이 차단돼 처리 시간이 없었던 3개 반의 배치를 새로 받는다. 그 결과 우리 시스템에 저장되어 있는 4개의 데이터 묶음을 처리하여 다시 안정성에 도달해야 하는 3개 반의 데이터를 갖게 되었다. 이제 30초의 정상적인 배치의 계산 시간을 가지고 있는데, 이것은 우리가 1분의 배치 간격마다 1개의 새로운 배치를 따라잡을 수 있다는 것을 의미하며, 그래서 4개의 배치에서 수신된 데이터를 따라잡게 될 것이다. 5차 배치 구간에서 다시 체크포인트를 할 수 있을 것이다. 5개 배치의 체크포인팅 간격에서는 사실 시스템의 안정성 한계점에 있다.

즉, 상태 기반 스트림에 인코딩된 상태가 시간이 지남에 따라 입력 소스로부터 수신된 데이터양에 대해 다소 일정한 크기를 반영하는 경우다. 상태 크기와 시간 경과에 따라 수신되는 데이터양 사이의 관계는 더 복잡하고 특정 애플리케이션과 연산에 따라 좌우될 수 있기 때문에 종종 체크포인팅 길이로 실험적으로 진행하는 것이 매우 유용하다. 이 아이디어는 체크포인팅 간격이 클수록 클러스터가 체크포인팅 처리 중 손실된 시간을 따라잡기 위해 더 많은 시간을 확보할 수 있다는 것과 마찬가지로, 우리가 너무 높은 체크포인트 간격을 설정하면 충돌로 인해 어떤 종류의 데이터 손실이 발생할 경우 따라잡기가 다소 어려워질 수 있다는 중요한 우려가 있다. 그럴 경우 정말로 시스템이 체크포인트를 장착하고 그 체크포인트 이후 보이는 모든 RDD를 재처리하도록 요구할 것이다.

마지막으로 스파크 사용자는 DStream이 10초로 설정되어 있으므로 DStream의 기본 체크포인트 간격을 변경할 것을 고려해야 한다. 즉, 각 배치에서 마지막 체크포인트 이후 경과된 간격이 체크포인팅 간격보다 클 경우 스파크가 체크포인트를 한다는 뜻이다. 그 결과 배치 간격이 10초보다 크면 다른 모든 배치(대부분의 애플리케이션에서 너무 빈번한)의 체크포인팅을 묘사하는 [그림 24-5]와 같은 처리 시간의 '톱니 sawtooth' 패턴으로 이어진다.

> **NOTE_** 이러한 체크포인트 간격 튜닝의 규율에는 또 다른 대안이 있는데, 매우 빠른 속도로 데이터를 수신하는 영구 디렉터리에 쓰는 것으로 구성되어 있다. 이를 위해 SSD와 같이 매우 빠른 하드웨어 스토리지로 백업되는 HDFS 클러스터의 경로를 체크포인트 디렉터리로 지정하도록 선택할 수 있다. 또 다른 대안은 메모리가 가득 차면 디스크로 제대로 오프로드된 메모리(예를 들면 알루시오 Alluxio에서 수행한 작업)가 이를 지원하는 것이다. 이 프로젝트는 처음에 아파치 스파크의 일부 모듈인 타키온 Tachyon으로 개발되었다. 체크포인팅 시간과 체크포인팅에서 손실된 시간을 줄이는 이 간단한 방법은 스파크 스트리밍에서 안정적인 계산에 도달하는 가장 효율적인 방법 중 하나다.

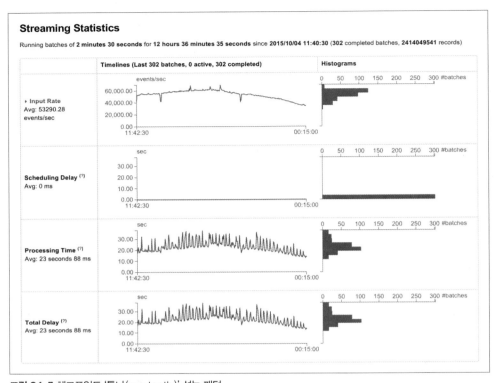

그림 24-5 체크포인트 '톱니(sawtooth)' 성능 패턴

## CHAPTER 25

스파크 스트리밍 모니터링

스트리밍 애플리케이션의 모니터링은 배포된 애플리케이션 운영상의 신뢰를 얻기 위해 필요하며 CPU, 메모리 그리고 보조 스토리지와 같이 애플리케이션이 사용하는 리소스에 대한 전체적인 관점을 포함해야 한다. 분산 애플리케이션으로서 모니터링할 요소 수에 클러스터된 배포의 일부인 노드 수를 곱한다.

이런 복잡성을 관리하기 위해서는 종합적이고 스마트한 모니터링 시스템이 필요하다. 스트리밍 애플리케이션 런타임에 참여하는 모든 주요한 **이동하는 부분**moving part으로부터 지표를 수집하는 동시에, 이러한 지표를 이해 가능하고 소모적인 형태로 제공할 필요가 있다.

스파크 스트리밍의 경우 방금 논의한 일반 지표 외에도 주로 수신한 데이터양, 애플리케이션에 대해 선택한 배치 간격, 그리고 모든 마이크로배치의 실제 실행 시간과의 관계에 관심을 두고 있다. 장기적으로 안정적인 스파크 스트리밍 잡을 위해서는 이 세 가지 파라미터 사이의 관계가 핵심이다. 잡이 안정적인 범위 내에서 수행되도록 하기 위해서는 성과 모니터링을 개발 및 운영 프로세스의 필수적인 부분으로 만들어야 한다.

스파크는 이 프로세스의 다양한 단계에 맞는 몇 가지 모니터링 인터페이스를 제공한다.

스트리밍 UI

실행 중인 잡에 대한 주요 지표 차트를 제공하는 웹 인터페이스

REST API 모니터링

외부 모니터링 시스템에서 HTTP 인터페이스를 통해 지표를 얻기 위해 사용할 수 있는 API 집합

지표 하위시스템

외부 모니터링 도구를 스파크에 긴밀하게 통합할 수 있는 플러그형 서비스 공급자 인터페이스(SPI)

내부 이벤트 버스

프로그램 서브스크라이버가 클러스터에서 애플리케이션 실행의 다른 측면에 대한 이벤트를 수신할 수 있는 스파크의 pub/sub 하위시스템

이 장에서는 이러한 모니터링 인터페이스를 알아보고, 이들이 스트리밍 애플리케이션의 라이프 사이클의 다양한 단계에 어떻게 적용되는지 살펴본다. 먼저 스트리밍 UI로 시작하는데, 이 UI는 이 인터페이스가 제공하는 기능과 실행 중인 스파크 스트리밍 잡의 다양한 측면에 대한 링크를 조사한다. 스트리밍 UI는 초기 개발 및 배치 단계에서 애플리케이션이 실제적인 관점에서 어떻게 동작하는지 더 잘 이해하기 위해 사용할 수 있는 강력한 시각적 툴이다. 특별히 성능에 초점을 맞춘 스트리밍 UI의 사용에 대해 자세히 설명할 것이다.

이 장의 나머지 부분에서는 스파크 스트리밍의 다양한 모니터링 통합 기능을 다룬다. REST API와 지표 하위시스템 SPI가 제공하는 API를 탐색하여 내부 지표를 외부 모니터링 클라이언트에 노출시킨다. 마지막으로 맞춤형 모니터링 솔루션을 통합하기 위해 최대의 유연성이 요구되는 경우 스파크 스트리밍이 제공하는 모든 지표에 프로그래밍 방식으로 접근하는 데 사용할 수 있는 **내부 이벤트 버스**Internal Event Bus의 데이터 모델과 상호작용을 설명한다.

25.1 스트리밍 UI

스파크 UI는 스파크 드라이버 노드에서 사용할 수 있는 웹 애플리케이션으로, 동일한 노드에서 실행 중인 다른 스파크 프로세스가 없는 한 일반적으로 4040포트에서 실행되며, 4040포트가 사용 중일 경우 사용하지 않는free 포트를 발견할 때까지 포트 번호가 증가한다(4041, 4042 등). 또한 구성 키 spark.ui.port를 사용하여 이 포트를 구성할 수 있다.

스트리밍 UI Streaming UI 라고 부르는 것은 [그림 25-1]과 같이 StreamingContext가 시작될 때마다 활성화되는 스파크 UI의 탭이다.

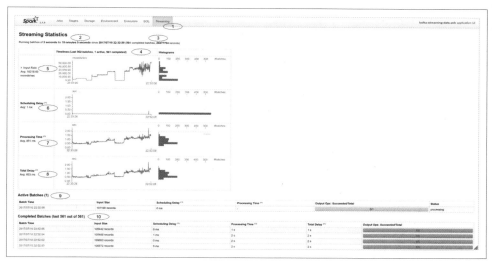

그림 25-1 스트리밍 UI

스트리밍 UI는 스파크 스트리밍 잡의 성능을 한 눈에 볼 수 있는 몇 가지 시각적 요소로 구성된다. 이미지에 있는 수치적인 단서에 따라 UI를 구성하는 요소는 다음과 같다.

(1) 스트리밍 UI 탭

스파크 UI의 스트리밍 탭이다. 이 버튼을 클릭하면 해당 스트리밍 UI가 열린다.

(2) 시간 기반 기록

전체 통계 라인에는 배치 간격, 이 애플리케이션이 실행된 시간 및 시작 타임스탬프가 포함된다.

(3) 배치와 기록 요약

타이밍 정보 옆에서는 완료된 총 배치 수와 처리된 총 기록 수를 찾을 수 있다.

(4) 성능 차트

차트 표의 제목은 표시되는 차트에서 사용하는 데이터를 보고한다. 차트에 표시된 데이터는 원형 버퍼에 보존된다. 가장 최근에 받은 데이터 포인트는 수천 개에 불과한 것을 볼 수 있다.

(5) 입력 속도 차트

분포 히스토그램 옆에 각 배치 간격으로 수신된 레코드 수의 시계열 표현

(6) 스케줄링 지연 차트

이 차트는 배치가 예약된 순간과 처리된 시점의 차이를 보고한다.

(7) 처리 시간 차트

각 배치를 처리하는 데 필요한 시간(기간)의 시계열

(8) 전체 지연 차트

예약 지연과 처리 시간 합의 시계열. 이는 스파크 스트리밍과 스파크 코어 엔진의 공동 실행에 대한 화면을 제공한다.

(9) 활성 배치

현재 스파크 스트리밍 큐에 있는 배치 목록을 제공한다. 과부하가 발생한 경우 현재 실행 중인 배치뿐만 아니라 잠재적인 백로그의 배치도 표시된다. 이상적으로는 상태 처리의 배치만이 목록에 있다. 이 목록은 스트리밍 UI를 로드할 때 현재 배치 처리가 완료되었고 다음 배치의 스케줄링이 아직 완료되지 않은 경우 비어 있는 것으로 나타날 수 있다.

(10) 완료된 배치

해당 배치의 세부 정보에 대한 링크로 처리된 가장 최근 배치 목록

25.2 스트리밍 UI를 이용하여 잡 성능 이해하기

25.1절 '스트리밍 UI'에서 논의한 바와 같이 스트리밍 UI의 메인 화면을 구성하는 4개의 차트는 스트리밍 잡의 현재 그리고 최근 성능에 대한 스냅샷을 제공한다. 기본적으로 마지막 1,000개의 처리 간격이 UI에 표시되는데, 이는 우리가 볼 수 있는 기간이 간격 × 배치 간격이므로 2초 배치 간격이 있는 잡의 경우 대략 마지막 30분(2 × 1,000 = 2,000초 또는 33.33분)의 측정값을 볼 수 있다는 것을 의미한다. spark.ui.retenedJobs 구성 파라미터를 사용하여 기억되는 간격의 수를 구성할 수 있다.

25.2.1 입력 속도 차트

맨 위에 있는 입력 속도 차트는 애플리케이션이 지탱하고 있는 입력 부하를 보여준다. 모든 차트는 공통 타임라인을 공유한다. [그림 25-2]에 나와 있는 것처럼 서로 다른 지표를 입력 부하에 상관시키는 참조로 사용되는 수직선을 상상할 수 있다. 차트 라인의 데이터 포인트는 클릭이 가능하며 차트 아래에 나타나는 해당 잡 상세 라인에 연결된다. 나중에 살펴보겠지만 이 내비게이션 기능은 우리가 차트에서 관찰할 수 있는 특정 행동의 기원을 추적하는 데 매우 도움이 된다.

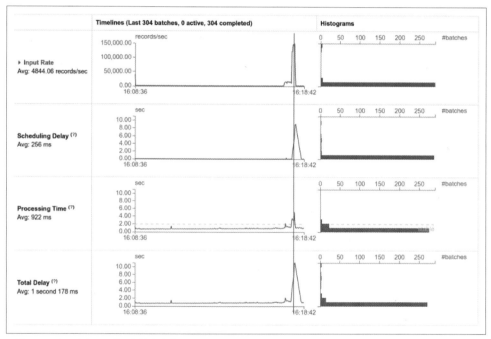

그림 25-2 스트리밍 UI: 지표의 상관관계

25.2.2 스케줄링 지연 차트

UI의 다음 차트는 스케줄링 지연 차트다. 이는 핵심 상태 지표로, 시간과 리소스 제약 내에서 잘 실행되는 애플리케이션의 경우 이 지표는 0에서 계속 평평하게 유지될 것이다. 소규모 주기적 장애는 스냅샷과 같은 정기적인 지원 프로세스를 가리킬 수 있다.

예외적인 로드를 생성하는 윈도우 작업도 이 지표에 영향을 줄 수 있다. 배치 간격보다 오래 걸리는 배치 바로 다음 배치에 지연이 표시된다는 점에 유의해야 한다. 이러한 지연은 입력 속도와 상관관계가 없다. 데이터 입력의 피크로 인한 지연은 오프셋이 있는 입력 속도의 높은 피크와 관련 있다. [그림 25-3]은 입력 속도 차트의 피크가 예약 지연의 해당 증가보다 일찍 발생하는 방법을 보여준다. 이 차트는 지연을 나타내므로 시스템이 데이터 과부하를 '소화'하기 시작한 후 입력 속도의 피크 효과를 볼 수 있다.

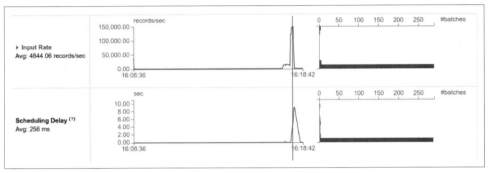

그림 25-3 스트리밍 UI: 스케줄링 지연

25.2.3 처리 시간 차트

[그림 25-4]에 표시된 이 차트는 스트리밍 잡의 데이터 처리 부분이 실행되는 데 걸리는 시간을 나타낸다. 이 실행은 스파크 클러스터에서 이루어지므로 실제 데이터 크런칭이 분산 환경에서 어떻게 수행되고 있는지 나타내는 주요 지표다. 이 차트의 중요한 측면은 배치 간격 시간에 해당하는 수준에서 높은 워터마크 라인이다. 배치 간격이 각 마이크로배치의 시간이며 또한 이전 간격에 도달한 데이터를 처리해야 하는 시간이라는 것을 재빨리 상기해보자. 이 워터마크 이하의 처리 시간은 안정적인 것으로 간주된다. 잡에서 복구될 수 있는 공간이 충분할 경우 이 라인 위의 간헐적인 피크가 허용될 수 있다. 이 라인 위에 계속 있는 잡은 메모리 그리고/또는 디스크의 저장소 리소스를 사용하여 백로그를 작성한다. 가용 스토리지가 소진되면 결국 잡이 중단될 것이다. 이 차트는 일반적으로 잡의 실행 시간이 각 배치 간격에 대해 수신되는 데이터 양과 관련이 있기 때문에 입력 속도 차트와 높은 상관관계를 가진다.

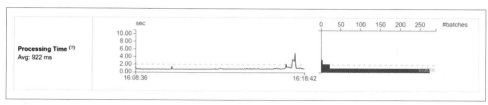

그림 25-4 스트리밍 UI: 처리 시간

25.2.4 전체 지연 차트

전체 지연 차트는 시스템의 엔드 투 엔드 지연 시간을 그래픽으로 나타낸 것이다. 전체 지연은 스파크 스트리밍이 각 마이크로배치를 수집, 스케줄링, 제출하는 데 걸리는 시간과 스파크가 잡의 로직을 적용하고 결과를 도출하는 데 걸리는 시간으로 구성된다. 이 차트는 시스템 성능에 대한 전체적인 보기를 제공하며 작업 실행 중에 발생할 수 있는 모든 지연 시간을 나타낸다. 스케줄링 지연 차트의 경우 전체 지연 지표의 지속적인 증가는 문제의 원인이며 높은 로드 또는 스토리지 대기 시간 증가와 같이 작업 성능에 부정적인 영향을 미치는 기타 조건을 나타낼 수 있다.

25.2.5 배치 상세

스트리밍 UI의 메인 화면을 구성하는 차트 아래로 스크롤하면 활성 배치와 완료된 배치 등 두 개의 표를 볼 수 있다. 이 표에는 입력 크기, 스케줄링 지연, 처리 시간 그리고 출력 작업 카운터 등 방금 학습한 차트에 해당하는 열들이 있다. 이러한 필드 외에도 완료된 배치는 해당 마이크로배치의 전체 지연을 보여준다.

> **NOTE_** 출력 0p는 마이크로배치에 실행하기 위해 등록된 출력 작업의 수와 관련 있다. 이는 잡의 코드 구조를 말하며 병렬 표시기와 혼동해서는 안 된다. print( ) 또는 foreachRDD와 같은 출력 작업은 DStream의 지연된 실행을 촉발하는 작업이다.

활성 배치

스파크 스트리밍 스케줄러 큐의 마이크로배치에 대한 정보를 포함하고 있다. 정상적인 잡의 경우 이 표에는 현재 실행 중인 배치의 행이 하나 이상 포함되어 있다. 이 항목은 마이크로배치에 포함된 레코드 수와 실행 시작 전 지연을 나타낸다. 처리 시간은 마이크로배치가 완료될 때까지 알 수 없으므로 이 지표는 활성 배치 테이블에 나타나지 않는다.

이 표에 둘 이상의 행이 있는 경우 이는 작업이 배치 간격을 초과하여 지연되고 실행 대기 중인 새 마이크로배치 대기열이 있음을 나타내며 실행 백로그를 형성한다.

완료된 배치

배치 실행이 완료된 직후 활성 배치 테이블의 해당 항목이 완료된 배치 테이블로 전환된다. 이 전환에서 처리 시간 필드는 실행 시간으로 채워지고 전체 지연이 최종적으로 알려지고 또한 포함된다.

각 항목은 타임스탬프로 식별되며, 배치 시간으로 레이블이 지정된다. 또한 이 레이블은 이 배치에 대한 실행을 제공한 해당 스파크 잡의 세부 사항에 대한 링크를 제공한다.

배치 세부 사항에 대한 링크는 더 많은 살펴볼 가치가 있다. 앞 장에서 설명한 대로 스파크 스트리밍 모델은 마이크로배치를 기반으로 한다. 배치 세부 사항 페이지는 배치를 구성하는 다른 잡으로 세분화된 각 배치의 실행에 대한 통찰력을 제공한다. [그림 25-5]는 그 구조를 나타낸다. 배치 처리란 애플리케이션 코드에 정의된 것과 동일한 순서로 실행되는 출력 작업의 시퀀스로 정의된다. 각 출력 작업에는 하나 이상의 잡이 포함된다.

이 페이지는 이러한 관계를 요약하고 잡 하나당 기간 및 작업 개요에 병렬 수준을 표시한다.

그림 25-5 스트리밍 UI: 배치 세부 사항

잡은 잡 ID별로 나열되며 스파크 UI의 작업 페이지에 대한 링크를 제공한다. 이것들은 코어 엔진에 의해 실행되는 **정상적인**[normal] 스파크 잡이다. 클릭을 통해 단계, 할당된 익스큐터 그리고 실행 시간 통계 측면에서 실행을 탐색할 수 있다.

25.3 REST API 모니터링

REST API 모니터링은 JSON 형식의 객체로 데이터를 전달하는 사전 정의된 HTTP 엔드포인트 집합으로서 잡의 스트리밍 메트릭을 노출한다. 이러한 객체는 외부 모니터링 및 알림 애플리케이션에 의해 소비되어 스파크 스트리밍 잡을 일부 외부 모니터링 시스템과 통합할 수 있다.

25.3.1 모니터링 REST API 사용하기

모니터링 REST API는 스파크 UI와 동일한 포트에서 스파크 드라이버 노드에 의해 제공되며, /api/v1 엔드포인트에 마운트된다. http://"driver-host":⟨ui-port⟩/api/v1

/api/v1/applications/:app-id 리소스는 제공된 애플리케이션 ID인 app-id에 대한 정보를 제공한다. 애플리케이션별 URL을 구성하려면 /api/v1/applications를 호출하여 먼저 이 ID를 쿼리해야 한다. 다음 URL에서는 이 변수 애플리케이션 ID를 app-id로 참조한다.

실행 중인 스파크 스트리밍 컨텍스트의 경우 현재 애플리케이션 ID가 하나만 있다는 점에 유의하자.

CAUTION_ 모니터링 REST API는 스파크 버전 2.2 이상에서만 스파크 스트리밍을 지원한다. 스파크 이전 버전을 사용하는 경우 다음 절에서 자세히 설명하는 메트릭스 서블릿을 고려하라.

25.3.2 모니터링 REST API에 의해 노출되는 정보

실행 중인 스파크 스트리밍 컨텍스트에 해당하는 리소스는 /api/v1/applications/:app-id/ streaming에서 사용할 수 있다.

[표 25-1]은 이 엔드포인트에서 제공하는 하위리소스를 요약한 것이다.

표 25-1 스트리밍 리소스의 하위리소스

리소스	의미	해당되는 UI 요소
/statistics	일련의 요약된 지표(자세한 사항은 다음 절 참조)	스트리밍 UI 차트
/receivers	이 스트리밍 잡에서 인스턴스화된 모든 리시버 목록	입력 속도 차트 상에 리시버 요약
/receivers/:stream-id	제공된 stream-id에 의해 인덱싱된 리시버의 세부 사항	입력 속도 차트에서 리시버 클릭 열기
/batches	현재 보관 중인 모든 배치 목록	차트 아래 배치 목록
/batches/:batch-id/ operations	출력 작업	배치 목록에서 배치 클릭 연결
/batches/:batch-id/ operations/:output-op-id	주어진 배치의 해당 출력 작업에 대한 세부 정보	배치 상세 페이지 내의 작업 세부 사항에서 클릭 연결

모니터링 관점에서는 통계 객체에 좀 더 주의를 기울여야 한다. 정상적인 스트리밍 잡을 보장하기 위해 모니터링해야 하는 핵심 성과 지표인 /api/v1/applications/:app-id/streaming/ statistics가 포함되어 있다.

[표 25-2]에서는 통계에 의해 전달된 다양한 데이터의 목록과 그 유형 그리고 관련 지표에 대한 간략한 설명을 하고 있다.

표 25-2 스트리밍 리소스의 통계 객체

키	타입	설명
startTime	String	ISO 8601 형식으로 인코딩된 타임스탬프
batchDuration	Number (Long)	배치 간격 기간(밀리초)
numReceivers	Number (Long)	등록된 리시버 수
numActiveReceivers	Number (Long)	현재 활성 리시버 수
numInactiveReceivers	Number (Long)	현재 비활성 리시버 수
numTotalCompletedBatches	Number (Long)	이 스트리밍 잡을 시작한 이후 완료된 배치 수
numRetainedCompletedBatches	Number (Long)	우리가 여전히 정보를 저장하는 현재 보관된 배치 수

키	타입	설명
numActiveBatches	Number (Long)	스트리밍 컨텍스트의 실행 큐에 있는 배치 수
numProcessedRecords	Number (Long)	현재 실행 중인 잡에서 처리된 레코드의 합계
numReceivedRecords	Number (Long)	현재 실행 중인 잡에서 받은 레코드의 합계
avgInputRate	Number (Double)	이전의 배치에 대한 입력 속도의 산술 평균
avgSchedulingDelay	Number (Double)	이전의 배치에 대한 스케줄링 지연의 산술 평균
avgProcessingTime	Number (Double)	이전의 배치에 대한 처리 시간의 산술 평균
avgTotalDelay	Number (Double)	이전의 배치에 대한 전체 지연의 산술 평균

모니터링 도구를 스파크 스트리밍과 통합할 때 우리는 특히 avgSchedulingDelay에 관심이 있으며 시간이 지남에 따라 해당 지표가 증가하지 않도록 하는 데 관심이 있다. 많은 모니터링 애플리케이션은 시간에 따른 변화를 측정하기 위해 **증가율**grow rate 측정기를 사용한다. API가 제공한 값이 마지막으로 유지된 배치(기본적으로 1,000개)에 대한 평균인 경우 이 지표에서 알람을 설정하면 약간의 변경 사항을 고려해야 한다.

25.4 지표 하위시스템

스파크에서 지표 하위시스템은 메트릭 싱크 구현을 통해 스파크를 외부 관리 및 모니터링 솔루션과 통합할 수 있는 SPI다.

이는 다음과 같은 다양한 내장 구현을 제공한다.

Console
지표 정보를 잡의 표준 출력에 기록

HTTP Servlet
HTTP/JSON을 사용하여 지표 제공

CSV
쉼표로 구분된 값(CSV) 형식을 사용하여 구성된 디렉터리 내의 파일에 지표를 전달

JMX
자바 관리 확장(JMX)을 통한 지표 보고를 가능하게 함

Log

애플리케이션의 로그에 지표 정보 전달

Graphite, StatsD

지표를 Graphite/StatsD 서비스로 전달

Ganglia

기존의 강글리아 배포에 지표를 전달(라이선스 제한으로 인해 이 옵션을 사용하려면 스파크 바이너리를 다시 컴파일해야 함)

지표 하위시스템은 스파크 및 스파크 스트리밍 프로세스의 최신 값을 보고한다. 이를 통해 원격 성능 모니터링 애플리케이션을 공급할 수 있는 성능 지표에 대한 원시 접근을 제공하고 스트리밍 프로세스의 이상에 대한 정확하고 적시적인 경고를 제공할 수 있다.

스트리밍 잡에 대한 특정 지표는 `<app-id>.driver.<application name>.StreamingMetrics.streaming` 키에서 이용 가능하다.

특정 지표는 다음과 같다.

- `lastCompletedBatch_processingDelay`
- `lastCompletedBatch_processingEndTime`
- `lastCompletedBatch_processingStartTime`
- `lastCompletedBatch_schedulingDelay`
- `lastCompletedBatch_submissionTime`
- `lastCompletedBatch_totalDelay`
- `lastReceivedBatch_processingEndTime`
- `lastReceivedBatch_processingStartTime`
- `lastReceivedBatch_records`
- `lastReceivedBatch_submissionTime`
- `receivers`
- `retainedCompletedBatches`
- `runningBatches`
- `totalCompletedBatches`
- `totalProcessedRecords`

- totalReceivedRecords
- unprocessedBatches
- waitingBatches

쉽게 제공되지는 않지만 다음과 같은 간단한 연산으로 lastCompletedBatch_processingTime 을 얻을 수 있다.

lastCompletedBatch_processingEndTime - lastCompletedBatch_processingStartTime

이 API에서 잡 안정성을 추적하기 위한 주요 지표는 lastCompletedBatch_processingDelay 이며, 이는 0 또는 0에 가깝고 시간이 지남에 따라 안정적이다. 마지막 5~10개 값의 이동 평균은 작은 지연으로 인해 발생하는 노이즈를 제거하고 알람 또는 호출기 호출을 트리거할 수 있는 지표를 제공해야 한다.

25.5 내부 이벤트 버스

이 장에서 논의한 모든 메트릭 인터페이스는 '전용 StreamingListener 구현에도 불구하고 모두 내부 스파크 이벤트 버스에서 데이터를 소비하고 있다'는 하나의 공통점을 가지고 있다.

스파크는 여러 개의 내부 이벤트 버스를 사용하여 구독 클라이언트에 스파크 잡 실행에 대한 라이프 사이클 이벤트와 메타데이터를 전달한다. 이 인터페이스는 일부 처리된 형태로 데이터를 제공하는 내부 스파크 소비자가 사용한다. 스파크 UI는 그러한 상호작용의 가장 중요한 예다.

기존의 고급 인터페이스가 요구 사항을 충족하기에 충분하지 않은 경우 사용자 정의 리스너를 개발하고 이벤트를 수신하도록 등록할 수 있다. 사용자 정의 스파크 스트리밍 리스너를 만들기 위해 org.apache.spark.streaming.scheduler.StreamingListener 특성을 확장했다. 이 특성은 모든 콜백 메서드에 대해 no-op 기본 구현을 가지므로 콜백 확장은 사용자 정의 메트릭 처리 로직으로 원하는 콜백을 재정의하기만 하면 된다.

이 내부 스파크 API는 DeveloperApi로 표시되어 있다. 따라서 클래스 및 인터페이스와 같은 정의는 공개 통지 없이 변경될 수 있다.

25.5.1 이벤트 버스와 상호작용

StreamingListener 인터페이스는 몇 가지 콜백 메서드를 가진 특성으로 구성된다. 각 메서드는 콜백 메서드에 대한 관련 정보를 포함하는 StreamingListenerEvent 하위클래스의 인스턴스와 함께 통지 프로세스에 의해 호출된다.

StreamingListener 인터페이스

다음의 짧은 요약에서 이러한 데이터 이벤트에서 가장 흥미로운 부분을 강조해서 설명한다.

onStreamingStarted

```
def onStreamingStarted(
  streamingStarted:StreamingListenerStreamingStarted): Unit
```

스트리밍 잡이 시작되면 이 메서드를 호출한다. StreamingListenerStreamingStarted 인스턴스는 스트리밍 잡이 시작된 시간(밀리초)의 타임스탬프를 포함하는 단일 필드(시간)를 가지고 있다.

리시버 이벤트

리시버의 수명 주기와 관련된 모든 콜백 메서드는 보고 중인 리시버를 설명하는 공통 ReceiverInfo 클래스를 공유한다. 각 이벤트 보고 클래스에는 단일 receiverInfo: ReceiverInfo 멤버가 있다. ReceiverInfo 클래스의 속성에 포함된 정보는 보고된 이벤트의 관련 리시버 정보에 따라 다르다.

onReceiverStarted

```
def onReceiverStarted(
  receiverStarted: StreamingListenerReceiverStarted): Unit
```

이 메서드는 리시버가 시작되었을 때 호출된다. StreamingListenerReceiverStarted 인스턴스에는 이 스트리밍 잡에 대해 시작된 리시버를 설명하는 ReceiverInfo 인스턴스가 포함되어 있다. 이 메서드는 리시버 기반 스트리밍 모델에만 해당된다는 점에 주목하자.

onReceiverError

```
def onReceiverError(
    receiverError: StreamingListenerReceiverError): Unit
```

기존 리시버가 오류를 보고할 때 이 메서드를 호출한다. onReceiverStarted 호출과 마찬가지로 제공된 StreamingListenerReceiverError 인스턴스에는 ReceiverInfo 객체가 포함되어 있다. 이 ReceiverInfo 인스턴스에서는 오류 메시지와 오류 메시지 발생 타임스탬프와 같은 오류에 대한 자세한 정보를 찾을 수 있다.

onReceiverStopped

```
def onReceiverStopped(
    receiverStopped: StreamingListenerReceiverStopped): Unit
```

이는 onReceiverStarted 이벤트와 대응 관계에 있다. 리시버가 중지되면 발생한다.

배치 이벤트

이러한 이벤트는 제출부터 완료까지 배치 처리의 라이프 사이클과 관련이 있다. DStream에 등록된 각 출력 작업은 독립적인 잡 실행으로 이어진다는 점을 상기하도록 하자. 이러한 잡은 실행을 위해 스파크 코어 엔진에 순차적으로 제출되는 배치로 그룹화된다. 리시버 인터페이스의 이 섹션은 배치의 제출과 실행의 수명 주기에 따라 이벤트를 발생시킨다.

이러한 이벤트는 각 마이크로배치의 처리에 따라 발생하므로 보고율은 적어도 관련 StreamingContext의 배치 간격만큼 빈번하다.

리시버 콜백 인터페이스와 동일한 구현 패턴을 따라 모든 배치 관련 이벤트는 단일 BatchInfo 멤버가 있는 컨테이너 클래스를 보고한다. 보고된 각 BatchInfo 인스턴스는 보고 콜백[reporting callback]에 해당하는 관련 정보를 포함한다.

또한 BatchInfo은 OutputOperationInfo 클래스로 표시되는, 이 배치에 등록된 출력 작업의 맵을 포함하고 있다. 이 클래스는 각 개별 출력 작업의 시간, 기간 그리고 최종 오류에 대한 자세한 정보를 포함한다. 이 데이터 포인트를 사용하여 배치 처리의 총 실행 시간을 스파크 코어 엔진에서 개별 잡 실행으로 이어지는 다른 작업에서 취한 시간으로 나눌 수 있다.

onBatchSubmitted

```
def onBatchSubmitted(
    batchSubmitted: StreamingListenerBatchSubmitted)
```

이 메서드는 잡의 배치를 스파크에서 처리하기 위해 제출할 때 호출된다. StreamingListenerBatchSubmited가 보고된 해당 BatchInfo 객체는 배치 제출 시간의 타임스탬프가 포함되어 있다. 이 시점에서 processingStartTime과 ProcessingEndTime의 선택적 값은 배치 처리 주기의 이 단계에서 알 수 없기 때문에 None으로 설정된다.

onBatchStarted

```
def onBatchStarted(batchStarted: StreamingListenerBatchStarted): Unit
```

이 메서드는 개별 잡 처리가 시작되었을 때 호출된다. 제공된 StreamingListenerBatchStarted 인스턴스에 포함된 BatchInfo 객체에는 지정된 processingStartTime이 포함되어 있다.

onBatchCompleted

```
def onBatchCompleted(batchCompleted: StreamingListenerBatchCompleted): Unit
```

이 메서드는 배치 처리가 완료되면 호출된다. 제공된 BatchInfo 인스턴스는 배치의 전체 타이밍으로 완전히 지정될 것이다. OutputOperation의 맵은 각 출력 작업의 실행을 위한 상세한 타이밍 정보도 포함할 것이다.

출력 작업 이벤트

StreamingListener 콜백 인터페이스의 이 섹션은 일괄 제출에 의해 촉발된 각각의 잡 실행 수준의 정보를 제공한다. 동일한 배치로 많은 출력 작업이 등록될 수 있기 때문에 이 인터페이스는 StreamingContext의 배치 간격보다 훨씬 높은 속도로 실행될 수 있다. 이 인터페이스가 제공하는 데이터의 수신 클라이언트는 그러한 이벤트 로드를 수신하도록 규모를 갖춰야 한다.

이러한 메서드로 보고된 이벤트는 보고 중인 출력 작업에 대한 추가 타이밍 정보를 제공하는 OutputOperationInfo 인스턴스를 포함한다. 이 OutputOperationInfo는 배치 관련 이벤트에서 방금 본 BatchInfo 객체의 outputOperationInfo에 포함된 것과 동일한 데이터 구조다. 각 잡의 타이밍 정보에만 관심이 있지만 실행 수명 주기에 대해 실시간으로 알 필요가 없는 경우 onBatchCompleted에서 제공하는 이벤트(앞서 설명한 내용)를 참조해야 한다.

다음은 잡 실행 중에 사용자 자신의 프로세싱을 주입하는 데 사용할 수 있는 콜백이다.

onOutputOperationStarted

```
def onOutputOperationStarted(
    outputOperationStarted: StreamingListenerOutputOperationStarted): Unit
```

출력 연산에 해당하는 잡의 처리가 시작될 때 이 메서드를 호출한다. 개별 잡은 batchTime 속성에 의해 해당되는 배치와 다시 연관될 수 있다.

onOutputOperationCompleted

```
def onOutputOperationCompleted(
    outputOperationCompleted: StreamingListenerOutputOperationCompleted): Unit
```

개별 잡의 처리가 완료되면 이 메서드를 호출한다. 개별 잡 실패를 알리는 콜백은 없다는 점에 유의하자. OutputOperationInfo 인스턴스는 Option[String]인 failureReason 속성을 포함한다. 잡 실패 시 이 옵션은 Some(error message)로 채워진다.

StreamingListener 등록

사용자 정의 StreamingListener를 개발한 후에는 이벤트를 사용하기 위해 등록해야 한다. 스트리밍 리스너 버스는 StreamingContext에 의해 호스팅되며, 이는 StreamingListener 특성의 사용자 정의 구현을 추가하기 위한 등록 호출을 노출한다.

모든 이벤트를 로깅 프레임워크에 전달하는 LogReportingStreamingListener를 구현했다고 가정해보자. [예제 25-1]은 StreamingContext에 사용자 정의 리스너를 등록하는 방법을 보여준다.

예제 25-1 사용자 정의 리스너 등록

```scala
val streamingContext = new StreamingContext(sc, Seconds(10))
val customLogStreamingReporter = new LogReportingStreamingListener(...)
streamingContext.addStreamingListener(customLogStreamingReporter)
```

25.6 요약

이 장에서는 실행 중인 스파크 스트리밍 애플리케이션을 관찰하고 지속적으로 모니터링하는 다양한 방법을 살펴봤다. 잡의 성능 특성이 운영 환경에 안정적인 배치를 보장하는 데 중요한 요소라는 점에서 성능 모니터링은 개발 주기의 초기 단계부터 수행해야 하는 활동이다.

스파크 UI의 탭인 Streaming UI는 스트리밍 애플리케이션의 대화형 모니터링에 이상적이다. 스트리밍 잡의 주요 성과 지표를 추적하는 높은 수준의 차트를 제공하고, 배치를 구성하는 개별 잡의 수준까지 조사할 수 있는 상세 뷰에 대한 링크를 제공한다. 이는 스트리밍 잡의 성능 특성에 대한 실행 가능한 통찰력으로 이어지는 능동적인 프로세스다.

그 잡이 계속 실행되면 24/7 기반의 수동 모니터링을 유지할 수 없다는 것은 명백하다. Streaming UI에서 사용할 수 있는 것과 동등한 데이터를 보고하는 REST 기반 인터페이스 또는 모니터링 도구가 소비할 수 있는 표준 플러그형 외부 인터페이스를 제공하는 지표 하위시스템을 통해 기존 모니터링 및 알림 도구와 통합할 수 있다.

실행 정보의 정밀한 해상도를 실시간으로 얻을 수 있는 완전 사용자 정의 솔루션이 필요한 특정 사용 사례에 대해서는 사용자 지정 StreamingListener를 구현하여 애플리케이션의 StreamingContext에 등록할 수 있다.

이와 같은 광범위한 모니터링 대안은 스파크 스트리밍 애플리케이션 배포가 기업의 내부 품질 프로세스를 따라 공통 모니터링 및 알림 하위시스템을 갖춘 운영 인프라에 배치되고 공존할 수 있도록 보장한다.

## CHAPTER 26

성능 튜닝

분산 스트리밍 애플리케이션의 성능 특성은 종종 그 작동에 관련된 내외부 요인 간의 복잡한 관계에 의해 결정된다.

외부 요인은 클러스터를 구성하는 호스트와 이들을 연결하는 네트워크처럼 애플리케이션이 실행되는 환경에 구속된다. 각 호스트는 CPU, 메모리, 스토리지와 같은 특정 성능 특성을 가진 리소스를 제공한다. 예를 들어 일반적으로 느리지만 저렴한 스토리지 또는 스토리지 유닛당 더 높은 비용으로 매우 빠른 액세스를 제공하는 SSD$^{solid\text{-}state\ drive}$ 어레이가 있는 자기 디스크를 사용할 수 있다. 또는 네트워크 용량과 사용 가능한 인터넷 연결에 바인딩된 클라우드 스토리지를 사용하고 있을 수 있다. 마찬가지로 데이터 생산자는 스트리밍 애플리케이션의 통제 밖에 있는 경우가 많다.

내부 요인에서는 구현된 알고리즘의 복잡성, 애플리케이션에 할당된 리소스 및 애플리케이션이 어떻게 동작해야 하는지 지시하는 특정 구성을 고려한다.

이 장에서는 먼저 스파크 스트리밍의 성능 요인을 보다 깊이 이해한다. 그런 다음 기존 잡의 성능을 튜닝하기 위해 적용할 수 있는 몇 가지 전략을 살펴본다.

26.1 스파크 스트리밍의 성능 밸런스

스파크 스트리밍에서의 성능 튜닝은 때때로 복잡할 수 있지만 그것은 항상 배치 간격과 배치 처리 시간 사이의 단순한 균형으로부터 시작된다. 우리는 배치 처리 시간을 모든 수신된 데이터와 기타 관련 북키핑의 처리를 완료해야 하는 시간 비용으로 볼 수 있지만 배치 간격은 우리가 할당한 예산이다. 재정적인 유사점과 마찬가지로 건전한 애플리케이션은 할당된 예산 내에서 처리 비용에 맞을 것이다. 압력이 상승하는 어떤 특정한 순간에는 예산을 넘어서는 일이 일어날 수 있지만 장기적으로는 균형이 유지되는 것을 볼 수 있어야 한다. 장기간에 걸쳐 이러한 시간-예산 균형을 초과하는 애플리케이션은 시스템적인 장애를 초래하며, 대개 리소스 소진으로 인한 애플리케이션 충돌로 이어진다.

26.1.1 배치 간격과 처리 지연 간의 관계

일반적으로 스트리밍 애플리케이션의 강력한 제약 조건은 데이터 수집이 멈추지 않는다는 것이다. 스파크 스트리밍에서는 데이터의 수집이 일정한 간격으로 발생하며, 임의로 끌 수 있는 요소가 없다. 따라서 새로운 배치 간격이 시작될 때까지 잡 큐가 비어 있지 않고 새로운 데이터가 시스템에 삽입되면 스파크 스트리밍은 이제 막 큐에 진입하는 새 데이터에 도달하기 전에 이전 잡 처리를 마쳐야 한다.

한 번에 하나의 잡만 실행하면 다음과 같은 것을 알 수 있다.

- 배치 처리 시간이 일시적으로 배치 간격보다 크지만 일반적으로는 스파크가 배치 간격보다 작은 단위로 배치를 처리할 수 있는 경우 스파크 스트리밍은 결국 잡(RDD) 큐를 따라잡고 비운다.
- 반면 지연 시간이 체계적이고 클러스터가 마이크로배치를 처리하는 평균이 배치 간격을 넘는 경우 스파크 스트리밍은 배치 간격마다 스토리지 관리에서 제거할 수 있는 것보다 평균적으로 더 많은 데이터를 계속 수용하게 된다. 결국 클러스터는 리소스가 부족하고 충돌할 것이다.

그런 다음 과잉 데이터의 축적이 안정된 시간 동안 누적될 때 어떤 일이 일어나는지 생각해볼 필요가 있다. 기본적으로 시스템에 공급되는 데이터를 나타내는 RDD는 클러스터 장비의 메모리에 저장된다. 이 메모리 내에서 원본 데이터(소스 RDD)는 복제를 요구하는데, 이는 데이터가 시스템에 공급될 때 모든 블록 간격에서 점진적으로 내결함성을 위한 두 번째 복사본이 생성된다는 것을 의미한다. 결과적으로 일시적인 시간 동안 그리고 이 RDD의 데이터가 처리될 때까지 그 데이터는 시스템의 익스큐터 메모리에 두 개의 복사본으로 존재한다. 리시버 모델에서는 데이터가 리시버에 항상 하나의 복사본으로 존재하기 때문에 이 장비는 대부분의 메모리 압력을 견뎌내게 된다.

26.1.2 실패한 잡의 마지막 순간

시스템의 한 지점에 너무 많은 데이터를 추가하면 결국 몇몇 익스큐터의 메모리가 넘쳐난다. 리시버 모델에서 이것은 OutOfMemoryError와 충돌하는 리시버 익스큐터일 수 있다. 다음에 일어나는 일은 클러스터에 있는 다른 장비가 새로운 리시버로 지정되어 새로운 데이터를 받기 시작하는 것이다. 그 리시버의 메모리에 있던 블록들 중 일부는 충돌로 인해 현재 손실되었기 때문에 그것들은 이제 하나의 복사본으로 클러스터에만 존재할 것이다. 즉, 이것은 데이터의 처리가 일어나기 전에 이 데이터의 축소를 촉발할 것이다. 따라서 클러스터의 기존 익스큐터는 이전 메모리 압력을 흡수할 것이다. 즉, 충돌 중 손실된 데이터의 본질적인 완화는 없다. 몇몇 익스큐터가 데이터를 복사하느라 바쁠 것이고, 하나의 새로운 익스큐터가 다시 한번 데이터를 받아들일 것이다. 그러나 충돌 전에 클러스터가 N개의 익스큐터를 포함했다면 지금은 $N-1$개의 익스큐터로 구성되어 있으며, 대부분의 익스큐터가 현재 평상시처럼 처리하지 않고 데이터 복제로 바쁜 것은 말할 것도 없고, 동일한 데이터 수집 리듬의 처리 속도가 잠재적으로 느려질 수 있다는 점을 기억하자. 충돌 전에 관측한 배치 처리 시간은 이제 높을 수 있으며, 특히 배치 간격보다 높을 수 있다.

결론적으로 배치 처리 시간이 평균적으로 배치 간격보다 높을 경우 클러스터 전체에 걸쳐 계단식 충돌을 일으킬 수 있다. 따라서 클러스터가 정상적으로 작동하는 동안 하고 싶은 모든 일에 대한 시간 예산으로 배치 간격을 고려할 때 스파크의 균형을 유지하는 것은 매우 중요하다.

> NOTE_ spark.streaming.concurrent.jobs를 스파크 구성의 값보다 큰 값으로 설정하여 특정 시간에 하나의 잡만 실행할 수 있는 제약 조건을 제거할 수 있다. 그러나 이는 리소스 경쟁을 유발할 수 있고, 수집된 데이터를 충분히 빠르게 처리할 수 있는 충분한 리소스가 시스템에 있는지 여부를 디버깅하는 것을 더 어렵게 만들 수 있다는 점에서 위험할 수 있다.

26.1.3 자세히 살펴보기: 스케줄링 지연과 처리 지연

많은 요인이 배치 처리 시간에 영향을 미칠 수 있다. 물론 가장 중요한 제약 조건은 데이터에 대해 수행되어야 할 분석, 즉 잡 자체의 로직이다. 이러한 계산의 실행 시간은 데이터의 크기에 따라 달라질 수도 있고 그렇지 않을 수도 있으며 데이터에 존재하는 값에 따라 달라질 수도 있고 그렇지 않을 수도 있다.

이 순수하게 계산된 시간은 잡을 실행하는 데 걸리는 시간과 설정하는 데 걸리는 시간의 차이인 **처리 지연**processing delay이라는 이름으로 설명된다.

반면 **스케줄링 지연**scheduling delay은 잡 정의를 취하고(종종 클로저), 직렬화하고, 그것을 처리 해야 할 익스큐터에 보내는 데 필요한 시간을 고려한다. 당연히 이러한 태스크의 배포는 약간의 오버헤드(컴퓨팅에 소비되지 않는 시간)를 의미하므로 워크로드를 너무 많은 작은 규모의 잡으로 분해하지 않고 클러스터의 익스큐터 수와 비례하도록 병렬 처리를 조정하는 것이 현명하다. 마지막으로 **스케줄링 지연**은 스파크 스트리밍 클러스터가 큐에 누적된 작업을 처리하는 경우 잡 지연도 고려한다. 공식적으로는 잡 대기열에서 잡(RDD)의 진입과 스파크 스트리밍이 실제로 계산을 시작하는 순간 사이의 시간으로 정의된다.

스케줄링 지연에 영향을 미치는 또 다른 중요한 요소는 지역성 설정, 특히 spark.locality.wait 이며, 이는 다음 지역성 수준으로 상승하기 전에 데이터와 관련하여 작업의 가장 지역적인 배치 를 기다리는 시간을 지정한다. 다음은 지역성 수준을 나타낸다.

PROCESS_LOCAL
동일한 프로세스 자바 가상 머신(JVM). 가장 높은 지역성 레벨이다.

NODE_LOCAL
동일한 익스큐터 머신

NO_PREF
지역성 선호도가 없음

RACK_LOCAL
동일한 서버 랙

ANY
가장 낮은 지역성 수준이며, 대개 위의 어느 수준에서도 지역성을 얻을 수 없는 결과로 나타 난다.

26.1.4 처리 시간에 대한 체크포인트 영향
아마도 반직관적으로 배치 처리 시간, 특히 체크포인팅에 기여할 수 있는 다른 요소들이 있다.

24장에서 논의한 바와 같이 체크포인팅은 장애로부터 복구하는 동안 데이터 손실을 방지하기 위해 상태 기반 스트림을 처리할 때 필요한 안전장치다. 디스크에 중간 계산 값을 저장하여 실패 발생 시 처리 초기부터 스트림에서 보이는 값에 의존하는 데이터는 데이터 소스에서부터 재계산할 필요가 없이 마지막 체크포인트 시점부터만 재평가하도록 한다. 체크포인팅 작업은 주기적인 잡으로 스파크에 의해 구조적으로 프로그래밍되며, 따라서 체크포인트를 만드는 시간은 실제로 스케줄링 지연이 아닌 처리 지연의 일부로 간주된다.

의미론적 측면과 보호대상 데이터의 크기 측면에서 체크포인트가 일반적으로 중요한 상태 기반 스트림에서 일반적인 체크포인팅은 배치 간격보다 훨씬 큰 시간이 소요될 수 있다. 10개 배치 간격의 순서에 따른 체크포인팅 지속 시간은 전례가 없는 일이 아니다. 따라서 평균 배치 처리 시간이 배치 간격보다 적은지 확인할 때 체크포인팅을 고려해야 한다. 평균 배치 처리 시간에 대한 체크포인팅의 기여는 다음과 같다.

$$\frac{\text{체크포인팅 지연}}{\text{배치 간격}} \times \text{체크포인팅 지속 시간}$$

이는 실제 배치 처리 시간에 대한 아이디어를 얻기 위해 비체크포인팅 잡 동안 관측된 평균 계산 시간에 추가되어야 한다. 또는 체크포인팅 없이 예산에 남은 시간(배치 간격과 배치 처리 시간의 차이)을 계산하여 함수의 체크포인트 간격을 조정하는 방법도 있다.

$$\text{체크포인팅 지연} \geq \text{체크포인팅 지속 시간} / (\text{배치 간격} - \text{배치 처리 시간*})$$

여기서 *는 체크포인팅 없이 배치 처리 시간의 측정값을 표시한다.

26.2 잡의 성능에 영향을 미치는 외부 요소

마지막으로 이러한 모든 요소를 고려했을 때 여전히 잡의 처리 지연이 급증하는 것을 목격하고 있다면 정말 주목해야 할 또 다른 측면은 클러스터의 조건 변화다.

예를 들어 클러스터에 배치된 다른 시스템은 공유 처리 리소스에 영향을 줄 수 있다. 하둡 분산 파일 시스템(HDFS)은 이전 버전에 동시 디스크 쓰기를 제한하는 버그가 있는 것으로 알려져 있다.[1] 따라서 클러스터를 매우 안정적인 속도로 실행하고 있을 수 있지만 동시에 스파크와는 관련이 없을 수도 있는 다른 잡에서는 디스크를 많이 사용해야 할 수도 있다. 이는 다음 사항에 영향을 미칠 수 있다.

- 미리 쓰기 로그(WAL) 사용 시 신뢰할 수 있는 리시버 모델에서의 데이터 수집
- 체크포인팅 시간
- 데이터를 디스크에 저장하는 것을 포함하는 스트림 처리 작업

디스크 사용을 통해 잡에 미치는 외부 영향을 완화하기 위해 다음을 수행할 수 있다.

- 알루시오[2]와 같은 분산 인메모리 캐시 사용
- 파일이 아닌 NoSQL 데이터베이스에 구조화된 작은 데이터를 저장하여 디스크 압력 감소
- 디스크 집약적인 애플리케이션을 스파크에 엄격하게 필요한 것보다 더 많이 배치하지 않음

디스크 접근은 클러스터와의 리소스 공유를 통해 잡에 영향을 줄 수 있는 가능한 병목 현상 중 하나일 뿐이다. 또 다른 가능성은 네트워크 부족일 수도 있고, 보다 일반적으로 리소스 매니저를 통해 모니터링 및 스케줄링할 수 없는 워크로드가 존재할 수도 있다.

26.3 성능을 향상시킬 수 있는 방법

앞 절에서는 스파크 스트리밍 잡의 성능에 영향을 미칠 수 있는 내적 요인과 외적 요인에 대해 설명했다.

잡을 개발하고, 성과에 영향을 미치는 이슈를 관찰하고, 그로 인해 잡의 안정성에 영향을 미치는 상황에 있다고 상상해보자. 첫 번째 단계는 25.2절 '스트리밍 UI를 이용하여 잡 성능 이해하기'에 요약된 기술을 사용하여 잡의 다양한 성과 지표에서 통찰력을 얻는 것이다.

우리는 그 정보를 다음에 나오는 하나 이상의 다른 전략을 사용하기 위한 지침뿐만 아니라 비교 기준으로도 사용한다.

---

1 하둡 HDFS-7489(https://issues.apache.org/jira/browse/HDFS-7489)에서 이러한 미묘한 동시성 문제의 예를 참조하도록 하자.

2 알루시오(Alluxio)는 원래 타키온(Tachyon)이라는 이름으로 스파크 코드 베이스에 속해 있었으며, 이는 스파크와의 데이터 처리에서 그 특징이 얼마나 보완적인지 암시한다.

26.4 배치 간격 조정하기

자주 언급되는 전략은 배치 간격을 늘리는 것이다. 이 접근 방식은 일부 병렬성과 리소스 사용 문제를 개선하는 데 도움이 될 수 있다. 예를 들어 배치 간격을 1분에서 5분으로 늘리면 1분에 한 번이 아니라 5분에 한 번씩만 잡의 구성 요소인 태스크만 직렬화하면 된다. 즉, 5배 단축된다.

그럼에도 불구하고 스트림의 배치는 하나가 아닌 회선을 통해 보이는 5분 분량의 데이터를 나타내며, 대부분의 불안정성 문제는 스트림의 처리량에 대한 리소스의 부적절한 분배로 인해 발생한다. 간격이 이 불균형으로 거의 변하지 않을 수 있다. 우리가 구현하고자 하는 배치 간격은 분석에서 의미적 가치가 높은 경우가 많다. 21장에서 보았듯이 집계 스트림에서 만들 수 있는 윈도우와 슬라이딩 간격을 제한하기 때문이다. 처리 제약 조건을 수용하기 위해 이러한 분석적 의미론을 변경하는 것은 최후의 수단으로만 구상해야 한다.

보다 강력한 전략은 빠른 직렬화 라이브러리를 사용하거나 성능 특성이 더 우수한 알고리즘을 구현하는 등 일반적인 비효율성을 줄이는 것으로 구성된다. 또한 분산 파일시스템을 확장하거나 알루시오와 같은 메모리 내 캐시로 교체하여 디스크 쓰기 속도를 가속화할 수 있다. 충분하지 않은 경우 클러스터에 더 많은 리소스를 추가하여 블록 간격 튜닝과 같이 사용하는 파티션 수를 늘려 더 많은 익스큐터에 스트림을 분배할 수 있도록 고려해야 한다.

26.5 고정 속도 스로틀링을 통한 데이터 수신 제한

만약 더 많은 리소스를 얻는 것이 절대적으로 불가능하다면 다루어야 할 데이터 요소 수를 줄이는 것을 검토할 필요가 있다.

버전 1.3 이후 스파크는 최대 요소 수를 수용할 수 있는 고정 속도 스로틀링 기능을 포함한다. 스파크 구성에서 초당 요솟값에 spark.streaming.receiver.maxRate를 추가하여 설정할 수 있다. 리시버 기반 소비자의 경우 이러한 제한은 블록 생성 시 시행되며 조절 한계에 도달한 경우 데이터 소스에서 더 이상 요소 읽기를 거부할 뿐이라는 점에 유의하자.

카프카 직접 커넥터의 경우 토픽별 파티션당 최대 속도 제한을 초당 레코드 수로 설정하는 전용 구성인 spark.streaming.kafka.maxRatePerPartition이 있다. 이 옵션을 사용할 때 총 속도는 다음과 같다.

파티션당 최대 속도 × 토픽당 파티션 × 배치 간격
(maxRatePerPartition × partitionsPerTopic × batchinterval)

이 동작에는 그 자체로 신호가 포함되지 않는다는 점에 주목하자. 스파크는 제한된 양의 요소를 허용하고 다음 배치 간격에서 새 요소를 읽는다. 이는 스파크에 데이터를 공급하는 시스템에 영향을 미친다.

- 카프카, 플룸 등의 풀 기반 시스템인 경우 입력 시스템은 오버플로 데이터를 읽고 관리하는 요소 수를 사용자 지정 방식으로 계산할 수 있다.
- 입력 시스템이 보다 실질적으로 버퍼(파일 버퍼, TCP 버퍼)인 경우 스트림이 스로틀보다 처리량이 많기 때문에 몇 번의 블록 간격 후 오버플로가 발생하며 이 경우 주기적으로 플러시(삭제)된다.

결과적으로 스파크에서 '늦게late' 요소의 큐로 사용되는 기본 TCP 또는 파일 버퍼가 용량에 도달하고 전체적으로 플러시될 때까지 스파크는 모든 요소를 읽으므로 스파크에서 조절된 수집으로 요소 읽기에서 '지터jitter'가 발생할 수 있다. 이것의 효과는 입력 스트림이 일정한 크기(예를 들면 하나의 TCP 버퍼)의 홀즈holes (드롭된 요소)와 산재된 처리 요소의 큰 간격으로 분리되는 것이다.

26.6 백프레셔

고정 속도 스로틀링으로 설명한 큐 기반 시스템은 전체 파이프라인이 비효율성이 있는 곳을 이해하지 못하게 한다는 단점을 가지고 있다. 실제로 스파크가 **애플리케이션 레벨 버퍼**(스파크 스트리밍의 RDD)에서 이 데이터를 공급하기 전에 **외부 서버**(예: HTTP 서버)**에서 로컬 시스템 레벨 큐**(TCP 버퍼)**로 데이터를 읽는 데이터 소스**(예: TCP 소켓)를 고려했다. 스파크 스트리밍 리시버에 묶인 리스너를 사용하지 않는 한 시스템이 혼잡하다는 것을 감지하고 진단하는 것은 어려운 일이다.

외부 서버는 만약 스파크 스트리밍 클러스터가 혼잡하다는 것을 알고 있다면 그 신호에 반응하여 스파크에 들어오는 요소를 지연시키거나 선택하기 위해 자체적인 접근 방식을 사용하기로 결정할 수 있을 것이다. 더 중요한 점은 혼잡 정보가 그것이 의존하는 데이터 생산자에 다시 흘러 올라가게 할 수 있고, 혼잡에 대해 인지하고 도움을 줄 수 있도록 파이프라인의 모든 부분을 호출할 수 있다는 것이다. 또한 그것은 모든 모니터링 시스템이 리소스 관리와 튜닝에 도움을 주는 시스템에서 정체 현상이 어떻게 그리고 어디서 발생하는지 더 잘 파악할 수 있게 해줄 것이다.

혼잡과 관련하여 **위쪽으로 흐르는 정량화된 신호**upstream-flowing, quantified signal를 **백프레셔** backpressure라고 한다. 이는 문제의 시스템(여기서는 우리 스파크 스트리밍 클러스터)이 이러한 특정 순간에 처리될 것으로 예상할 수 있는 요소 수를 명시적으로 말해주는 연속 신호다. 백프레셔 신호는 스파크에서 요소의 유입과 큐의 상태에 따라 기능이 달라지는 동적 신호로 설정되기 때문에 스로틀링과 관련하여 이점이 있다. 이와 같이 혼잡도가 없는 경우에는 시스템에 영향을 주지 않으며, 임의의 한도를 튜닝할 필요가 없으며, 잘못된 구성으로 인한 위험을 피한다(한도 가 너무 제한적이면 유휴 리소스 발생, 한도가 너무 허용 가능한 경우 오버플로 발생).

이 접근 방식은 버전 1.5 이후 스파크에서 사용할 수 있었으며 간단히 말해 동적 스로틀링을 제 공한다.

26.7 동적 스로틀링

스파크 스트리밍에서 동적 스로틀링은 기본적으로 **비례-적분-미분**Proportional-Integral-Derivative (PID) 제어기로 통제되며, 이 제어기는 초당 요소 수 측면에서 배치 간격으로 관측된 최신 **수 집 속도**ingestion rate와 초당 처리된 요소 수인 **처리 속도**processing rate 간의 차이를 관찰한다. 이 오류를 현재 순간적으로 들어오는 원소 수와 스파크에서 나가는 원소 수의 불균형으로 생각할 수 있다('일시적으로' 전체 배치 간격으로 반올림하여).

그런 다음 PID 제어기는 다음을 고려하여 **다음**next 배치 간격에서 수집된 요소 수를 조정하는 것을 목표로 한다.

- 비례항(현재 오류)
- 적분항 또는 '역사'항(과거의 모든 에러의 합계. 여기서는 큐에 있는 처리되지 않은 요소 수)
- 미분항 또는 '속도'항(과거에 요소 수가 감소한 비율)

PID는 이 세 가지 요인에 따라 이상적인 수를 계산하려 한다.

스파크 구성에서 spark.streaming.backpressure.enabled를 true로 설정하면 스파크의 백

프레셔 기반 동적 스로틀링 기능을 켤 수 있다. 다른 변수 spark.streaming.backpressure. initialRate는 스로틀링이 처음에 예상해야 하는 초당 요소 수를 나타낸다. 알고리즘이 '예열' 할 수 있도록 스트림 처리량의 예상 최고치보다 약간 높게 설정해야 한다.

> **NOTE_** 파이프라인 시스템의 혼잡을 다루기 위해 백프레셔에 초점을 맞추는 접근법은 넷플릭스, 라이트밴 드, 트위터 등 스트림 처리에 이해관계가 있는 수많은 업계 관계자에 의해 뒷받침되는 이 접근 방식의 장점에 대한 선언을 실현하기 위한 구현 애그노스틱 implementation-agnostic API인 반응성 스트림 Reactive Stream 사양에서 영감을 얻었다.

26.7.1 백프레셔 PID 튜닝

PID 튜닝은 잘 정립되고 광범위한 주제이며, 이 책의 범위를 벗어난다. 그러나 스파크 스트리밍 사용자에게는 이것이 사용되는 것에 대한 직관이 있어야 한다. **비례항**proportional term은 에러의 현재 스냅샷을 처리하는 데 도움이 되고, **적분항**integral term은 시스템이 지금까지 누적된 에러를 처리하는 데 도움이 되고, **미분항**derivative term은 시스템이 너무 빨리 수정되는 경우의 오버슈팅 이나, 스트림 요소의 처리량이 잔인한 급증에 직면한 경우에 대비한 부족한 수정을 피하는 것을 도와준다.

PID의 각 용어는 0과 1 사이의 가중치 요소를 가지며, PID의 고전적인 구현에 적합하다. 스파 크 구성에서 설정해야 하는 파라미터는 다음과 같다.

```
spark.streaming.backpressure.pid.proportional
spark.streaming.backpressure.pid.integral
spark.streaming.backpressure.pid.derived
```

기본적으로 스파크는 비례 가중치 1, 적분 가중치 0.2, 미분 가중치 0을 갖는 비례 적분 제어기 를 구현한다. 이는 스트림 처리량이 배치 간격과 관련하여 상대적으로 느리게 바뀌고 해석하기 쉬운 스파크 스트리밍 애플리케이션에서 합리적인 기본값을 제공한다. 스파크는 각 배치 처리에 서 최신 요소의 1/5을 처리하기 위한 '버퍼'를 사용하여 허용되는 마지막 처리 속도를 넘지 않는 것을 목표로 한다. 그러나 처리량이 불규칙하고 빠르게 변화하는 스트림에 직면하면 0이 아닌 미분항을 고려할 수 있다.

26.7.2 사용자 정의 속도 추정기

PID 추정기가 스파크에서 구현할 수 있는 유일한 속도 추정기는 아니다. RateEstimator 특성의 구현이며 spark.streaming.backpressure.rateEstimator 값을 클래스 이름으로 설정하여 특정 구현을 교환할 수 있다. 스파크 클래스 경로에 해당 클래스를 포함시켜야 한다는 것을 기억하자. 예를 들어 --jars 인자(아규먼트)를 통해 spark-submit을 해보자.

RateEstimator 특성은 단일 메서드를 요구하는 직렬화 가능한 특성이다.

```
def compute(
    time: Long,
    elements: Long,
    processingDelay: Long,
    schedulingDelay: Long): Option[Double]
}
```

이 함수는 최신 배치의 크기 및 완료 시간이 업데이트되면 이 RateEstimator에 연결된 스트림이 초당 수집해야 하는 레코드 수의 추정값을 리턴해야 한다. 우리는 대안이 될 만한 구현에 자유롭게 기여할 수 있다.

26.7.3 대안 동적 처리 전략에 대한 참고 사항

스파크에서의 스로틀링은 동적이든 아니든 리시버 모델의 ReceiverInputDStream과 카프카 직접 리시버의 DirectKafkaInputDStream을 포함하는 InputDStream 클래스로 표현된다. 이러한 구현에는 현재 초과 요소를 처리하는 간단한 방법이 있다. 입력 소스(ReceiverInputDStream)에서 읽어오는 것도 아니고 토픽(DirectKafkaInputDStream)에서 사용되지도 않는다.

그러나 InputDStream에서 수신된 백프레셔 신호를 기반으로 몇 가지 가능한 대안적인 구현을 제안하는 것이 합리적이다. 첫 번째, 가장 크거나 가장 작은 요소 또는 임의의 샘플을 취하는 것과 같은 정책을 상상할 수 있다.

안타깝게도 이러한 클래스의 RateController:RateController 멤버는 보호(스트리밍)되지만, 이 멤버는 DSream 구현이 언제든지 관련 제한을 받을 수 있도록 하는 getLatestRate 함수를 가지고 있다. 따라서 사용자 정의 DStream을 구현하면 혼잡을 보다 효과적으로 처리하는 데 도움이 되도록 비공개이지만 오픈 소스 속도 제어 메서드에서 영감을 얻을 수 있다.

26.8 캐싱

스파크 스트리밍에서의 캐싱은 잘 조작되었을 때 애플리케이션에 의해 수행되는 연산 속도를 현저하게 높일 수 있는 기능이다. 이는 연산 입력에 저장된 데이터를 나타내는 기본 RDD가 실제로 잡을 실행하기 전에 두 번 복제된다는 점에서 직관에 반하는 것으로 보인다.

그러나 애플리케이션 수명 동안 이러한 기본 RDD에서 키-값 튜플을 포함하는 매우 정교하고 구조화된 데이터 표현으로 여러분의 연산을 가져가는 매우 긴 파이프라인이 있을 수 있다. 애플리케이션에 의해 수행되는 계산의 끝에서 다양한 수단(예를 들면 데이터 저장소나 카산드라와 같은 데이터베이스)으로 계산의 출력을 분배하는 것을 고려하고 있을 것이다. 그러한 분포는 대개 이전 배치 간격 동안 계산된 데이터를 살펴보고 출력 데이터의 어느 부분이 어디로 가야 하는지 알아내는 것을 포함한다.

이를 위한 일반적인 사용 사례는 구조적인 출력 데이터(컴퓨팅에서의 마지막 DStream)의 RDD에 있는 키를 살펴 이러한 키에 따라 계산 결과를 스파크 외부에 둘 위치를 정확하게 찾는 것이다. 또 다른 사용 사례는 마지막 배치 동안에 받은 RDD에 대한 일부 특정 요소만 찾는 것이다. 실제로 RDD는 마지막 데이터 배치뿐만 아니라 애플리케이션 시작 이후 수신된 많은 이전 이벤트에 의존하는 계산의 출력일 수 있다. 파이프라인의 마지막 단계는 시스템 상태를 요약하는 것일 수 있다. 출력 구조적인 결과의 RDD를 보면 특정 기준을 통과하거나 새로운 결과를 이전 값과 비교하거나 다른 조직 엔티티에 데이터를 분배하여 일부 사례를 언급하는 일부 요소를 검색할 수 있다.

예를 들어 이상 징후 탐지를 생각해보자. 값(일상적으로 모니터링하는 사용자 또는 요소)에 대한 일부 메트릭 또는 기능을 계산할 수 있다. 이러한 기능 중 몇몇은 일부 문제를 드러내거나 일부 경고를 발생시켜야 할 수 있다. 이러한 요소를 알림 시스템으로 출력하려면 현재 보고 있는 데이터의 RDD에서 일부 기준을 통과하는 요소를 찾기 원할 것이다. 그렇게 하기 위해 우리는 결과의 RDD를 **반복**[iterate]할 것이다. 경고 외에도 현재 조사 중인 시스템의 일반적인 특징에 대해 알려주는 데이터 시각화 또는 대시보드를 제공하는 데 애플리케이션의 상태를 게시할 수도 있다.

이 개념 연습의 요점은 출력 DStream에 대한 컴퓨팅이 매우 구조화되어 있고 아마도 입력 데이터에서 크기가 줄어들었음에도 불구하고 파이프라인의 최종 결과를 구성하는 각각의 그리고 모든 RDD에 대해 여러 작업에 관련되어 있다고 상상하는 것이다. 그러한 목적을 위해 캐시를 사용하여 몇 번의 반복이 발생하기 전에 최종 RDD를 저장하는 것은 매우 유용하다.

캐시된 RDD에서 여러 번 반복하는 경우 첫 번째 사이클은 캐시되지 않은 버전과 동일한 시간이 걸리는 반면 각 후속 반복은 시간이 얼마 걸리지 않는다. 그 이유는 스파크 스트리밍의 기본 데이터가 시스템에 캐싱되어 있지만 중간 단계는 애플리케이션에 의해 정의된 매우 긴 파이프라인을 사용하여 도중에 해당 기본 데이터로부터 복구되어야 하기 때문이다.

이 정교한 데이터를 검색하는 데는 다음과 같이 애플리케이션에서 지정한 대로 데이터를 처리하는 데 필요한 모든 반복 작업에서 시간이 걸린다.

```
dstream.foreachRDD{ (rdd) =>
  rdd.cache()
  keys.foreach{ (key) =>
    rdd.filter(elem => key(elem) == key).saveAsFooBar(...)
  }
  rdd.unpersist()
}
```

따라서 DStream 또는 해당 RDD를 여러 번 사용할 경우 캐싱 속도가 상당히 빨라진다. 그러나 스파크의 메모리 관리에 과도한 부담을 주지 않고 DStream의 RDD가 배치 간격 후 다음 RDD로 이동할 때 자연스럽게 캐시에서 떨어질 것이라고 가정하는 것이 매우 중요하다. DStream의 모든 RDD에 대한 반복이 끝날 때 RDD를 캐시에서 제외할 것을 생각하는 것이 매우 중요하다.

그렇지 않으면 스파크는 어떤 데이터 조각을 보관해야 하는지 이해하기 위해 비교적 영리한 계산을 해야 할 것이다. 이러한 특정 계산은 애플리케이션의 결과를 느리게 하거나 애플리케이션에 접근할 수 있는 메모리를 제한할 수 있다.

마지막으로 고려해야 할 점은 캐시를 어디에서나 열심히 사용해서는 안 된다는 것이다. 캐시 작업은 캐시된 데이터를 충분히 사용하지 않을 경우 이점을 뛰어넘을 수 있는 비용을 가지고 있다. 요약하면 캐시는 신중하게 사용해야 하는 성능 향상 기능이다.

26.9 추측적 실행

아파치 스파크는 스트리밍이든 일괄 실행이든 **추측적 실행**speculative execution을 통해 스트래글러^{straggler}(다른 것보다 오래 걸리는) 잡을 처리한다. 이러한 매커니즘은 스파크의 처리가 모든 작업자의 큐에 같은 작업을 동시에 넣는다는 사실을 이용한다. 그런 만큼 작업자들이 한 가지 과제를 완수하는 데 다소 같은 시간이 소요되어야 한다고 추정하는 것이 타당해 보인다. 만약 그렇지 않다면 두 가지 이유 중 하나 때문이다.

- 데이터셋이 데이터 불균형^{data skew}으로 인해 어려움을 겪고 있는 경우 일부 작업에서 대부분의 계산을 집중하게 된다. 이는 몇몇 경우에는 정상이지만[3] 대부분의 경우에는 완화되기를 바라게 되는(예를 들면 입력 내용을 섞음으로써) 나쁜 상황이다.
- 또는 특정 익스큐터가 노드 상에 불량 하드웨어가 있는 경우에 해당되는 대상 익스큐터이기 때문에 속도가 느리거나, 노드가 공유 클러스터의 컨텍스트에서 과부하된 경우다.

스파크가 이 비정상적으로 긴 실행 시간을 감지하고 사용 가능한 리소스를 확보하면 현재 실행 중인 작업을 다른 노드에서 다시 시작할 수 있는 기능이 있다. (원본에 문제가 생겼다고 **추측**^{speculate}하는) 이 추측 작업은 먼저 잡을 끝내고 이전 잡을 취소하거나, 이전 잡이 반환되자마자 취소된다. 전반적으로 '거북이와 토끼' 사이의 이러한 경쟁은 더 나은 완료 시간과 가용 리소스의 사용을 제공한다.

추측적 실행은 [표 26-1]에 열거된 네 가지 구성 파라미터에 반응한다.

표 26-1 추측 실행 구성 파라미터

옵션	기본값	의미
spark.speculation	false	'true'로 설정된 경우 태스크의 추측성 실행을 수행하라.
spark.speculation.interval	100ms	스파크가 추측할 작업을 얼마나 자주 점검할 것인가
spark.speculation.multiplier	1.5	태스크가 추측을 위해 고려되는 중앙값보다 몇 배나 느려질까
spark.speculation.quantile	0.75	특정 단계에서 추측을 사용하기 전에 완료해야 하는 작업의 비율

---

3 예를 들어 이상 징후 검출 추론에서 비정상적인 값을 검출하는 익스큐터는 정기적인 노드 의무 위에 추가 부담이 되는 경고 의무를 가질 수 있다.

Part **IV**

고급 스파크 스트리밍 기술

4부에서는 스파크 스트리밍을 사용하여 만들 수 있는 몇 가지 고급 애플리케이션, 즉 근사 알고리즘과 머신러닝 알고리즘을 살펴본다.

근사 알고리즘은 스파크의 확장성을 최대한 활용할 수 있는 윈도우를 제공하며, 데이터 처리량이 배포가 견딜 수 있는 것보다 많을 때 성능이 정상적으로 저하되는 기술을 제공한다.

또한 클러스터링 기법을 사용하여 값 분포의 간결한 표현을 저장할 수 있는 유용한 추정자인 T-다이제스트도 다룬다.

머신러닝 모델은 끊임없이 변화하는 데이터 흐름에 적절하고 정확한 결과를 산출하기 위한 새로운 기술을 제공한다. 27장에서는 나이브 베이즈 분류, 의사 결정 트리, 스트리밍을 위한 K-평균 클러스터링과 같이 잘 알려진 배치 알고리즘을 어떻게 적응시킬 것인지 살펴본다.

Part IV

고급 스파크 스트리밍 기술

## CHAPTER 27

스트리밍 근사 및 샘플링 알고리즘

스트림 처리는 시간이 지남에 따라 관찰된 데이터의 요약을 생성할 때 특히 어려운 문제다. 스트림에서 값을 관찰할 수 있는 기회는 한 번뿐이므로 데이터 스트림에서 동일한 질문에 대답하려는 경우 제한된 데이터셋에서 단순하다고 간주되는 쿼리조차도 문제가 된다.

이 문제의 핵심은 이러한 쿼리가 전체 데이터셋을 관찰해야 하는 전역 요약 형식 또는 **최소 상계**supremum 결과를 어떻게 요청하는지에 있다.

- 스트림의 모든 고유 요소 수(요약)
- 스트림에서 가장 높은 k 요소(전역 최소 상계)
- 스트림에서 가장 빈번한 k개의 요소(전역 최소 상계)

당연히 데이터가 스트림에서 나오는 경우 전체 데이터셋을 한 번에 보는 데 어려움이 있다. 이러한 종류의 쿼리는 전체 스트림을 저장한 다음 배치 데이터로 처리하여 단순하게 응답할 수 있다. 하지만 이 스토리지가 항상 가능한 것은 아닐 뿐만 아니라 손이 많이 가는 접근법이기도 하다. 보다시피 스트림의 주요 수치와 특성을 반영하는 간결한 데이터 표현을 구성할 수 있다. 이 간결함은 그들이 반환하는 응답의 정확성으로 측정된 비용을 가진다. 이러한 데이터 구조와 그것들을 작동시키는 알고리즘은 특정한 오차 범위와 함께 근사 결과를 반환한다. 요약해서 말하면 다음과 같다.

- 정밀한 알고리즘은 보다 정확하지만 리소스 집약적이다.
- 근사 알고리즘은 정확도가 떨어지지만 우리는 추가 리소스 비용을 지불하기보다는 정확도가 약간 떨어지는 것을 기꺼이 받아들일 용의가 있다.

이 절에서는 제한된 양의 리소스를 사용하여 스트림에서 관찰되는 요소에 대한 전역적인 질문을 분류하는 데 도움이 되는 근사 알고리즘과 샘플링 기법의 적용을 연구한다. 우선 실시간 응답과 대량의 데이터 앞에 놓인 응답의 정확성 사이의 긴장감을 탐구한다. 그런 다음 세 가지 적용되는 근사 방법을 이해해야 하는 해싱 및 스케치 개념을 소개한다.

HyperLogLog(HLL)
고유 요소 수를 세기 위함

CountMinSketch(CMS)
요소의 빈도 수를 세기 위함

T-다이제스트
관측된 요소의 빈도 히스토그램 근사를 위함

다양한 샘플링 방법과 스파크에서 지원되는 방법에 대한 개요로 이 장을 종료할 것이다.

27.1 정확성, 실시간 그리고 빅데이터

분산 컴퓨팅은 연속적인 데이터 흐름에서 작동할 때 종종 다음과 같이 삼각형을 이루는 개념들에 의해 제약을 받는다는 점에서 특별한 것으로 간주된다.

- 생산된 결과의 정확성
- 실시간에 발생하는 연산
- 빅데이터 상에서의 연산

이러한 개념들을 자세히 살펴보자.

27.1.1 정확성

첫째, 우리는 정확한 계산을 데이터로부터 질문에 대한 정확한 수치 결과를 도출해야 하는 필요성의 반영으로 볼 수 있다. 예를 들어 웹사이트에서 오는 데이터를 모니터링하는 경우 웹사이트에서 생성하는 상호작용, 이벤트 그리고 로그를 분석하여 현재 **고유**^{distinct} 사용자 수를 이해하기 원할 수도 있다.

27.1.2 실시간 처리

두 번째 측면은 그 분석의 최신성 또는 지연 시간이다. 이 맥락에서 지연 시간은 데이터가 처음 제공되는 순간과 데이터로부터 통찰력을 얻을 수 있는 시점 사이의 시간과 관련 있다. 웹사이트 방문자 예시로 돌아가면 결론적으로 **고유 사용자**^{distinct user}에게 질문을 할 수 있다. 웹사이트가 지난 24시간 동안 생산한 로그를 분석하고, 그 기간 동안 얼마나 많은 고유 사용자가 방문했는지에 대한 가치를 계산하려 노력할 것이다. 이러한 연산은 처리해야 하는 데이터양에 따라 결과를 얻기까지 몇 분에서 몇 시간이 걸릴 수 있으며 그것을 **높은 지연 시간**^{high-latency} 접근법으로 간주한다. 하루 중 언제든지 '사이트에 얼마나 많은 사용자가 있는지'를 묻고 지금 **당장**^{right now} 답변을 기대할 수도 있다. 브라우저가 시간 엄수 쿼리에서 웹 서버와 거래하는 것을 제외하면 지금 **당장** 해석할 수 있는 것은 '**브라우징 세션의 길이를 나타내기 위해 신중하게 선택한 짧은 시간 동안** 얼마나 많은 고유 방문자를 가졌는가'다.

27.1.3 빅데이터

우리가 다뤄야 할 세 번째 요점은 다루고 있는 데이터가 얼마나 방대한가이다. 특정 시간에 소수의 사용자만 있는 지역 스포츠클럽의 웹사이트를 보고 있는가, 아니면 언제든지 수천 명의 방문객을 맞이할 수 있는 아마존과 같은 대규모 소매업체의 웹사이트를 보고 있는가?

27.2 정확성, 실시간 그리고 빅데이터 삼각형

정확성, 실시간 처리 그리고 데이터 크기에 대한 개념은 [그림 27-1]과 같은 삼각형으로 나타낼 수 있다. 이 삼각형은 데이터양이 증가함에 따라 정확성과 최신성(실시간에 가까운 결과)을 달성하는 것이 서로 상충된다는 것을 반영한다. 이러한 세 가지 요구가 동시에 모두 충족되는 경우는 거의 없다. 분산된 데이터 처리의 분석은 아주 최근까지 종종 이 삼각형의 두 면에만 초점을 맞추었다.

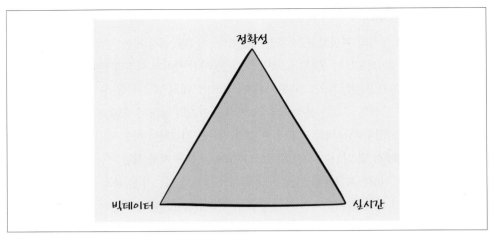

그림 27-1 정확한 결과, 실시간 처리 그리고 빅데이터의 삼각형

예를 들어 웹사이트 모니터링 영역에서는 과거에 얼마나 많은 사용자가 웹사이트를 방문했는지 매우 빨리 이해하고 고유 사용자 수에 대한 정확한 답을 줄 수 있는 시스템을 고안하면서 정확하고 실시간적인 처리에 초점을 맞추었다.

이는 스트림 처리의 가장 핵심적인 작업인데 최근에는 삼각형의 세 번째 꼭짓점인 빅데이터로 인해 뒤쳐졌다. 점점 규모가 커지는 온라인 업체들은 종종 확장성을 최우선 과제로 삼았는데, 대규모 웹사이트가 확장될 때 사이트 운영자들은 여전히 얼마나 많은 사용자가 방문했는지에 대한 매우 정확한 결과를 원하고 있기 때문에 대량의 데이터에 대한 방문자 수를 분석하는 질문을 던지게 되는 경우가 종종 있다. 그런 다음 그들은 답을 계산하는 데 많은 시간이 소요될 수 있다는 사실을 수용해야 하며, 때로는 수집하는 데 걸린 시간보다 더 길 수도 있다.

이것은 종종 아파치 스파크와 같은 분석 프레임워크를 통해 매우 방대한 웹사이트의 로그를 처리하는 것으로 해석된다. 월 평균과 같은 정기적인 것에 기초하여 측정하는 것이 장기적인 용량 계획에는 충분할 수 있지만, 기업은 변화하는 환경에 점점 더 빠르게 대응해야 하기 때문에 본질적으로 우리 질문에 대한 빠른 답변을 얻는 데 점점 더 많은 관심이 쏠리고 있다. 오늘날 탄력적인 클라우드 인프라의 시대에서 상용 웹사이트 운영자들은 곧 살펴보게 될 것처럼 즉각적으로 반응할 수 있어야 하기 때문에 조건의 변화가 있는지 여부를 실시간으로 알고 싶어 한다.

27.2.1 빅데이터와 실시간

이 난제를 해결하기 위해 빅데이터와 실시간 정점 사이에서 삼각형의 세 번째 면으로 넘어갈 필요가 있다.

예를 들어 월마트는 2018년에 매월 약 3억 명의 고유 사용자가 자주 접속하는 상업적 소매 사이트다. 그러나 2012년 블랙 프라이데이 기간 동안 [그림 27-2]에 나타낸 것과 같이 특정한 날에 판매의 혜택을 받기 위해 월마트 웹사이트를 방문한 사용자 수는 몇 시간 만에 두 배가 되었는데, 지난 몇 년간의 트래픽을 분석하여 예측할 수 있는 방식은 아니었다. 그 새로운 사용자 유입을 처리하기 위해 웹사이트의 인프라에 필요한 리소스가 갑자기 예상했던 것보다 훨씬 더 많아지게 되었다.

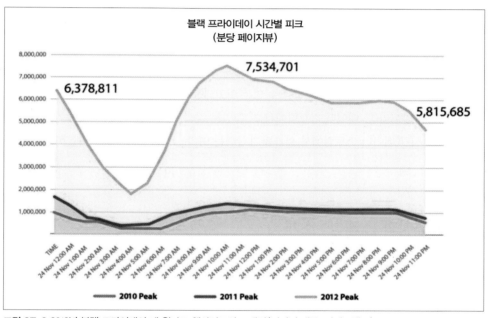

그림 27-2 2012년 블랙 프라이데이 때 월마트 웹사이트의 트래픽(이미지 제공: 라이트밴드)

확장성 문제는 실시간 답변을 생성하는 능력에 영향을 미친다. 블랙 프라이데이에 월마트 웹사이트에서 개별 사용자의 웹 세션을 계산하는 데는 다른 날보다 훨씬 더 오랜 시간이 걸린다.

이 경우 질문에 대해 지연되는 정확한 답변보다는 빠르게 나오는 대략적인 답변을 갖는 것이 더 유용하다. 대략적인 대답은 계산하기 더 쉽지만 여전히 운영에 필요한 가치다. 훌륭한 웹사이트 관리자는 웹사이트 방문 횟수의 기준에 맞춰 웹사이트에 리소스를 제공한다. 사용자 수와 관련된 작은 부정확성은 연중 가장 바쁜 온라인 쇼핑 날에 느리게 반응할 필요가 없는 사용자의 매출 증가로 충당되는 것보다 더 많은 비용(사용되지 않은 리소스)을 발생시킬 것이다.

더 많은 리소스를 사용할 수 없는 경우 관리자는 승인 제어(예를 들어 모든 사용자가 느리고 사용할 수 없는 웹사이트를 겪게 하는 대신 일정 비율의 사용자를 정적 페이지로 리디렉션하고 효율적으로 해당 사용자에게 서비스를 제공하는 것)를 사용하여 보다 단계적인 서비스 저하를 구성할 수도 있다. 이를 위해 관리자가 필요로 하는 모든 것은 어림짐작이다.

27.3 근사 알고리즘

근사 알고리즘은 다음 페이지에서 정확하게 정량화할 방식으로 교과서적인 정확한 알고리즘보다 확장성이 훨씬 뛰어나다.

이 절에서는 고유한 사용자 수를 계산할 수 있는 알고리즘, 값의 히스토그램에 대한 아이디어를 얻을 수 있는 알고리즘, 데이터 스트림에서 보고 있는 값의 근사치를 얻을 수 있는 알고리즘을 포함하여 실시간 데이터 스트림에서 결과를 계산하는 여러 근사 알고리즘을 소개한다.

27.4 해싱과 스케칭: 소개

해시 함수는 모든 크기의 입력을 고정된 크기의 출력에 매핑하는 함수다. 암호화 애플리케이션, 해시 테이블, 데이터베이스를 포함하는 사용 사례를 위해 컴퓨터 과학 애플리케이션에서 사용한다. 이러한 용도 중 하나는 여러 개체의 균등 또는 근접 균등을 나타내는 것이다.

해시 함수의 정의로 돌아가자. 해시 함수는 입력 도메인의 객체(예: 임의의 긴 String 요소)를 고정 크기 출력 도메인에 매핑한다. 이 출력 도메인을 32비트 정수 공간으로 간주해보자. 한 가지 흥미로운 속성은 이러한 정수가 이러한 문자열의 좋은 **식별자**identifier라는 것이다. 32비트 정수로 작업할 수 있다면 두 개의 큰 문자열이 같은지 여부를 결정하기 위해 수행할 계산량이 적다.

해시 함수를 설계할 때 종종 **충돌 저항**collision resistance을 원한다고 말하는데, 이는 무작위로 선택된 두 개의 별개 입력 도큐먼트에 대해 동일한 해시값을 생성할 가능성이 없음을 의미한다.

> **CAUTION_ 암호학적으로 안전한** 해시 함수는 컨텍스트와 관련이 없기 때문에 충돌 저항에 대한 정의가 완화된다. 이러한 맥락에서 우리는 공격자가 동일한 해시값을 생성하는 두 개의 별개 도큐먼트를 의도적으로 찾는 것이 어렵다고 요구할 것이다.

당연히 가능한 모든 문자열에 숫자를 부여하는 것은 사소한 일이 아니다. 자바 가상 머신(JVM)에서 우리가 나타낼 수 있는 32비트 정수는 4,294,967,295개뿐이며(또는 대략 40억 개), 스트링 요소는 그것보다 더 많다.

실제로 40억의 크기를 가진 32비트 정수의 공간에 50억 개 이상의 별개 도큐먼트를 매핑하고 있다면 해시 함수가 이미 이전 도큐먼트와 연관되어 있는 정수를 재사용할 수 있는 최소 10억 개의 도큐먼트가 있다. 우리는 이 두 개의 서로 다른 도큐먼트를 같은 해시에 매핑하는 것을 **충돌**collision이라고 부른다.

그것들은 고정된 크기의 출력 영역보다 더 큰 입력셋에 우리 기능이 사용될 때 기능과 상관없이 항상 발생한다.

그러나 우리 애플리케이션이 매우 큰 데이터셋에서 추출한 도큐먼트를 다루기 때문에 충분한 해시 함수를 갖거나, 충돌을 야기할 몇 안 되는 요소를 결코 비교하지 않기 바란다(즉, 도큐먼트 평등에 대한 **거짓 긍정**).

해시를 특정 원소의 정체성에 대한 표식자로 간주할 것이고, 좋은 해시 함수를 선택함에 따라 전체 도큐먼트보다는 해시를 비교하는 연산을 많이 절약할 것이며, 그 충돌 확률은 카디널리티 비교로 줄어들게 된다.

> **NOTE_ 해시 확률 충돌**
> 엄밀히 말하면 크기 N의 도메인으로 표시되는 k 키 사이의 충돌 확률은 다음과 같이 k 개의 고유한 정수를 생성할 확률로 계산된다.
>
> $$1 - \prod_{i=1}^{k-1} \frac{(N-i)}{N} \approx 1 - e^{\frac{-k(k-1)}{2N}}$$

다음 몇 절에서는 스트림에서 관찰할 요소들의 집합에 대한 아주 작은 표현들을 사용하여 이를 활용하는 방법을 살펴본다. 그러나 해시에서의 충돌을 제어해야 할 필요성과 좋은 해시 함수가 그 도메인과 이미지 사이에 만들어내는 매핑의 의사 랜덤성을 항상 염두에 두는 것이 유용할 것이다.

27.5 고유 요소 계산: HyperLogLog

많은 양의 데이터에서 고유 요소를 계산해야 하는 필요성은 많은 분석 작업에 존재하는데, 이는 종종 이 단위가 데이터에서 개별적인 '사례'의 표식이기 때문이다(웹사이트 로그에서 사용자의 서로 다른 세션, 상거래 레지스트리에서의 트랜잭션 수 등을 생각해보자). 그러나 이는 통계에서 데이터셋의 첫 번째 '순간'이라고도 하며, '순간'은 스트림에서 요소의 빈도 분포에 대한 다양한 지표를 지정한다.

DStream의 모든 고유 요소를 계산하는 단순한 버전은 관찰된 모든 단일 개별 요소의 다중 집합을 저장하게 한다. 그러나 스트리밍 방식으로 제공되는 데이터의 경우 이는 실용적이지 않으며, 고유한 요소 수가 제한되지 않을 수 있다.

감사하게도 1983년부터 스트림의 개별 요소를 계산하는 확률적 방법인 플라졸렛-마틴[Flageolet-Martin] 알고리즘이 있었다. 이후 LogLog 카운팅, HyperLogLog 알고리즘 그리고 특정 하이브리드 구현인 HyperLogLog++로 연속적으로 확장되었다. 이 버전은 현재 스파크에서 데이터셋 및 RDD의 approxCountDistinct API 하에 사용된다.

이러한 모든 알고리즘은 플라졸렛-마틴 알고리즘의 핵심적인 아이디어를 상속받았으며 지금부터 설명하겠다. 하지만 예제부터 시작하자.

27.5.1 역할극 연습: 만약 우리가 시스템 관리자라면

DStream의 요소를 계산하기 위해 가장 먼저 고려할 수 있는 것은 해당 요소를 해시하는 것이다. 캐싱 프록시의 크기를 지정하기 위해 고객이 접근한 고유 URL을 계산하는 시스템 관리자라고 가정해보자. 77 ASCII 문자[1]를 사용할 수 있는 최신 웹에서 가장 일반적인 URL만 고려

---

1 이 길이는 대략적으로 슈퍼마인드가 큰 웹 크롤에서 찾은 URL의 평균 길이이다.

하고, 모든 가능성을 실제로 저장하면 효과적으로 접근한 URL당 평균 616비트(하나의 ASCII 문자는 1바이트 또는 8비트)를 살펴보고 있는 것이다.

해시 함수의 크기를 정확히 지정해보자. 우리는 172문자로 URL 길이의 97번째 백분위수에 도 달했을 것이다. 즉, 가능한 데이터셋 크기는 8^{172}이고 $\log\_2(8^{172}) = 516$비트로 표시된다. 그 러나 물론 172개의 ASCII 문자 조합이 모두 올바른 것은 아니다. 앞서 언급한 리소스에 따르 면 78,764개의 도메인에서 6,627,999개의 공개적으로 고유한 URL이 있다. 즉, 도메인당 약 84개의 URL 밀도를 기대할 수 있다. 좋은 측정을 위해 이 값에 10을 곱하고(우리가 인용한 기 사는 2010년 것이다) 이를 기존 웹사이트의 수와 비교해보겠다(이 글을 쓰는 현재 약 18억 개 다).[2] 따라서 우리는 최대 9,600억 개의 가능한 URL 데이터셋을 기대할 수 있다. 이것은 약 40비트의 해시로 적절하게 표현된다. 따라서 이전에 고려했던 600비트 대신 64비트 크기의 해시를 선택할 수 있다. 즉, 스트림의 모든 개별 요소를 저장하는 것보다 10배가 줄어든다.

연산 함수는 해시의 이진 표현의 통계적 속성을 고려함으로써 작동할 것이다. 동전 던지기를 반 복하여 연속으로 네 개의 뒷면을 얻을 가능성이 얼마나 낮은지 생각해보자. 동전 던지기가 이진 결과를 갖는다는 점을 감안할 때 이러한 뒤집기를 얻을 확률은 $1/2^4$이다. 일반적으로 4개의 뒷 면을 연속으로 맞추려면 4개의 동전 던지기 실험을 2^4번 반복해야 하며, 이는 16번(총 64번 뒤집기)이다. 우리는 이것이 어떻게 연속적으로 n개의 뒷면으로 쉽게 추론되는지 주목한다. 해 시 함수의 이진 표현은 유사한 방식으로 작동하는데, 이는 마주치는 고유 숫자의 확산이 균일하 기 때문이다. 결과적으로 해시의 이진 표현에서 길이 k비트의 특정 수를 선택하면 2^k 샘플(고유 한 스트림 요소)을 확인해야 도달할 수 있다.[3]

이제 특정 비트 시퀀스를 고려해보자. 임의로 0이 아닌 상위 비트가 앞에 오는 긴 0 시퀀스를 고려할 수 있다.[4] 숫자의 이진 표현에서 후행(저차원) 0을 **꼬리**[tail]라고 하자. 예를 들어 꼬리 12(2진수 1100)는 2이고 꼬리 8(2진수 1000)은 3, 꼬리 10(1010)은 1이다. 따라서 최소 k 개의 꼬리 크기를 관찰하면 2^k는 꼬리 길이에 도달하기 위해 셋에서 추출해야 하는 샘플 수의 기대치라고 추론할 수 있다. 해시 함수의 균일성은 우리가 입력된 해시를 독립적인 표본을 그

---

2 http://www.internetlivestats.com/total-number-of-websites/

3 해시 함수의 균등성이 얼마나 중요한지 주목하자. 균등성이 없다면 해시의 비트값이 더 이상 선행하거나 성공하는 비트값과 독립적이지 않으며 동전 던지기의 독립성을 잃을 가능성이 있다. 이것은 우리가 선택한 k-bit 번호에 도달하는 데 필요한 샘플 수의 좋은 추정값으로 더 이상 2^k를 고려할 수 없다는 것을 의미한다.

4 물론 빅 엔디안 표기법에서

리는 데 동화시킬 수 있게 해주기 때문에 **스트림 원소의 해시 중 k 크기의 최대 꼬리를 관찰한 다면 2^k는 스트림에서 구별되는 원소 수에 대한 좋은 추정값**이라고 결론내릴 수 있다.

그러나 여기에는 두 가지 문제가 있다.

- 이것은 스트림의 요소 수를 계산하기 위한 임의의 방법이기 때문에 특잇값에 민감하다. 즉, 매우 있음직하지 않지만 아주 긴 꼬리를 가진 스트림 원소를 스트림의 첫 번째 원소로 마주칠 수 있고 스트림의 개별 요소 수를 크게 과대평가할 수 있다.
- 또한 스트림 요소의 해시에서 가장 긴 꼬리의 추정값을 증가시키는 측정값이 추정값의 지수로 사용되기 때문에 2, 4, 8, …, 1,024, 2,048 등 2의 거듭제곱으로만 추정값을 생성한다.

이 문제를 완화하는 방법은 여러 쌍의 독립적 해시 함수를 **병렬**로 사용하는 것이다. 해시 함수가 독립적인 경우 특정 실험에서 비정상적인 결과를 제공하는 특정 해시 함수의 위험을 줄일 수 있다. 그러나 계산 시간 측면에서 비용이 많이 들고(스캔된 요소당 해시값을 여러 개 계산해야 함), 더 나쁜 것은 구성할 필요가 없는 대규모 쌍의 독립적인 해싱 함수 집합이 필요하다는 것이다. 그러나 우리는 이 해시가 속하는 버킷의 지표로서 요소의 해시의 고정 크기 접두사를 사용하여 입력 스트림을 동일한 함수에 의해 처리되는 p 하위집합으로 분할함으로써 이러한 여러 해시 함수의 사용을 모방해볼 수 있다.

이러한 각 버킷에서 추정된 꼬리 크기를 비교하는 미묘함이 과소평가되어서는 안 되며, 이는 추정의 정확성에 미치는 영향은 상당하기 때문이다. [그림 27-3]에 표시된 HyperLogLog 알고리즘은 조화 평균을 사용하여 각 버킷에 있는 특잇값의 존재 가능성을 보상하는 동시에 2의 거듭제곱이 아닌 추정값을 반환하는 기능을 유지한다. 결과적으로 64비트 해시에 대해 각각 $(64-p)$비트인 p 버킷을 사용할 수 있다. 이러한 각 버킷에서 저장해야 할 숫자는 지금까지 마주친 가장 긴 꼬리의 크기뿐이며, 이는 $\log 2(64-p)$로 나타낼 수 있다.

요약하면 스토리지 사용량은 $2^p\left(\log_2\left(\log_2\left(N/2^p\right)\right)\right)$인데, 여기서 N은 우리가 측정하고자 하는 카디널리티다. 측정하려는 카디널리티(잠재적으로 9,600억 개의 URL)과 저장된 실제 데이터양 $4\log 2(60) = 24$비트 사이의 현저한 차이는 놀라운 수준이다.

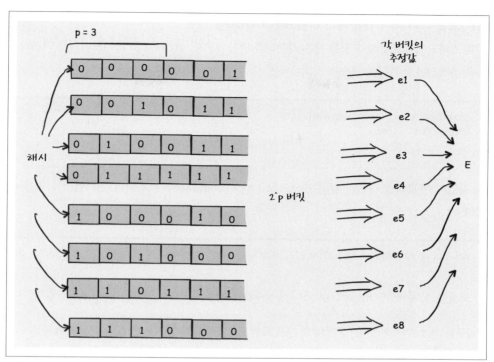

그림 27-3 HyperLogLog 알고리즘의 데이터 흐름

CAUTION_ 반면 LogLog 카운트 알고리즘과 스파크가 사용하는 HyperLog++라는 특정 변종은 동일한 아이디어에서 진행하면서 여전히 상당히 다르다. 특히 HyperLogLog는 작은 카디널리티에 대해 선형 카운팅하는 방식으로 LogLog 카운팅 알고리즘을 대체하는 하이브리드 알고리즘이다. 더욱이 구현은 종종 해시 길이와 인덱싱 길이를 선택한다. 우리 설명이 기본 알고리즘의 아이디어를 전달하는 데 도움이 되었기를 바라며, 더 고급 구현을 사용하려면 더 많은 파라미터와 선택 사항이 필요하다.

이러한 이유로 사용된 구현의 문서를 자세히 살펴보고 문헌과 비교하여 해당 파라미터가 사용 사례에 적합한지 확인하는 것은 항상 중요하다.

사용할 streamlib 구현에서 상대 정확도는 약 $1.054/sqrt(2^p)$이며, 여기서 p는 요소가 속해야 하는 버킷을 결정하는 데 사용할 입력의 비트 수다(따라서 버킷 수는 2^p). HyperLogLog++에는 레지스터의 희소 표현을 트리거하는 `HyperLogLogPlus(p, sp)`의 두 번째 선택적 파라미터로 논제로(0이 아닌) `sp > p`가 있다. $n < m$인 경우 메모리 소비를 줄이고 정확도를 높일 수 있지만 카디널리티가 작을 때만 빅데이터 케이스에서 벗어날 수 있다.

27.5.2 스파크의 실용적인 HyperLogLog

이제 스파크에서 고유한 요소를 세는 카운터를 만들어보자. `streamlib` 라이브러리를 가져와서 다음 종속성을 추가하는 것으로 시작한다.

```
groupId: com.clearspring.analytics
artifactId: stream
version: 2.7.0
```

이 작업이 완료되면 다음과 같은 방법으로 HyperLogLog++ 카운터의 인스턴스를 만들 수 있다.

```
val HLL = new HyperLogLogPlus(12, 0);
```

이 호출을 이해하려면 HyperLogLog의 생성자를 찾아볼 필요가 있으며, 이는 다음을 알려준다.

> [구현] 희소sparse와 일반normal의 두 가지 표현 모드가 있으며, 현재 모드에 따라 두 가지 프로시저가 있다. 일반 모드는 HLL과 비슷하게 작동하지만 일부 새로운 편향 수정 기능이 있다. 희소 모드는 선형 계수다.

생성자에 대한 파라미터는 `HyperLogLog(p, sp)`이며, 여기서 p는 해시 함수의 버킷 수다. sp = 0이면 Hyperloglog는 정상 모드고, sp > 0이면 하이브리드 알고리즘으로 작은 카디널리티에 대해 희소 모드에서 작동한다. 선형 카운팅에 사용되는 비트 수를 결정하려면 sp가 0이 아닌 경우 p는 4와 sp 사이여야 하고 sp는 p와 32 사이여야 한다. 측정되는 카디널리티가 너무 커지면 셋의 표현이 HyperLogLog로 변환된다.

HyperLogLog의 상대 정밀도는 약 $1.054/sqrt(2^p)$이다. 즉, 상대 정밀도 2%에 도달하려면 버킷에 12비트 인덱싱을 사용하는 것을 목표로 해야 한다. 결과적으로 버킷은 2^{12}개(= 4,096개)로 예상할 수 있다.

`hll.offer()`를 사용하여 카운터에 요소를 추가하고 `hll.cardinality()`를 사용하여 결과를 얻을 수 있다. 흥미롭게도 호환되는 두 개의 HyperLogLog 카운터(동일한 p와 sp)는 `hll.addAll(hll2)`를 사용하여 병합할 수 있다. 즉, 다음과 같이 스파크의 많은 reduce 함수와 완벽하게 일치한다.

- 윈도우 카운터파트인 DStream에 있는 함수의 aggregateByKey 클래스
- 각 익스큐터에 등록된 다른 로컬 수를 줄이기 위해 병합 기능에 의존하는 누산기

카디널리티를 계산하기 위해 HyperLogLog를 사용하는 실제 예시에 대해 간단한 웹사이트의 사례를 고려할 것이다. 미디어 웹사이트가 있고 현재 유행하는 콘텐츠가 무엇인지 알고 싶다고 가정해보자. 그다음으로 언제든지 고유한 방문자 수를 알아내고자 한다. 21장에서 배운 것처럼 슬라이딩 윈도우를 사용하여 추세를 계산할 수 있지만 고유한 방문자를 추적하기 위해 사용자 지정 누산기를 사용할 것이다. 누산기는 일부 논리의 분산 실행에서 특정 메트릭을 관측할 수 있는 병합 가능한 데이터 구조다. 스파크에는 정수 및 long으로 계산할 내장 누산기가 있다. 우리 웹사이트 상의 모든 콘텐츠에서 받은 조회 수를 알고 싶다면 longAccumulator를 사용할 수 있다. 사용자 지정 누산기를 생성하는 API도 있으며 이를 사용하여 고유 사용자 수를 유지하는 HyperLogLog 기반 누산기를 생성할 것이다.

> **NOTE_ 온라인 리소스**
>
> 이 누산기의 기능 코드는 https://github.com/stream-processing-with-spark/HLLAccumulator 에 있는 이 책과 함께 제공되는 코드 저장소에서 사용할 수 있다. 이 절에서는 구현의 주요 특성만 다룬다.

새로운 HyperLogLogAccumulator를 생성하기 위해 앞서 설명한 파라미터 p를 사용하여 생성자를 호출한다. 이미 합리적인 기본값을 제공했음을 주목하자. 또한 누산기가 입력되어 있다는 점도 알아두자. 이 유형은 우리가 추적할 개체의 종류를 나타낸다. 배후에서는 해시 코드에만 관심이 있다는 점을 감안할 때 모든 다른 유형이 Object로 처리된다.

```
class HLLAccumulator[T](precisionValue: Int = 12) extends AccumulatorV2[T, Long]
    with Serializable
```

누산기에 요소를 추가하려면 추가할 객체와 함께 add 메서드를 호출한다. 결국 HyperLogLog 구현에서 offer 메서드를 호출하여 이미 논의된 해싱 메서드를 적용한다.

```
override def add(v: T): Unit = hll.offer(v)
```

강조하고 싶은 마지막 방법은 병합^merge이다. 병합 기능은 별도의 익스큐터에서 수행된 부분 계산을 병렬로 조정하는 데 필수적이다. 두 개의 HyperLogLog 인스턴스를 병합하는 것은 결

과 표현이 두 부분의 공통 및 비공통 요소를 포함한다는 점에서 집합의 합집합을 계산하는 것과 같다.

```scala
override def merge(other: AccumulatorV2[T, Long]): Unit = other match {
  case otherHllAcc: HLLAccumulator[T] => hll.addAll(otherHllAcc.hll)
  case _ => throw new UnsupportedOperationException(
      s"Cannot merge ${this.getClass.getName} with ${other.getClass.getName}")
}
```

HyperLogLogAccumulator가 있으면 스파크 스트리밍 잡에서 사용할 수 있다.

앞서 언급했듯이 스트리밍 잡은 다양한 카테고리의 블로그를 포함하는 미디어 웹사이트에서 콘텐츠의 인기를 추적한다. 핵심 로직은 경로별로 분할된 URL로 수신된 클릭의 레지스터를 유지하여 인기 있는 기사를 추적하는 것이다. 순방문자를 추적하기 위해 메인 스트리밍 로직에 대한 병렬 채널로 유지되는 누산기를 사용한다.

클릭의 timestamp, userId 및 보기가 등록된 path를 포함하는 스키마 형식으로 뷰 스트림의 단순화된 표현을 사용한다.

```scala
case class BlogHit(timestamp: Long, userId: String, path: String)
```

스트림 컨텍스트는 데이터에 대한 정기적인 업데이트를 유지하기 위해 2초의 배치 간격을 갖는다.

```scala
@transient val ssc = new StreamingContext(sparkContext, Seconds(2))
```

> **NOTE_** 이 선언에서 @transient를 사용하면 스트리밍 애플리케이션에서 사용되는 클로저에 의해 캡처되는 경우 직렬화 불가능한 스트리밍 컨텍스트의 직렬화를 방지할 수 있다.

사용자 지정 누산기를 만들고 등록할 것이다. 이 프로세스는 SparkContext에서 사용 가능한 기본 제공 누산기와 약간 다르다. 사용자 지정 누산기를 사용하려면 먼저 로컬 인스턴스를 만든 다음 스파크가 분산 계산 프로세스에서 사용되는 대 로 추적할 수 있도록 SparkContext에 등록한다.

```
import learning.spark.streaming.HLLAccumulator
val uniqueVisitorsAccumulator = new HLLAccumulator[String]()
sc.register(uniqueVisitorsAccumulator, "unique-visitors")
```

여기에서는 슬라이딩 윈도우에 대해 최근에 얻은 지식을 사용하여 웹사이트 트래픽의 최근 동향을 파악한다. 클릭 정보를 URL 수로 분해하기 전에 누산기에 userId를 추가하여 클릭의 userId를 등록한다.

먼저 사용자에게 누산기를 제공한다. 일괄적으로 순사용자를 계산하기 위해 여기에서 간단한 집합 연산을 사용하여 카운트를 벗어날 수 있다고 생각하고 싶을 수 있다. 그러나 이렇게 하려면 오랜 기간 동안 본 모든 사용자를 기억해야 한다. 모든 사용자를 기억할 필요가 없고 해시의 HyperLogLog 조합만 기억할 필요가 있기 때문에 확률적 데이터 구조 사용에 대한 지원 인수로 돌아간다.

```
clickStream.foreachRDD{rdd =>
        rdd.foreach{
          case BlogHit(ts, user, url) => uniqueVisitorsAccumulator.add(user)
        }
        val currentTime =
          // 현재 타임스탬프의 시간 부분을 초 단위로 가져온다.
          (System.currentTimeMillis / 1000) % (60*60*24)
  val currentUniqueVisitors = uniqueVisitorsAccumulator.value
  uniqueUsersChart.addAndApply(Seq((currentTime, currentUniqueVisitors)))
}
```

CAUTION_ 이 경우 foreachRDD 내 실행 컨텍스트의 차이점을 다시 강조하는 것이 중요하다. 데이터를 누산기에 제공하는 프로세스는 rdd.foreach 작업 내에서 발생한다. 즉, 클러스터에 분산되어 발생한다.

곧바로 누산값에 접근하여 차트를 업데이트한다. 이 호출은 드라이버에서 실행된다. 드라이버는 누산기를 읽을 수 있는 단독 실행 컨텍스트다.

이 예에서 사용된 차트는 드라이버 시스템에 대해서도 로컬이다. 백업 데이터도 로컬로 업데이트된다.

다음으로 슬라이딩 윈도우를 사용하여 웹사이트 트래픽 동향을 분석한다. 여기서는 상당히 짧은 기간을 사용한다. 이는 제공된 노트북에서 설명을 하기 위한 것이며, 변경 사항을 빠르게 관찰할 수 있기 때문이다. 운영 환경의 경우 이 파라미터는 애플리케이션의 상황에 따라 조정되어야 한다.

```
@transient val trendStream = clickstream
        .map{case BlogHit(ts, user, url) => (url,1)}
        .reduceByKeyAndWindow(
          (count:Int, agg:Int) => count + agg, Minutes(5), Seconds(2))

trendStream.foreachRDD{rdd =>
        val top10URLs =
          // top10URL(상위 10개의 URL) 출력
          rdd.map(_.swap).sortByKey(ascending = false).take(10).map(_.swap)
}
```

제공된 노트북에서 이 예제를 실행하고 두 차트가 어떻게 업데이트되는지 관찰하면서 시스템의 고유 사용자를 추적하는 동시에 인기 있는 콘텐츠의 순위를 계산할 수 있다.

> **TIP** 데이터브릭스^{Databricks} 블로그에는 근사 카운팅을 포함하여 스파크의 근사 알고리즘 구현에 대한 게시물이 포함되어 있다. 스트림에서 이 알고리즘을 사용하는 것이 좋으며 스파크는 데이터셋 API의 일부로만 제공하지만 여기에서 선택한 구현은 스파크에서 사용하는 Streamlib의 HyperLogLog++와 동일하다.
>
> 결론적으로 approxCountDistinct를 사용할 때는 다음 사항에 유의해야 한다.
>
> - 결과에 대해 요청된 오차가 높으면(> 1%) 대략적인 고유 계산이 매우 빠르며 정확한 결과를 계산하는 데 드는 비용의 일부에 대해 결과를 반환한다. 실제로 성능은 20% 또는 1%의 목표 오차에 대해 거의 동일하다.
> - 더 높은 정밀도의 경우 알고리즘은 벽에 부딪히고 정확한 계산보다 더 많은 시간이 걸리기 시작한다.

런타임에 관계없이 HyperLogLog 알고리즘은 $loglog(N)$ 크기의 저장소를 사용한다. 여기서 N은 보고하려는 카디널리티다. 제한되지 않은 크기의 스트림의 경우 이것은 주요 이점이다.

27.6 카운팅 요소 빈도: 최소 스케치 카운트

스트림의 가장 빈번한 요소를 올바르게 결정하는 문제는 많은 애플리케이션, 특히 요소, 사용자 또는 항목의 '긴 꼬리'와 관련된 문제에서 유용하다. 여기에는 다음이 포함된다.

- 소매 웹사이트에서 가장 인기 있는 상품 결정
- 가장 변동성이 큰 주식 계산
- 어떤 TCP 흐름이 가장 많은 트래픽을 네트워크로 보내는지 파악하여 공격을 암시
- 웹 캐시를 채우기 위해 빈번한 웹 쿼리 계산

이 문제는 스트림에서 볼 수 있는 모든 개별 요소 수와 각 요소의 복사본을 저장하여 쉽게 해결할 수 있다. 그런 다음 이 데이터셋을 정렬하고 처음 몇 개의 요소를 출력한다. 이것은 작동하지만 $O(n\log(n))$ 작업의 대가와 스토리지의 선형 비용이 발생한다. 더 나아질 수 있을까?

정확성의 제약 하에서 대답은 아니오다. 즉, 다음과 같이 공식적으로 표현되는 정리다. n/k보다 큰 주파수를 가진 가장 큰 요소를 찾는 문제를 해결하는 알고리즘은 없으며, 여기서 n은 요소 수이고 k는 데이터 및 저장 공간의 부선형sublinear 공간에 대한 단일 패스에서 발생 비율에 대한 셀렉터다.[5] 그럼에도 불구하고 주파수 계산에 선형적인 공간을 할당하는 것은 빅데이터 스트림에서 다루기 어렵다. 여기서 다시 한 번 근사치가 유용하다.

27.6.1 블룸 필터 소개

Count-Min 스케치의 원리는 **블룸 필터**Bloom filter라고 하는 셋의 보다 단순한 대략적인 표현에서 영감을 얻은 것이다. 즉, Count-Min 스케치를 사용하여 요소의 순위를 매기는 방법을 배우려면 먼저 블룸 필터를 사용하여 요소가 셋의 구성원인지 학습하는 것으로 시작한다.

블룸 필터가 작동하는 방법은 다음과 같다. 셋을 표현하기 위해 셋에 있는 모든 오브젝트의 **상세**in extenso 표현을 사용하는 대신 각 요소에 대한 해시를 저장하도록 선택할 수 있다. 그러나 이것은 셋의 요소 수의 크기에서 스토리지를 선형으로 만들 것이다. 셋의 요소 수에 관계없이 일정한 수의 지표 해시만 저장하도록 선택하는 것이 더 야심차다. 이를 달성하기 위해 각 요소를 m 비트의 단어로 해시하고 그와 같은 모든 요소에 대해 이러한 모든 해시를 중첩한다. 셋의 요소 해시의 비트 중 하나가 1로 설정된 경우 중첩 S(셋의 표현자)의 i번째 비트는 1로 설정된다.

이것은 많은 수의 거짓 긍정false positive을 가진 지표를 제공하지만 거짓 부정false negative은 없다. 만약 우리가 새로운 요소 z를 취하고 그것이 셋에 있는지 궁금하다면 $h(z)$를 보고 0이 아닌 $h(z)$의 위치, S의 동일한 비트 위치도 0이 아닌지 확인할 것이다. S의 그러한 비트가 0이면 (해당 $h(z)$가 1인 동안) z는 셋의 일부가 될 수 없는데, 이는 0이 아닌 비트가 해당 중첩 비트를 1로 뒤집었기 때문이다. 그렇지 않으면 모든 0이 아닌 비트가 S에서도 0이 아니라면 z가 이 셋에 존재할 확률이 높다는 것을 알고 있다. 보장할 수는 없지만 $h(z')$를 해시하는 모든 숫자 z' 이진 표기법에 $h(z)$가 하나 이상 포함되어 있으면 z 대신 충족될 수 있다.

---

5 「The space complexity of approximating the frequency moments」(노가 알론, 요시 마티아스, 마리오 스제게디), http://bit.ly/2W7jG6c

이 방식과의 충돌 확률은 n이 삽입된 요소 수인 경우 $1-(1-1/m)^n$이며, k개의 슈퍼포지션을 병렬로 사용하여 $1-(1-1/m)^{kn}$으로 개선하여 충돌 확률을 줄인다. 이것은 독립적인 확률의 곱을 보장하기 위해 독립적인 해시 함수를 사용하여 수행되며 필터 체계에 대해 총 (km)비트의 제어된 저장 공간을 제공한다. 블룸 필터는 문제가 없는 쿼리만 '반환'(또는 통과)할 목적으로 쿼리가 문제가 있는 집합에 있는지 여부에 대해 높은 확률로 응답하는 쿼리 엔진을 만드는데 사용되기 때문에 이렇게 호출된다.

27.6.2 블룸 필터와 스파크

스트리밍과 특별히 관련은 없지만 블룸 필터는 스파크와 함께 다양한 목적으로 사용할 수 있고, 특히 그들의 이름을 붙이는 목적을 위해 사용하려고 할 때 유용하며, 거짓 긍정에 대한 편향이 있는 리스트에서 요소를 필터링한다.

이를 위해 다음과 같이 streamlib 라이브러리를 사용할 수도 있다.

```scala
import com.clearspring.analytics.stream.membership.BloomFilter

val numElements: Int = 10000
val maxFalsePosProbability: Double = 0.001

val bloom = BloomFilter(numElements, maxFalsePosProbability)
```

라이브러리는 받아들일 준비가 된 최대 거짓 긍정 확률을 고려하여 사용할 수 있는 최적의 해시 함수의 개수를 계산할 수 있는 보조자가 포함되어 있으며 이는 결국 블룸 필터를 위한 가장 쉬운 생성자가 된다. 이 '바람직하지 않은' 요소 필터를 구축한 후에는 이를 사용하여 스트림 요소를 필터링할 수 있다.

```scala
val badWords = scala.io.Source.fromFile("prohibited.txt")
  .getLines
  .flatMap(_.split("\\W+"))

for (word <- badWords) bloom.add(word)

val filteredStream = myStream.filter{
    (w: String) => !bloom.isPresent(w)
}
```

목표가 해싱 속도의 성능이고 스칼라 전용 솔루션에 익숙하다면 알렉산더 니트킨^{Alexandr Nitkin}의 구현[6]을 살펴보자. 이 구현은 트위터의 알제버드^{Algebird}와 구글의 구아바^{Guava}에 있는 구현과 비교된다.

27.6.3 Count-Min 스케치로 빈도수 계산

너비가 w고 깊이가 d인 0으로 초기화된 정수 배열을 만든다. d쌍의 독립 해시 함수 $h1, \cdots, h_d$를 사용하고, 테이블의 각 행에 하나씩 연결하면 이러한 함수는 $[1..w]$ 범위의 값을 생성해야 한다. 새 값이 표시되면 테이블의 각 행에 대해 해당 해시 함수로 값을 해시하고 표시된 배열 슬롯에서 카운터를 증가시킨다. [그림 27-4]는 이 프로세스를 보여준다.

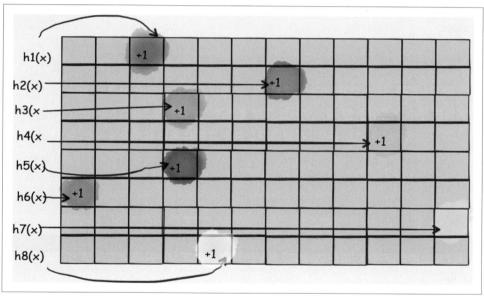

그림 27-4 Count-Min 스케치 구축하기

주어진 값의 인스턴스 수에 대한 추정값을 알고 싶다면 이전과 같이 값을 해시하고 각 행에서 제공하는 카운터값을 찾는다. 이들 중 가장 작은 것을 추정값으로 취한다.

---

6 「Bloom Filter for Scala, the Fastest for JVM」(알렉산더 니트킨), http://bit.ly/2XlZT4t

이런 방식으로 우리가 조사하는 요소 x의 실제 빈도수보다 큰 숫자를 얻을 수 있다는 것은 분명하다. 왜냐하면 각 해시가 실제로 우리가 찾고 있는 스케치의 각 위치를 증가시킬 것이기 때문이다. 운이 좋으면 x는 이러한 카운터를 증가시킨 유일한 요소가 될 것이고, 각 카운터의 추정값은 x의 빈도수가 될 것입니다. 운이 좋지 않으면 약간의 충돌이 발생하고 일부 카운터는 x의 발생 횟수를 과대평가할 것이다. 이러한 이유로 우리는 모든 카운터의 최솟값을 취한다. 우리 추정값은 우리가 찾고 있는 실제 가치를 과대평가한다는 점에서 편향되어 있으며, 최소 편향된 추정값이 가장 작은 건 분명하다.

Count-Min 스케치는 $w = \lceil e/\varepsilon \rceil$ 및 $d = \lceil \ln 1/\delta \rceil$로 설정할 경우 $(1-\delta)$ 확률로 ε의 상대오차를 가지며, 여기서 e는 오일러의 수다.[7]

스파크를 사용하면 이것은 다시 streamlib 라이브러리의 일부다.

```
import com.clearspring.analytics.stream.frequency.CountMinSketch

val sketch = new CountMinSketch(epsOfTotalCount, confidence)
// 또는 val sketch = new CountMinSketch(depth, width)
```

Count-Min 스케치에서는 이 구조에서 목표로 하는 상대오차와 신뢰도 $(1-\delta)$를 지정할 것을 요구하고, 너비와 깊이의 값을 설정하려고 시도한다. 하지만 우리는 스케치의 크기를 명시적인 폭과 깊이로 지정할 수 있다. 너비와 깊이를 지정하는 경우 정수를 제공해야 하지만 확률적 인수를 사용하면 생성자 인수가 두 배가 될 것이다.

변환은 다음 표에서 확인할 수 있다.

	스케치 너비	스케치 깊이	상대오차	상대오차의 신뢰수준
기호	w	d	ε	$(1-\delta)$
계산 방법	$\lceil e/\varepsilon \rceil$	$\lceil \ln 1/\delta \rceil$	e/w	$1 - 1/2^d$
Streamlib의 근사치	$\lceil 2/\varepsilon \rceil$	$\lceil -\log(1-\delta)/\log(2) \rceil$	$2/w$	$1 - 1/2^d$

---

7 「An Improved Data Stream Summary: The Count-Min Sketch and its Applications」(그레이엄 코모데, S. 무투크리시난), http://bit.ly/2HSmSPe

Count-Min 스케치는 추가 및 병합 가능하므로 updateStateByKey 함수에 이상적인 후보다.

```
dStream.updateStateByKey((
  elems: List[Long], optSketch: Option[CountMinSketch]) => {
  val sketch = optSketch.getOrElse(new CountMinSketch(16, 8))
  elems.foreach((e) => sketch.add(e))
  sketch
})
```

스케치에는 String 또는 byte[] 인수를 추가할 수 있는 함수도 있다.

> **CAUTION_** 아파치 스파크는 스파크 2.0의 패키지 org.apache.spark.util.sketch에 Count-Min 스케치를 도입했다.
>
> 이 구현은 streamlib을 순수하게 재사용한 것이다. 해시 함수를 제외했고, 스칼라 객체를 CountMinSketch (long, string, byte[])의 입력 유형 중 하나로 변환하는 몇 가지 편의 방법이 추가되었으며, 스칼라가 사용하고 있는 내부 32비트 MurmurHash 해시 함수를 다시 사용하고 있다.
>
> 그러므로 스파크 Count-Min 스케치는 여기서 예시하고 있는 것과 호환 가능하다.

27.7 순위와 분위수: T-다이제스트

데이터 스트림에서 관측된 값의 분포를 평가할 때 가장 유용한 것 중 하나는 [그림 27-5]에 나타낸 것과 같이 해당 값들의 분포를 그림으로 나타내는 것이다.

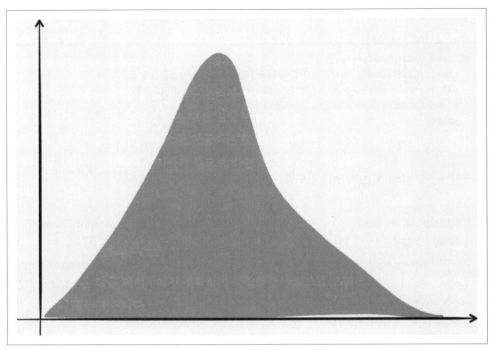

그림 27-5 T-다이제스트로 표현하기에 적합한 분포

그러한 분포는 데이터 스트림의 최근 표본을 통해 계산된 경우 데이터 스트림의 성격 변화를 진단할 수 있으며, 탐색적 분석은 전달된 다양한 집계 통계(평균, 매체 등)의 완전한 그림이다. 흔히 누적분포함수(CDF)를 보면 그러한 분포에 쉽게 접근할 수 있는데, 이는 스트림에서 관측된 데이터 포인트 중 몇 개가 X와 같거나 작았는지 나타내는 값이다. 누적분포 함수를 대략적으로 살펴보는 방법도 직관적으로 이해하기 쉽다. 즉, **분위수**quantile의 개념이다.

분위수는 백분율과 값 사이의 매핑으로, 데이터 스트림에서 목격되는 값의 백분율이 백분율의 이미지보다 정확히 낮다. 예를 들어 50번째 백분위수(즉, 중앙값)는 데이터 포인트의 절반이 열등한 값이다.

따라서 이 뷰가 다소 근사치이더라도 스트림에 있는 데이터 포인트의 CDF를 잘 보는 것이 유용하다. CDF의 표현을 신속하게 계산할 수 있는 CDF를 표현하는 간결한 방법은 다이제스트, 특히 T-다이제스트로, 분위수를 병렬화하는 어려운 문제에 답한다. 이것은 완전히 사소한 것이 아니다. 평균과 달리 분위수는 쉽게 집계할 수 없는 반면 조합의 평균은 조합의 각 성분의 요소 수의 합과 카운트를 사용하여 계산할 수 있기 때문에 이것은 중앙값에 해당되지 않는다. T-다이제스트는 데이터 스트림의 CDF의 모든 점을 나타내는 대신, 이 CDF의 다양한 장소에서 볼 수 있을 것으로 예상되는 '압축 속도'와 관련하여 교묘하게 선택된 포인트의 **무게중심**인 중심별로 점 집합을 압축 문제로 표현함으로써 진행된다. [그림 27-6]은 가능한 중심 분포를 나타낸다.

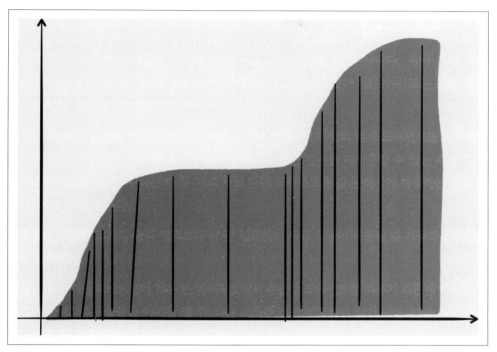

그림 27-6 T-다이제스트의 중심으로 근사되는 CDF

예를 들어 우리 분포가 가우스 가설을 존중하거나 가우스의 혼합물이라는 가정 하에 그 백분위수에서 도달한 값들은 매우 적은 수의 표현을 가지고 있기 때문에 압축률이 매우 낮은 최고 백분위수와 최저 백분위수의 값에 매우 근사하다. 반대로 50번째 백분위수 주위에서는 그 중앙값 주위의 값들이 많은 표현을 할 것으로 예상할 수 있고, 따라서 우리가 그것들을 평균으로 대체하는 근사치는 손실된 정보나 실제적인 의미에 있어서 특별히 비용이 많이 들지 않을 것이다.

T-다이제스트는 테드 더닝$^{\text{Ted Dunning}}$에 의해 개발된 데이터 구조로, 먼저 무작위로 배치된 중심을 사용하여 분포의 하위 집합을 근사한 다음 특정 중심에 너무 많은 점이 연결되면 이러한 근사 하위 집합을 분할하여 진행한다. 그러나 도달할 지점 수에 대한 제한은 이 중심과 관련된 값

에 따라 달라진다. 실제로 CDF의 가장자리에서 낮고 CDF의 중앙값에서 상대적으로 높다. 이것은 이 데이터 구조가 우리가 높은 정밀도에 관심이 있는 정도까지 CDF의 값을 압축하고 반영하도록 보장한다.

27.7.1 스파크에서 T-다이제스트

이 장의 일반적인 관행에 따라 streamlib 라이브러리에 있는 T-다이제스트의 구현에 대해 설명한다.

```scala
import com.clearspring.analytics.stream.quantile.TDigest

val compression: Double = 100
val digest = TDigest(compression)
```

새로운 T-다이제스트 데이터 구조를 인스턴스화하면 분포의 CDF를 압축적으로 표현하기 위해 정확도와 크기의 균형을 어떻게 맞출 것인지 나타내는 압축 파라미터가 요청된다. 정확도의 상대적 오류는 거의 항상 모든 분량에서 압축의 역의 세 배보다 작으며, 극한 분량에서는 훨씬 더 낮은 오차가 예상된다. 그러나 분포를 추적하기 위해 사용할 중심(센트로이드)의 수는 압축의 5배에 달할 것이다.

T-다이제스트에는 Acuumulator 객체(앞서 HyperLogLog와 함께 살펴봄)의 핵심이 될 수 있도록 하는 기본 함수 또는 aggregate 연산(단일 요소 추가 및 병합 가능성) 등이 있다.

```scala
dStream.updateStateByKey((elems: List[Double], optSketch: Option[TDigest]) => {
  val digest = optSketch.getOrElse(new Digest(100))
  elems.foreach((e) => digest.add(e))
  digest
})
```

또한 압축 및 다른 TDigest 인스턴스 목록을 사용하여 merge 함수를 호출하고 필요한 압축을 사용하여 단일 인스턴스로 통합할 수 있다. 물론 인수 다이제스트의 압축 합계는 필요한 최종 압축의 합계보다 크거나 같아야 한다.

마지막으로 TDigest의 두 가지 쿼리 함수를 사용할 수 있다. digest.cdf(value: Double)

은 value보다 작거나 같은 모든 샘플의 근사 비율을 반환하고 digest.quantile(fraction : Double)은 샘플의 근사 비율(fraction)이 v보다 작도록 최솟값 v를 반환한다.

27.8 요소 수 줄이기: 샘플링

스파크는 데이터를 샘플링하는 데 사용할 수 있는 다양한 방법을 제공한다. 이 작업은 데이터 분석에 유용할 뿐만 아니라 분산 애플리케이션의 성능을 보장하는 데 유용할 수 있다.

시간 제약이 있는 데이터 분석의 경우 샘플링을 통해 더 작은 데이터셋에서 **더 무거운** 알고리즘을 사용할 수 있다. 사용된 샘플링 기술이 편향을 유발하지 않는 한 원본 데이터셋의 지배적인 추세도 샘플에 나타난다.

성능 튜닝 도구로서 샘플링을 사용하여 데이터셋의 모든 요소를 관찰할 필요가 없는 특정 애플리케이션의 부하를 줄일 수 있다.

스파크의 기본 제공 샘플링 기능은 RDD API의 함수로 직접 표현된다. 따라서 스트림 처리의 의미 내에서 17장에서 보았던 transform 또는 foreachRDD와 같은 스트림의 RDD 수준에 대한 접근을 제공하는 DStream 연산을 사용하여 마이크로배치 수준에서 적용할 수 있다.

> **CAUTION_** 이 글을 쓰는 현재 구조적 스트리밍에서는 샘플링이 지원되지 않는다. 스트리밍 데이터프레임 또는 데이터셋에 **샘플** 함수를 적용하려 하면 오류를 발생시킬 것이다.
>
> ```
> org.apache.spark.sql.AnalysisException:
> Sampling is not supported on streaming DataFrames/Datasets;
> ```

27.8.1 랜덤 샘플링

RDD 샘플링을 위한 첫 번째이자 가장 간단한 옵션은 RDD.sample 함수로, 이 샘플링을 구현하기 위해 각각 푸아송^{Poisson} 또는 베르누이^{Bernoulli} 시도를 수행하지 않거나 대체하여 각 마이크로배치 RDD의 일부를 샘플링하도록 조정할 수 있다.

```
// dstream을 DStream[Data]라 가정하자.
// 랜덤 샘플링(무작위 표본 추출)을 생성한다.
val sampledStream = dstream.transform{rdd =>
    rdd.sample(withReplacement, fraction,seed)
  }
```

파라미터는 다음과 같다.

withReplacement: Boolean
샘플 요소를 여러 번 샘플링할 수 있는지 여부를 나타내는 플래그

fraction: Double
샘플에서 한 요소가 선택될 가능성을 나타내는 [0,1] 범위의 확률값

seed: Long
반복 가능한 결과를 원할 때 시드로 사용할 값. 지정하지 않은 경우 기본값은 Utils.random.
nextLong

랜덤 샘플링은 샘플링의 공정성을 유지하므로 샘플링된 RDD의 결합 자체를 데이터 스트림의
단일 샘플로 간주할 때 더 많은 통계 속성을 유지한다는 점에서 특히 유용하다.

백분율로 샘플링하는 경우 크기가 다른 배치는 최종 샘플에 불균등하게 기여하므로 샘플에서 알
아내려는 데이터의 통계적 속성을 보존한다. 그러나 withReplacement = false 플래그를 사용
하는 대체 없는without replacement 샘플링은 단일 RDD 범위 내에서만 수행될 수 있다. 즉, **대체
없는** 개념은 DStream에 적용되지 않는다.

27.8.2 계층화된 샘플링

계층화된 샘플링을 사용하면 클래스별로 RDD를 샘플링할 수 있다. 여기서 다양한 데이터 레
코드의 클래스는 키-값 쌍의 키를 사용하여 표시된다.

스파크 스트리밍은 다음 예에서 볼 수 있듯이 RDD API를 사용하여 계층화된 샘플링을 사용할
수 있다.

```
// dstream을 DStream[(K,V)]라 가정하자.
// 층화 추출법(stratified sampling)을 생성한다.
val sampledStream = dstream.transform{rdd =>
    rdd.sampleByKey(withReplacement, fraction,seed)
  }
```

API는 키-값 쌍을 포함하는 RDD[(K,V)]: RDD에서만 작동한다는 점을 제외하면 **랜덤 샘플링** random sampling 함수와 동일하다.

그러나 데이터셋의 각 클래스에 존재하는 요소 수를 알지 못하는 경우 클래스별 샘플링은 구현하기 특히 어렵다. 따라서 데이터셋에 대해 두 번의 패스를 하고 정확한 샘플을 제공하거나 반복 샘플에 대해 통계법을 사용하여 각 기록에 동전을 던져 샘플링 여부를 결정할 수 있다. 이는 **계층화된 샘플링** stratified sampling 이라고 알려진 기법이다. 이 후자의 기술은 sampleByKey 함수에서 사용되는 반면 2단계 샘플링에는 sampleByKeyExact라는 이름이 있다.

sampleByKeyExact는 정확한 클래스 정의가 각 마이크로배치에서 계산되고 전체 스트림에서 안정적이지 않기 때문에 DStream에서 제대로 정의되지 않는다.

클래스 샘플링은 스트리밍 분석에서와 마찬가지로 배치 분석에서도 똑같이 중요한 역할을 한다. 특히 클래스 불균형 문제를 해결하고 부스팅과 같은 방법을 사용하여 데이터셋의 편향을 수정하는 데 유용한 도구다.

## CHAPTER 28

실시간 머신러닝

이 장에서는 **온라인** 분류 및 클러스터링 알고리즘을 구축하는 방법을 살펴본다. 새로운 데이터가 제공됨에 따라 이러한 알고리즘이 즉시 최적의 분류 및 클러스터링 결과를 생성하는 방법을 **온라인**에서 학습한다는 것을 의미한다.

> **NOTE_** 이 장에서는 독자가 지도학습, 비지도학습 같은 개념과 분류 대 클러스터링 알고리즘을 포함하여 머신러닝 알고리즘에 대한 기본적인 이해가 있다고 가정한다. 기본적인 머신러닝 개념을 빠르게 살펴보고 싶다면 『해커 스타일로 배우는 기계학습』(인사이트, 2014)을 읽는 것이 좋다.

다음 절에서는 스트림에서 데이터를 가져오는 온라인 방식으로 수행되는 여러 머신러닝 알고리즘의 학습에 대해 설명한다. 그전에 머신러닝 모델의 대부분의 산업 구현에는 이미 온라인 구성 요소가 있다는 것을 인정하자. 예를 들어 데이터 스트림에서 읽고 이전에 훈련된 모델을 사용하여 스트리밍 데이터를 점수 매기기(또는 예측하기)에 사용하므로 이들은 데이터를 유휴 상태로 배치하는 방식으로 훈련을 수행하고 온라인 추론과 연계한다.

이런 의미에서 대부분의 머신러닝 알고리즘은 이미 스트리밍 컨텍스트에 배치되어 있으며, 스파크는 스파크의 배치와 스트리밍 API(이전 장에서 다루었다)의 단순한 호환성이든 또는 MLeap과 같이 배치를 단순화하는 것을 목표로 하는 외부 프로젝트든 이 작업을 보다 쉽게 할 수 있는 기능을 제공한다.

이러한 아키텍처가 작동하도록 만드는 도전(온라인 추론에 따른 배치 학습)은 요청의 유입에 대처할 수 있는 충분한 머신에 모델의 복사본을 배치하는 것과 관련이 있다. 일반적인 수평 확장은 중요한 공학적 주제지만 이 책에 초점을 맞춘 것보다 더 넓은 주제다. 우리는 오히려 이러한 조건들로 인해 이러한 배치 학습 패턴이 허용되거나 장려되지 않을 때의 머신러닝 모델 학습에 대한 도전에 관심이 있다. 이러한 현상은 다음 몇 가지 이유로 발생할 수 있다.

- 데이터의 크기는 배치 훈련이 낮은 빈도에서만 발생할 수 있다.
- 모델이 매우 빠르게 부실해지도록 데이터가 자주 변경된다.
- Hoeffding 트리에서 볼 수 있듯이 정확한 결과를 생성하기 위해 모든 데이터를 볼 필요는 없다.

이 장에서는 두 개의 온라인 분류 알고리즘과 하나의 클러스터링 알고리즘을 살펴본다. 이러한 알고리즘에는 명확한 배치 대안이 있으며, 그러한 형태로 배치에서 스트리밍으로의 변환이 어떻게 머신러닝 학습으로 이어지게 되는지 보여주는 좋은 예가 된다.

우리가 접근하는 첫 번째 분류 알고리즘은 **다항 나이브 베이즈**multinomial Naive Bayes다. 기본 스팸 필터에서 가장 자주 사용되는 분류기며, 개별 기능(예: 텍스트 분류를 위한 워드 카운트)을 사용하려는 경우 적절한 분류기다.

그런 다음 의사 결정 트리의 온라인 버전인 Hoeffding 트리를 연구할 것이다. 의사 결정 트리의 이면에 있는 로직은 예제를 결정하기 위해 가장 중요한 기능을 반복적으로 수행함으로써 데이터셋을 분류하는 것에 의존한다. 그러나 온라인 컨텍스트에서는 데이터셋의 일부만 보더라도 데이터셋을 분류하는 데 가장 두드러진 입력 기능이 무엇인지 배울 수 있어야 한다. 이 장에서는 강력한 통계적 한계에 의존함으로써 알고리즘이 어떻게 경제적으로 그리고 빠르게 이 위업을 달성할 수 있는지 설명한다.

마지막으로 데이터를 고정된 그룹 집합으로 버킷화하는 스파크 스트리밍에서 기본적으로 제공되는 K-평균 클러스터링 알고리즘에 대한 온라인 적응을 본다. 온라인 버전은 가중치 감소를 사용하여 이전 예제의 영향을 줄이고, 관련 없는 클러스터를 정리하는 기술과 함께 새로운 데이터에 대해 가장 관련성이 높은 결과를 지속적으로 제공하도록 한다.

이 장에서는 온라인 학습 컨텍스트에서 머신러닝 기법을 적용하기 위한 초기 지점을 형성해야 하는 강력한 온라인 기법을 갖추어야 한다.

28.1 나이브 베이즈를 이용한 스트리밍 분류

나이브 베이즈 방법은 모든 특성 쌍 사이의 독립성에 대한 '순진한' 가정과 함께 베이즈의 정리를 적용하는 것에 근거한 지도학습 알고리즘 셋이다. 이 절에서는 이 기술을 사용하는 자연어 문서에 대한 분류기를 자세히 살펴보고 언어에 대한 깊은 표현 없이 효율적인 분류기가 어떻게 실현되는지 설명한다.

다항 나이브 베이즈는 데이터의 다중 클래스 분포를 위해 나이브 베이즈 알고리즘을 구현한다. 텍스트 분류에 사용되는 두 가지 고전적인 나이브 베이즈 변형 중 하나이며 다른 하나는 베르누이^{Bernoulli} 모델이다.

다항 나이브 베이즈를 탐색할 때는 데이터가 단어 수 벡터로 표현되는 간단한 표현을 사용한다. 즉, 문서는 단어 주머니$^{\text{bag of words}}$로 표현되며, 여기서 주머니^{bag}는 반복되는 요소를 허용하고 문서에 나타나는 단어와 단어 발생 횟수만 반영하고 단어 순서를 버린다.

이 문서들의 모음을 D라고 했을 때 그 클래스는 C에 의해 주어진다. C는 분류에서 다른 클래스를 나타낸다. 예를 들어 이메일 스팸 필터링의 전형적인 경우 C에 대한 두 가지 클래스가 있다.

- S(스팸)
- H(햄, 또는 스팸 아님)

D를 가장 높은 사후 확률$^{\text{posterior probability}}$ $P(C \mid D)$를 가진 클래스로 분류하는데, 이는 **문서 D가 주어졌을 때 클래스 C의 확률**이다. 이를 베이즈 정리를 사용하여 다시 표현할 수 있으며 [식 28-1]에서 확인할 수 있다.

식 28-1 베이즈 정리

$$P(C \mid D) = \frac{P(D \mid C)P(C)}{P(D)}$$

문서 D에 가장 적합한 클래스 C를 선택하기 위해 $P(C \mid D)$를 표현하고 이 표현을 최대화하는 클래스를 선택하려 한다. 베이즈 정리를 사용하여 $P(D \mid C)P(C)$를 분자로 하는 분수로 표현한 [식 28-1]에 도달한다. 이것은 C에 따라 최댓값을 구하려고 시도할 양이며, 초기 분수가 최댓값에 도달하면 최댓값에 도달하기 때문에 상수 분모 $P(D)$를 삭제할 수 있다.

우리 모델은 구성 요소가 단어 유형에 해당하는 특징 벡터를 사용하여 문서를 나타낸다. 만약 $|V|$ 단어 유형을 포함하는 V라는 어휘를 가지고 있다면 특성 벡터는 $d = |V|$라는 차원을 가진다. 다항 문서 모델에서 문서는 문서에서 해당 단어의 빈도인 정수 요소를 가진 형상 벡터로 표현된다. 그런 의미에서 단어 수를 $x_1 \ldots x_n$으로 나타내면 $P(x1, x2, \ldots, xn \mid c)$를 학습하고자 한다. 이러한 특징들이 서로 독립적이라고 가정하면 이것은 단지 $P(x_i \mid c)$ 각각을 계산하는 것에 지나지 않는다. 요약하면 $P(c_j) \prod P(x \mid c_j)$의 최댓값에 도달하는 c_j 클래스를 찾으려고 한다.

각 클래스에 대해 해당 클래스에 대한 문서 모음에서 각 단어의 상대적 빈도를 계산하여 해당 클래스가 주어진 단어를 관찰할 확률을 학습 데이터에서 추정한다. 물론 특정 (단어, 클래스) 쌍에 대한 학습 문서를 보지 못했다면 문제가 생길 것이다. 이 경우 어휘의 크기와 관련하여 최소로 보장되는 단어의 빈도를 나타내는 **라플라스 평활 계수**^Laplace smoothing factor)라는 것을 사용한다. 분류기는 학습셋의 클래스 빈도에서 추정하기 쉬운 사전 확률[1]을 요구한다.

28.1.1 streamDM 소개

분류를 위해 베이지안 모델을 훈련하는 방법을 알아보기 전에 그 목적으로 사용할 streamDM 라이브러리의 구조를 살펴보자.

streamDM에서 모델은 레이블이 지정된 Example에서 작동한다. 즉, 내부적으로 스트림은 내부 인스턴스 데이터 구조인 Example을 포함하는 스파크 스트리밍 DStream으로 표시된다. Example은 입력 및 출력 인스턴스의 튜플과 가중치를 포함한다. 차례로 Instance는 스트림의 입력 형식에 따라 데이터 구조를 포함할 수 있다(예: 쉼표로 구분된 값 [CSV] 텍스트 형식의 고밀도 인스턴스, LibSVM 형식의 희소 인스턴스 및 텍스트 인스턴스).

Example 클래스는 다음으로 구성된다.

- input : Instance(data, x_j)
- output : Instance(labels, y_j)
- weight : Double

이 예제에서는 기본 가중치(=1)를 설정하고 ARFF 형식 파일을 읽는 Example.fromArff()라

---

[1] 여기서 사전 확률은 지도 레이블을 계산하여 암시된 클래스(예를 들면 spam, ham)의 빈도다. 그들은 확립된 지식을 기반으로 한 사건의 확률에 대한 더 큰 개념을 나타낸다.

는 편의 함수를 사용하여 예제를 만든다. 모든 작업은 Example에서 이루어진다. 이는 모델 구현자가 인스턴스 구현의 세부 사항을 알 필요 없이 작업 설계를 가능하게 해준다.

ARFF 파일 형식

> ARFF는 속성-관계 파일 형식을 나타내는 약어다. 컬럼의 데이터 유형에 대한 메타데이터를 제공하는 헤더가 사용되는 CSV 파일 형식의 확장이며, 웨카Weka 머신러닝 소프트웨어 제품군의 필수 요소다. 기능 프레젠테이션을 구성하는 몇 가지 방법은 여기에서 영감을 받았다. Weka 위키[2]에서 더 많은 정보를 찾을 수 있다.

작업은 모든 학습 프로세스 설정에서와 같이 일반적으로 정렬된 블록의 조합이다.

- StreamReader: 예제 읽기 및 파싱, 스트림 생성
- Learner: 입력 스트림에서 학습 방법 제공
- Model: 학습자에게 사용되는 데이터 구조 및 방법 집합
- Evaluator: 예측 평가
- StreamWriter: 스트림 출력 관리

streamDM은 이러한 흐름을 **사전 수량 평가**prequential evaluation 방법을 통해 연결하는 사전 정의된 작업으로 패키징하며, 이는 우리가 자세히 설명하고자 하는 사항이다.

28.1.2 실전에서의 나이브 베이즈

다항 나이브 베이즈 분류기는 적절히 밀접하게 관련된 알고리즘의 클래스다. 맥칼럼McCallum의 구현인 streamDM 라이브러리[3]에 있는 항목에 초점을 맞출 것이다.

3단계 사전 평가 방법을 기반으로 하는 streamDM 구현을 사용한다. 사전 평가 방법 또는 interleaved test-then-train인터리브 테스트 후 학습 방법은 이러한 단계를 학습, 검증 및 채점으로 명확하게 분리하는 전통적인 배치 지향 방법의 대안이다.

[그림 28-1]의 사전 평가는 각 샘플이 두 가지 목적을 달성하고 샘플이 도착 순서대로 순차적으로 분석되어 즉시 사용할 수 없게 된다는 점에서 스트림 지향 설정을 위해 특별히 설계되었다. 샘플은 효과적으로 한 번만 표시된다.

---

2 https://waikato.github.io/weka-wiki/arff/, https://bit.ly/30HHh0A
3 streamDM은 슬프게도 패키지로 게시되지 않았는데, 예제에서 볼 수 있듯이 org.apache.spark 네임스페이스에 영향을 미친다는 점을 고려하면 이해할 수 있다.

이 방법은 각 표본을 사용하여 예측을 의미하는 모형을 테스트한 다음 동일한 표본을 사용하여 모델을 학습(부분 적합)시키는 것으로 구성된다. 이런 식으로 모델은 아직 보지 못한 샘플에 대해 항상 테스트를 한다.

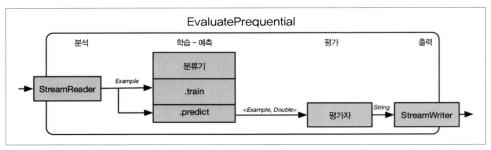

그림 28-1 사전 평가를 통한 모델 학습과 평가

streamDM은 데이터 스트림을 시뮬레이션하기 위해 전체 데이터의 한 파일에서 데이터를 읽는 데 사용되는 `FileReader`를 통합한다. 이는 ARFF 파일과 잘 작동한다.

28.1.3 영화 리뷰 분류기 학습

우리는 MEKA 프로젝트에서 영화 장르 카테고리로 분류된 IMDB 영화 리뷰 데이터셋의 레이블이 지정된 버전을 다운로드할 수 있다.

파일의 시작 부분에는 포함된 속성이 나열되며, 이진 형식의 범주부터 시작하여 검토의 워드 벡터 인코딩이 뒤따른다.

```
@relation 'IMDB: -C 28'

@attribute Sci-Fi {0,1}
@attribute Crime {0,1}
@attribute Romance {0,1}
@attribute Animation {0,1}
@attribute Music {0,1}
...
```

여기서 괄호 안의 명목상 사양은 IMDB가 영화에 제공한 범주에 해당하고, 그다음에는 단어 벡터 모델이 따른다. 우리는 나중에 파일에서 한 리뷰의 실제 표현을 볼 수 있다.

```
{3 1,15 1,28 1,54 1,123 1,151 1,179 1,229 1,296 1,352 1,436 1,461 1,531 1,609
  1,712 1,907 1,909 1,915 1,968 1,1009 1,1018 1,1026 1}
```

리뷰는 영화의 분류에 대한 아이디어를 제공하고, 리뷰에서 키워드를 나타내는 단어 벡터가 뒤따른다.

streamDM에는 작업의 모든 클래스를 연결하는 명령행 기능이 있다(앞에서 자세히 언급했다). MultinomialNaiveBayes 모델을 streamDM/scripts에 있는 streamDM 저장소의 컴파일된 체크아웃에서 시작된 간단한 명령으로 호출한다.

```
./spark.sh "EvaluatePrequential
    -l (org.apache.spark.streamdm.classifiers.bayes.MultinomialNaiveBayes
        -c 28 -f 1001 -l 1)
    -s (FileReader -f /<dowload-path>/IMDB-F.arff -k 100 -d 60)" 2> /tmp/error.log
```

모델 생성자는 세 가지 인수를 예상한다.

- -c 옵션으로 표시되는 각 예제의 기능 수(기본값 : 3)
- -c 옵션으로 표시되는 각 예제의 클래스 수(기본값 : 2)
- -l 옵션으로 표시되는 제로 주파수 문제를 처리하기 위한 라플라스 평활 계수

모델은 생성된 데이터의 혼동 행렬을 출력한다. 축소된 크기의 예에서는 다음과 같이 얻을 수 있다.

```
2.159,0.573,0.510,0.241,0.328,0.589,104,100,327,469 2.326,0.633,0.759,0.456,0.570,
0.574,243,77,290,390
2.837,0.719,NaN,0.000,NaN,0.719,0,0,281,719
3.834,0.490,0.688,0.021,0.041,0.487,11,5,505,479
4.838,0.567,0.571,0.018,0.036,0.567,8,6
```

28.2 의사 결정 트리 소개

분류 문제에서 우리는 일반적으로 (x, y) 형식의 일련의 N개의 훈련 예제를 다룬다. 여기서

y는 클래스 레이블이고 x는 속성의 벡터다($x = x_1, x_2, \ldots, x_n$). 목표는 이러한 예에서 모델 $y = f(x)$를 생성하는 것이며, 이는 향후 예제 x의 클래스 y를 높은 정확도로 예측할 것이다.

가장 효과적이고 널리 사용되는 분류 방법 중 하나는 **의사 결정 트리 학습**이다. 이 유형의 학습자는 각 노드가 속성(**분할**)에 대한 테스트를 포함하고, 노드의 각 분기가 테스트의 가능한 결과에 해당하며, 각 잎^{leaf}에 클래스 예측을 포함하는 결정 트리 형태의 모델을 생성한다. 이 과정에서 알고리즘은 [그림 28-2]에 나와 있는 것과 같은 일련의 분할을 생성한다.

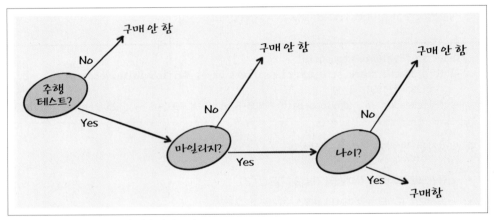

그림 28-2 자동차 거래를 위한 의사 결정 트리

예제 x의 레이블 $y = DT(x)$는 예제를 뿌리^{root}에서 잎^{leaf}으로 전달하고 각 노드에서 적절한 속성을 테스트한 다음 예제의 속성값에 해당하는 가지^{branch}를 따라가는 결과를 낳는다. 의사 결정 트리는 뿌리에서 시작하여 테스트 노드로 잎을 재귀적으로 대체함으로써 훈련된다. 주어진 노드에서 테스트할 속성은 사용 가능한 모든 속성을 비교하고 종종 **정보 획득**$^{information\ gain}$이라고 하는 휴리스틱 측정에 따라 최상의 속성을 선택함으로써 결정된다.

정보 획득은 잠재적인 결정 변수(입력 이메일에 단어 비아그라가 포함되어 있습니까?)를 관찰하면서 최종 분류 변수(이 이메일이 스팸 이메일입니까?)에 대해 학습하는 방법을 측정하는 통계 지표다. 이는 결정의 기반이 되는 최상의 변수를 포착하는데, 이러한 변수 중 첫 번째는 분류 결과에 대한 가장 많은 정보를 제공하는 변수다.

의사 결정 트리의 스파크 구현은 ID3$^{iterative\ dichotomizer\ 3}$ 알고리즘(반복이진분류법)[4]과 정보 획득에 의존한다.

> **TIP** 의사 결정 트리 분류기는 머신러닝에서 잘 알려진 의사결정 알고리즘이다. Hoeffding 트리는 확률 이론에 기반을 둔 의사 결정 트리의 스트리밍 확장이다.
>
> 의사 결정 트리에 익숙하지 않은 경우 광범위한 처리를 제공하는 『9가지 사례로 익히는 고급 스파크 분석, 2판』(한빛미디어, 2018)을 살펴보는 것이 좋다.

이러한 학습자는 모든 학습 예를 사용하여 각 분할에서 최상의 속성을 선택하는데, 이는 전체 학습 프로세스 동안 모든 예를 사용할 수 있어야 하는 정책이다. 이로 인해 이러한 고전적인 의사 결정 트리 학습 절차 배치 알고리즘은 데이터가 작은 증분으로만 제공되는 스트리밍 컨텍스트에 적용할 수 없게 만든다.

28.3 Hoeffding 트리

호에프딩^{Hoeffding} 트리[5]는 이 문제를 해결하고, 이전에 본 모든 데이터를 메모리에 저장할 필요 없이 빡빡한 시간과 메모리 제약 내에서 스트리밍 데이터로부터 학습할 수 있다. 주어진 노드에서 분할 속성을 선택할 때 데이터의 작은 샘플만 사용하는 것으로 수학적으로 충분하다는 점을 언급함으로써 이를 수행한다. 따라서 데이터 스트림에 도착하는 첫 번째 예제만 뿌리^{root}에서 분할 속성을 선택하는 데 사용되어야 한다. 후속 예제는 잎^{leaf}에 도달할 때까지 트리의 유도된 부분을 통과하고, 거기에서 분할 속성을 선택하는 데 사용되는 등 재귀적으로 사용된다.

각 결정에 필요한 예제 수를 결정하기 위해 이 알고리즘은 Hoeffding 유계^{bound}로 알려진 통계 결과를 사용한다. **Hoeffding 유계**에 대한 매우 비공식적인 설명은 n개의 랜덤 변수에 대한 함수가 있고 변수 중 하나를 다시 샘플링할 때 너무 많이 변경되지 않으면 함수가 높은 확률로 평균에 가까워진다는 것이다. 이 결과는 데이터셋에서 관찰된 값 샘플의 동작이 전체 분포를 반영하는 방식을 정확한 용어로 이해하는 데 도움이 된다.

---

4 「Induction of Decision Trees」(J. R. 퀸란), http://bit.ly/2EPZKia

5 이를 소개한 논문에 사용된 이름을 따서 Very Fast Decision Trees(VFDT)라고도 한다. 「Mining High-Speed Data Streams」(페드로 도밍고스), ttp://bit.ly/315nSqH

구체적으로 말하면 이것은 우리가 하나씩 관찰하는 값(스트림의 샘플)이 전체 흐름을 반영할 것이라는 것을 의미한다. 우리는 의사 결정 트리의 **빈도 카운터**^{frequency counter}를 추정기로 대체한다. 충분한 통계가 추정기에 의해 개별적으로 유지되기 때문에 인스턴스 창이 필요하지 않다. 특히 전체 데이터셋을 조사할 때와 동일한 방식으로 일부 기능의 두드러진 부분이 데이터에서 드러난다.

이것은 의사 결정 트리를 어떻게 만들어야 하는지에 대해 자신 있게 결정하기 위해 보아야 할 값의 수에 대한 명확한 개념을 가지고 있음을 의미한다. 몇 가지 값을 보면서 분류를 학습할 수 있다는 것을 알려준다!

NOTE_ Hoeffding 유계

범위가 R인 실숫값 랜덤 변수 r에 대한 독립적인 관측치 n개 이후 Hoeffding 유계는 신뢰도 $1-\delta$에서 r의 실제 평균이 $V-\varepsilon$ 이상임을 보장한다. 여기서 V는 표본의 관측된 평균이다.

$$\varepsilon = \sqrt{\frac{R^2 \ln(l/\delta)}{2n}}$$

이 유계의 흥미로운 부분은 이것이 처음에 관측치를 생성한 확률 분포와 무관하게 사실이며 이를 통해 모든 스트림에 적용할 수 있게 해준다. 이 일반성의 대가는 유계가 분포 의존적 유계보다 더 보수적이라는 것이다 (즉, 동일한 δ 및 ε에 도달하려면 더 많은 관찰이 필요하다).[6]

모든 의사 결정 트리와 마찬가지로 잎^{leaf} 분할에서 끝나는 요청의 하위그룹에 대한 결정을 내리면서 잎을 '확장'해야 하는지 여부를 결정하려 한다.

테스트 속성(예: 정보 획득)을 선택하는 데 사용되는 휴리스틱 측정값인 $G(Xi)$를 호출해보자. 잎에서 n개의 샘플을 확인한 후 Xa를 최상의 휴리스틱 측정값을 가진 속성으로, Xb를 두 번째로 좋은 속성으로 지정한다. $\Delta G = G(Xa) - G(Xb)$를 관측된 휴리스틱값 간의 차이에 대한 새로운 랜덤 변수로 지정한다. Hoeffding 경계를 ΔG에 적용하고, $\Delta G > \varepsilon$ (우리가 선택한 δ를 사용하여 경계로 설정)이라면 $G(Xa)$와 $G(Xb)$의 차이가 0보다 더 크다고 자신 있게 말할 수 있으며, Xa를 새 분할 속성으로 선택할 수 있음을 알 수 있다.

알고리즘의 스케치는 임시 의사 결정 트리를 사용하여 모든 예제 (x, y)를 리프 l로 정렬하여 진행된다. $Xi \in Xl$이 되는 x의 각 값 $x\_i\_$에 대해 이 기능과 클래스에 대해 표시된 예제의 카운

---

6 Hoeffding 유계는 종종 가산 체르노프 유계(Chernoff bound)라고도 한다. 제한된 범위의 값 R이 필요하다는 점에 유의하자.

터를 증가시키고 지금까지 l에서 본 예제 중 다수 클래스로 리프 l에 레이블을 지정하려고 한다. 이들이 모두 동일한 클래스가 아닌 경우 카운터를 사용하여 각 속성 _X_i ∈ _X_l에 대해 분할 휴리스틱 _G_l(_X_i)를 계산하여 분할을 시도한다. 첫 번째 속성과 두 번째 속성 간의 휴리스틱 결과 차이가 방금 표시된 대로 Hoeffding 경계로 계산된 ε보다 큰 경우 l을 이 첫 번째 속성을 분할하는 내부 노드로 대체하고 그때 사용하는 트리를 업데이트한다.

그 카운트는 대부분의 휴리스틱 측정을 계산하는 데 필요한 충분한 통계량이다. 이로 인해 알고리즘은 메모리를 절약할 수 있다.

> **NOTE_ Hoeffding 트리 휴리스틱**
>
> 이 알고리즘은 또한 여러 에지edge 휴리스틱을 구현한다.
>
> - 메모리가 부족한 상황에서 Hoeffding 트리는 새 잎leaf을 위한 공간을 만들기 위해 가장 유망하지 않은 잎을 비활성화한다. 데이터를 쉽게 사용할 수 있는 경우 나중에 다시 활성화할 수 있다.
> - 또한 실질적인 차이가 미미한 속성 사이를 결정하는 데 과도한 시간을 소비하지 않도록 하는 tie 메커니즘을 사용한다. 실제로 $\Delta G < \varepsilon < \tau$(여기서 τ는 사용자가 제공한 tie 임곗값)가 될 때마다 tie를 선언하고 분할 속성으로 Xa를 선택한다.
> - 사전 가지치기prepruning는 각 노드에서 노드를 분할하지 않는 null 속성 X_0을 고려하여 수행된다. 따라서 신뢰도 $1-\delta$를 갖고, 분할하지 않는 것보다 _G에 따라 최선의 분할이 더 나은 경우에만 분할이 이루어질 것이다.

분할 및 tie 테스트는 잎에 도달하는 m(사용자 제공 값) 예제마다 한 번만 실행된다. 이 절차는 주어진 예제 후에 결정을 내릴 가능성이 낮으므로 각각에 대해 이러한 계산을 수행하는 것은 낭비이기 때문에 정당화된다. 따라서 Hoeffding 트리는 스파크 스트리밍에서와 같이 마이크로 배칭에 특히 적합하다.

28.3.1 실전 스파크 상에서의 Hoeffding 트리

스파크에서의 Hoeffding 트리 구현은 streamDM 라이브러리에서 찾을 수 있다. 나이브 베이즈 분류기의 경우와 마찬가지로 일반적인 스파크 스트리밍 처리 API와 약간 다른 API에 응답한다. 나이브 베이즈 예제에서와 같이 streamDM 기본 작업 설정을 사용할 수 있다. 이러한 모델 평가 설정은 streamDM에서 사용할 수 있으며 GitHub에 문서화되어 있다. 여기에서는 알고리즘 학습의 수동적인 구성을 스케치한다.

Hoeffding 트리 모델에는 ExampleSpecification이라는 인스턴스 초기화를 위한 사양이 필요하다. ExampleSpecification에는 데이터의 입력 및 출력 기능에 대한 정보가 포함된다. 여기에는 입력 InstanceSpecification과 출력 InstanceSpecification에 대한 참조가 포함된다. 이러한 InstanceSpecification 요소에는 수치와 범주형 기능을 구분하는 기능에 대한 정보가 포함되어 있다.

여기에 제시된 Hoeffding 트리 구현은 ARFF 파일 형식과 잘 작동하도록 만들어졌다. 붓꽃 샘플의 꽃잎과 꽃받침 부분에 대한 길이와 너비의 네 가지 특징을 포함하는 붓꽃 종 분류 데이터셋인 잘 알려진 붓꽃(아이리스^{Iris}) 데이터셋에 대한 특징을 만들 수 있다.

```scala
val inputIS = new InstanceSpecification()
val columnNames = List(
  "sepal length", "sepal width",
  "petal length", "petal width")
for (part <- range(0, columnNames.length))
  inputIS.addInput(part, columnNames(part), new NumericSpecification)
val outputIS = new InstanceSpecification()
val classFeature = new NominalFeatureSpecification(
  Array("setosa", "versicolor", "virginica"))
outputIS.setFeatureSpecification(0, classFeature)
outputIS.setName(0, "class")
```

기능 사양은 분할 알고리즘이 이 변수를 식별하는 방법을 구성하는 데 도움이 되도록 숫자 기능을 분리하여 수행된다. 그러면 알고리즘 설정은 더 간단해진다.

```scala
val exampleSpec = new ExampleSpecification(inputIS, outputIS)

val hTree = new HoeffdingTree

hTree.init(exampleSpec)

hTree.trainIncremental(exampleStream: DStream[Example]): DStream[(Example, Double)]
hTree.predict(queryStream: DStream[Example]): DStream[(Example, Double)]
```

모델의 훈련이 우선이다. 적절한 예제로 모델을 학습한 후 문자열에서 작동하는 predict 메서드를 사용하여 단일 레코드로 모델을 쿼리할 수 있다. 나이브 베이즈 예제에서 Example은

Instance 클래스 계층 구조의 맨 위에 있는 래퍼라는 것을 기억하자. 여기에는 입력 인스턴스 및 출력 인스턴스에 대한 참조가 포함되며 기능 및 레이블에 대한 세터 및 게터를 제공한다.

28.4 온라인 *K*-평균을 사용한 스트리밍 클러스터링

머신러닝에서 클러스터링은 해당 지점 간의 유사성 개념이 주어지면 비지도 방식으로 집합의 요소를 그룹화하는 관행이다. 가장 유명한 클러스터링 알고리즘은 *K*-평균$^{k\text{-means}}$이며, 이 절에서는 *K*-평균의 온라인 적응을 연구한다. 이 절의 나머지 부분에서는 비지도 알고리즘을 스트리밍 컨텍스트에 적용하는 방법을 보여줄 것이다.

28.4.1 *K*-평균 클러스터링

K-평균 클러스터링은 메트릭 공간의 데이터 포인트를 특별히 *k*개의 클러스터로 그룹화하기 위한 파라미터, 비지도 알고리즘이며, 여기서 *k*는 미리 정의된 정수다. 클러스터는 각각 중심이 할당된 데이터 포인트의 **무게 중심**^{barycenter}[7]이라는 속성을 가진 **센트로이드**^{centroid}(이 메트릭 공간의 한 지점)를 통해 식별된다.

그것은 한편으로는 중심에 포인트를 부착하고 다른 한편으로는 중심 위치를 변경하는 여러 시기를 거치면서 작동한다. 첫 번째 단계에서 각 데이터 포인트는 가장 가까운 중심과 연결되며 특정 중심과 연결된 데이터 포인트 집합이 **클러스터**를 형성한다. 이후 단계는 중심의 클러스터에 있는 모든 포인트의 무게 중심을 선택함으로써 각 클러스터의 중심 위치를 선택하고 재설정하는 것으로 구성된다. 예를 들어 100개의 점이 있고 10개의 중심이 있다면 처음에는 10개의 중심을 공간의 임의의 위치에 설정할 수 있다. 그런 다음 100개의 모든 포인트를 가능한 10개 중에서 가장 가까운 중심에 할당한 다음 각 그룹을 번갈아가며 시작하여 중심이 있어야 하는 위치를 다시 계산한다. 그 재계산은 무게중심 계산이다.

---

7 무게 중심은 주어진 시점의 관심 있는 클러스터 내에 존재하는 모든 지점의 거리를 최소화하는 지점이다.

이제 전체 거리의 최소화가 K-평균 알고리즘의 핵심이다. 그리고 이상적인 클러스터링으로의 수렴을 원하는 경우 알고리즘은 오류 측정과 중심의 초기 위치를 얻기 전에 실행할 수 있는 라운드 수에만 의존한다.

28.4.2 온라인 데이터와 K-평균

기존의 K-평균 알고리즘에서는 이상적인 중심 계산을 수행하기 전에 전체 데이터셋을 제공(운영)한다. 반면에 우리가 포인트를 하나하나 고려하고 단 한 번만 관찰하면서 순차적으로 운영할 필요가 있다면 다른 접근법을 채택할 필요가 있을 것이다.

예를 들어 각 RDD에 나타나는 포인트를 데이터셋의 일부로 간주한다고 가정하자. k는 고정되어 있으므로 데이터셋을 10개의 클러스터로 분리해야 한다. 하지만 여전히 정확히 마지막 RDD를 데이터셋의 완벽한 전형으로 이해하고 싶지는 않다. 이를 적용하기 위해 해야 할 일은 가장 최근의 RDD(즉, 가장 최근의 데이터 묶음)가 우리의 중심 배정과 위치를 더욱 중요하게 수정하도록 하는 것이다. 우리는 무게 개념을 사용하여 이 중요성을 숫자로 수치화할 것이다.

온라인 K-평균 알고리즘[8]은 **건망증**^{forgetfulness}이라고 알려진 개념을 가진 K-평균을 적응시키는 것으로 구성된다. 이는 데이터셋에서 우리가 본 가장 오래된 포인트가 가장 최근의 포인트보다 중심의 위치에 덜 영향을 미치도록 하는 것과 같다. 이는 우리 클러스터링이 **가장 최근**의 포인트들을 클러스터링하는 가장 좋은 방법의 정확한 스냅샷이어야 한다는 개념을 반영한다.

실제적으로 말하자면 중심 아래에 있는 포인트 할당의 출력은 우리가 본 데이터의 마지막 몇몇 배치를 새로 표현한 것이다. 이를 위해 모든 단일 포인트에 수반되는 가중치($w < 1$) 또는 감쇠^{decay} 개념을 도입한다. 우리가 K-평균의 바닐라 배치 해석에서 본 무게중심의 계산이 기본적으로 가중치 계산으로 확장되기 때문에 이것은 매우 관련이 있다. 이 가중치는 포인트에 감쇠 계수를 곱하는 모든 단일 배치에 반영된다. 그리고 모든 배치에서 그렇게 하기 때문에 특정 포인트의 가중치는 데이터 소스에서 유선상으로 읽은 후 경과된 배치 수에 따라 기하급수적으로 감소한다.

이 계수는 온라인 K-평균 알고리즘의 파라미터화에서 float로 표현되는 감쇠 계수를 사용하여 스파크에서 표현하거나 반감기로 표현할 수 있다. 반감기는 알고리즘의 관점에서 데이터셋을 절

---

8 「Fast and Accurate k-means for Large Datasets」(마이클 쉰들러, 알렉스 왕 외), http://bit.ly/2WFGWww

반을 줄이기 전에 포인트가 얼마나 많은 배치를 유지해야 하는지 나타낸다. 실제로 우리는 특정 시간에 확인된 모든 단일 포인트의 가중치가 절반으로 감소하는 배치 수를 고려하고 있다.

> **TIP** 알고리즘 파라미터화의 또 다른 대안은 전체 스트림에서 본 **포인트의 수를 세는 것**이다. 실제로 스파크가 특정 포인트의 연령을 결정하기 위해 적용하는 배치 개념(알고리즘에서 적용해야 하는 감쇠)은 항상 가장 적절한 것은 아닌데, 처리량이 많이 다르다는 것을 알고 있는 스트림에 대한 데이터의 단순한 양과 방대함은 이벤트가 도착한 타임스탬프보다 결과의 최신성을 더 잘 나타내기 때문이다.

28.4.3 감쇠 클러스터의 문제점

어쨌든 그 건망증은 덜 중요한 포인트들과 그들의 무게중심을 전달하는 중심을 갖게 해준다. 이제 해당 포인트들에 대한 할당이 있으므로 해당 클러스터에 도달하기 위해 가장 최근 포인트들을 기준으로 중심 위치를 변경할 수 있다. 그러나 주어진 시간이 지나면 일부 중심들이 완전히 잊혀질 수 있다는 사실을 정확히 어떻게 처리할 것인가? 예를 들어 데카르트 경계 평면에서 작동하는 데이터 스트림을 고려해보자. 처음에 특정 경계면 또는 공간의 특정 영역의 **왼쪽 상단** 사분면에 닿는 대부분의 포인트들이 있다면 아마도 아주 초기에 그 영역에 하나 또는 여러 중심을 할당할 것이다.

잠시 후 데이터 스트림 지점의 콘텐츠가 공간의 **오른쪽 아래** 사분면으로 이동한다고 가정해보겠다. 이 경우 온라인 K-평균의 진화는 왼쪽 상단 사분면이 아닌 새로운 지역에서 중심적인 역할을 하는 것을 의미한다. 주어진 클러스터의 포인트가 아래쪽과 오른쪽으로 이동함에 따라 중심은 동일하게 이동하지만 동일한 클러스터 내에서 이동한다. 만약 어떤 특정 포인트에서 여전히 왼쪽 위 사분면에 있었던 오래된 클러스에 하나의 포인트를 할당할 수 없을 정도로 포인트 위치에 공백을 만든다면 어떨까? 그러면 해당 클러스터는 매우 적은 수의 포인트를 가지지만 여전히 연관된 '오래된' 포인트들을 갖게 된다. 즉, 매우 작은 요소를 곱한 총 가중치는 무시해도 되지만 엄격하게 긍정적^{positive}이며, 이는 이전 포인트를 '그룹화'하는 클러스터가 여전히 존재함을 의미한다. 이는 우리의 현재 스트림과 관련된 과거의 포인트를 그룹화하기 위해 중심을 '소비'하기 때문에 차선책이다.

이에 대한 해결책은 실제로 무시할 수 있을 정도로 가중치가 작은 감쇠 클러스터를 분석하는 것이다. K-평균을 사용할 때 문제의 일반적인 공식화에 K개의 가능한 중심이 있다. 이러한 불변성 때문에 총 가중치를 '가장 강한' 클러스터에서 목격된 최대 가중치와 비교하여 '죽어가는'

(낮은 가중치) 클러스터를 조사해야 한다. 클러스터가 '죽어가고 있다'고 판단할 수 있는 것은 포인트의 수로 볼 때 가장 가벼운 중심에 대한 감쇠 인수를 곱한 총 가중치를 가장 무거운 중심부의 총 가중치와 비교하는 것인데, 이 가중치는 가장 많은 가중치 포인트를 갖는 중심이다. 이러한 중심 간의 상대적 불일치가 천만 이상이면[9] 스파크는 죽어가는 중심을 버리고 '가장 무거운' 중심을 둘로 나눈다.

[그림 28-3]에서 클러스터 A와 B는 왼쪽 상단 모서리에서 시작하여 더 최근의 포인트가 클러스터 가중치의 대부분을 차지함에 따라 점진적으로 아래쪽 그리고 오른쪽으로 이동한다. 그러나 새 포인트 도착 위치에 불연속적인 간격(빨간색)이 있으면 새 포인트는 다른 클러스터 C에 할당되고 중심의 위치(회색)를 교란하기 시작한다. 우리는 대신 이 새로운 포인트들이 왼쪽 하단 모서리에 빨간색 중심이 있는 새 클러스터를 형성하기 원한다. A가 클러스터로서 제자리에 머무는 한 그것은 (감쇠 계수로 인해) 집계된 가중치가 얼마나 작은지에 관계없이 불가능하다.

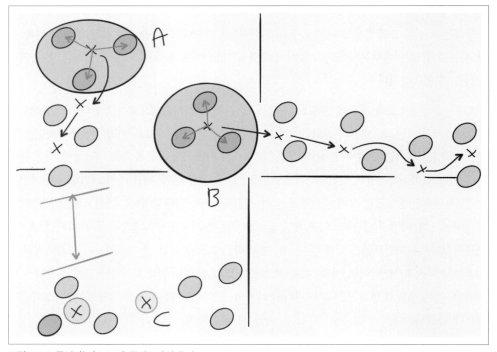

그림 28-3 죽어가는(dying) 클러스터의 효과

....

9 이는 불행하게도 현재 스트리밍 *K*-평균 구현에서 하드코딩된 상수다.

모든 마이크로배치에서 발생하는 이 작업은 알고리즘이 데이터 스트림의 역사에 걸쳐 공간에서 포인트들의 큰 이동이 발생했는지 여부와 관계없이 데이터 스트림의 정확한 포인트 할당에 더 잘 부합하는 새로운 중심 위치를 찾는 데 도움이 된다. 상대적인 차이는 구성할 수 없으며, 결과적으로 스파크 스트리밍이 상대적으로 긴 배터리를 가진 스트림에서 그러한 감쇠 중심을 죽이고 그것들을 이동시키는 데 매우 반응적이어야 한다는 것을 알아낼 수 있는 큰 감쇠 인자를 사용하는 것이 바람직할 것이다.

> **NOTE_** 포인트 집합을 분리하는 특정 클러스터 할당에 대한 테스트를 수행하고, '나쁜' 클러스터를 삭제하고(일부 좋은 개념을 위해), 가장 큰 클러스터를 두 개로 '분할'하는 것은 기본 K-평균 아이디어를 더 강력한 알고리즘으로 강화하는 강력하고 체계적인 방법이다.
>
> 이러한 개선 사항들 중에서 G-평균 알고리즘을 인용할 수 있는데, 이 알고리즘은 가우스 테스트로 후보 K-평균 클러스터를 테스트하고, 클러스터의 포인트 위치가 다양한 데이터 종류에 유효한 가우스 가설을 따르는지 확인한다. 가우스 가정이 이를 반영해야 하는 데이터에 도달하지 않은 경우 G-평균은 너무 낮은 클러스터를 찾는 것으로 간주한다. 그런 다음 알고리즘은 이 불량 클러스터를 분할하고 알고리즘이 데이터에서 찾으려는 클러스터 수인 k를 증가시킨다.
>
> 「Learning the k in k-means」[10]에서 더 많은 참조를 찾을 수 있으며 SMILE 라이브러리[11]에서 구현을 찾을 수 있다.

28.4.4 스파크 스트리밍으로 K-평균 스트리밍

스파크 1.2 이후 스파크 스트리밍에서 스트리밍 K-평균 모델을 사용할 수 있다. 이는 두 가지 데이터 스트림으로 작동한다. 하나는 학습을 위한 것이고, 다른 하나는 예측을 위한 것이다. K-평균 모델은 빌더 패턴으로 초기화된다.

```
val trainingData = ...
val testData = ...

val model = new StreamingKMeans()
  .setK(3)
  .setDecayFactor(1.0)
```

---

10 http://bit.ly/2IbvfUY
11 https://github.com/haifengl/smile

```
        .setRandomCenters(5, 0.0)

    model.trainOn(trainingData)
    model.predictOnValues(testData.map(lp => (lp.label, lp.features))).print()
```

이 예에서는 가중치가 0인 초기 가중치 랜덤 중심과 5차원 포인트(데이터에서 찾아야 하는 차원)를 사용하여 세 개의 중심을 결정하도록 설정했다. 1.0의 감쇠 계수는 이전 중심의 건망증을 나타내며, 이전 데이터와 비교하여 최신 데이터에 할당할 가중치를 표시한다. 기본적으로 이 값 1은 감쇠(스트림에서 느리게 움직이는 값이라고 가정)를 전혀 작동하지 않는다. 또한 setHalfLife(batches: Double, durationUnit: String)을 사용하여 포인트 배치의 영향이 값의 절반으로 떨어지는 배치 간격의 수를 전달할 수도 있다.

훈련 데이터에는 $[x_1, _x_2, ..., _xn]$ 형식의 각 포인트가 포함되어야 하며 각 테스트 데이터 포인트는 $(y, [x_1, _x_2, ..., _xn])$ 형식이어야 한다. 여기서 y는 이 지점의 레이블이다. model.trainOn은 그 자체로 출력을 생성하지 않는다.

실제로 이 프로세스는 추가 작업 없이 모델 객체를 변경한다. 이것이 테스트 데이터셋에 스파크 스트리밍의 출력을 사용하는 이유인데, 이를 통해 테스트 데이터셋 업데이트에 대한 새로운 분류를 볼 수 있게 해준다. StreamingKMeans에서 latestModel() 함수를 호출하여 최신 버전의 모델에 액세스할 수 있다.

V

아파치 스파크를 넘어

5부에서는 아파치 스파크의 스트리밍 엔진을 더 넓은 범위에서 살펴본다. 분산 스트림 처리 산업의 다른 관련 프로젝트와 세부적인 비교로 시작하여 스파크의 출처와 대안이 정확히 없는 경우의 대처 방법에 대해 모두 설명한다.

또한 인지도가 높은 회사(아마존과 마이크로소프트)의 클라우드 제안과 구글 클라우드 데이터플로Google Cloud Dataflow의 중앙 집중식 엔진에 대해서도 다룰 것이다.

아파치 스파크의 스트리밍 야망에 대한 잠재력과 과제에 대한 세부적인 감각을 갖춘 후 어떻게 하면 아파치 스파크와 함께 스트림 처리의 커뮤니티 및 에코시스템에 관여할 수 있는지 설명하고, 스트리밍 분석의 실습에 대한 기여, 토론 및 성장할 수 있는 참고 자료를 제공한다.

Part V

아파치 스파크를 넘어

## CHAPTER 29

기타 분산 실시간 스트림 처리 시스템

이 책을 통해 증명한 것처럼 스트림 처리는 모든 데이터 지향 기업에 중요한 기술이다. 독점적이면서 동시에 오픈 소스 도메인에서 스트리밍 데이터를 처리하는 작업에 도움을 줄 수 있는 많은 스트림 처리 스택이 있다. 기능, API가 다르고 대기 시간과 처리량 간의 균형에서 서로 다른 트레이드오프를 제공한다.

직무에 적합한 도구the right tool for the job의 원칙에 따라 올바른 선택을 위해 모든 신규 프로젝트의 요구 사항과 비교되고 대조되어야 한다.

더욱이 인프라 제공업체로서의 역할을 넘어 클라우드의 중요성이 심화됨에 따라 시스템의 기능이 관리형 서비스Software as a Service (SAAS)로 제공되는 새로운 종류의 제품이 탄생했다.

이 장에서는 아파치 스톰, 아파치 플링크, 아파치 빔, 카프카 스트림과 같이 현재 유지되고 있는 가장 관련성이 높은 오픈 소스 스트림 프로세서를 간략히 조사하고 스트리밍 분야에서 지배적인 클라우드 업체의 제품을 소개한다.

29.1 아파치 스톰

아차피 스톰Apache Storm은 원래 내이선 마츠Nathan Marz가 백타입BackType에서 만든 오픈 소스 프로젝트다. 그런 다음 트위터에서 사용되었고 2011년에 오픈 소스로 제공되었으며 자바와 클로저 코드가 혼합되어 있다. 아파치 스톰은 오픈 소스이며 분산형 실시간 연산 시스템이다. 이 시스템은 최초의 '빅데이터' 스트리밍 엔진으로 빠르고 확장 가능하며 부분적으로 내결함성이 있어 '스트리밍의 하둡^Hadoop of Streaming'으로 간주되었다. 이러한 배경을 바탕으로 아파치 스파크 스트리밍을 비롯한 많은 스트리밍 시스템과 엔진에 영감을 주었다. 스톰은 프로그래밍 언어에 구애받지 않으며 내결함성에 대한 대소문자 제한에도 불구하고 데이터가 한 번 이상 처리되도록 보장한다.

스톰은 매우 다양한 프로그래밍 모델로 인해 온라인 머신러닝과 연속적인 연산뿐만 아니라 실시간 분석 및 스트림 처리를 할 수 있도록 만들어졌다. 많은 채택을 받은 최초의 실시간 분산 스트리밍 시스템이었다. 스톰에는 프로그래밍 API가 배치되는 수준의 직관을 얻기 위해 기본 사항을 도입해야 하는 특정 어휘가 있다. 특히 스톰 작업을 프로그래밍하면 토폴로지 배포라는 개념이 구현된다. 그러나 해당 토폴로지에 도달하기 전에 스톰의 스트림을 통해 무엇이 전송되는지에 대한 아이디어가 필요하다.

29.1.1 처리 모델

스톰의 스트림은 그것의 주요 데이터 구조인 튜플의 스트림이다. 스톰 튜플은 명명된 값의 목록이며, 여기서 각 값은 어떤 유형도 될 수 있다. 튜플은 동적으로 입력된다. 필드의 유형은 선언할 필요가 없다. 그 무한한 튜플의 순서는 우리가 관심 있어 하는 스트림을 나타낸다. 이 스트림의 데이터 흐름은 토폴로지의 가장자리로 표현되는데, 여기서는 정점들이 정확히 무엇으로 구성되어 있는지 정의할 것이다. 그러한 튜플이 의미 있게 되기 위해 스트림에 있는 내용은 스키마로 정의된다. 그 스키마는 그래프를 통해 추적되는데, 그 그래프는 스톰 토폴로지이며 연산을 나타낸다. 이 토폴로지에서 그래프의 노드는 대략 두 가지 유형으로 구성될 수 있다.

스파우트

스파우트^Spouts는 스트림의 소스이며 데이터의 기원이다. 여기서 토폴로지를 나타내는 방향 그래프가 항상 시작된다. 스파우트의 예로는 재생 중인 로그 파일, 메시징 시스템, 카프카 서버 등이 있다. 그 스파우트는 다른 노드로 전송되는 튜플을 만든다. 이러한 다른 노드들 중 하나는 예를 들면 볼트일 수 있다.

볼트

볼트^Bolts는 입력 스트림을 처리하고 출력으로 새로운 스트림을 생성할 수 있다. 필터링, 스트리밍 조인 또는 중간 결과를 누적할 수 있는 모든 작업을 수행할 수 있다. 또한 여러 스트림을 수신하고 집계를 수행하고 데이터베이스에서 읽고 쓸 수 있다. 특히 스트리밍 시스템 계산의 엔드포인트일 수 있으며, 이는 다른 노드가 해당 볼트의 출력을 소비하지 않음을 의미한다. 이 경우 해당 최종 노드를 싱크라고 한다. 따라서 토폴로지의 모든 싱크가 볼트라고 말할 수 있지만 모든 볼트가 싱크는 아니다.

29.1.2 스톰 토폴로지

스톰의 토폴로지는 스파우트와 볼트의 네트워크이며 볼트의 마지막 레이어는 싱크다. 이들은 애플리케이션 로직의 컨테이너이며 스파크의 잡과 동일하지만 영원히 실행된다. 따라서 스톰 토폴로지는 웹 서버와 같은 몇 개의 로그 파일 생성기가 될 수 있으며, (예를 들어) 각 생성기는 일부 기본 추출, 변환 및 로드(ETL) 규칙을 사용하여 흥미로운 요소를 선택하여 데이터를 사전 처리하고 메시지를 전달하는 스플리터 볼트로 전송될 수 있다. 그 두 볼트 중에서 불규칙한 요소를 세는 결합을 얻을 수 있었고, 타임스탬프로 결합함으로써 웹 서버의 가치에 대한 이벤트 연대기를 파악할 수 있었다. 그것은 분산 웹 서비스에서 발생할 수 있는 경고와 같은 오류와 이벤트를 나타낼 수 있는 특정 대시보드로 부수 효과를 보내는 최종 볼트로 보내질 수 있다.

29.1.3 스톰 클러스터

이 컨텍스트에서 스톰 클러스터는 세 가지 요소로 관리된다. 잡 그 자체의 정의인 토폴로지의 정의는 토폴로지를 배치하는 슈퍼바이저^{Supervisor}를 처리하는 님버스^{Nimbus}라는 스케줄러로 전달된다. 님버스 데몬은 클러스터의 스케줄러이며 클러스터에 존재하는 토폴로지를 관리한다. 얀 API에서 잡 트래커의 아이디어와 비슷하다. 이외에도 슈퍼바이저 데몬은 작업자를 생성하는 구성 요소다. 하둡 태스크 트래커의 아이디어와 비슷하며 슈퍼바이저가 생성한 작업자는 스톰 토폴로지의 특정 요소 중 하나의 인스턴스를 받을 수 있다.

29.1.4 스파크와의 비교

아파치 스파크를 아파치 스톰과 비교했을 때 스파크 스트리밍이 아파치 스톰과 그 조직의 영향을 받았음을 알 수 있는데, 스파크 스트리밍 익스큐터의 풀에 걸쳐 잡을 생성하기 위한 목적의 리소스 매지저를 보면 특히 그렇다.

스톰은 시간 인덱스 **마이크로배치**가 아니라 튜플을 **하나씩**^{one by one} 처리하는 장점이 있다. 튜플들이 수신되는 즉시 토폴로지의 직접 계산 그래프 아래로 볼트와 새 작업자에 푸시된다. 반면 토폴로지를 관리하기 위해 스트림의 일부를 다룰 것으로 예상하는 볼트의 복제에서 우리가 기대하는 병렬성을 설명할 필요가 있다. 이러한 방식으로 그래프의 각 단계에서 우리가 원하는 분포를 직접적으로 명시하기 위해 훨씬 더 많은 노력을 기울인다.

스파크 스트리밍 잡에 대한 보다 간단하고 직접적인 **분산**^{distribution} 패러다임은 장점이며, 스파크 스트리밍(특히 동적 할당 모드에서)은 매우 높은 처리량에 적합한 방식으로 프로그램의 연속적인 단계를 배치하기 위해 최선을 다할 것이다. 이러한 패러다임의 차이는 아파치 스파크의 스트리밍 접근 방식을 다른 시스템과 비교하는 스파크의 지속적인 처리에 대한 경고와 함께 종종 주요 하이라이트로 떠오를 것이다.

스톰이 보통 스파크 스트리밍보다 낮은 지연 시간을 제공하지만, 일반적으로 동등한 스파크 스트리밍 애플리케이션의 처리량이 더 높다는 것을 여러 벤치마크[1]가 보여준 것도 이 때문이다.

29.2 아파치 플링크

아파치 플링크^{Apache Flink}는 원래 스트라토스피어^{StratoSphere}(성층권)[2]라는 이름으로 베를린 공과 대학과 인근 대학에서 탄생한 스트리밍 프레임워크다.

플링크[3]는 밀휠^{MillWheel}과 클라우드 데이터플로^{Cloud Dataflow}의 구현이 구글에서 별도로 제공한다는 점에서 비순차적 처리를 지원하는 최초의 오픈 소스 엔진이다. 아파치 스파크의 RDD/DSTream 함수형 API와 유사하게 보이는 자바 및 스칼라 API를 제공한다.

```
val counts: DataStream[(String, Int)] = text
        // (단어,1)을 포함하는 쌍(2-튜플)으로 선을 분할한다.
        .flatMap(_.toLowerCase.split("\\W+"))
        .filter(_.nonEmpty)
```

----

1 「야후!에서 스트리밍 컴퓨팅 엔진 벤치마킹」(친타팔리), http://bit.ly/2bhgMJd

2 「The Stratosphere Platform for Big Data Analytics」(알렉산더 알렉산드로프, 리코 버그만 외), http://bit.ly/2JSQu15

3 「State Management in Apache Flink: consistent stateful distributed stream processing」(파리 카본, 스테판 에웬 외), http://bit.ly/2wAW7s6

```
.map((_, 1))
// 튜플 필드 "0"으로 그룹화하고 튜플 필드 "1"을 합산한다.
.keyBy(0)
.sum(1)
```

구글 클라우드 데이터플로(이 장 후반에서 언급)와 마찬가지로 아파치 플링크는 **데이터플로 프로그래밍 모델**^{dataflow programming model}을 사용한다.

> **NOTE_ 데이터플로 프로그래밍**
>
> 데이터플로 프로그래밍은 연산 사이의 데이터 흐름 그래프로 연산을 모델링하는 프로그래밍 유형의 개념적 이름이다. 일련의 연결로서 데이터 이동과 모델 프로그램의 이동을 강조한다는 점에서 함수형 프로그래밍과 밀접한 관련이 있다. 명시적으로 정의된 입력과 출력은 서로 블랙박스로 간주되는 연산에 의해 연결된다.
>
> 이는 1960년대 MIT의 잭 데이스^{Jack Dennis}와 대학원생들에 의해 개척되었다. 구글은 이 이름을 클라우드 프로그래밍 API에 다시 사용했다.

29.2.1 스트리밍 우선 프레임워크

플링크는 한 번에 하나씩 처리되는 스트리밍 프레임워크로, 동기식 배치 경계가 부족함에도 불구하고 오류에 대한 방어 계산을 위한 스냅샷을 제공한다. 오늘날 매우 완전한 이 프레임워크는 구조적 스트리밍보다 낮은 수준의 API를 제공하지만, 낮은 지연 시간에 관심이 있다면 스파크 스트리밍의 매력적인 대안이다. 플링크는 스칼라와 자바 API를 가지고 있다.[4]

29.2.2 스파크와의 비교

아파치 스파크는 이러한 대체 프레임워크와 비교할 때 배치와 스트리밍 사이의 최소한의 변경으로 데이터 처리를 위한 긴밀하게 통합된 높은 수준의 API의 주요 장점을 유지하고 있다.

구조적 스트리밍의 발달로 아파치 스파크는 데이터 플로와 스파크 스트리밍이 부족했던 시간 쿼리의 풍부한 대수(이벤트 시간, 트리거 등)를 따라잡았다. 하지만 구조적 스트리밍은 아파치 스파크에서 잘 확립된 배치 데이터셋과 데이터프레임 API와의 높은 호환성을 유지한다.

----

4 스칼라 API와 자바 API 간의 정합성을 유지하기 위해 스칼라에서 높은 수준의 표현성을 허용하는 기능 중 일부는 배치와 스트리밍 모두에 대한 표준 API에서 제외되었다. 전체 스칼라 경험을 즐기려면 암묵적 변환을 통해 스칼라 API를 향상시키는 확장을 선택할 수 있다.

스트리밍 기능을 갖춘 스파크의 데이터셋과 데이터프레임 API의 이러한 원활한 확장은 구조적 스트리밍 접근 방식의 주요 가치로, 최소한의 목적에 특화된 훈련과 인지적 과부하 없이 스트리밍 데이터에 대한 컴퓨팅이 실제로 가능하다.

이러한 통합의 가장 흥미로운 측면 중 하나는 카탈리스트의 쿼리 플래너를 통해 구조적 스트리밍에서 스트리밍 데이터셋 쿼리를 실행함으로써 사용자 쿼리를 일관되게 최적화하고 스트리밍 계산을 데이터 흐름과 유사한 시스템을 사용하여 작성해야 하는 경우보다 오류 발생률이 낮아지게 하는 것이다. 또한 플링크는 강력한 저수준 JIT 최적화[5]를 활용하여 아파치 스파크의 텅스텐에 가까운 시스템을 갖추고 있어 오프힙^{off-heap}으로 메모리 세그먼트를 관리할 수 있다.

마지막으로 아파치 스파크는 또한 스케줄링에 대한 연구 대상인데, 이는 스파크와 같은 시스템에 대한 짧은 대기 시간을 암시하며, 마이크로배치에 걸친 스케줄링 결정을 재사용한다는 것을 암시한다.[6]

요컨대 아파치 스파크는 에코시스템으로서, 특히 배치 분석과 코드를 교환하는 것이 관련된 맥락에서 지속적인 스트리밍 성능에 대한 매우 강한 주장을 보여주고 있으며, 다른 스트리밍 연산 개발 방법과의 인터페이스로서 아파치 빔은 '한 번 쓰기, 어떤 클러스터에서도 실행'과 같은 종류의 개발을 위한 흥미로운 플랫폼으로 보인다.

29.3 카프카 스트림

다른 처리 시스템에서 이 여행을 계속하기 위해 카프카 스트림 라이브러리를 언급해야 한다.

2016년 도입된 카프카 스트림^{Kafka Streams}[7]은 아파치 카프카 프로젝트 내에 통합된 스트림 처리 엔진이다.

카프카 스트림은 스트림 처리 기능이 강화된 클라이언트 애플리케이션을 작성하는 데 사용하는 자바 API와 스칼라 API를 제공한다. 스파크, 스톰, 플링크 등이 잡 정의를 취하고 클러스터에서 실행을 관리하는 **프레임워크**인 반면, 카프카 스트림은 라이브러리다. 애플리케이션에 디펜

5 「Juggling with Bits and Bytes」(허스케), http://bit.ly/318oThA. 「Off-heap Memory in Apache Flink and the Curious JIT Compiler」(스테판 에웬), http://bit.ly/2Xo83s0

6 「Drizzle: Fast and Adaptable Stream Processing at Scale」(벤카타라만, 오로짓 팬더), http://bit.ly/2HW080t

7 「Introducing Kafka Streams: Stream Processing Made Simple」(제이 크랩스), http://bit.ly/2Wlkj0h

던시^{dependency}(종속성)로 포함되어 개발자가 애플리케이션에 스트리밍 기능을 추가하는 데 사용하는 API를 제공한다. 카프카 스트림은 또한 KSQL이라고 불리는 스트리밍 SQL 유사 쿼리 언어에 대한 백엔드 지원을 제공한다.

29.3.1 카프카 스트림 프로그래밍 모델

카프카 스트림은 상태 기반 데이터 저장소가 지원하는 스트림 뷰를 제공함으로써 스트림-테이블 이중성을 활용한다. 이는 테이블이 집계된 스트림이라는 관측을 내세운다. 이러한 통찰력은 2부에서 보았던 구조적 스트리밍 모델에 존재하는 것과 동일한 기본 개념에 뿌리를 두고 있다. 카프카 스트림을 사용하면 한 번에 한 번 이벤트 처리로 이득을 볼 수 있다. 그것의 처리 지원에는 분산 결합, 집계 및 상태 기반 처리가 포함된다. 카프카가 제공하는 풍부한 분산 처리 및 내결함성 보장(재처리)뿐만 아니라 윈도우 설정과 이벤트 시간 처리도 이용할 수 있다.

29.3.2 스파크와의 비교

스파크의 모델과 카프카 스트림의 주요 차이점은 카프카 스트림은 클라이언트 애플리케이션 범위 내에서 클라이언트 라이브러리로 사용되는 반면 스파크는 클러스터의 작업자 간에 작업을 조정해야 하는 분산 프레임워크다. 최신 애플리케이션 아키텍처 측면에서 카프카 스트림 앱은 카프카를 데이터 백엔드로 사용하는 마이크로서비스로 간주될 수 있다. 확장성 모델은 여러 개의 애플리케이션 복사본을 실행하는 복제본을 기반으로 하며 사용 중인 토픽의 파티션 수에 바인딩 된다.

카프카 스트림의 주요 용도는 스트림 처리 기능으로 클라이언트 애플리케이션을 '풍부하게' 하거나 카프카를 소스 및 싱크로 사용하는 간단한 스트림 처리 애플리케이션을 만드는 것이다

다만 카프카 스트림스는 MLlib을 이용한 머신러닝 기능이나 스파크에서 이용할 수 있는 폭넓은 데이터 소스 지원과의 외부 상호작용 등 스파크 스트리밍과 구조적 스트리밍 둘 다 아파치 스파크를 중심으로 개발된 풍부한 에코시스템을 갖추지 못했다는 단점이 있다. 게다가 카프카 스트림은 스파크가 제공하는 배치 라이브러리 및 배치 처리와의 풍부한 상호작용을 가지고 있지 않다. 그런 만큼 카프카 스트림에만 배치되어 있는 방대한 양의 과학 연산 라이브러리를 이용하여 미래의 복잡한 머신러닝 파이프라인을 상상하는 것은 어렵다.

29.4 클라우드에서

인지도가 높은 아마존, 마이크로소프트, 구글의 제품을 포함해 스파크의 표현형 프로그래밍 모델과 고급 분석 기능을 클라우드에서 사용할 수 있다. 이 절에서는 스파크의 스트리밍 기능을 클라우드 인프라 및 네이티브 클라우드 기능과 함께 사용할 수 있는 방법과, 해당되는 경우 클라우드 제공자의 고유한 스트림 처리 시스템과 어떻게 비교하는지 간략히 살펴본다.

29.4.1 AWS의 아마존 키네시스

아마존 키네시스$^{Amazon\ Kinesis}$[8]는 아마존 웹 서비스의 스트리밍 전송 플랫폼이다. 이는 스트리밍 데이터의 생산자와 소비자를 정의하기 위한 풍부한 의미론과 함께 그러한 스트림 엔드포인트로 만들어진 파이프라인을 위한 커넥터를 제공한다. 19장에서 키네시스와 스파크 스트리밍 사이의 커넥터를 설명하면서 키네시스를 다룬바 있다.

키네시스와 구조적 스트리밍 사이에는 두 가지 방식으로 사용할 수 있는 커넥터가 있다.

- 스파크의 데이터브릭스 에디션 사용자에게 기본적으로 제공되는 제품으로 AWS 및 마이크로소프트 애저 클라우드에서 사용 가능
- 키네시스에서 데이터를 쉽게 스트리밍할 수 있는 JIRA Spark-18165[9]의 오픈 소스 커넥터

이러한 커넥터는 설계상 키네시스가 단순한 SQL 기반 쿼리를 다루는 AWS 분석에 대한 연속적인 쿼리 언어 이외에 포괄적인 스트림 처리 패러다임을 제공하지 않기 때문에 필요하다. 따라서 키네시스의 가치는 고객이 키네시스 SDK의 실전에서 입증된 클라이언트로 제작된 강력한 소스 및 싱크에서 자체 처리를 구현할 수 있도록 하는 것이다. 키네시스를 사용하면 AWS 플랫폼의 모니터링 및 스로틀링 도구를 사용하여 AWS 클라우드에서 즉시 사용 가능한 실제 제품 단계 수준의 스트림 전송을 얻을 수 있다. 자세한 내용은 아마존 웹 서비스 문서[10]에서 찾을 수 있다.

아마존 키네시스와 구조적 스트리밍 간의 오픈 소스 커넥터는 빅데이터 전문 회사인 큐볼^{Qubole}의 엔지니어가 기여한 것이며, 게오르기아디스^{Georgiadis}의 깃허브[11]에서 찾을 수 있다. 이 라이

---

8 https://aws.amazon.com/kinesis

9 https://issues.apache.org/jira/browse/SPARK-18165

10 「Streaming Data Solutions on AWS with Amazon Kinesis」, http://bit.ly/2MpQSpZ

11 「Kinesis Connector for Structured Streaming」(게오르기오스 게오르기아디스, 비크람 아그라왈 외), http://bit.ly/2wxS3Jf

브러리는 스파크 2.2에 대해 개발 및 테스트되었으며 키네시스는 스파크 에코시스템의 완전한 시민이 되어 스파크 사용자가 임의의 복잡한 분석 처리를 정의할 수 있도록 한다.

마지막으로 스파크 스트리밍용 키네시스 커넥터는 구형 리시버 모델에 기반했지만 성능 문제가 있다는 점에 유의하도록 하자. 이 구조적 스트리밍 클라이언트는 구현이 훨씬 현대적이지만 아직 스파크 2.3.0에 도입된 데이터 소스 API 버전 2로 마이그레이션되지 않았다. 키네시스는 구현 품질을 업데이트하는 간단한(작은, 쉬운) 컨트리뷰션(기여)을 환영하는 스파크 에코시스템의 한 영역이다.

요약하자면 AWS의 키네시스는 스트림의 생산과 소비를 도입하여 특정 엔드포인트에 연결하는 스트림 전달 메커니즘이다. 하지만 제한된 내장 분석 기능을 탑재해 스파크의 스트리밍 모듈과 같은 스트리밍 분석 엔진을 보완한다.

29.4.2 마이크로소프트 애저 스트리밍 분석

애저 스트리밍 분석[12]은 마이크로소프트 애저에서 사용할 수 있는 클라우드 플랫폼으로, 논리적 처리 플랜을 사용하여 언어 쿼리를 컴파일하고 스트림 처리에 적합한 마이크로소프트 연구 프로젝트인 드라이어드링크^{DryadLINQ}에서 영감을 받았다. 이는 사용자가 일부 사용자 정의 처리를 정의할 수 있을 뿐만 아니라 실험적인 자바 스크립트 함수에 접근할 수 있는 고급 SQL과 같은 언어를 사용하여 사용자 쿼리를 설명한다. 그 목표는 SQL과 같은 언어를 사용하여 고급 수준의 시간 중심 스트리밍 쿼리를 표현하는 것이다.

그런 점에서 많은 시간적 처리 패턴을 지원하는 구조적 스트리밍과 유사하다. 집계, 마지막 및 첫 번째 요소, 변환, 날짜 및 시간 함수를 포함하는 일반적인 분석 기능 외에도 애저 스트림 분석은 윈도우 집계 및 시간 조인을 지원한다.

시간 조인은 일치된 이벤트에 시간 제약 조건을 포함하는 SQL 조인이다. 예를 들어 조인에 관한 이 술어는 사용자가 두 개의 결합된 이벤트에는 서로 따르지만 제한된 시간 지연이 있는 타임스탬프를 가져야 한다는 것을 표현할 수 있다. 이 풍부한 쿼리 언어는 2016년경에 스파크 스트리밍 1.4[13]에서 다시 구현을 시도하는 마이크로소프트에 의해 잘 지원되었다.

....

12 「Announcing Azure Stream Analytics for real-time event processing」(올리버 치우), http://bit.ly/2Kp8FuL
13 「Spark Streaming and Azure Stream Analytics」(천종), http://bit.ly/2QPBwtz

이 작업은 완료되지 않았으며, 따라서 현재 운영에서는 애저 스트리밍 분석에 아직 제대로 통합되지 않는다. 구조적 스트리밍은 그 후 그러한 특징들을 따라잡았고, 현재는 그것의 내부 조인 기능의 일부로서 시간적 조인을 기본 기능으로 제공한다.

그 결과 애저 스트림 분석은 한때 복잡한 시간 기반 쿼리를 쉽게 구현하는 데 우위를 점했지만, 이제는 SQL과 같은 쿼리 외에도 스트리밍 데이터셋 API에서 풍부한 처리 기능을 제공하는 구조적 스트리밍보다 적은 기본 기능을 제공한다.

따라서 마이크로소프트 클라우드의 고급 스트림 처리 프로젝트에서는 애저에 스파크를 배포하는 것이 더 강력한 접근 방식으로 보인다. 옵션으로는 HD인사이트 관리 스파크^{HDInsight managed Spark}, 애저의 데이터브릭스 또는 애저의 네이티브 리소스 프로비저닝 기능을 사용하여 가상 머신뿐만 아니라 관리형 쿠버네티스(AKS)를 제공할 수 있다.

29.4.3 아파치 빔/구글 클라우드 데이터플로

현대적인 스트림 처리 시스템은 여러 가지가 있으며, 그중에서도 아파치 플링크, 아파치 스파크, 아파치 에이펙스, 아파치 기어펌프, 하둡 맵리듀스, 제이스톰^{JStorm}, IBM 스트림, 아파치 삼자^{Apache Samza} 등이 포함된다. 구글이 주도하는 오픈 소스 프로젝트인 아파치 빔은 구글 클라우드 데이터플로 컴퓨팅 엔진과 좋은 통합을 제공하면서 스트리밍 시스템의 이러한 가내수공업의 존재를 관리하는 방법이다. 이것이 어떻게 작동하는지 살펴보자.

2013년에 구글은 밀휠^{MillWheel}[14]이라는 또 다른 내부 클라우드 스트림 처리 시스템을 가지고 있었다. 밀휠은 새롭게 페인트칠을 하고 이를 대중에게 공개하는 성숙한 클라우드 제공과 연결해야 할 때가 되었을 때 내결함성과 이벤트 트리거 분야에서 몇 가지 핵심 스트리밍 개념을 추가하면서 구글 클라우드 데이터플로가 되었다.[15] 이에 대해서는 『Streaming Systems^{스트리밍 시스템}』(오라일리, 2018)에서 더 많은 것을 살펴볼 수 있다.

하지만 모든 계산 엔진에서 스트림 처리를 실행하는 하나의 API로 하나의 시스템을 구현할 수 있다면 왜 우리가 나열한 다른 모든 시스템에 대한 또 다른 대안을 제시했을까?

----

14 「MillWheel: Fault-Tolerant Stream Processing at Internet Scale」(타일러 아키다우), http://bit.ly/2KpYXYT
15 「The Dataflow Model: A Practical Approach to Balancing Correctness, Latency, and Cost in Massive-Scale, Unbounded, Out-of-Order Data Processing」(타일러 아키다우), http://bit.ly/316UGQj

그 API가 오픈 소스 프로젝트인 아파치 빔^{Apache Beam}으로 바뀌었는데, 아파치 빔은 앞에서 언급한 에이펙스, 기어펌프, 맵리듀스, 제이스톰, IBM 스트림, 삼자는 물론 어떤 스트림 계산 엔진에도 연결할 수 있는 스트림 처리를 위한 단일 프로그래밍 API를 제공하는 것을 목표로 하고 있다. 이 모든 연산 엔진은 스트림 처리의 **공통어**^{lingua franca}를 목표로 하는 아파치 빔의 백엔드 플러그인(또는 러너^{runner})으로 노출된다.

예를 들어 30분 윈도우의 정수 인덱스 합계를 계산하는 경우 다음을 사용할 수 있다.

```
PCollection<KV<String, Integer>> output = input
  .apply(Window
  .into(FixedWindows.of(Duration.standardMinutes(30)))
  .triggering(AfterWatermark.pastEndOfWindow()))
  .apply(Sum.integersPerKey());
```

여기서 고정된 30분 윈도우를 가진 키로 정수를 합산하고, 워터마크가 윈도우 끝을 통과할 때 합계 출력을 트리거하고 있는데, 이는 '윈도우가 완료되었다고 추정할 때'를 반영한다.

> **NOTE_** 주목할 만한 요소 중 하나는 구조적 스트리밍과 반대로 트리거와 출력은 쿼리 자체와 독립적이지 않다는 것이다. 데이터플로(그리고 빔)에서 윈도우는 출력 모드와 트리거를 선택해야 하며, 이는 런타임 특성과 함께 식별자의 의미를 병합한다. 구조적 스트리밍에서는 논리적으로 윈도우를 사용하지 않는 쿼리에 대해서도 이러한 것들을 가질 수 있으므로 개념 분리가 더 간단해진다.

아파치 빔은 API를 파이썬 SDK와 함께 자바 SDK로 제공하며, 작지만 주목할 만한 Go SDK와 몇 개의 SQL 원시 쿼리를 제공한다. 그것은 스트림 처리에 보편적으로 적응할 수 있고 거의 모든 스트림 컴퓨팅 엔진에서 실행될 수 있는 일련의 개념을 지원하는 하나의 언어를 허용한다. 윈도우 기반 슬라이싱, 이벤트 시간 처리와 같이 이전 장에서 살펴본 고전적인 집계 외에도 빔 API는 카운트 트리거, 허용된 지연도, 이벤트 시간 트리거를 포함한 처리 시간에 트리거를 허용한다.

그러나 빔은 거의 모든 곳에서 실행 가능한 스트리밍 프로그램을 위한 하나의 단일 API(슬프게도 스칼라 SDK 없이)를 중앙 집중화하면서 서로 다른 스트리밍 시스템 간의 이동성을 제공하고 있다. 이것은 흥미롭지만 특정 계산 엔진에서 실행될 때 이 계산 엔진과 그것의 '러너' 플러그인이 아파치 빔의 API 전체를 구현하는 용량만 가지고 있다는 점에 주목하자.

특히 아파치 스파크의 연산 엔진은 구조적 스트리밍이 아닌 스파크 스트리밍의 기능을 노출하고 있다. 이 글을 쓰는 시점에서 이는 상태 기반 스트림 또는 어떤 이벤트 시간 처리를 완전히 구현하지 않는데, 그러한 기능은 스파크 스트리밍 자체에서만 제한적이거나 '러너 runner' 플러그인이 스파크 스트리밍 자체의 변화를 따라잡지 못하기 때문이다. 결과적으로 프로그램을 아파치 빔으로 표현하는 것은 종종 아파치 빔의 스파크 러너 개발자들이 따라잡는 동안 구조적 스트리밍의 표현성에 약간 뒤처지는 게임이다.

스파크 에코시스템은 다른 관련 스트리밍 프로젝트와의 협업을 통해서만 더 크게 만들어지기 때문에 당연히 그렇게 함으로써 우리는 여러분이 아파치 빔의 스파크 러너에 기여하도록 격려하고, 그래서 빔 API를 사용하는 프로젝트들이 스파크의 스트리밍 엔진의 효율성 향상으로부터 이익을 얻을 수 있도록 할 것이다.

요약하면 아파치 빔은 매우 표현력이 뛰어난 스트림 처리 모델을 위한 단일 SDK와 API를 제공하는 것을 목표로 하는 오픈 소스 프로젝트다. 구글 클라우드 데이터플로에서 효율적으로 구현된 API로, 동일한 기능을 가지고 있지 않다는 경고 아래 많은 관련 스트리밍 시스템뿐만 아니라 구글 클라우드에서 이러한 프로그램을 실행할 수 있다. 차이점에 대한 개요를 설명하는 아파치 빔 기능 매트릭스를 참조하는 것이 좋다.

그러나 구글 클라우드는 노드 또는 쿠버네티스에서 네이티브 아파치 스파크를 실행할 수도 있으며, 따라서 아파치 스파크를 쉽게 배포할 수 있는 시스템에서 프로그램을 실행할 것임을 알고 있다면 빔 API로 전환할 필요가 없을 수 있다는 점에 유의하자. 만약 구글 클라우드와 다른 스트리밍 시스템 모두를 배포 시스템으로 지원해야 한다면 아파치 빔은 합당한 선택이 될 수 있다.

## CHAPTER 30

미리 살펴보기

아파치 스파크는 빠르게 움직이는 프로젝트다.

앞서 스파크 스트리밍이 탄력적 분산 데이터셋(RDD)과 모든 프로그래머가 사용하는 일반적인 자바, 스칼라 또는 파이썬 객체를 기반으로 구축된 비교적 오래된 저수준 API임을 확인했다. 스파크 스트리밍은 여러 상용 수준의 애플리케이션에서 실전 입증되고 배포되었다. 즉, 유지 보수에 노력을 기울이는 안정적인 API라고 생각할 수 있다.

스파크의 데이터셋 및 데이터프레임 API를 기반으로 구축된 구조적 스트리밍은 카탈리스트 엔진과 텅스텐 프로젝트의 코드 생성 및 메모리 관리와 같은 스파크 SQL을 통해 도입된 아파치 스파크가 제공하는 인상적인 최적화 작업을 최대한 활용한다. 이러한 의미에서 구조적 스트리밍은 아파치 스파크에서 스트리밍의 미래이며, 예측 가능한 미래에 대한 주요 개발 노력이 있을 것이다. 따라서 구조적 스트리밍은 연속형 처리와 같은 흥미로운 새로운 개발을 제공하고 있다.

구조적 스트리밍은 스트림 처리를 위한 새로운 프레임워크이며, 따라서 덜 성숙하기 때문에 이 책의 머신러닝 장에서 개략적으로 설명했다. 특히 머신러닝에 중점을 둔 프로젝트에 착수할 때는 이 점을 명심해야 한다. 머신러닝에 대한 현재의 관심을 고려할 때 향후 스파크 버전에서는 이 영역이 개선되고 스트리밍 모드에서 더 많은 알고리즘이 지원될 것으로 예상한다. 두 API에서 제공하는 것들을 정확하게 평가하기 위해 모든 요소가 갖춰지기 바란다.

이제 우리가 다루고 싶은 한 가지 질문이 남아 있는데, 어떻게 하면 이 영역에서 계속 배우고 개선할 수 있을까 하는 것이다.

30.1 연결 상태 유지

아파치 스파크의 가장 강력한 측면 중 하나는 언제나 강력한 커뮤니티를 가지고 있다는 것이다.

아파치 스파크는 오픈 소스 프로젝트로서 개인과 기업의 기여를 포괄적이고 일관된 코드 기반으로 활용하는 데 매우 성공적이었으며 이는 [그림 30-1]에 제시되었다.

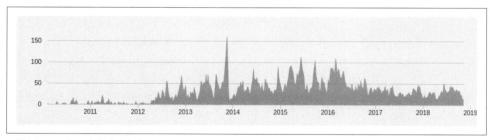

그림 30-1 스파크 기여 타임라인

아파치 스파크의 깃허브 페이지는 꾸준한 개발 속도의 증거이며, 200명 이상의 개발자가 각 릴리스에 기여하고 총 기여자 수는 수천 명이다.

스파크 커뮤니티와 연락할 수 있는 몇 가지 기존 채널이 있다.

30.1.1 스택 오버플로에서 도움 구하기

잘 알려진 Q&A 커뮤니티인 스택 오버플로Stack Overflow[1]는 스파크 관련 질문에 대해 매우 활발한 토론을 한다. 새로운 질문을 하기 전에 이 웹사이트에서 기존 답변을 먼저 검색하는 것이 좋다. 그 이유는 이전 사람들이 이미 같거나 유사한 질문을 했을 가능성이 있기 때문이다.

30.1.2 메일링 리스트에서 토론 시작하기

아파치 스파크 커뮤니티는 항상 두 개의 메일링 리스트에 크게 의존해 왔으며, 아파치 스파크의 핵심 개발자와 제작자들이 정기적으로 사용자와 동료 기여자들을 돕는 데 전념하고 있는 곳

---

1 http://www.stackoverflow.com/

이다. 사용자 메일링 리스트인 user@spark.apache.org는 스파크를 사용하는 최선의 방법을 찾으려는 독자들을 위한 것이고, 반면에 개발자 메일링 리스트인 dev@spark.apache.org는 스파크 프레임워크 자체를 개선하는 이들을 위한 것이다.

메일링 리스트에 무료로 가입하는 방법에 대한 최신 정보는 온라인[2]에서 찾을 수 있다.

30.1.3 컨퍼런스에 참석하기

스파크 서밋$^{Spark\ Summit}$은 아파치 스파크 프로젝트의 직계 안내자인 스타트업 데이터브릭스가 매년 주최하는 컨퍼런스다. 컨퍼런스에서는 스파크 전용 컨퍼런스 프로그램 외에도 스파크 개발자들이 커뮤니티와 서로 만날 수 있는 공간을 마련한다. 더 자세한 정보는 온라인[3]에서 찾을 수 있다.

30.2 밋업에 참석하기

기술 공간이 큰 도시 근처에 거주하는 경우 사용자 그룹 또는 모임[4]에 참석하는 것이 좋다. 이들은 종종 무료이며 컨퍼런스 토크의 미리보기나 보다 친밀한 데모 및 아파치 스파크 애플리케이션 사용 사례를 볼 수 있는 좋은 기회다.

30.2.1 관련 서적 읽기

우리는 이전에 마테히 자하리아의 『러닝 스파크』(제이펍, 2015)와 스파크 프로젝트의 다른 창립자들을 아파치 스파크의 기능에 대한 기초를 구축하기 위한 좋은 진입점으로 언급했다. 일반적으로 오라일리의 스파크에 관한 많은 출판물은 우리가 확실히 추천하는 책이다. 스파크 플랫폼의 최신 진화에 대한 필수 보충자료로 마테히 자하리아와 빌 챔버스의 『스파크 완벽 가이드』(한빛미디어, 2018)를 추천한다.

---

2 https://spark.apache.org/community.html
3 https://databricks.com/sparkaisummit
4 http://bit.ly/2wBBXyd

보다 이론적인 측면에서 아파치 스파크를 사용하여 이러한 개념을 더 많이 구현하기 전에 스트리밍 알고리즘 및 머신러닝에 대한보다 심층적인 지식을 찾을 수도 있다. 이 영역에는 철저히 추천할만한 자료가 너무 많지만 버클리 대학 알렉스 스몰라[Alex Smola]의 데이터 스트림 2012 과정[5]은 풍부한 참고 문헌이 있는 좋은 진입점이다.

30.3 아파치 스파크 프로젝트에 기여하기

여러분의 알고리즘 모험이 만들어낸 것을 오픈 소스 커뮤니티에 다시 기여하고자 할 때 아파치 스파크 개발은 다음과 같이 구성되어 있음을 알 수 있다.

- 깃허브[6]
- JIRA 버그 트래커[7]

스파크의 개발자 워크플로에는 대규모 개발을 위한 디자인 문서가 포함되어 있다. 이 문서는 앞서 언급한 리소스에 나와 있으며 개발 프로세스에 멋진 윈도우를 제공한다. 아파치 스파크에서 개발자 작업에 참여할 수 있는 또 다른 방법은 유튜브[8]에서 아파치 스파크 개발자 및 PMC 멤버인 홀든 카로[Holden Karau]의 비디오를 시청하는 것인데, 그녀는 풀 리퀘스트 검토 및 코딩 세션을 실시간으로 스트리밍한다. 이 독특한 '스파크 개발자의 일상생활'을 경험해보기 바란다.

이러한 모든 리소스는 아파치 스파크를 통한 마스터 스트림 처리뿐만 아니라 이 시스템을 매일 향상시키는 공동 노력에 기여할 수 있는 수단을 제공해야 한다.

우리는 여러분이 이 책을 즐겼기를 바란다!

---

5 http://bit.ly/2WiE0Xc

6 https://github.com/apache/spark

7 http://bit.ly/2wwt8Wq

8 http://bit.ly/2KlkMZK

INDEX

INDEX

INDEX

INDEX